일제강점하 부산의 지역개발과 도시문화

필자소개

홍순권 : 동아대학교 사학과 교수
김　승 : 한국해양대학교 국제해양문제연구소 HK교수
장선화 : 동아대학교 사학과 시간강사
전성현 : 동아대학교 석당학술원 전임연구원
양미숙 : 동주대학 시간강사
류교열 : 한국해양대학교 동아시아학과 교수
차철욱 : 부산대학교 한국민족문화연구소 HK교수
임지원 : 동아대학교 사학과 석사졸업
방지선 : 동아대학교 사학과 석사졸업

일제강점하 부산의 지역개발과 도시문화

초판 1쇄 발행　2009년 11월 30일

저　자 | 석당학술원 지역문화연구소
　　　　 홍순권 외
펴낸이 | 윤관백
펴낸곳 |

편　집 | 이경남 · 장인자 · 김민희
표　지 | 임진형
제　작 | 김지학
영　업 | 이주하

인　쇄 | 한성인쇄
제　본 | 광신제책

등록 | 제5-77호(1998.11.4)
주소 | 서울시 마포구 마포동 324-1 곳마루 B/D 1층
전화 | 02)718-6252 / 6257　　팩스 | 02)718-6253
E-mail | sunin72@chol.com

정가　25,000원
ISBN　978-89-5933-216-8　94910(set)
ISBN　978-89-5933-217-5　94910

동아대학교 석당학술원 지역문화총서 002

일제강점하 부산의 지역개발과 도시문화

홍순권 · 김 승 · 장선화 · 전성현 · 양미숙 ·
류교열 · 차철욱 · 임지원 · 방지선

선인

〈지역문화총서〉를 간행하면서

 지난 2006년 6월 종전 동아대학교 석당전통문화연구원이 동아대학교 석학술원으로 이름을 바꿔 확대·개편되면서 그 산하 연구기관으로 지역문화연구소가 탄생하였다. 지역문화연구소를 석당학술원에 두게 된 것은 그동안 소홀히 다루어져 온 지역사와 지역학 연구를 체계화하고, 지역문화 연구를 활성화시킴으로써 인문학과 사회과학의 인식기반과 저변을 확대·심화시키기 위해서였다.
 석당학술원 지역문화연구소가 추구하고자 하는 중심 과제인 '지역문화'가 단지 부산이나 경남지역에 국한된 것은 아니다. 지역문화의 고립적인 발전을 상상할 수 없는 것과 마찬가지로 보편성과 특수성은 모든 지역문화의 기본적 속성을 이룬다. 지역문화 개념의 외연이 확대되고 그 연구가 심화될수록 아마 지역문화의 보편성은 더욱더 강조될 것이고, 부산경남지역 이외에 국내의 다른 지역의 지역문화에 대한 관심과 연구 활동도 증대될 것이다. 이러한 점을 고려한다면, 지역문화 연구는 그 구체적 대상에 대한 실증적 검토 못지않게 이론적 탐색을 꾸준히 모색하는 것이 매우 중요하다. 우리 지역문화연구소가 지향하는 바도 그와 다르지 않다.
 최근에 들어와서 지역사(또는 지방사)를 비롯한 지역연구의 활성화가 매우 긍정적으로 받아들여지고는 있지만, 이를 뒤집어 생각해 보면, 사실상 그동안 우리 학계에서 지역학 연구는 그다지 각광을 받는 분야가 아니었음을 깨달을 수 있다. 연구 축적 또한 대단히 미흡한 편이었다. 이러한 현상은 부산과 경남지역이 다른 지역보다 더 두드러졌던 것이 아닌가 싶다. 그래서 그런지 아직도 얼마 되지 않는, 우선 당장 접근 가능한 자료마저 체계적으로 수집·정리되지 못한 것이 많고, 연구 분위기는 조금씩 높아가고 있으나 연구의 방향이나 방법론에 대한 고민은 턱없이 부족한 편이다. 아마도 이러한 문제점들을 본격적으로 토론하고 구체적 연구 활동을 통해 공동의 해결책을 모색해 나가는 것이 지금 우리 지역문화연구소가 지향해야 할 기본과제가 아닐까 생각한다.

〈지역문화총서〉는 장차 지역문화연구가 지향해야 할 방향과 우리 연구소의 정체성을 모색하는 과정에서 생산된 개별 또는 공동의 연구 성과를 일반 연구자의 편의를 위해서 단행본으로 묶어 제공하고자 기획된 것이다. 따라서 이 학술총서에 실리는 글들은 새로 집필된 경우도 있겠지만, 많은 경우 이미 여러 학술지에 발표된 것들로 꾸며질 수도 있을 것이다. 다만, 이미 학술지에 실린 것이라 할지라도 석당학술원 지역문화연구소의 정해진 편집계획에 따라 우리 연구소의 공식적인 학술행사를 통해 발표한 것을 수록함을 원칙으로 한다. 여기에는 본 연구소가 추천·지원하는 단행본의 개인 연구 성과도 포함될 것이다. 〈지역문화총서〉는 매년 정해진 출판 계획에 따라 연구논문 중심의 공동연구 성과를 연 1회 정도 정기적으로 간행하고, 이와는 별도의 개인 저작을 수시 발간할 작정이다.

　〈지역문화총서〉 제2집의 주제는 1집에 이어서 "일제강점하 부산의 지역개발과 도시문화"로 정하였다. 당분간은 일제강점기의 연구에 중점을 두어 총서를 발간할 예정이다. 물론 우리의 연구가 여기에 국한될 까닭은 없다. 연구 역량이 커지면 그에 따라 관심 영역도 확대될 것이다. 연구소 운영 초창기인 지금으로서는 연이은 총서 발간이 연구소 발전 방향을 가늠하는 시금석이 될지도 모른다. 많은 연구자들의 관심 속에서 이러한 실험이 성공적인 사업을 확대되기를 희망한다. 독자들의 질책과 비판이 있기를 바란다.

2009년 12월
석당학술원 지역문화연구소장　홍 순 권

차 례

〈지역문화총서〉를 간행하면서 / 5

[제1부] 지역개발과 도시문제

한말 부산거류 일본인의 상수도시설 확장공사와 그 의미 ·············· 김승
Ⅰ. 머리말   15
Ⅱ. 제1·2 상수도 시설공사   16
Ⅲ. 제3기 상수도 확장공사   22
Ⅳ. 한말 급수실태와 상수도 이용현황   35
Ⅴ. 맺음말   47

1920년대 도시개발사업과 지역유지층의 정치참여 ····················· 홍순권
Ⅰ. 문화정치하의 지역개발과 지방정치세력의 등장   53
Ⅱ. 1920년대 지방선거와 부·면협의회의 구성   59
  1. 지방제도의 개정과 부·면협의회의 기능   59
  2. 부·면협의회의 선거와 인적 구성   62
Ⅲ. 1920년대 지역운동과 지역정치의 두 가지 사례   65
  1. 부산부 사례   65
  2. 동래면 사례   68
Ⅳ. 맺음말   73

일제시기 부산의 시장 ·· 장선화
Ⅰ. 머리말   79
Ⅱ. 시장규칙 시행 전후 부산의 시장 변화   82
   1. 시장규칙 시행 이전 부산의 시장   82
   2. 시장규칙 시행 후 부산의 시장   86
Ⅲ. 공설시장의 개설과 현황   94
   1. 도시에서 공설시장 개설   94
   2. 부산 공설시장의 개설과 현황   101
Ⅳ. 맺음말   112

일제하 東海南部線 건설과 지역 동향 ································ 전성현
Ⅰ. 머리말   117
Ⅱ. 지역철도와 東萊輕鐵延長線 계획   119
Ⅲ. 대구·경북지역과 '大邱浦項線' 건설   133
Ⅳ. 부산·경남지역과 '釜山蔚山線' 건설   143
Ⅴ. 맺음말   154

1920·1930년대 부산부의 도시빈민층 실태와 그 문제 ··············· 양미숙
Ⅰ. 머리말   161
Ⅱ. 부산부의 인구증가와 도시빈민층의 현황   164
   1. 인구증가와 지역별 인구분포   164
   2. 도시빈민층의 현황   171
Ⅲ. 도시빈민층 생활과 주거환경   175
   1. 도시빈민의 직업과 소득   175
   2. 도시빈민의 가옥형태와 주거환경   180
Ⅳ. 부산부의 도시빈민 대책   185
Ⅴ. 맺음말   188

[제2부] 지역사회와 도시문화

식민지 해항도시 부산의 일본인사회와 죽음의 폴리틱스 ·············· 류교열
- Ⅰ. 머리말 195
- Ⅱ. 재부산 일본인사회와 사망자 처리 196
- Ⅲ. '죽음'에 대한 재부산 일본인사회의 의식과 변용 201
- Ⅳ. 맺음말 209

일제강점기 부산상업[공]회의소 구성원의 변화와 '釜山商品見本市' ··· 차철욱
- Ⅰ. 머리말 215
- Ⅱ. 상업(공)회의소 구성원의 변화 216
  1. 통합상업회의소 의원의 구성 216
  2. 회의소 구성원의 변화 221
  3. 조선인 의원의 성격 231
- Ⅲ. 釜山商品見本市의 내용과 성격 235
  1. 부산상품견본시의 내용 235
  2. 부산상품견본시의 성격 239
- Ⅳ. 맺음말 246

한말~일제시기 부산지역민의 기독교 수용과 사회참여 ················ 임지원
- Ⅰ. 머리말 265
- Ⅱ. 기독교 수용과 분포 양상 270
- Ⅲ. 기독교인들의 계층 구성 283
  1. 자본가층 283
  2. 중소상인층 287
  3. 노동자층 288
  4. 학생층 289

Ⅳ. 기독교인들의 지역 내 활동　　　　　　　　　　294
Ⅴ. 맺음말　　　　　　　　　　　　　　　　　　　304

1920~1930년대 부산지역 중등학교의 수학여행 ·······················방지선
Ⅰ. 머리말　　　　　　　　　　　　　　　　　　　319
Ⅱ. 수학여행의 실시　　　　　　　　　　　　　　　321
　　1. 여행 기획과 운영　　　　　　　　　　　　　323
　　2. 여행 경비　　　　　　　　　　　　　　　　326
Ⅲ. 수학여행단의 여정과 주요 견학장소　　　　　　329
　　1. 여행단의 여정　　　　　　　　　　　　　　330
　　2. 주요 견학장소　　　　　　　　　　　　　　334
Ⅳ. 수학여행의 효과　　　　　　　　　　　　　　　345
　　1. 학생들의 반응　　　　　　　　　　　　　　345
　　2. 학교 내외의 평가　　　　　　　　　　　　　350
Ⅴ. 맺음말　　　　　　　　　　　　　　　　　　　354

한말 부산거류 일본인의 상수도시설 확장공사와 그 의미

김 승

* 본 논문은 부산대학교 한국민족문화연구소 『한국민족문화』 34(2009.7)에 수록된 논문입니다.

I. 머리말

 부산지역 일제시대 연구는 최근 몇 년 사이에 부산부협의회, 부산상업회의소, 매축, 각종 사회단체, 재부일본인자본가, 신사(神社), 관광, 도시하층민 연구 등 다방면에 걸쳐 빠른 속도로 진행되고 있다.[1] 이런 성과에도 불구하고 도시민의 일상생활에서 중요 부분을 차지하였던 물과 관련된 수도시설에 대한 본격적인 연구는 아직까지 이루어지지 않았다. 물론 근대수도시설에 대한 선학의 연구가 전무한 것은 아니다.[2] 그러나 그 내용은 개괄적 수준에 머물러 근대도시에서 수도시설이 갖는 구체적 특성에 대해서는 밝히지를 못했다. 최근에 이르러 일제시기 서울지역의 수도시설에 대해 언급한 글이[3] 나오긴 했지만 이 또한 '일상'의 시각에서 수도문제를 분석하였을 뿐 수도시설 그 자체의 사회역사적 측면에서 깊이 있게 다루지는 못했다. 필자는 부산의 대표적 근대문화 유산으로 현재까지 남아 있는 성지곡(聖知谷)수원지와 복병산(伏兵山)배수지의 사회문화적 의미들을 염두하면서 한국 최초의 근대수도시설이었던 부산의 상수도시설에 대해서 살펴보고자 한다. 따라서 본 글에서는 기존의 부산상수도 연구에서 언급한 내용은 최소화 하고 각 시기별 수도공사들이 어떻게 진행되었는지 구체적인 설립배경과 이용현황에 초점을 맞추어 서술하고자 한다. 물론 일제시기 전체

---

[1] 홍순권 외,『부산의 도시형성과 일본인들』, 선인, 2008 ; 차철욱,「일제강점기 부산도시사연구의 회고와 전망」,『港都釜山』제23호, 부산시사편찬위원회, 2007 참조.
[2] 근대수도시설에 대한 최초의 연구는 손정목,『韓國開港期都市社會經濟史硏究』(一志社, 1982), 부산지역 수도시설은 부산광역시 상수도사업본부에서 간행한『부산상수도발달사』(제일인쇄, 1997)가 있다. 이 책은 한말부터 1996년까지 부산수도시설의 현황을 개괄 정리한 책자로 나름의 연구사적 의미를 갖는다. 그러나 각 시기별 수도시설 확충의 배경과 수도시설 이용의 사회역사적 의미에 대한 분석에서는 미흡한 점이 많다. 이밖에 목포지역의 수도시설에 대한 개괄적 언급이 있다(고석규,『근대도시 목포의 역사 공간 문화』, 서울대학교출판부, 2004, 제9장 1절 참조).
[3] 홍성태,「식민지 근대화와 물생활의 변화」,『식민지 일상지배와 균열』, 문학과과학사, 2006.

의 부산지역 상수도시설에 대해 살펴보아야 하겠으나 한말에 만들어진 부산지역 수도시설은 최근까지 부산의 상수도시설에서 중요 부분을 차지했다는 점에서 본고에서는 개항 이후 한말시기에 조성된 상수도시설에 국한해서 살펴보고자 한다.

Ⅱ. 제1·2기 상수도 시설공사

부산은 대양과 마주보고 있으면서도 해류와 해풍을 막을 수 있는 목지도(牧之島, 현 영도)가 육지와 인접한 위치에 자리 잡고 있어 일찍부터 천혜의 양항으로 주목을 받았다. 그러나 이런 지형적 조건에도 불구하고 해안선을 접한 산들이 가파르게 놓여 있어 해안선 너머 육지와 연결되는 배후지의 부족과 항구의 개발에 따른 인구증가에 대응할 수 있는 수자원이 부족한 지형적 특색을 갖고 있었다. 따라서 개항 이후 부산에 체류하게 되는 일본거류민들은 얼마 지나지 않아서 인구증가에 따른 식수문제에 봉착하였다. 1871년까지만 하더라도 초량왜관(草梁倭館)에는 옛날에 굴착했던 2개의 우물로서 식수를 해결하고 있었다. 그러나 늘어나는 일본인들에 의해 1880년 무렵이 되면 곧바로 식수난에 직면하게 된다. 이에 1880년 처음으로 보수천(寶水川) 상류에 죽관(竹筦)을 이용한 도수시설을 마련하였다. 죽관을 이용한 이 시설은 1886년 목통(木樋)으로 교체된다.[4] 우물 이외 하천으로부터 도수하는 이런 시설에도 불구하고 1890년대 이전까지는 우물에 의한 식수공급이 중요 부분을 점하였다. 이는 재부일본영사관에서 1887년 12월 30일 「거류지공동굴정호(堀井戶)취체규칙」을 공포하여 거류민들의 수질관리에 노력한 데서 엿볼 수 있다. 식수와 관련된 최초의 규칙이라고 할 수 있는 이 규칙은 6개의 조항으로 되어 있었는데 우물 및 우물뚜껑을 손상하

---

4) 朝鮮總督府, 『朝鮮土木事業誌』, 1937, 1116쪽 ; 『釜山日報』 1910년 2월 19일.

거나 우물 안에 기와 조각 또는 돌, 쓰레기, 오염물, 오수 등을 투입하는 일, 우물 주위에서 오염물을 세탁하거나 소와 말을 묶어두는 일 등을 금지하는 내용이었다. 이를 위반했을 때는 손상 부분의 개조와 우물 주위의 청소 및 거류지위경죄 제5항의 처분을 받도록 하였다.[5] 이처럼 우물에 대한 규칙만 마련되어 있었고 도수시설에 의한 식수 관련 규칙들은 아직 없었던 것으로 보아 거류민들 식수의 주된 공급원은 우물과 하천이었음을 알 수 있다.

이후 거류민 증가와 부산항에 들어오는 화물선의 급수보급량이 늘어나자 일본거류민단에서는 1894년 6월부터 1895년 1월 사이에 공사비 2만 5천원을 투자하여 보수천에 자연여과장치를 갖춘 집수제언(集水堤堰)시설과 거류지의 높은 곳에 위치했던 대청정(大廳町)에 배수지를 설치하였다. 이것이 부산상수도 제1기공사이다.[6] 필자는 이것이 우리나라 최초의 근대수도시설로 파악하는데 무리가 없다고 본다.[7] 제1기공사는 최초 100일 이내 공사로 수원지, 배수지, 송수관, 배수관의 부설 및 공용전(共用栓), 방화전(防火栓), 제수판(制水瓣) 등을 준공할 계획이었다. 그러나 청일전쟁으로 임금의 등귀, 인부들의 인력 공급 불균형, 자재 수송을 해야 할 선박입항의 부족 등으로 예정기간보다 7개월을 허비한 뒤 완공할 수 있었다. 공비는 거류민의 분담금으로 충당하고 따로 소액의 급수료를 어선으로부터 징수하는 방식으로 하였다. 당시 거주 일본인은 4천여 명에 불과하고 자치기관 또

---

5) 釜山理事廳, 『釜山理事廳法規例集』, 1909, 155~156쪽.
6) 부산광역시 상수도사업본부, 앞의 책, 1997, 162쪽.
7) 참고로 일본 최초의 근대식 수도시설은 영국 공병대좌 H. S. Parmar에 의해 1885년 7월 기공하여 1887년 10월 준공된 요코하마(橫濱)의 수도시설이었다(丹羽健藏, 『新制·上水道及下水道』, 1939, 5쪽). 한국에서 최초의 근대수도시설은 대부분의 연구자들이 서울에 전기, 전차를 도입한 미국인 Collbran과 Bostwick 두 사람이 1906년 8월 기공하여 1908년 8월 준공한 뚝도(纛島)수원지 제1정수장(경성수도양수공장)으로 파악하고 있다(홍성태, 앞의 논문, 2006, 309쪽). 홍성태가 언급했듯이 근대적 수도시설은 '여과 등의 정수처리와 주철관 등에 의한 유압급수의 유무'로 구분된다고 할 때 부산의 제1기상수도는 자연여과장치와 배수지, 철관 등을 사용했다는 점에서 서울보다 시기가 앞서는 것으로 보아야 할 것이다.

한 정비되기 이전이었기 때문에 공사에 따른 다액의 부담을 줄이기 위해 거류민단에서는 수원지에서 배수지까지는 내경(內徑) 6인치의 토관을 사용하고 배수지에서 시내에 물을 공급하는 데는 철관을 이용하였다. 이때까지만 해도 급수규칙과 같은 것은 없었으며 거류민 역시 무료로 급수를 받았다.

청일전쟁 이후 재부일본인들의 증가와[8] 그것에 따른 위생문제들이 고조되면서 수도개량의 필요성이 재차 제기되었다. 이에 새로운 수원지로서 고원견산(高遠見山, 현 엄광산)[9] 계곡을 선택하여 공사비 11만 6천 원으로 1900년 1월 기공하여 1902년 1월 통수식을 거행하였다. 이때 고원견(高遠見)수원지의 저수량은 260만 2천6백 입방척으로 인구 1만인의 90일분에 해당하는 수량을 확보하는 것이었다. 이것이 부산상수도의 제2기공사였다.[10] 제2기공사는 애초 두 가지 방안이 상정되었는데 각 방안의 구체적 내용을 보면 다음과 같다.

1안(확장공사)은 첫째, 고원견계곡에 저수지를 축조하고 그것으로부터 80간 아래에 여과지 2개를 마련하여 송수실에서 기존에 있던 배수지, 다시 말해 제1기공사 때 만든 복병산(伏兵山)배수지에 송수할 것, 둘째, 제1기공사 때 조성한 배수지와 동일한 모양의 배수지를 1개 더 증축하여 2개 배수지의 용적량 1천 5백 입방척으로 인구 6천 명이 하루 소비할 수 있는 수량을 저장할 것, 셋째, 인구 3천 명 증가에 동일한 모양의 배수지를 하나씩 더 증설할 것, 넷째, 제1기공사 때의 수원지를 약간 수선하여 보조급수로 사용할 것, 다섯째, 기존의 수원지에서 배수지로 송수하는 토관과 배수지에서

---

8) 개항 이후 1910년대 부산지역 인구현황에 대해서는 본고 註 41) 참조.
9) 현재 산명은 엄광산(嚴光山)으로 불린다(부산광역시 상수도사업본부, 앞의 책, 1997, 163쪽). 본고에서는 편의상 당시의 지명이었던 고원견산 또는 高遠見을 그대로 사용하였다.
10) 釜山居留民團役所 編纂, 『釜山上水道小誌』, 1914, 3~5·22·100쪽 ; 『釜山日報』, 1915년 11월 10일 ; 朝鮮總督府, 앞의 책, 1937, 1117쪽. 입방척(立方拓)은 당시 용적을 나타내는 단위이다. 리터로 환산하면 27.826ℓ 에 해당한다. 참고로 현재 일반 사무실에서 사용하는 배달용 생수통의 경우 대개 18.9ℓ 용량이다.

시내 각 급수전(給水栓)으로 송수하는 철관 등을 모두 새로운 철관으로 교체할 계획안을 갖는 것이었다. 여기에 비해 2안(개량공사)은 고원견계곡에 수원지를 마련하고 그것으로부터 80칸 아래에 여과지 2개를 각각 조성하고 옛 수원지는 적당히 보수한다는 점에서는 1안과 동일했다. 그러나 2안은 1안과 달리 고원견계곡의 여과지 가까운 곳에 배수지를 신설하여 양수지(揚水池)를 거쳐 시내에 급수하며, 신설 배수지의 용량 또한 시멘트콘크리트로 평균길이 50척, 폭 40척, 깊이 15척의 3만 입방척 크기 배수지를 조성하는 것이었다. 배수지의 용량은 여과지에서 24시간 여과한 수량을 저장할 수 있는 규모로 당시 부산 인구가 이틀 동안 소비할 수 있는 수량이었다.[11]

이 두 가지 방안에 대해 거류민단에서는 기술적 조사를 공학사(工學士) 다츠무라 요우키치(達邑容吉)에게 의뢰하였다. 이에 1899년 9월 현지를 실측한 다츠무라 기사는 다음과 같은 결론을 내렸다. 2안은 배수지 이하의 장치에 대해 기존의 것과 다른 점 없이 단지 급수량의 증가에 중점을 둔 것이기 때문에 향후 경부선철도의 개통에 따른 기관급수, 증기선의 부산항 출입증가, 공장의 급증에 상응한 물 공급의 문제 등을 해결할 수 없다고 보았다. 여기에 비해 1안은 첫째, 방화전을 시내 각 요소에 설치하여 비상시 이층은 물론이고 삼층 가옥에 대해서도 충분히 살수할 수 있다는 점, 둘째, 식수로서 사용하는 것 이외 선박, 기관차, 여러 공장 등에 급수를 가능케 하기 위해 물세(水稅)를 거두어 수도시설 정비에 따른 공비를 삭감하여 상당한 이득을 얻도록 한다는 점, 셋째, 수량이 충분할 때는 하수 및 도로에 물을 뿌려 분진 등을 청소하고 이를 통해 상점의 물품 손실을 미연에 방지할 수 있다는 점 등이 1안(확장공사)이 갖는 장점으로 평가하였다. 이밖에 다츠무라 기사는 경부선개통에 따른 부산의 땅값 등귀에 대비하여 거류민단에서 미리 고원견계곡 일대에 많은 토지를 매입하여 여과한 맑은 물을 충분히 저장할 수 있도록 준비해야 할 것 등을 당부했다. 이와 같은 감정

---

11) 釜山居留民團役所 編纂, 앞의 책, 1914, 9·19~20쪽 ; 『釜山日報』 1915년 11월 10일.

결과에 따라 1안을 기본안으로 하여 고원견 수원지공사에 착수하였다.[12]

제2기공사 또한 제1기공사와 마찬가지로 일본 본국으로부터 국고지원은 없었다. 따라서 제2기공사는 감정평가에서 지적하였듯이 1안이 제시한 수세징수방식을 채택하여 재원 확보에 노력하였다. 제2기 수도시설 확장 당시의 과세 실시 항목은 다음과 같다.

〈표 1〉 1900년 수도개량공비 수입예산

과목	본년도예산	비율	부기
水道改良金	12,724	50	
分頭課金	8,199	32.21	滿14歲 以上 滿 70歲 以下 1人 個月 15錢으로 4,515人 12個月分
漁船課金	1,425	5.6	乘組人 1人 30錢으로 4,750人分
酒造課金	900	3.5	1石 1圓 50錢으로 600石分
輸入酒課金	2,000	7.9	1樽 50錢으로 4千 樽分
醬油釀造課金	80	-	1石 40錢으로 200石分
輸入醬油課金	120	-	1樽 15錢으로 800樽分
合計	25,448	100	

* 釜山居留民團役所 編纂, 『釜山上水道小誌』, 1914, 30쪽.

실제 제2기 전체 공사비는 8만 7천 원으로 산정되어 연 1할로 은행에서 공사비를 차입하게 된다. 해당 은행은 제일은행 부산지점에서 6만 원, 제18은행과 제58은행에서 각각 13,500원을 차입하기로 했다. 상환방법은 1901년부터 1907년까지 7회 분할 상환하는 방식이었다.[13] 이를 위해 거류민단에서는 1901년 6월부터 1902년 3월까지 10개월 기간에 5천 원, 1902년부터 1907년까지 매년 급수료 6천 원을 거두어 전체 급수료 4만 7천 원을 확보하여 상환금에 충당하려고 했다.[14] 결국 제2기 전체 공사비 8만 7천 원 중에

---
12) 釜山居留民團役所 編纂, 앞의 책, 1914, 25쪽.
13) 부산광역시 상수도사업본부, 앞의 책, 1997, 164쪽.

서 54%(4만 7천 원)에 해당하는 재원이 급수료에서 마련될 계획이었다. 이 밖에 위의 〈표 1〉에서 확인할 수 있는 각종 과세금 또한 전체 상환해야 할 금액에서 30%(25,448원)의 비중을 점했다. 따라서 수도확장 공사에 들었던 총 경비 중에서 84% 이상이 거류민들의 급수료와 직접적인 수도개량금 및 분두과금(分頭課金)에서 충당되었음을 알 수 있다. 제2기공사의 규모를 제1기공사와 비교하면 다음과 같다.

〈표 2〉 제1, 2기 수도공사 규모비

설비		제1기공사	제2기공사
수원지		自然濾過	106萬 立方尺, 水深 23尺, 滿水面積 海上上 200尺
여과지			幅 32尺 5寸, 長 40尺 7寸, 沈 9尺 3寸, 濾過速度 하루밤 12尺으로 1,363平方尺의 濾過面積 2개를 設置
배수지		長 36尺, 幅 24尺, 深 10尺	容積 1萬 5千 立方尺의 2個를 設置. 滿水面積 海上面 172尺
水管	送水管	土管, 內徑 6in, 延長 511間	內徑 7in, 延長 1,263間
	排水管	鑄鐵管, 內徑 6in, 5in, 3.5in, 延長 1,778間 97	內徑 6in, 5in, 3.5in 延長 2,900間. 거류지內 중요 部分에 設置
	防火栓	內徑 2.5in 30個	內徑 2.5in 45個
	豫備管		內徑 7in 延長 380間. 貯水池로부터 送水管에 接續하여 防火用으로 함
	制水瓣	內徑 6in 2個, 5in 1個, 3.5in 21個	內徑 7in 3個, 5in 3個, 6in 4個 3.5in 34個 全體 44個
	排水瓣	3個	
	共用栓	70個	12個

* 釜山居留民團役所 編纂, 『釜山上水道小誌』, 1914, 5·41쪽.

제1기공사와 제2기공사를 비교하면 첫째, 여과기능은 제1기공사에서 설

---

14) 釜山居留民團役所 編纂, 앞의 책, 1914, 34~37쪽.

치되지 않았으나 제2기공사에서 설치되었음을 알 수 있다. 둘째, 배수지는 제1기공사에 비교가 되지 않을 정도로 제2기공사에서 보강되었다. 셋째, 송수관의 재료는 제1기공사에서 토관이 사용되었지만 제2기에서는 송수관과 배수관 모두 철관으로 교체되었고 송수관의 길이 또한 752간 늘어났다. 넷째, 배수관은 제1기공사에 비해 제2기공사에서 1,122간, 방화전은 15개 정도 증대하였다. 특히 방화전과 제1기공사에 없었던 예비관의 설비증대는 도심의 발달에 따른 대형화재에 대비하기 위한 것으로 판단된다. 그리고 제수판 또한 제1기공사보다 제2기공사에서 두 배 정도 증가했다. 공용전은 제1기 때보다 제2기공사에서 감소하였는데 동일 크기의 공용전이 줄어든 것인지, 아니면 양적으로는 감소하였지만 실제 공용전의 크기가 제1기공사보다 컸는지 구체적인 내용을 확인할 바가 없다. 그리고 〈표 2〉를 통해서 이때까지만 하더라도 전체 급수는 공용전으로 운영되었으며 일반의 보통급수는 없었음을 알 수 있다.

Ⅲ. 제3기 상수도 확장공사

러일전쟁에서 일본이 승리한 이후 재부일본인 또한 급격하게 증가하여 급수시간의 제한과 공용전 앞에 물을 받기 위해 급수자들이 꼬불꼬불 줄선 상태의 물통선이 시가지까지 이어지고 급수자들 사이에 고성이 오가는 등 급수시간이 제한되는 사태가 속출하였다. 이에 수도 확장공사는 일본거류민단에서 더 이상 미룰 수 없는 초미의 관심사로 대두했다.15) 그 결과 일본거류민단과 한국정부는 공동으로 기존의 고원견산 수원지 증설 및 복병산 배수지 신설, 새로운 성지곡수원지 조성 등을 목표로 공사비 117만 원으로 1908년 4월부터 1910년 9월 사이에 대규모의 수도시설 확장공사를 단행하

---

15) 釜山居留民團役所 編纂, 앞의 책, 1914, 44쪽.

였다. 이것이 부산상수도의 제3기공사였다.

제3기공사의 과정을 보면 일본거류민단은 1905년 내무기사 구라시게 테츠조우(藏重哲三)에 촉탁하여 수도관련 조사를 하도록 했다. 구라시게 기사는 현지를 실측하여 그해 7월 6일 제1회 보고서를 제출하였다. 대상인구는 일단 3만 5천으로 하고 장래 4만 6천까지 상정하여 12~3월까지 1인 평균 2입방 4척, 4·5·10·11월 4개월은 3입방 6척, 하절기에 해당하는 6~9월까지 4개월은 3입방척을 소비할 수 있는 급수량을 기본으로 고원견계곡(23,108,400평방척, 수심 77척)과 인접한 구덕계곡(九德溪谷, 11,664,792평방척, 수심 50척)을 합친 34,773,192평방척(96만 5,922평)을 수원지로 확보하고 저수량은 1,350만 평방척(고원견 900만+구덕 450만)으로 제방을 흙으로 만든 두 개의 수원지를 만들 계획을 입안하였다. 이 계획에는 정수장, 여과지, 배수지를 설치하여 15인치 본관으로 시내에 송수하는 공사로 총 경비 75만 원이 상정되었다.16) 이후 구라시게 기사는 1905년 9월 11일 제2회 보고서를 내놓는데 1차 보고서 때와 달리 수도사용 인구를 5만으로 하고 수원지 또한 부산진(釜山鎭) 전포촌(田浦村) 상류 초읍(草邑) 성지곡계곡을 선택하여, 부산거류지 뿐만 아니라 부산진, 초량 등에도 급수 가능할 수 있도록 정수장을 초량정거장 북쪽에 선정하는 등 성지곡수원지 면적 145만 평(5,220만 평방척)을 확보 총 예산 85만 원을 계상한 제2회 보고서를 제출하였다.

물론 제2회 보고서는 실측이 아닌 5만분의 1 지도로 계산했을 때 산정된 수치들이었다. 이후 거류민단에서는 구라시게가 보고한 제2회 보고서를 검토한 결과 비록 실측은 아니더라도 수원유역의 면적 부분에서 크게 잘못이 없는 것으로 판단하였다. 이후 1906년 4월 구라시게와 사까이데 나루미(坂出鳴海)17) 등이 재차 조사한 결과 구라시케 기사의 제2회 보고서가 유효한

---

16) 釜山居留民團役所 編纂, 앞의 책, 1914, 45쪽.
17) 坂出鳴海는 1876년 4월 일본 고지현(高知縣) 출신으로 1909년 동경제국대학 공과대학 토목공학과를 졸업하고 1906년 4월 한국정부에 용빙되어 한국의 토목사무에 종사, 1910년 10월 조선총독부 기사로 임명되어 1925년까지 토목국 토목과 기사로

것으로 검정되어 급수인구를 성지곡수원으로부터 5만, 옛 수원을 재정비하여 5천, 두 개를 합쳐서 5만 5천 명에게 급수할 수 있는 총 공사비 117만 원의 대규모 공사 계획을 수립하였다.[18] 결국 제3기공사는 구라시케가 제시한 기본계획안을 기초로 작성되었다. 실제 구라시케는 1905년 9월 2차 조사 때 당시 부산만 조사한 것은 아니었다. 평양, 진남포, 목포 방면을 동시에 조사해서 보고서를 남겼는데 그는 2차 조사에서 성지곡수원지의 경우 계곡의 강수량만으로도 최대 7만 명의 급수가 가능한 것으로 보았다.[19] 이런 타당성 조사 끝에 일본거류민단에서 공사에 착수하는데 문제는 재원이었다. 거류민회는 이미 항만설비, 시구개정, 신시가정리, 하수개수, 도로개설 등의 여러 가지 사업으로 거류민회의 부담이 과중되어 있는 상태였다.[20] 따라서 미증유의 대공사비 117만 원을 민단에서 전부 부담할 수 있는 여건이 되지 않았다. 이에 민단장 이시하라 한엔몬(石原半右衛門)은 이토 히로부미(伊藤博文) 통감에게 호소하는 한편 일본 본국에는 보조지원을 신청하였다. 그러나 러일전쟁 직후 본국 재정의 어려움으로 여러 번의 청원에도 불구하고 지원을 받을 수가 없었다. 이에 거류민단에서는 한국정부로부터 지원을 받기 위해 부산이사관 간유 요시아끼(官有吉明)에 진정하고 이사관은 다시 한국재정고문 메카다 타네타로우(目賀田種太郞)에 진정하는 절차를

활동하였다(『在朝鮮內地人紳士銘感』, 470쪽 및 朝鮮總督府, 『職員錄』 참조).
18) 釜山居留民團役所 編纂, 앞의 책, 1914, 46쪽.
19) 內務省 土木局長 犬塚勝太郞(發送者), 「日本內務省技師의 釜山·平壤·鎭南浦·木浦에서의 水道計劃 調査 復命書 送達 件」(文書番號 發第一〇一號) 1905년 9월 29일 발송, 外務省 通商局長 石井菊次郞 殿(受信者)(국사편찬위원회한국사데이터베이스한국근대사자료집) http://db.history.go.kr/front/srchservice/srcFrameSet.jsp?pSearchWord(검색일: 2008.10.13).
20) '을사조약' 이후 일제는 한반도에서 통감부를 설치하고 화폐, 재정, 금융기구 등을 재편하면서 '보호국'화를 적극 추진하였는데 이런 움직임 속에서 재한(在韓) 일본인들 역시 한국을 자신들의 실질적 식민지로 인식하고 있었다(오미일, 『한국근대자본가연구』, 한울아카데미, 2002 및 박양신, 「통감 정치와 재한 일본인」, 『역사교육』 90 참조).

거친 끝에 한국정부로부터 35만 원을 보조받게 되었다. 그리고 나머지 공사비 117만 원은 일본흥업은행(日本興業銀行)으로부터 차입하여 한국정부와 흥업은행 사이에 보증계약을 체결하도록 하였다. 마침내 1906년 7월 12일 다음과 같은 의안을 거류민회에 제출할 수 있었다.21)

부산항수도확장 및 개수공사의 건

1. 본 공사는 기공에서 준공까지 3개년 반을 요한다.
2. 차입자금은 총액 117만으로 4개년 7기로 나누고 연이자는 7, 8푼으로 한다.
3. 상수급수는 기공으로부터 제5년에 이르러 개시한다.
4. 급수인구는 준공 때 3만인, 준공 후 3년 4만인, 준공 후 7년 5만인, 준공 후 10년 5만 5천인을 가정한다.
5. 거류민부담은 재부산 한국민은 제외하고 각국거류민에 대해서는 수도포설 두별로 나누어 1인 1개년 금 1원을 한도로 한다.
6. 한국민에 대해서도 상당한 급수료 및 부담을 한다. 단, 그 징수액은 외국인보다 경감한다.
7. 한국정부국고는 6년간 보조하는 것으로 한다. 단, 그 총액은 35만 원 이내로 한다.
8. 차입자금상환은 기공으로부터 제5년에 시작해 제15년에 이르러 모두 변제한다.
9. 기공 후 제16년부터 매년 약 17만 원의 잉여금을 낳는 계산으로 해당 연도로부터는 급수료를 체감하여 매년 10만 원 이내에 머무르는 조건을 붙인다.
10. 전항의 잉여금으로서 한국정부 당초의 보조금을 상환하는 것으로 한다.
11. 전항 거류민부담으로 징수하는 수도부설의 인원할당 분담(원문-頭割)은 각국인으로부터 징수할 것을 목표로 하지만 만약 불편할 경우

---

21) 釜山居留民團役所 編纂, 앞의 책, 1914, 47~52쪽. 본고에서 서술한 개수공사의 건은 실제 기록에는 '비고' 내용으로 되어 있는 사항들이다. 하지만 공사와 관련하여 실질적 규정력을 가졌던 사항들이었던 만큼 본고에서 번호를 매겨 내용을 정리하였다.

에는 일본인만으로 징수한다. 이는 한국정부에 국고보조금를 요구하기 때문에 특별히 행하는 바이다.
12. 본 공사는 시행을 탁지부 수도국에서 인수하는 것으로 할 때는 사무비에서 약 7만 원 이내의 절약을 하는 것에 의해 차입자금을 감액할 수 있다.

위의 의안에 의하면 공사기간은 3년 반(1항)으로 하고 총 공사비 117만 원은 4년 7분기로 연이자 7분 혹은 8분으로 변제할 계획이었다. 급수는 공사가 완료된 1년 반이 지난 뒤에 하는 것(3항)으로 하였는데 이는 제3기공사에서 새롭게 조성하는 성지곡수원지와 구덕수원지의 담수기간과 관련이 있는 것으로 생각된다. 급수규모는 완공 직후 3만 명, 완공 이후 10년이 지났을 때 5만 5천 인에게 급수할 수 있는 규모였다(4항). 그리고 공사 시설비로서 거두게 될 주민 부담금은 1년 1인 1원 한도 내로 하고 한국인은 과세대상에서 제외하였다(5항). 그러나 수도사용에 따른 급수료 자체는 한국인들도 지불해야 했는데 그 징수액은 외국인보다 싼 가격으로 했다(6항). 이외 한국정부의 국고보조금은 6년간 보조하는 것으로 그 총액은 35만 원(7항)이었다. 이 보조금은 공사완료 후 16년부터 생기게 되는 잉여금으로 상환할 계획이었다(10항). 그리고 수도부설 소요경비에 대한 인원할당 분담(頭割)의 분담금은 원칙적으로 각국 거류민들로부터도 징수할 것을 원칙으로 하지만 한국정부에서 일정 정도 분담금을 지불하는 만큼 일본인들에게만 분담금을 징수하겠다는 것이었다(11항). 그리고 본 공사 또한 탁지부 수도국에서 시행을 맡을 경우 사무경비에 해당하는 7만 원은 공사를 위한 차입자금 부분에서 감액할 예정이었다.

거류민단에서 기안한 위의 의결안에 따라 수차 회의를 거듭한 끝에 1906년 8월 11일 통감의 면전에서 메카다 고문과 일본흥업은행 이사 이노우에 다츠쿠로우(井上辰九郎), 거류민단장 이시하라, 탁지부 대신 이건영(李健榮) 등이 회동하여 아래의 내용과 같은 부산수도경영공동계약을 체결하였다.[22)]

釜山上水道經營共同契約

　大韓國政府는 부산수도경영에 관하여 부산일본거류민단체 사이에 다음의 계약을 체결한다.
　一. 부산수도는 大韓國政府와 부산일본거류민단체와 공동경영한다.
　一. 大韓國政府는 수도부설비 총액 152만 원 가운데 우선 35만 원을 8개년 간 출자하는 것으로 한다.
　一. 상수도수입은 출자액에 따라 공동 분배한다.
　一. 상수도공사 준공 후에 유지와 손실 기타 부담에 대해서는 대한국정부는 수도의 부설에 의해 정부 및 한국민이 향유할 이익을 한도로 그것의 부담을 져야 한다.
　一. 장래 부산에 대한국민의 발달에 의해 대한국 지방단체가 설립될 때 대한국정부는 수도에 대해 갖고 있는 그 지분을 해당 지방단체에 이관해야 한다. 이 경우 대한국 정부는 지방단체가 승계한 의무에 대해 보증해야 한다.

　　　　　명치 39년(1906) 8월 11일 대한국탁지부수도국장 李健榮
　　　　　　　　　　　　　　　　부산거류민장 石原半右衛門

　부산상수도공동경영의 계약 내용은 첫째, 부산상수도공사의 공사비는 거류민단에서 일본흥업은행에서 차입한 117만 원과 한국정부에서 출자하는 35만 원 합계 152만 원을 책정했다. 그리고 한국정부에서 출자하는 35만 원은 출자기간이 원래 6년이었던 것이 8년으로 수정되었다. 둘째, 공동출자에 따라 준공 후 운영에 따른 각종 부담금 역시 한국정부에서 책임지며, 향후 부산에 한국인의 지방자치단체가 생겨나게 되면 한국정부는 부산상수도 운영에 관한 권한을 지방정부에 이관할 것 등을 계약하였다. 수도경영권의 지방정부 이관은 본 계약 자체가 일본정부와 한국정부 사이에 체결된 것이 아니고 일본거류민단과 한국정부 사이에 체결된 계약인 만큼 장차 있을 만약의 경우에 대비하여 일본거류민단의 입장을 강화하기 위한 조치로 보인

---

22) 釜山居留民團役所 編纂, 앞의 책, 1914, 59~60쪽.

다. 부산수도공동경영에 대한 계약을 체결한 이후 일본거류민단은 곧 일본 흥업은행과 수도공동계약서에 기초해서 공사비 117만 원의 융자금에 대한 계약을 체결하였다. 대체적인 내용은 민단에서 조달한 117만 원은 일본흥업은행으로부터 4개년 거치 5년(1911)부터 11년(1921) 사이에 연부상환으로 하는 것으로 연 8분의 이식으로 할 것 등이었다.23) 일본 흥업은행으로부터 융자받는 117만 원은 당시 부산거류민단 1년 세출액 411,810원(경상비 109,042원+임시비 46,178원+특별회계 256,590원)을 고려하면 상당한 금액에 해당하였다. 참고로 1907년 인천과 평양의 한 해 세출액은 각각 165,539원과 40,010원이었는데 한국정부는 각 거류지의 한해 세출액이 이와 같은 상황에서 수도보조금으로 1907년 부산 5만 원, 인천 47만 원, 평양 20만 8천 원을 각각 지원하였다. 부산에 지급된 수도보조금 5만 원은 공사비 117만 원의 이자금 지불용으로 사용되었다.24) 따라서 제3기부산상수도공사에 소용된 총 경비는 결국 152만 원이었던 것이다.

이와 같은 계약체결과 함께 일본거류민단과 한국정부는 부산수도사업의 경영에 대해 논의한 결과, 당시 한국정부에서 인천과 평양의 수도시설 운영을 위해 탁지부에서 수도국을 설치한 상태였으므로 제3기수도공사 또한 탁지부 수도국에서 위탁 운영하는 것으로 하였다.25) 그 결과 1907년 3월 2일 수도국 기사장 사노 토오지로(佐野藤次郞)의26) 감독으로 사업 시행의

---

23) 부산거류민단과 일본흥업은행 사이에 체결된「계약서」의 내용에 대해서는 釜山 居留民團役所 編纂, 앞의 책, 1914, 60~63쪽 및 부산광역시 상수도사업본부, 앞의 책, 1997, 176쪽 참조.
24) 度支部理財局,『金融事項參考書』, 1908, 7·601쪽. 대한제국은 목포 일본인거류민 단에 3만 원의 보조금을 주어 1908년 수도공사에 착수, 이듬해 준공하였으며 평양은 1907년 1월에 착공하여 1910년 7월, 인천은 10월에 각각 준공하였다(『每日申報』 1911년 3월 10일).
25)『釜山日報』1910년 9월 25일. 이때 수도국에서 위탁 관리하던 권한은 1910년 10월 일본거류민단으로 넘어가게 된다(『每日申報』 1911년 3월 10일).
26) 佐野藤次郞은 1897년 3월 탁지부 수도국에 고용되어 1908년 내부 본청 토목국 위생공사와 기사로 근무하고 1910년 조선총독부 내무부 지방국 수도사무에 종사하

원활한 업무 분담을 위해 거류민단장과 수도국 사이의 세부적 업무 내용을 결정한 뒤 다음 달 4월 부산 서산하정(西山下町, 현 동주여자고등학교 일대)에 사무소를 개설하였다. 이때 기사장 사노의 허락 아래 기사 아사미 준지로(淺見忠次郎)를 소장으로 부임시켜 수도공사에 본격 착수하였다.[27] 1907년 4월부터 1910년 6월 사이에 조성된 제3기공사의 현황은 다음과 같다.

〈표 3〉 부산수도 제3기공사 완료 후 성지곡수원과 고원견산수원지

종별		신수도(성지곡수원지)	구수도(고원견산수원지)	
貯水池	容積	1,358,000 立方尺(18,634평). (4萬 5千名의 150日 分量)	2,520,000 立方尺(1萬名의 90日 分量)	
	水源	88尺	30尺	
	滿水面	310尺	208尺	
沈澱池	容積	384,000 立方尺(4萬 5千名의 40時間 分量)		
	滿水面	海面上 315尺		
濾過池	容積	19,000 立方尺	40,440 立方尺. 濾過池 4個	
	速度	晝夜 8尺	晝夜 8尺	
配水池	容積	1,100 立方尺 35,200 立方尺	12,432立方尺(1萬名의 夏기급수 8時間 分量)	
	滿水面	249尺 180尺	166尺	
送水池	延長	13,700	7,560	
	內徑	350	7寸	
排水管	延長	18,980m	7,390m	新舊 總延長 22mil
	內徑	100mm 以上 416尺 以下 7種類	3.5in 乃至 7in 4種類	

*『釜山日報』1910년 2월 19일 및 『朝鮮時報』1910년 9월 25일 취합.

는 촉탁 직원 등을 역임하였다. 1918년 설립된 조선식산은행 대주주로 활동하였다(『職員錄』 및 『朝鮮銀行會社組合要錄』, 1921·1923 참조).

27) 釜山居留民團役所 編纂, 앞의 책, 1914, 66·86~87쪽. 淺見忠次郎는 현재 성지곡수원지 제방 맨 위쪽 중간에 보면 영문으로 된 벽체 표지석에 superintending engineer 로서 sano와 resident engineer로서 asami의 이름이 새겨져 있다. 부산상수도 제3기 공사에 의한 성지곡수원지, 고원견산수원지의 자세한 제원에 대해서는 부산광역시 상수도사업본부, 앞의 책, 1997, 170~172쪽 참조 바람.

제3기공사로 성지곡수원지의 경우 4만 5천 명의 150일 분량을 저장할 수 있었다. 고원견산수원지는 1만 명의 90일 분량을 저장하였는데 그 규모는 3,562평이었다. 현재 축구장의 크기가 대략 2,500평인 것을 참고하면 그 규모를 짐작할 수 있다. 고원견산수원지의 경우 성지곡수원지와 달리 별도의 침전지를 설치하지는 않았다. 그 이유는 자연수 자체를 곧장 저수지에 유입시키지 않고 인접한 방수로에 인도하여 물이 맑아지는 것을 기다려 저수지에 유입시키는 설비를 갖추고 있었기 때문이다.28) 이런 구조 때문인지 고원견산수원지의 여과지는 성지곡수원지에 비해 그 규모가 컸다. 한편 성지곡수원지의 배수지는 규모면에서 고원견산수원지보다 거의 3배에 가까웠는데 이는 수원지에서 멀리 떨어져 있는 시내 방향으로 수돗물을 송수하기 위한 결과로 생각된다.

이하에서는 현재 남아 있는 성지곡수원지와 복병산배수지, 그리고 제3기 공사 당시 시내에 급수된 배수관들이 어떻게 설치되었는지 여기에 한정해서 살펴보고자 한다.29) 성지곡수원지에서 복병산 배수지까지 물을 공급하

---

28) 『朝鮮時報』 1910년 9월 25일. 현존하는 복병산 배수지는 근대건축물로서 의미를 갖고 있다. 그러나 그것에 대한 재원은 지금까지 명확히 밝혀져 있지 않았다. 참고로 정확한 재원을 서술하면 다음과 같다. 바닥면은 해상면(海上面) 68척으로 배수지 바닥의 지질은 연암(軟巖) 8할, 경암(硬巖) 2할로 되어 있었는데 도수벽 및 양측벽 상부에 얼마 안 되는 부분에 벽돌(煉瓦石)을 사용하고 나머지 전부는 시멘트 6, 화산회(火山灰) 4, 석회 2, 고운 모래 24, 할사회(割砂灰) 50의 배합으로 콘크리트를 사용했다. 그리도 온도의 변화에 따른 균열을 방지하기 위해 바닥부 길이 176척 4촌, 폭 190척 5촌의 부분은 77구획으로 주위 측벽을 13구획으로 지붕을 덮는 아치형 31개로 구분하여 축조하였다. 각 구획의 개소에는 아스팔트로 두껍게 세 번 칠한 가운데 칸막이벽에 속하는 지름 사이 14척의 각 아치에 1야드의 중량 12파운드 길이 15척의 레일 2개를 콘크리트 내에 채웠다. 배수지 내 콘크리트에 속하는 부분은 전부 시멘트 1, 고운 모래 3의 배합 몰타르를 두껍게 세 번 도료하고 바닥부와 주위측벽은 만수면(滿水面)까지 아스팔트를 역시 두껍게 세 번 칠하여 누수를 방지했다. 양측에 각 6개소(안지름 2척), 상부에 21개소(안지름 1척)의 통풍구를 설치하여 각각 금속 및 철 덮개를 장식했다. 배수지 2개의 접속벽을 이용하여 수도식(隧道式) 통로로서 양 끝에 철근콘크리트 문짝을 설치하여 저수지 내 순시의 편의를 도모하도록 설계했다(釜山甲寅會, 『日鮮通交史』 後篇, 1916, 210쪽).

는 송수관의 경우 성지곡수원지에 부속하는 수탑(水塔) 안에 설치된 지름 350㎜(14인치) 철관에 의해 저수지로부터 침전지로 물을 보낸다. 침전지에서는 맑은 물을 만들기 위해 부유관(浮遊管)을 설치하였는데 부유관을 통해 표면수를 암구(暗溝)로 보내는 도중에 수직 높이 40척에서 물을 떨어뜨려 자연적으로 많은 공기와 접촉하도록 하여 여과지(옛 성지곡풀장이 있던 곳)에 물을 보냈다. 이렇게 여과된 물은 여과지 바로 밑의 수원배수지에 보내져 그곳으로부터 연장 5,290간의 길이에 지름 350㎜ 철관으로 부산 복병산배수지로 송수되는 방식이었다.30) 고원견산수원지와 성지곡수원지의 물을 모두 집수했던 복병산배수지는 해면상 165척의 위치에 설계되었는데 배수지의 내면 길이는 95척 5촌, 폭 79척 2촌, 유효 수심 12척의 2개를 조성했다. 이때 조성된 복병산배수지는 현재까지 원형이 그대로 남아있다. 그 용적은 16만 6,642입방척으로 인구 4만 5천인의 여름 급수량 1일 1인 3입방척으로 할 때 24시간 분량을 저장하는 규모로 복병산배수지 공사에 소요된 공사비는 63,863원이었다.31)

한편 급수전에 직접 송수되는 배수관의 현황을 보면 배수관은 크게 세 구역으로 구분되었다. 첫 번째 배수관 설치 구역은 송수관으로부터 분기하여 부산진, 고관(古館), 초량 부근에 급수하는 것이다. 거류민단역소의 조사에 의하면 이 지역 예상 인구는 11,400명이며 각 분기점에 양수기를 설치하여 수량을 점검할 수 있도록 했다. 이 지역은 대개 한국인들의 마을로서 도로가 좁고 굴곡이 있어 큰 관(管)을 깔기에 적당하지 않고 다량의 급수자 또한 없는 곳이었다. 따라서 수압은 주로 200척 이상으로 하고 관 또한 150~100㎜관을 사용하였다. 이곳의 배수관 총길이는 1만 450척이었다.

두 번째 배수관 설치 구역은 신설한 시내 복병산배수지를 비롯해 일본거

---

29) 제3기공사로서 조성된 성지곡수원지, 고원견산수원지, 영도급수시설 등의 세부적 제원에 대해서는 부산광역시 상수도사업본부, 앞의 책, 1997, 170~175쪽 참조.
30) 釜山居留民團役所 編纂, 앞의 책, 1914, 92쪽.
31) 위의 책, 90쪽.

류지 일대 매축지 및 신개지(新開地)에 급수하는 것이었다.[32] 이 지역의 예상 인구는 거류지 15,600명, 매축지 8천 명과 신개지 2만 명 가운데 절반에 해당하는 1만, 이 세 곳을 합쳐 33,600명에게 급수되는 관의 설치였다. 이곳의 수도량 또한 최대 1일 6입방척 3의 비율로 급수할 수 있는 곳으로 특별히 방화전용(防火栓用) 또는 기타의 목적으로 1분간 100입방척의 비율로 급수할 수 있는 관을 설치하였다. 시내의 중심부에 해당하는 이곳은 우선 300mm관이 복병산배수지에서 빠져나와 복병산 서쪽을 경유하여 대청정에 이른다. 여기서 관은 동서로 나뉘어 동쪽으로는 300mm로 하고 본정(本町, 현재 동광동)에는 250mm 두 개로 분기되어 하나는 동쪽 방향 매축지 쪽으로, 다른 하나는 본정 남쪽의 행정(幸町, 현재 남포동)에 이르러 200mm로 하였다. 한편 대청정에 이르러 서행하는 배수관은 행정 3정목에서 종래의 6인치관과 접속하도록 했다. 그리고 대청정에서 분기하여 서쪽 방향으로 급수된 배수관 역시 300mm로 보수정(寶水町)을 남행하여 행정거리에 이르러 250mm로 서쪽으로 급수되고 다시 200mm로 이어져 보수천을 건너 피병원(避病院) 부근(현 서구청 일대)에서 멈추었다. 이 구역은 당시 기존의 수도 철관 7in, 6in, 5in, 3.5in 등이 있어 이들과 적당히 신철관들이 접속하여 급수의 지관으로 이용했기에 신설 배수관과 중복되기도 하였다.

  세 번째 배수관 설치 구역은 신개지(보수천을 경계로 서쪽 방면의 현재 서구지역) 구역의 1만 명에 배수하는 것으로 배수관 7in을 이용하여 그 도중에 여러 곳으로부터 100mm관으로 분기되고 배수관의 끝은 앞의 두 번째 구역 배수관 영역과 연결되었다. 배수관 설치의 세 번째 구역은 한국인 마을이 불규칙한 도로를 따라 서로 떨어져 있고 대부분이 경지지역으로 되어 있어 제3기 수도공사를 할 당시만 해도 정연한 배수를 시행할 수 없는 지역이었다. 따라서 당장 이곳에 많은 철관을 설치하는 것을 목표로 하지는 않

---

32) 참고로 일본인들이 대청정(大廳町), 보수정(寶水町), 신개지인 부평정(富平町) 일대에 거주하는 것이 법적으로 허용된 것은 1899년 9월부터이고 초량, 고관(古館), 부산진(釜山鎭) 방면의 거주는 1903년부터 허가되었다.

앉다. 향후 도로정비에 발맞추어 철관을 깔기로 하였다. 따라서 급수지관 (給水支管)의 제수판을 적당히 개폐하여 상호 유용하게 사용하는 쪽으로 사업계획을 잡았다. 조만간에 이곳에 새로운 도로가 건설되면 두 번째 배수관 구역의 보수정 300mm관과 연장하여 보수천을 건너 적당하게 분기할 수 있도록 할 계획이었다.33) 결국 제3기공사에서 배수관은 부산진, 고관 일대와 일본거류민들이 밀집해 있던 현재 중구지역 일대에 집중적으로 공사되었음을 알 수 있다. 다음으로 제3기공사에서 각 시설별로 소요된 공비 현황은 다음 〈표 4〉와 같다.

〈표 4〉 제3기 부산수도 시설공비

항목	경비	비율
俸給	46,600원	4.13
雜給	47,478	4.21
旅費	21,040	1.86
廳費	12,178	1.08
新水源工事費	445,564	38.14
舊水源工事費	113,713	9.73
釜山配水池費	57,125	4.89
水管工事費	279,906	23.96
道路費	9,070	0.8
機具機械費	21,650	1.92
調査費	1,500	0.1
檢査費	13,969	1.24
電話費	2,760	0.2
報償費	24,712	2.11
營繕費	22,450	1.99
雜費	8,010	0.7
豫備費	40,276	3.4
總計	1,168,001	100

* 『釜山日報』 1910년 9월 25일 ; 경비 산정에서 원 이하 전, 리는 생략.

33) 內部 土木局 釜山水道事務所, 『釜山水道事業第一回報告書』, 1908, 10~12쪽.

상수도 제3기공사에 소요된 전체 경비 중에서 신수원공사비(=성지곡수원지, 38.14%)와 수관공사비(23.96%)에 62%가 지출되었다. 여기에 비해 구수원공사비(=고원견산공사비, 9.78%)와 수원지 주위의 농경지에 대한 보상이 일정 부분을 점하였을 것인데 이 또한 막상 총 공사비 중에서 2% 정도에 불과하였다. 이는 수원지 주위의 땅값 자체가 싼 가격이었든지 그렇지 않으면 보상할 때 실제 지가보다 낮게 책정된 결과로 여겨진다. 당시 성지곡수원지와 고원견산수원지 주위의 논밭, 산림, 황무지, 구릉지 등에 대한 전체 보상액은 12,274원 정도로 산정되었다. 그중에서 성지곡수원지의 경우 11,623원, 고원견산의 경우 651원 정도의 토지매입 보상비가 각각 지불되었다. 성지곡의 경우 수원지 부근 3천여 명의 주민들은 수원지가 조성될 경우 자신들의 농경지에 개관할 물의 수량이 감소할 것을 우려하여 토지매수에 완강하게 반대하였다. 이에 부산이사관, 동래부윤, 탁지부 수도국 사무관 등이 백방으로 노력하였으나 협상은 번번이 실패였다. 따라서 공사 준공 후 실제 상황에 따라 보상해 주기로 하고 토지를 매수할 수밖에 없었다.[34]

여하튼 제3기공사에서 총 사업비 중에 많은 부분이 신수원공사와 수관포설공사에 지출되었음을 알 수 있다. 구수원공사비는 기존의 수원지를 활용하는 방식이었기 때문에 그렇게 많은 경비가 소요되지 않았다. 신수원공사비(=성지곡수원지)의 설계를 맡았던 아사미 준치로는 1906년 12월 중순 부산으로 와서 2개월의 측량과 6개월의 제도기간을 경과한 끝에 실질적 공사에 착공한 것으로 회고했다. 이 과정에서 아사미 준치로는 맨 처음 성지곡지역으로 탐방을 갔을 때 현지민들이 측량을 강력하게 반대함으로 아사미는 자신이 하는 일은 일본이 하는 것이 아니고 한국정부 탁지부에서 하는 일이라고 탁지부사령을 보여주어도 주민들은 막무가내였다. 이에 아사미는 부산으로 돌아와 다음날 통역을 대동하고 다시 초읍 방면으로 가서야 측량을 할 수 있었다고 하였다. 복병산배수지 역시 원래 배수지는 해면으

---

34) 釜山居留民團役所 編纂, 앞의 책, 1914, 87~88쪽.

로부터 최소 168척 이상인 곳이 적격인데 요행히 부산매축회사에서 매축용 토사를 위해 흙을 팠다가 암반을 만나 방치했던 곳을 새롭게 활용하였다. 이런 여건 때문에 배수지 소요 경비를 줄일 수 있었다. 실제 부산상수도 제3기공사는 완공되었을 때 원래 예상했던 총 금액보다 21만 원을 줄일 수 있었다. 이처럼 많은 경비를 남길 수 있었던 것은 성지곡수원지 공사에 당시 우마력과 인력으로 운반할 수 없는 자재들을 소기관차를 이용했기 때문이다. 이때 사용된 레일과 소기관차는 사업 완료 후 곧바로 부산~동래간의 경편철도(輕便鐵道)로 이용하게 되었다.[35] 어쨌든 제3기공사의 비용을 줄일 수 있었던 데는 〈표 4〉에서 알 수 있듯이 수몰지구에 해당하는 한국인 토지에 대해 정당한 보상이 이루어지지 못한 것 또한 큰 몫을 차지했을 것으로 판단된다.

Ⅳ. 한말 급수실태와 상수도 이용현황

일본거류민단은 제2기상수도공사를 완료한 직후인 1902년 1월 「부산항수도급수가규칙(釜山港水道給水假規則)」을 제정하였다. 이 규칙은 전문 52조로 급수의 종류는 사용 수량을 계산하지 않는 방임급수와 수량을 계산하는 계량급수로 구분하고 급수전의 종류는 도로에 설치한 수도철관에서 사용 장소까지 단독 급수하는 전용급수전, 2호 이상이 급수하는 조합용급수전, 공도(公道)의 적당한 장소에 설치하여 공중에게 급수하는 공중용급수전 이렇게 3종류로 구별했다. 그리고 수도료의 징수와 관련해서는 전용(專用)급수의 수도료는 1전(栓)에 대해 1호(戸) 인구 5인 이내 1개월은 1원 50전,

---

[35] 『釜山日報』 1910년 9월 25일. 부산과 동래를 근대적 교통편을 통한 1일 생활권으로 묶었던 것은 1910년 11월 조선와사전기주식회사에서 개통한 경편철도와 이후 1915년 10월 31일 개통한 전철을 빼놓을 수 없다. 경편철도와 전철 개통이 온천장 개발에 갖는 의미에 대해서는 곧 공간할 「일제강점기 동래온천장과 해운대의 시공간적 의미」를 참고하기 바람.

1호 인구 6인 이상 10인 이하인 경우 1개월 2원으로 하고 각각 1인씩 더해 질 때마다 1개월 10전(錢)을 추가하는 것으로 하였다(제29조). 그리고 조합 용 급수의 수도료는 1전에 5호까지 1개월 2원으로 하고 1호 증가할 때마다 40전을 증액하는 것으로 하였다(제32조).36) 위의 수도료들이 가정경제에 어느 정도 부담이 되었는지 정확히 파악할 수는 없다. 하지만 1915년 무렵 비교적 1일 임금이 높았던 한국인 목수의 1일 임금 60전과 비교한다면37) 공용전 1호당 1개월 사용 부담금 40전은 결코 값싼 편은 아니었다. 1905년 부산상수도의 종류와 급수전 현황을 보면 다음 〈표 5〉와 같다.

〈표 5〉 1905년 6월 상수도의 종류와 급수전

명칭구별		전수(栓數)	비율
전용전(專用栓)	특별전	34	8.54
	공중용전	271	68.09
공용전(共用栓)	조합전	34	8.54
	공중용전	12	3.01
전용방화전(專用防火栓)		45	11.30

36) 釜山居留民團役所 編纂, 앞의 책, 1914, 111·115·117쪽. 부산상수도 관련 각종 예규(例規)는 부산광역시 상수도사업본부, 앞의 책, 1997, 부록에 다수 수록되어 있다. 그러나 각 규칙의 문장 및 수치의 기재에서 몇몇 오류가 있음에 주의를 요한다. 부산거류민단에서는 제3기 수도공사의 준공을 앞두고 1907년 2월 22일 전문 5장 49조로 구성된 「부산수도급수규칙」 및 전문 2장 20조의 「부산수도사용료규칙」, 이어서 3월 9일 25조 「부산수도급수규칙시행세칙」을 각각 제정하였다(釜山居留民團役所, 『釜山居留民團例規類集』, 1909, 177~196쪽). 이때 급수전은 1호 전용으로 공급하는 전용전, 2호 이상 조합사용에 공급하는 사설공용전, 공동으로 사용하는 공설공용전으로 구분했다. 그런데 사설공용전과 공설공용전은 임의로 신청할 수 있는 것이 아니었다. 거류민단세 연액 25원 납부자, 1개월 임대가격 25원 이상의 가옥에 거주하는 자는 제외시켰다(「부산수도급수규칙」 제4~6조). 이는 경제적 능력이 있는 수도사용자에게 더 많은 수도료를 받기 위한 조치로 생각된다. 각 법규에 의한 한말 부산지역 상수도 운영에 대해서는 부산광역시 상수도사업본부, 같은 책, 178~185쪽.

37) 釜山府, 『釜山府勢一斑』, 1916, 61쪽.

선박급수전(船舶급수栓)	1	0.26
방화전 및 급수전	1	0.26
합계	398	100

* 『釜山港勢一班』, 1905, 175~176쪽. 전용전 내의 특별전은 관아, 역소(役所, 거류지역소)에서 사용하는 것을 의미함.

〈표 5〉에서 분류한 전용전과 공용전은 1902년 1월 제정된 「부산항수도급수가규칙」과 비교했을 때 전용전은 급수전을 인용(引用)하는 것이 단독인 경우, 즉 1호에 해당하고, 공용전 중 조합전은 인용자 2호 이상의 경우로 사설공용전에 해당한다. 그리고 공용전 중 공중용전은 "공도의 적당한 장소에 설치하여 공중에게 급수"하는 공설공용전을 각각 의미하는 것이었다. 따라서 1905년 당시 수도 급수전은 관청과 거류지역소에 보급된 특별전을 제외하고는 전용공중용전, 공용조합전(사설공용전), 공용공중용전(공설공용전) 이렇게 3가지로 분류된다고 하겠다. 이 중에서 전용전과 조합전은 사용자로부터 급수료를 징수하지만 공중용전(공설공용전)은 무료로 급수하였다.[38] 급수전의 비율 또한 단독으로 급수전을 설치한 전용공중용전이 68%, 전용방화전 11%, 특별전과 공용조합전(사설공용전)이 각각 8.5%, 공중용전(공설공용전) 3% 비율로 파악된다. 이 중에서 수도료를 징수하였던 전용공중용전이 68%로서 절대적 비중을 차지하고 2호 이상 사용하였던 공용조합전 즉 사설조합전은 특별전과 함께 8.5%에 불과했다. 결국 자가전용전에 해당하는 전용공중용전(68%)과 2호당 이상 급수된 사설조합전(8.5%)을 합친 76.5%가 급수전에서 절대적 비중을 점하고 있었다. 부산시내 급수전 중에서 압도적 우위를 차지했던 전용공중용전(=자가전용전)의 지역별 현황을 보면 다음 〈표 6〉과 같다.

---

38) 釜山居留民團役所 編纂, 앞의 책, 1914, 110쪽.

〈표 6〉 1905년 6월 전용전(專用栓) 및 조합전(組合栓) 정별(町別) 현황

町名(현재 동명)	自家專用栓	組合栓	町名(현재 동명)	自家專用栓	組合栓
본정1정목(동광동1가)	14	1	변천정2정목(광복동2가)	6	-
본정1정목(동광동2가)	13	1	변천정3정목(광복동2가)	10	-
본정1정목(동광동3가)	18	-	입강정(광복동1가)	17	-
북빈정1정목(동광동4가)	13	-	남빈정(남포동1, 4가 북쪽지역)	24	1
북빈정2정목(중앙동3가)	1	-	행정1정목(남포동3가 북쪽지역)	19	-
상반정(동광동2, 3가 일부)	22	-	행정2정목(남포동3가)	15	1
금평정(동광동2가 일부)	10	-	행정3정목(창선동1가)	13	2
변천정1정목(광복동1가)	9	1	서정1정목(신창동1가)	8	-
서정2정목(신창동2가)	9	3	서산하정(광복동3가)	-	-
서정3정목(신창동3가)	16	7	관외 대청정(대청동)	7	4
서정4정목(신창동4가)	5	2	보수정(보수동)	1	1
서정5정목(신창동1~4가 북쪽지역)	4	5	부평정(부평동)	18	5
합계				271	34

* 『釜山港勢一斑』(부산, 1905), 176~177쪽. 특별전용전은 별도로 34전(栓)이었다. 町・洞의 新舊對照는 「京釜鐵道 韓國京城全圖」 부산일본거류지(1903), 『釜山古地圖』(부산광역시・부산대학교, 2008), 249쪽 ; 金義煥, 『釜山近代都市形成史』, 연문출판사, 1973(附錄) 「解放 直後 釜山洞名對照表」 및 현재의 법정명과 행정명을 필자가 취합 정리함.

 1905년 당시 각 정별 급수전의 분포를 현재의 동명과 비교한다면 자가전용전의 경우 현재 동광동 일대 90~91전, 남포동 일대 58전, 신창동 42전, 광복동 42전, 부평동 18전, 창선동 13전, 대청정 7전, 보수정 1전 순으로 파악된다. 특히 동광동 일대에 급수전이 밀집해 있었던 것은 초량왜관 시절부터 부산항과 일본 사이 교역선이 출입하던 곳이 동광동 앞쪽의 북빈(北濱) 해안가였던 역사적 관련성 때문일 것이다. 즉 개항 이후 무역선이 출입하던 북빈 해안가와 맞닿아 있던 동광동 일대가 제일 먼저 개발되고 그 결과

일본전관거류지 내에서도 일본인들의 거주밀집이 높았던 동광동 일대에 자연히 급수전이 많이 설치되었음을 알 수 있다. 이는 위의 표에서 오늘날 광복동 입구에 해당하는 입강정의 급수전 17전을 현재의 동광동 일대에 넣더라도 크게 무리가 없는 점을 감안하면 동광동의 일본인 거주밀집과 급수전의 보급이 높은 이유를 충분히 이해할 수 있을 것이다. 결국 급수전의 보급현황을 통해서 일본인전관거류지 내의 일본인 거주와 신가지개발의 순서가 동광동→남포동(매립전, 옛 구두방 골목 중심)→신창동→광복동→부평동 순으로 진행되었음을 짐작할 수 있다.

한편 제3기수도공사가 완료된 이듬해 1911년 3월 부산의 급수전과 급수호수의 내역을 보면 〈표 7〉과 같다.

〈표 7〉 1911년 부산수도 전수와 급수호수 및 급수지역

栓別		栓數	비율	급수호수	비율	급수호수 내역
전용전	방임전	511	①48.02	511	④14.27	영도 8, 초량부산진 8, 신시가 16, 관내 기타 479
	계량전	159	②14.94	122	⑤3.40	영도 8, 초량부산진 6, 신시가 3, 관내 기타 105
	특별전	-		359	10.02	영도 56, 초량부산진 25, 신시가 21, 관내기타 257
사설공용전		167	③23.22	719	20.08	
공설공용전		71	⑥6.67	1,868	⑦52.17	영도 408, 초량부산진 454, 신시가 78, 관내기타 928
선박급수전		1		1		
방화전		155	⑧14.56	-		영도 3, 초량부산진 28, 관내기타 124
총계		1,064	100	3,580	100	

* 慶尙南道, 『慶尙南道道勢要覽』, 1911, 250~251쪽. 원문에는 〈표 7〉 공설공용전의 '급수호수내역'이 사설공용전의 '급수호수내역'으로 기재되어 있다. 그러나 공설공용전의 '급수호수' 1,868호와 공설공용전 '급수호수내역'의 각 지역 합산이 일치하는 데 근거하여 공설공용전의 '급수호수내역'으로 정정 기재함. ①~⑦은 본문 설명을 위한 표시임.

〈표 7〉을 통해서 제3기공사가 완료된 직후 수도현황을 보면 수도사용량

을 계산하지 않는 방임전이 48%, 2호 이상 공용으로 사용하는 사설공용전 23%, 수도사용량을 측량하는 계량전 15%, 도시의 소방시설과 관련된 방화전 14.5% 순으로 파악된다. 전체 급수전 중에서 "구역을 정하여 판매인으로 하여 수용자에게 공급하는" 특별전을39) 제외한 전용전이 62.96%(①+②)를 차지하였다. 이 수치를 제2기수도공사가 완료된 뒤의 현황을 보여주는 1905년의 위 〈표 5〉와 비교하면 첫째, 전체 급수전의 수가 398전에서 1,064전으로 3배 가깝게 증가했다. 둘째, 자가전용전에 해당하던 전용공중용전이 6년의 세월이 지나면서 68%에서 62.96%(①+②)로 약간 줄어들었던 데 반해, 사설공용전에 해당하는 공용조합전은 8.54%에서 23.22%(③)로 3배 정도 증가했으며 공설공중용에 해당하는 공용공중용전 역시 3.01%에서 6.67%(⑥)로 2배 증가했다. 그 결과 사설공용전과 공설공용전에 해당하던 공용전은 11.55%에서 30%(③+⑥)로 4배 정도 수준으로 가장 크게 증가했다. 셋째, 전용방화전 또한 11.30%에서 14.56%(⑧)로 증가했다. 방화전의 증가는 수도보급이 단순히 식수문제의 해결에만 한정된 것이 아니라 당시 목조건물로 빼곡이 채워져 있던 도심지의 화재방지에 부산거류민단에서 많은 신경을 쓰고 있었음을 반증한다. 넷째, 급수전에서 1, 2위의 비율을 점했던 것이 1905년 당시에는 전용공중용전(=자가전용전)과 전용방화전이었는데 1911년에는 전용전(①+②)과 사설공용전(③), 즉 과거 공용조합전에 해당하는 것으로 급수전 종목별상의 순위 변화가 나타났다. 그만큼 제3기공사가

---

39) 수도관계법령 중 전용전에 해당하는 특별전은 1905년까지만 하더라도 본문(〈표 5〉)에서 언급한 바와 같이 관공서와 거류민단역소에 보급되는 급수전을 의미했다. 그러나 1911년 2월 18일 반포된 조선총독부령 제18호 「官營水道給水規則」에 의하면 급수의 종류는 전용급수, 공용급수, 소화용급수, 선박용급수, 특별共用급수 등 5종으로 구분된다(『朝鮮總督府官報』 제139회[1911.2.18 발간]). 그런데 「관영수도급수규칙」은 반포 당시 1911년 4월 1일부터 시행하는 것으로 부칙에서 밝히고 있다. 따라서 본문 〈표 7〉의 통계표는 「관영수도급수규칙」이 시행되기 한 달 전인 1911년 3월에 작성된 통계로서 특별공용급수, 곧 특별전이 전용전 안에 분류되어 있다.

끝난 뒤 사설공용전이 전체 급수전에서 차지하는 비율이 급 증가하였음을 의미한다. 그 결과 1911년 당시 급수전에서 가장 높은 비율을 차지했던 1순위 전용전 62.96%(①+②)과 2순위인 사설공용전 23%(③)를 합치면 전체 급수전 중 이들이 86%를 점하고 있었다. 이 비율은 1905년의 같은 항목(전용공중용전+공용조합전)에 해당하는 비율 76.6%에 비하면 10% 정도 증가한 수치이다.

결국 제3기수도공사를 통해 많은 급수전의 설비확대를 가져왔지만 전체 급수전에서 자가전용전의 비율은 큰 변화가 없었던 데 반해 2호 이상 사용하였던 사설공용전과 공설공용전의 비율이 크게 확대되었음을 알 수 있다. 그런데 <표 7>에서 급수전과 급수호수의 관계를 보면 특별전을 제외한 전용전(①+②)의 급수전은 62.96%이지만 이것을 통해 수도의 혜택을 보는 급수호수는 정작 17.67%(④+⑤)에 불과했다. 여기에 비해 급수전의 보급 자체는 6.7%(⑥)로 낮았지만 그것을 통해 수도시설의 혜택을 보는 급수호수는 52.17%(⑦)를 차지하고 있었다.40) 다시 말해 제3기공사가 완료된 이후 수도시설의 혜택을 보게 되는 급수호수의 절반에 해당하는 52%는 71개의 공용수도꼭지를 사용한 공설공용전으로 이루어지고 있었다는 점이다. 그리고 수도시설의 급수 혜택을 보았던 전체 3,580호 중에서 방화용으로 사용된 방화전을 제외한 관내지역, 곧 과거 초량왜관으로서 일본인전관거류지에 해

---

40) 참고로 1915년 급수전과 급수호수의 현황(釜山府, 『釜山府勢一斑』, 1916, 64쪽)을 보면 다음과 같다.

給水種別	給水戶數							消火栓數		
	放任專用	計量專用	私設共用		公設共用		船舶給水	合計	公設	私設	合計
戶數	953	17%	237	4%	1,531	27%	2,918	52%	3	5,742	-	-	-
栓數	883	59%	242	16%	373	24%	82	5%	4	1,573	178	33	211

1915년 급수호수는 선박급수를 제외하고 5,639가호에 수도가 공급되었다. 이들 급수호수 중에서 公設共用栓 52%, 私設共用栓 27%를 합친 79%가 전체 급수호수 중 절대적 우위를 차지하고 있었다. <표 7>의 1911년 상황과 비교했을 때 각 급수전과 급수호수의 약간의 차이는 있지만 대체적으로 급수전과 그것에 상응한 급수호수의 상관관계는 큰 차이를 보이지 않았다.

당하던 곳에 1,769호('급수호수내역' 중 방화전을 제외한 '관내 기타'지역 합계)가 수도혜택을 받고 있었는데 그 비율은 전체 급수호수 중에서 49.4%를 점했다. 여기에 1899년 9월 이후부터 일본인들이 거주하기 시작했던 신시가(현 부평동 일대)의 급수호수 118호를 더하면 그 비율은 53%에 해당한다. 이처럼 제3기수도공사 이후에도 수도의 혜택은 일본인들이 다수 거주하던 곳에 집중되었던 것은 도시의 방화시설이었던 방화전 155개 중 124개가 과거 일본전관거류지이었던 곳에 몰려 있는 것을 보아도 그 맥락을 알 수 있다.

물론 재부일본인들도 급수호수의 절대적 비중은 공설공용전을 통해서 이루어졌음을 〈표 7〉의 공설공용전 중 '급수호수내역' 가운데 일본전관거류지에 해당한 '관내기타'지역이 많은 비율을 점하는 데서도 미루어 짐작할 수 있다. 그럼에도 불구하고 일본인들의 수도급수 혜택률은 한국인들과 비교가 되지 않을 정도로 월등히 높았음은 전후 상황을 통해서 확인할 수 있다. 즉 미비하지만 한국인들도 수도의 혜택을 일부 보았던 곳으로 여겨지는 초량부산진 방면의 급수호수 493호('급수호수내역' 중 방화전을 제외한 초량부산진 합계)는 전체 급수호수 중 13.77%에 불과하였다. 사실 부산진과 초량지역의 수도시설 또한 제3기수도공사에서 1903년 이후 일본인들이 합법적으로 거주하기 시작한 것을 겨냥한 수도보급이란 점을 염두한다면 실제 한국인들의 수도 급수률은 13.77%보다 훨씬 낮았던 것으로 판단된다. 이처럼 제3기수도공사가 완료된 이후에도 수도보급이 재부일본인에 치중되어 있었음은 1910년 재부일본인들의 부산지역 거주지별 현황을 통해서도 확인할 수 있다.

〈표 8〉 1910년 부산지역 일본인 호수와 인구

지역	호수	인구	비율
釜山鎭	130	473	2.15
古館	182	572	2.60
草梁	605	2,603	12.87

埋築地	91	490	2.23
居留地	1,722	9,942	45.33
新市街	136	5,846	26.65
牧之島	288	1,060	4.83
洲岬	227	942	4.29
合 界	3,381	21,928	100

* 『釜山日報』 1910년 9월 25일.

1910년이 되면 이미 일본인들은 2만 명이 부산에 거주하였다.41) 이들 중 대부분은 과거 초량왜관지역이었던 거류지에 한정되지 않고 목지도와 초량을 비롯해 오늘날 부평동, 부민동, 아미동, 대신동 등의 신시가지 일대에도 거주하게 되었다. 일본인들의 거주지역은 과거 초량왜관지역이었던 거류지 45%, 신시가지 26%, 초량 19% 순으로 전체 부산 거주 일본인들의 90%가 이들 지역에 거주하였다. 이들 지역은 본고 Ⅲ장에서 보았듯이 제3기공사 가운데 배수관 포설공사와 관련하여 중요 부분을 점하는 곳들이었다. 따라서 제1, 2기는 물론이고 제3기공사 또한 철저하게 일본인 거주지역을 중심으로 계획되고 시행되었음을 확인할 수 있다. 한편 제1~3기 수도시설 확장에 의해 부산에서는 어느 정도의 수도시설이 보급되었는지 1911년 당시의 수도 상황을 보면 아래 〈표 9〉와 같다.

---

41) 1906~1909년 사이 부산의 정확한 한국인 수를 산정하기는 통계적 어려움이 있다. 왜냐하면 각종 통계자료들의 경우 이 시기 부산과 동래지역의 인구가 뒤섞여 있기 때문이다(김대래·김호범·장지용·정이근, 「일제강점기 부산지역 인구통계의 정비와 분석」, 『韓國民族文化』 26, 부산대학교 한국민족문화연구소, 2005, 296~299쪽). 1909~1935년 시기 부산지역 인구통계에서 동래를 제외하고 부산의 인구만을 산정한 비교적 신뢰도 높은 인구통계표는 양미숙이 작성한 인구통계표이다(양미숙, 「1920·1930년대 부산부의 도시빈민층 실태와 그 문제」, 『지역과 역사』 제19호, 부경역사연구소, 2006, 〈부표〉 참조). 양미숙의 인구통계표에서는 1910년 부산지역 일본인 인구 21,928명, 한국인 20,990명 합계 42,918명으로 파악했다. 1910년 당시 부산지역 한국인이 2만 명 정도였음은 또 다른 기록(『釜山日報』 1910년 10월 5일)에서도 확인 가능하다.

〈표 9〉 1911년 12월 수도 사용호수 및 우물·하수(河水) 사용호수

총호구		수도사용 호수	우물(堀井) 또는 하수(河水) 호수	摘要	
호수	인구	4,508	6,391(河水 5,944 + 우물 447)	우물 수	우물 또는 하수(河水) 등의 수질개황
10,899	48,178			447	우물은 대개 수질 불량

*上水協議會年 編,『第十回上水道協議會議事錄』, 1914, 321쪽. 全市戸數에는 한국인이 포함된 수치임.

〈표 9〉에서 확인할 수 있듯이 1911년 12월 현재 부산부 전체 가호 중에서 수도보급율은 41.3%였고 나머지 58.6%는 우물과 하수(河水)를 사용하였다. 그리고 우물과 하수의 사용에서도 93%에 해당하는 절대적 다수는 하수를 이용하고 나머지 7%는 굴정(堀井)에 의한 우물을 이용했다. 1911년 당시 부산의 이러한 수도사용 현황은 다른 도시와 비교했을 때 어떠하였을까? 비교적 수도시설이 빨리 보급된 서울의 1912년 현황과 비교하면 다음과 같다. 1912년 당시 서울의 총 호수는 56,148호로 이 중에서 상수도 사용호수는 18,033호(한국인 10,013호, 일본인 7,981호, 기타 외국인 39호)로서 총 호수 대비 수도급수율은 32.1%였다. 그리고 우물 사용호수는 30,008호로서 53.4%, 하천수 사용호수는 8,107호로서 14.4%를 각각 점하였다.[42] 그런데 서울의 전체 수도보급율 32.1% 중에서 55.5%(10,013호)는 한국인이었고 나머지 44.2%(7,981호)는 일본인이었다. 따라서 서울의 경우 수도보급에서 한국인들이 반수 이상 수도의 혜택을 누리고 있었다. 부산의 경우는 이 당시 민족별 수도보급의 현황이 어떠했는지 현재로서는 파악이 힘들다. 그러나 앞서 보았듯이 제1~3기의 공사가 과거 초량왜관지역으로서 개항 이후 곧바로 일본전관거류지로 변경된 일본인거주지역에 집중적으로 조성된 점을 감안한다면 1911년 부산의 수도보급율 41.3% 중에서 절대적 다수는 일본인들에게 그 혜택이 돌아가고 있었던 것으로 판단된다. 이는 〈표 9〉에서 파악한 수도

---
42) 손정목, 앞의 책, 1982, 146쪽.

사용호수 4,508호와 뒤에서 보게 될 〈표 10〉의 1910년 일본인호수 4,508호와 일치하는 것에서도 대략적인 상황을 짐작케 한다. 더구나 비슷한 시기 수도보급이 되지 않았던 호수의 경우도 서울과 비교했을 때, 서울은 우물 사용이 53.4%, 하천 사용이 14.4%인데 부산은 우물 4.1%, 하천 54.5%로 뚜렷한 차별을 보이고 있었다. 이런 차이는 서울과 부산의 지리적 조건의 차이에서 기인한다고 본다. 평지에 가까웠던 서울과 달리 가파른 산들이 바다와 맞닿아 있던 부산은 우물보다는 하천수가 자연히 발달해 있었다. 1936년까지만 해도 부산지역에는 작은 지류를 제외하고 제법 큰 지류라고 할 수 있는 하천이 15개 정도 있었음을 확인할 수 있다.[43] 물론 1936년 당시 파악되는 하천들의 하천수를 모두 식수로 사용할 수는 없었을 것이다. 그러나 1910년 일제에 병탄되기 이전에는 이들 하천과 상류지역의 무수한 지류들이 도시민들의 식수로 사용되었음을 짐작할 수 있다. 부산의 이런 지형적 특색 때문에 평지지역에 거주하지 못하고 산중턱에 거주했던 한국인들 대다수는 서울과 달리 하천 수에 의존할 수밖에 없다. 실제 제2기공사와 제3기공사가 진행되던 시기 수도보급과 급수료의 상황을 좀 더 구체적으로 살펴보면 다음 〈표 10〉과 같다.

〈표 10〉 한말 부산의 수도급수호수와 급수료

연도	급수호수(A)	부산거류지 일본인호수(B)	비율 (A/B)	급수료(D)	D/A
1902	524	1,352	38.75	6,441	12.29
1903	609	1,582	38.49	7,638	12.54
1904	611	1,890	32.32	7,666	12.54
1905	706	2,363	29.87	10,351	14.66
1906	835	2,987	27.95	11,721	14.03

[43] 1936년 작성된 『釜山府市街圖』(地番 地圖) 참조. 이 지도는 지번 지도임에도 불구하고 일제시대 제작된 부산지역에 관한 여타의 지도에서는 도저히 확인할 수 없는 부산부 내 각 하천들의 흐름을 한 눈에 파악할 수 있는 특징을 갖고 있다.

1907	1,278	3,423	37.33	18,277	14.30
1908	1,568	4,213	37.21	20,412	13.01
1909	1,804	4,284	42.11	26,207	14.52
1910	3,378	4,508	74.93	35,578	10.53
1911	4,153	5,583	74.38	62,094	14.95

* 급수호수(A) 중 1907년까지의 급수호수에 대한 또 다른 기록이 있다(『釜山日報』 1910년 9월 25일). 여기서는 『朝鮮時報』 1911년 4월 11일 기사를 이용하였다. 부산거류지 일본인 호수(B)는 『釜山府勢要覽』, 1921, 7쪽의 각 내용을 취합.

〈표 10〉은 제2기공사가 완료된 1902년부터 제3기공사 완료 연도인 1910년까지 급수호수와 급수료 현황이다. 1902~1911년 사이 급수사용 가호당 급수료의 지불비에서는 시기별 약간의 차이가 있었지만 그렇게 크게 변동되지는 않았다. 또 급수호수(A)의 절대적 증가에 따라 급수료 또한 이에 상응하여 증가(D)하였다. 그러나 인구증가에 따른 수도보급율을 놓고 본다면 1902년 38.75%의 급수보급율이 1906년 27.95%로 떨어지고 있었다. 따라서 1907년의 제3기공사 착공은 당시 일본거류민단의 입장에서 보았을 때 수도와 관련하여 어떤 특별한 대책이 시급히 마련되어야 할 상황이었다. 이런 배경에서 제3기공사에 대한 논의들이 1906년부터 시작되어 결국 1907년에 착공하기에 이른다. 부산수도 제3기공사가 착수된 1907년부터 급수비율은 증가추세로 전환되어 제3기공사가 완료된 1910년이면 일본거류민 전체 호수의 75%에 해당하는 수도보급율을 확보하게 되었다. 물론 수도보급 호수 중에는 한국인 가호들도 미비하나마 일부 포함되어 있었을 것이다. 그러나 앞서 보았듯이 제3기공사 중 부산 시내 배수관 공사의 중심은 과거 초량왜관지역이었던 일본거류민지역에 집중해 있었다.

V. 맺음말

부산의 제1기상수도공사(1894.6~1895.1)는 1908년 8월 준공한 서울의 뚝도(纛島)수원지 제1정수장(경성수도양수공장)보다 앞선 시기에 축조된 한국 최초의 근대적 수도시설로 보아도 무방할 것이다. 만약 부산의 제1기상수도공사를 근대수도시설로서 규정하기에 공학적 측면에서 미흡한 점이 있다면 늦어도 제1기공사와 비교가 되지 않을 정도로 여과시설과 배수시설의 확장, 송수관 및 배수관 등을 모두 철관으로 교체한 제2기공사(1900.1~1902.1)는 한국 최초의 근대수도시설로 파악하는데 부족함이 없을 것이다. 따라서 서울의 뚝도수원지 제1정수장을 한국 근대수도시설의 효시로 파악하는 학계의 입장은 시정되어야 할 것이다. 부산의 본격적인 근대수도시설은 제2기상수도공사로부터 시작하였다. 제2기상수도공사는 원래 1안(확장공사)과 2안(개량공사) 두 가지의 방안이 논의되었다. 일본거류민단에서는 두 안을 공학사(工學士) 다츠무라 요우키치(達邑容吉)에게 의뢰한 결과 1안(확장공사)을 채택하였다. 그 결과 기존에 사용하던 토관과 철관을 모두 신설 철관으로 대체하고 배수시설 또한 기존의 것과 동일한 배수지를 하나 더 조성하여 인구 6천 명이 하루 사용할 수 있는 수도시설로 확장하였다. 여기에 들어가는 재원은 일본 본국으로부터 국고지원이 없었기 때문에 일본거류민단 자체에서 재원을 해결하여야 했다. 이에 일본거류민단에서는 일본의 여러 은행으로부터 87,000원을 차입할 수밖에 없었는데 이 금액의 상환은 수도사용 주민들로부터 거두는 급수료 47,000원(54%), 수도개량금과 각종 과세금을 포함한 25,448원(30%) 등으로 충당하였다.

부산의 제3기상수도공사(1908.4~1910.9)는 제1, 2기공사 때와는 달리 한국정부에서 35만 원의 경비를 지원하였다. 이 지원금은 일본거류민단에서 제3기공사를 위해 일본 흥업은행으로부터 대부 받은 117만 원에 대한 이자 상환금으로 충당되었다. 막대한 경비를 동원한 제3기공사비의 62%에 해당하는 금액이 성지곡수원지 공사(38%)와 배수관 공사(24%)에 소용되었다.

배수관 공사는 세 구역으로 나뉘어 진행되었는데 과거 초량왜관지역에 해당하는 일본거류지 일대가 중심이 되었다. 제3기공사는 예상했던 금액보다 21만 원을 줄일 수 있었는데 이는 자재운반을 위한 소기관차를 이용한 것이 주요 원인이었다. 이렇게 공사에 동원된 소기관차와 레일은 공사완료 후 곧바로 부산, 동래간 경편철도로 재차 이용되었다. 따라서 제3기공사는 단순히 수도시설의 확충에 그치지 않고 도시교통의 확장이란 결과를 낳았다. 이 점이 도시개발이란 측면에서 다른 도시의 수도시설공사와 차별성을 갖는 제3기공사의 또 다른 파급 효과였다. 예상 외로 생겨난 21만 원의 여유자금은 목지도(牧地島, 현재 영도)의 급수시설을 마련하는 재원으로 사용되었다. 이밖에 제3기공사에서 예산을 줄일 수 있었던 요인 중에 하나는 복병산배수지 공사였다. 복병산배수지 공사현장은 원래 부산매축회사에서 매축용 토사를 위해 흙을 팠다가 암반을 만나 방치했던 곳이었다. 따라서 이곳을 활용함으로써 일정 정도 경비를 줄일 수 있었다. 이때 조성된 복병산배수지는 성곡지수원지와 함께 현재까지 부산을 대표하는 근대적 건축물로서 존속하고 있다. 제1, 2기공사는 물론이고 제3기공사 또한 비록 한국정부로부터 35만 원의 지원을 받았지만 공사금액의 대부분은 재부일본인들이 조달한 재원으로 공사를 완공하였다.

한편 1911년 부산지역 급수호의 현황(〈표 7〉 참조)을 보면 공설공용호 52%, 사설공용호 20%, 방임전용호 14%를 각각 점하였다. 따라서 이보다 시기가 앞선 한말의 경우 역시 수도사용에서 공설공용호가 다수를 점했던 것으로 판단된다. 도시민들 가운데 도시하층민은 아니지만 경제적 여건이 그렇게 여유롭지 않았던 도시민층이 사용한 공설공용호조차 급수전 수만 놓고 본다면 공설공용전이 6.6%에 불과했다. 따라서 대다수의 도시민들이 공설공용전에 의존하여 수돗물을 공급받는 실정이었다. 이런 불편함에도 불구하고 1911년 부산의 실제 수도 사용호수는 전체 거주 호수 중에서 41.3%(〈표 9〉 참조)를 점했고 나머지 59%는 우물과 하천수를 이용하였다. 우물과 하천수의 사용호수 중 93%는 하수를 이용하고 나머지 7%는 우물을 이용했다. 서울과 비교했을 때 부산에서 하천수의 이용비율이 이처럼 높았던 것은 앞서 언급했듯이 해안선을 끼고 배후지가 좁은 부산의 지형적 특성 때문이었다. 1911년 부산의 수도보급비율 41.3%는 1912년 서울의 수도보급율 32.1%보다 상대적으로 높게 나타났다. 그러나 한말 부산지역 수도시설의 그 내면을 보면 제3기공사 당시 배수관이 설치된 대부분의 지역은 과거 초량왜관으로 개항 이후 일본전관거류지로 변경된 일본인 거주 밀집지역에 집중적으로 설치되었음을 알 수 있었다. 따라서 외형적 수도시설의 확장에도 불구하고 한말 부산지역 수도시설의 혜택은 서울과 달리 재부일본인들에게 절대적으로 유리하게 제공되는 특징을 갖고 있었다.

1920년대 도시개발사업과 지역유지층의 정치참여

홍 순 권

I. 문화정치하의 지역개발과 지방정치세력의 등장

 1910년대의 '무단통치체제'는 러일전쟁 이후 일제가 의병세력의 진압을 목적으로 구축한 군사적 억압체제를 기초로 이루어졌다. 그러나 1919년 3·1운동의 발발로 이러한 무단적 식민지 통치가 한계를 드러내자, 일제는 '문화정치'라는 이름으로 조선 식민지의 통치 방식을 바꾸었다. 헌병경찰제도를 보통경찰제도로 바꾸고, 조선인에게 언론 출판 결사의 자유를 일부 허용하고, 지방제도를 개정하여 외관상 조선인의 정치 참여를 일부 허용한 것과 같은 정책을 펼쳤다. 1920년의 지방제도 개정에 따른 부협의회와 일부 면협의회의 선거제 실시는 그러한 문화정치의 부산물이었다.

 1920년대의 문화정치가 종전의 식민통치방식에 비해서 한 단계 진화된 고도의 민족분열정책이라는 점에 대해서는 연구자들 사이에 이견이 거의 없어 보인다. 또 문화정치의 실시 이후 조선의 독립운동을 탄압할 목적으로 치안유지법(1925)을 제정하는 등 일제는 조선에 대한 식민지 지배질서를 더욱 강화하였다. 그러나 이 시기에 조선총독부가 추진한 시구개정사업 등 지역개발사업이 본격적으로 전개되어 전국에 걸쳐 도시와 시가지를 중심으로 지역사회 내부에 적지 않은 변화가 일어났던 것도 부인할 수 없는 사실이다. 따라서 1920년대 문화정치를 단순히 통치 방식의 전술적 변화에만 국한하여 의미를 부여하는 것은 이 시기 식민지 조선에서 일어난 사회적 변화의 복잡한 의미를 지나치게 단순화할 우려가 있다.

 이러한 문제의식은 일제시기 조선사회의 변화를 사회사적 관점에서 보다 다원적으로 이해하려는 노력과 관련이 있다. 일제시기 조선사회의 성격을 구조적 관점에서 총체적으로 이해하기 위해서는 상부구조로서 일제의 식민지정책이나 식민지 경제의 토대에 대한 관심도 중요하지만, 이에 못지않게 식민지 조선사회의 각 층위, 특히 지역사회 수준에서 일어난 구체적 변화의 모습을 또한 포착하지 않으면 안 된다. 물론 이러한 문제제기는 이미 기존의 연구에게서도 발견되는 것으로 결코 새삼스러운 것은 아니다.

이를테면, 관점에는 차이가 있으나, 지수걸의 '관료유지지배체제' 개념이나 허영란의 '동원/참여' 개념은 널리 보아서 3·1운동 이후 지역사회의 변화를 보다 구조적이면서도 구체적으로 포착하려는 시도였다는 점에서 공통점을 지니고 있다.[1] 두 연구자 모두 1920~1930년대 식민지 조선의 지역사회에서 일어난 '근대적' 변화에 주목하면서 이 시기에 성장한 변화의 주체와 변화의 메카니즘을 밝히는 데 역점을 두었다. 그 결과 일제시기 지역사회의 변화 과정에서 '지역유지단체' 또는 '지역리더'의 존재가 중요하게 부각되었다. 이러한 연구들을 통해서 지수걸은 '지역유지단체'의 역할을 관료유지지배체제하의 '유지정치'로 이해하였고, 허영란은 지역개발의 주민 동원 과정에서 지역리더의 '대표성'과 주도적 역할을 강조하였다.

그런데 지금까지 연구자들이 주목한 '지역유지'(또는 '지역리더')와 관련하여 아직도 뚜렷한 개념적 정의가 확립되어 있지는 않다. 유지 또는 유지집단에 대한 개념적 정의를 가장 집요하게 시도한 연구자는 지수걸이다. 무엇보다 그는 유지집단을 법률적인 의미의 신분제도가 완전히 폐지되는 구한말에 맹아하여, 1930년대 초반 이른바 농촌진흥운동이 전개되는 시기에 그 틀이 완성되었으나, 해방 직후 토지개혁과 한국전쟁을 경과하면서 그 틀이 해체되는 것으로 보았다.[2] 그는 이들의 범주를 구체적으로 ① 면장이나 구장, 면협의원이나 학교평의원 ② 농회, 금융조합, 수리조합, 삼림조합 등의 평의원이나 이사 ③ 소방조, 적십자사, 재향군인회, 향교장의회 등의 주요 임원 ④ 소작조정위원회, 농촌진흥회연합회(위원회), 사상정화위

---

1) 지수걸은 「구한말·일제 초기 유지집단의 형성과 향리 —충남 공주지역의 사례를 중심으로—」, 『한국 근대 이행기 중인 연구』, 연세대학교 국학연구원, 1999에서 이 유지집단의 형성과 개념을 정리한 이후 공주지역을 중심으로 여러 편의 지역 사례 연구를 발표하였다. 허영란은 「시가지 개조를 둘러싼 지역주민의 식민지 경험 —안성의 철도·시장·공원 그리고 지역주민—」, 『역사문제연구』 제17호, 2007에서 안성지역의 사례를 통해 일제시기 지역개발사업과 관련하여 '지역리더'의 역할을 자세히 분석하였다.
2) 지수걸, 위의 논문, 534쪽.

원회 등의 위원 ⑤ 지주회, 상번회, 의생회 등 각종 이익단체 대표 ⑥ 시민회, 기성회, 동창회, 종친회, 향우회, 체육회, 친목회 등 각종 유지단체의 임원들이라고 폭넓게 규정하였다. 이러한 이해를 바탕으로 그는 한 걸음 더 나아가 지역발전과 관련한 지역주민들의 행위를 일제가 유지집단을 매개로 조선의 농촌사회를 지배하는 과정에서 형성 발전시킨 '관료·유지지배체제'적 현상으로 파악하였다.[3]

그런데 지수걸의 이러한 주장은 몇 가지 문제점이 있다. 우선 유지집단의 범주인데, 그가 유지집단으로 지적한 일제시기 각급 단체의 주요 임원이나 간부의 경우 이들 통칭하여 유지라고 할 만한 계량적 구분이 가능한 공통된 속성이 무엇인지에 대한 설명이 부족하다. 즉, 위와 같은 범주의 구분만으로는 '유지', '유지집단'은 지금까지 흔히 사용되어온 지역사회의 지배층, 유력자와 동의어 이상의 의미를 지니지 못하며, 특정한 시기의 사회적 존재나 사회집단으로서 정체성을 파악하기 힘들다. 결국 이러한 식의 정의에 따르면 유지집단의 '외연'만 존재할 뿐 정작 그 내포적 의미는 모호해진다.

또 하나는 유지집단의 형성 시기에 관한 문제이다. 지수걸은 유지집단의 틀이 1930년대에 비로소 틀이 완성되었다고 하나, 이는 정확한 지적이라고 하기 어렵다. 이미 1920년대 유지집단은 지역사회에서 영향력을 행사하는 사실상 지배적 정치집단으로 등장하고 있었다. 물론 이러한 현상은 주로 도시(부)와 준도시(지정면)지역에서 나타난다. 지수걸이 중점적으로 관심을 보인 1930년대는 보통면이 선거제로 바뀌기 때문에 유지집단의 정치세력화가 농촌지역사회에까지 확대되고 있었던 시기라고 할 수 있다. 또 식민지정책사적 관점에서 보면 1930년대는 1920년대 도시를 중심으로 전개되었던 식민지근대화가 '농촌진흥운동'이라는 이름으로 농촌으로 확대된 시기이기도 하다. 이 점에서 지수걸의 유지집단 개념 또는 관료·유지지배체

---

3) 지수걸, 「일제하 충남 서산군의 '관료. 유지지배체제'」, 『역사문제연구』 3, 역사비평사, 1998, 13~75쪽 및 「일제의 군국주의 파시즘과 '조선농촌진흥운동'」, 『역사비평』 47, 역사비평사, 1999, 16~36쪽 참조.

제는 일제시기 전체의 변화과정을 염두에 두었다기보다는 1930년대 농촌지역사회에 대한 관찰을 바탕으로 한 연구 결과라고 보인다.

 허영란은 식민지정책에 의한 지역개발을 식민권력과 친일적 엘리트(유지집단)의 '야합'으로 이해하는 지수걸의 관료·유지지배체제라는 분석틀을 비판하면서, 유지집단이라는 개념대신 '지역리더'라는 개념을 사용하고 있다. 그는 식민당국이 추진한 지역개발은 주민들의 동원/참여를 전제로 기획되었다고 파악하면서, 지역개발의 구체적인 과정은 식민권력이나 지역리더(지역유지)가 일방적으로 주도하는 것이 아니라 이질적 이해관계를 가진 지역주체들의 밀고 당기는 다각도의 에너지에 의해 결정되었다고 이해하였다.4) 특히 그는 안성의 사례를 바탕으로 한 연구에서 지역리더의 범주(부류)를 ① 양반신분과 토지자본을 기반으로 한 전통적 유력자, ② 안성시장에서의 상업적 성공을 기반으로 한 상인들, ③ 식민지 근대교육을 받고 하급관료로서 실무능력을 축적한 후 지주나 상인 설립한 기업의 임원으로 발탁된 신흥엘리트, ④ 지역주민들의 신망을 얻는 명망가 내지 활동가로, 전통적 명망가와 새로 등장하는 혁신적 청년층으로 정리하였다.5)

 허영란은 지수걸의 '유지집단'과 구분하여 '지역리더'의 개념을 사용하고 있으나, 그가 사용하고 있는 '지역리더' 개념도 지수걸의 '유지' 또는 '유지집단'만큼 모호한 부분이 있다. 왜냐하면 그가 제시한 지역리더의 범주화 기준은 지수걸의 '유지집단' 개념과 상당부분 중복되어 있고, 무엇보다 지역리더로의 발전적 계기(모멘트)가 무엇인지가 분명하지 않다. 오늘날 우리

---

4) 허영란, 앞의 논문, 2007, 52~55쪽 참조. 허영란은 이 문제를 보다 구체적으로 다음과 같이 설명하고 있다.
 "(지역개발의 구체적 과정에서) 제도적인 결정권은 당국에게 있었고, 지역리더는 주민을 '대표'하여 당국에 대한 진정과 교섭과정을 주도했다. 지역리더의 대표성과 정당성은 일반주민의 동원/참여 여부로 드러났으며 그것이 다시 상황을 전개시키는 추진력으로 작용했다. 일반주민은 당국의 통제와 동원에 저항하거나 회피하면서, 지역리더의 대표성을 확인하거나 견제하는 방식으로 현안에 참여했다."
5) 허영란, 위의 논문, 55쪽.

가 흔히 말하는 사회 지도층과도 잘 구분되지 않는 개념이라고 할 수 있다. 다만 지수걸이 1930년대 지역사회의 지배질서에 주목하면서 유지집단의 사회경제적 측면을 중시하고 있다면, 허영란의 지역리더 개념은 상대적으로 역동적이었던 1920년대 '지방질서'에 대한 중점적 분석의 결과로서 사회운동적 측면을 강조하고 있다. 또 전자가 농촌사회를 분석 대상으로 한 것과 후자 도시(준도시)를 분석 대상으로 한 차이점도 있다. 그러나 양자간 근본적인 인식의 차이는 전자가 지역개발과정에서 지역주민의 역할을 '관료·유지지배체제'에 의해 수동적으로 이용된 존재로 파악하고 있는 반면, 후자는 지역리더와 주민의 관계를 일반 지역주민의 참여와 활동을 보다 능동적으로 파악하려 했다는 점에 있다.6)

그러나 양자 모두 1920~1930년대 식민지 당국의 지역개발사업을 자문 또는 의결하는 기관이면서 지방정치의 중심체였던 부·면협의회 또는 부·읍회의 역할에 대해서는 크게 주목하고 있지 않다. 결론부터 말하자면, 두 연구자가 간과한 지역유지 또는 지역리더의 지역대표성은 바로 부·면협의회 또는 부·읍회의 선거권과 무관한 것이 아니라는 점이다.

지금까지 일제시기를 연구하는 많은 연구자들은 유지층을 막연하게 '경제적 상류층' 또는 '지역의 유력자' 정도로 규정하고 있을 뿐이어서, 결과적으로 '유지'는 그 실체가 모호한 하나의 관습적 용어가 되고 말았다. 필자는 일제시기 '유지'라는 개념을 우리가 흔히 사용해 왔던 단순히 '유력자'라는 의미가 아니라 보다 정치적으로 구체화된 의미로 이해해야 한다고 생각한다. 이러한 주장의 사실적 근거는 1910년대 초기 거류민단 시절 일본인들이

---

6) 이 점에 대해서 허영란은 "지수걸은 그러한 주민의 실천공간을 식민권력이 허용해준 것으로 파악한다. 그는 주민들의 행위가 지배블럭(식민권력-유지집단)에 의해 수동적으로 이용된다고 보기 때문에 식민권력과 친일적 엘리트의 '야합'이라는 차원으로 이해하고 있다. 그의 연구는 체제 내적으로 이루어지는 주민행위가 만들어내는 '균열'(지배의 균열이자 주체들의 균열)을 외면함으로써 주민들의 실천에 대한 해석의 여지를 제한하고 논리적으로 환원론에 갇히게 된다"라고 비판한다(허영란, 위의 논문, 53쪽).

부산에서 발행한 『조선시보』에서 사용된 '유지'라는 용어의 용례를 검토해면 알 수 있다. 이들 재조일본인들은 '유지'라는 용어를 '유권자'와 거의 동일한 개념으로 사용하고 있었다. 일찍이 개항장의 일본거류지에서는 일본의 정촌제와 유사한 자치제가 시행되고 있었고, 1905년 일제에 의한 거류민단법 제정 이후에는 민단의원 제한선거를 통해 거류민이 선출하는 제도가 시행되고 있었다. 이때 거류민단의 의원을 선출할 수 있는 선거권을 가진 유권자들이야말로 사실상 지역유지였던 것이다.[7] 이처럼 지역유지들의 유권자로서 지방선거운동에의 적극적인 개입은 1920년 지방제도가 개정되어 부협의회원와 면협의회원 선거 과정에서 다시 부활되었다.[8] 이러한 의미에서 일제시기의 유지집단은 조선사회의 내재적 발전을 통해서 형성된 자생적 정치집단이라기보다는 3·1운동 이후 일제의 문화정치하에서 일제에 의해 인위적으로 형성된 지위집단이라고 해야 할 것이다.

유지란 개념이 유권자와 동일한 의미로 쓰였다고 단정할 수는 없지만, 적어도 1920년대 들어서 지방선거에서의 선거권 획득은 지역유지가 되기 위한 최소한의 조건이었음은 거의 분명해 보인다. 동래면의 예를 들면, 1923년 동래면이 지정면이 되어 그해 5월 처음으로 면협의회원 선거가 실시되기로 예정되자, 동래면에서는 조선인 유권자들이 모여 이른바 '유권자대회'를 열었다. 이후 유권자대회에 대한 보도 내용은 잘 확인되지 않지만, 그대신 등장한 것이 유지대회 또는 유지면민대회였다. 그런데 동래면의 유지대회의 경우 사실상 유권자대회와 인적 구성이나 그 규모에서 큰 차이를 찾아보기 어렵다. 이는 유지층과 유권자층이 긴밀하게 중첩되었기 때문일 것이다.

---

7) 홍순권 외, 『부산의 도시 형성과 일본인들』, 선인, 2008, 23~24쪽 참조.
8) 이 점에 대해서는 홍순권, 「1910~1920년대 '부산부협의회'의 구성과 지방정치」, 『역사와 경계』 60, 부산경남사학회, 2006 및 「1930년대 부산부회의 의원선거와 지방 정치세력의 동태」, 『지방사와 지방문화』 제10권 1호, 2007에서 구체적으로 검토된 바 있다.

요컨대, 유지란 지방정치의 영역에서 볼 때 적어도 지역의 현실 정치에 참여할 수 있는 자를 의미한다고 보아야 할 것이다. 그러한 의미에서 1920년 지방제도의 개정으로 식민지 조선의 도시와 준도시에서 실시된 지방선거는 지역유지의 정치적 등장이라는 점에서 중요한 의미를 지닌다. 일제의 식민통치하에서 그들이 실제 어느 정도의 정치적 영향력을 지녔느냐의 문제와는 별개로 1920년대 지방선거는 지역유지들의 가장 큰 정치적 행사였던 것이다. 따라서 유지란 개념을 제대로 이해하기 위해서는 먼저 1920년대 지방제도의 내용을 제대로 이해할 필요가 있다. 이 글은 이러한 지방제도에 대한 이해를 바탕으로 1920년대 지역사회 내 유지층 중심의 정치질서가 구체적으로 어떻게 작동하였는지에 대해서 부산부와 동래면의 실례를 통해서 설명해 보고자 한다.

Ⅱ. 1920년대 지방선거와 부·면협의회의 구성

1. 지방제도의 개정과 부·면협의회의 기능

3·1운동 이후 '문화정치'하의 조선인 정치참여는 1920년 7월 제령(制令) 제12~15호로 공포된 지방제도 개정을 통하여 이루어졌다. 이를 통해 종래 임명제 자문기관이었던 부협의회와 면협의회 일부가 '민의의 창달'과 '지방자치에 대한 훈련'이라는 미명하에 일부 지역주민에 의한 선거로 구성될 수 있게 되었다.[9] 그런데 면의 경우는 부와 차별하여 지정면과 일반면으로 구분하여 지정면에 대해서만 면협의회를 선거제로 구성하도록 하였다.

지정면은 호수가 많고 일본인이 많이 살고 있는 시가지가 선정되었다.

---

9) 『관보』 1920년 7월 29일 호외 등 참조. 일제시기 지방제도 개정에 관한 대표적인 선행 연구로 강동진, 『일제의 한국침략정책사』, 한길사, 1980과 손정목, 『한국지방제도·자치사 연구』(상), 1992가 있다.

이러한 기준 외에도 지정면이 되기 위해서는 ① 주로 상공업지로서 공공시설이 있어야 하고, ② 호수 1,500 이상으로서 그 반 이상이 집주하고 있어야 하며, ③ 협의회원(이하 '협의원'으로 약칭) 선거권을 가진 자가 수백 명 이상 있어야 하고 면부과금이 1호 평균 7원(圓) 이상이라는 조건이 충족되어야 했다.10) 이러한 조건들을 대체로 충족한 지정면은 1920년 첫 번째 선거 실시 당시 24개면에서 1927년에는 47개면으로 증가하였다. 이들 지정면은 대체로 도청과 군청의 소재지이든가 혹은 상공업이 발달한 곳이었다.

이처럼 경성을 비롯하여 각 지방의 주요 도시인 부 또는 준도시 내지 시가지 지역인 지정면에 선거제를 우선적으로 적용하였다는 것은 이 제도가 식민통치하의 도시개발=식민지근대화 사업과 밀접한 관련을 지닌다는 점을 시사해 주고 있다.

이제 부와 지정면에 설치되었던 부협의회와 면협의회의 기능을 각각 정리해 보면 다음과 같다.

먼저 1920년 개정된 부제(府制, 제령 제12호)의 요지를 보면, 부의 자문기관인 '부협의회'는 부의 예산 및 공공에 관한 사건에 관하여 부윤의 자문에 응하도록 되어 있다. 즉, 부윤은 부 행정에 관한 사항 중 '부 조례의 설정 또는 개폐', '세입·출 예산', '부채(府債)', '주민에게 새로운 부담을 갖게 하거나 기존의 권리를 포기케 하는 사항', '기본재산 등 부 재산의 설치 또는 처분에 관한 사항' 등을 부협의회에 자문하도록 되어 있다. 물론 이전에도 부협의회가 있었으나 부협의회원(이하 '부협의원'으로 약칭)의 구성이 임명제여서 실제로는 무늬만의 자문기관에 지나지 않았다. 1920년 지방제도 개정으로 인해 부협의원이 일부 주민의 선거로 선출됨으로써 부협의회의 '주민 대표성'이 강화되어 부협의회의 위상도 그만큼 높아졌다. 지방제도의 개정을 통해 부협의원 정수를 늘려 인구비례로 12인 이상 30인 이하로 하고 그 임기는 2년을 3년으로 개정한 것도 부협의회의 위상을 높이는 데 기여

---

10) 『동아일보』 1923년 2월 24일(2), 「지정면추가실시에 대하여(1) 大塚내무국장담」.

하였다. 다만 '급시(急施)를 요하는 경우'나 '경이(輕易)한 사건'에 관해서는 회의를 소집하지 않고 대신 서면으로 협의원의 의견을 청취하여 그 3분의 2 이상의 동의가 있는 경우에는 부협의회의 의견으로 간주할 수 있도록 하였기 때문에(부제 제2조 22항) 유사시 부윤의 자의적인 권한 행사가 법적으로 보장되어 있었다.

면제(面制)의 개정(제령 제13호)도 부제의 개정에 맞추어 행해졌다. 면은 '지정면'과 '보통면'의 2종으로 구분하고 조선총독이 지정한 소위 '지정면'에서는 면협의회원(이하 '면협의원'으로 약칭)을 선거제로, 기타의 '보통면'에서는 군수 또는 도사가 임명하는 임명제로 하였다.[11] 지정면은 앞서 지적했듯이 도시화된 일본인의 집주지구인 동시에 조선인 지주가 많은 지역으로 인구 규모는 상대적으로 작지만 부(府)와 유사한 인구구성을 지닌 지역이었다. 또 행정조직 면에서도 대체로 지방의 도청소재지가 있는 군이 우선적으로 포함되어 있어 식민통치상 주요한 거점 지역임을 보여준다. 이러한 지역은 많은 경우 이미 일본인 직접 지배가 실현되고 있는 이를테면 '특수지역'에 해당되었다. 또 전부는 아니지만 면장이나 군수도 일본인이 임명되는 경우가 많았다.[12] 전통적으로 군청(읍치)이나 도청(감영)의 소재지였던 지정면은 1920~1930년대를 통해서 지방행정 중심지의 기능을 병행하면서 지역개발사업을 통해서 점차 근대도시로 탈바꿈해 갔다.[13]

---

11) 농촌지역이었던 보통면의 면협의회가 선거제로 바뀐 것은 1930년 말 지방제도의 개정을 통해서였다. 1920년대 면협의회원의 정수는 지정면, 보통면 모두 8인 이상 12인 이하로 하였다.
12) 예외 지역 가운데 하나가 조선인 토착세력인 지역유지들의 경제적 기반과 영향력이 강했던 동래면이었다. 동래면은 보통면 때는 물론 지정면으로 승격된 이후에도 조선인이 면장을 역임하였다. 1920년대 지정면의 면장을 역임한 인물이다. 동래면의 경우 면장이 조선인인 점을 고려하여 동래면에는 부면장 격인 부장(副長)을 일본인으로 임명하여 조선인 면장을 견제할 수 있도록 하였다. 그러나 1930년대 들어서 동래면이 동래읍으로 승격한 뒤에는 일본인 읍장이 취임하였다.
13) 일제시기 근대화된 지방의 중소신흥도시 가운데 다수는 전통적 지방행정도시이지만, 이밖에도 교통중심도시, 신흥공업도시, 군사도시 등 여러 유형의 도시들이

1920년대의 지방제도가 종래의 관치주의의 지방통치제도를 실질적으로 개혁한 것이라고는 말할 수 없다. 왜냐하면 당시 자문기관은 실제 주민 전체 의사를 반영하여 '민의'로 구성된 것이 아닐 뿐더러 자문 안건의 범위나 종류도 법령에 의해 한정되어 지방단체가 필요로 하는 각종 경비조달이나 부역의 부과 등을 다루는 데 불과하였다. 또 지방단체장인 의장은 자문에 회부할 안건을 통제하고 제안할 권한을 장악하였으며, 필요하다고 인정할 때에는 평의회원의 발언을 금지 취소하거나 또는 퇴장명령을 할 수도 있었다. 게다가 자문기관의 설치와 운용에서 민족차별주의 방침이 두루 적용되었다. 일본인이 많은 부협의회에 면협의회보다 많은 권한이 부여되었고, 실제로 협의회의 운용 과정에서 조선인 측의 의견이 식민지 당국이나 일본인 측 협의원에 의해 무시당하는 일이 비일비재하였다.14)

2. 부·면협의회의 선거와 인적 구성

1920년대 부면협의회 선거는 1920, 1923, 1926, 1929년의 4회에 걸쳐 실시되었다. 그 첫해인 1920년에는 전국 12개 부와 24개 지정면에서 실시되었다.

1920년대 부·면협의회원의 선거자격은 25세 이상의 남자로서 1년 이상 동일지역에 거주하고 부세(府稅) 또는 면의 부과금을 5원 이상 납세하며 자활하고 있는 '일본 신민'에게만 제한적으로 주어졌다. 따라서 선거권은 '일본 신민' 가운데 부유한 일본인, 조선인 지주, 자본가, 관리 등 사실상 지역의 일부 '유력자'에 한정되었다. 그러나 지주나 자본가 또는 관리라고 해서 그들 모두에게 선거권을 부여되었던 것이 아니라 거기에도 일정한 수준 이상의 경제력을 가진 자로 자격의 제한이 가해졌다는 점이 중요하다.

있었다(홍순권, 「근대도시의 형성과 발전」, 『지방사연구입문』, 민속원, 2008, 178~182쪽 참조).
14) 구체적인 사례는 손정목, 앞의 책, 1992, 222~226쪽 참조.

그런데 납부액 합계 5원의 기준이 부에서는 크게 문제되지 않았으나, 지정면에서 이 기준을 그대로 적용할 경우 유권자가 거의 없거나 있다고 할지라도 그 수가 극히 적어 도저히 선거 실시가 어려운 면도 있었다. 이러한 점을 감안하여 조선총독부는 「면제시행규칙 부칙」에 '본령 시행 후 1년 내에 행하는 협의회원 선거에서 도지사가 필요하다고 인정할 때에는 조선총독의 인가를 받아 제6조의 3에 규정한 요건 중 면 부과금 연액(年額)을 낮출 수 있다'는 경과 규정을 두었다. 실제로 1920년 선거에서는 총 24개 지정면 중 전남 광주·평북 의주·함북 회령 등 각 면은 2원으로, 경기의 수원·영등포의 두 면은 3원, 함남 함흥·전북 전주·익산 등 3개면은 4원으로 낮췄다.15) 물론 이렇게 면 부과금을 낮추어 선거권을 부여하였다고 해도 선거권자는 면 전체 인구의 극히 일부에 불과하였다.16)

1920년의 첫 지방선거, 즉 부·면협의회원 선거 상황을 보면,17) 1920년 11월 당시 경성을 포함하여 전국 12개부의 민족별 인구 현황은 조선인 401,887명, 일본인 173,682명인데 비하여, 유권자 수는 조선인 4,714명, 일본인 6,252명이었다. 전국 지정면의 유권자 수도 일본인이 1,224명으로 조선인 1,189명보다 많았다. 이러한 추세는 1923, 1926년도의 선거에서 오히려 더 확대되었다. 도시별로 보더라도 조선인 유권자 수가 일본인보다 조금 많은 곳은 서울과 평양뿐이고 나머지 부에서는 일본인이 많았다. 특히 부산에서는 일본인 유권자가 조선인 유권자의 9배 내지 10배나 되었다. 1920년 지방제

---

15) 위의 책, 203~204쪽 참조.
16) 당시 일본 본토의 경우는 쌀소동 전까지는 엄청난 제한선거였으나, 1919년 6월 중의원의원선거법을 개정하여 선거권 자격요건을 국세 3엔으로 내렸으며, 이어 6년 후인 1925년 5월에 중의원의원선거법 개정에서는 재산 및 납세액을 선거권, 피선거권 자격요건에서 완전 삭제함으로써 불완전하나마(부인참정권이 인정되지 않고 선거권 25세, 피선거권 30세의 연령제한이 있었음) 보통선거를 실시하였고 지방의회 선거에서도 이것이 답습되었다.
17) 1920년 및 이후 1920년대 지방선거의 상황에 대해서는 앞서 제시한 손정목, 홍순권의 연구 성과 이외에도 강동진, 『일제의 한국침략정책사』(한길사, 1980)의 '제3장 參政權 문제와 地方制度의 개편'을 참조할 수 있다.

도의 개정을 통해 일제가 조선인에게 정치 및 행정참여 기회를 확대하였다고는 하나, 이는 극히 일부 조선인에게 제한된 조치였음을 알 수 있다. 그럼에도 이것이 나름대로 의미를 지니는 것은 이러한 지방선거를 통해서 식민통치하의 새로운 지방정치 현상이 나타나고 지역사회의 정치적 지배질서가 새로운 방식으로 재편되었다는 데 있다.

1920년 첫 지방선거 결과 당선자 수의 민족별 구성을 보면, 조선인의 유권자가 약간 다수를 점하는 서울과 평양에서도 당선자는 서울 조선인 40% 대 일본인 60%, 평양 조선인 35% 대 일본인 65%의 비율로 일본인이 우세를 점하였으며, 부산의 경우는 조선인 20% 대 일본인 80%로 일본인의 압도적 우세를 드러내고 있고, 전체적으로도 부협의원 선거는 일본인이 압도적으로 우세하였다. 한편 24개 지정면 중에는 11개면에서 일본인 당선자 수가 많고, 6개면에서는 거의 동수이며, 7개면에서만 조선인이 약간 많이 당선되었다.[18]

물론 다음 선거인 1923년 선거 이후 전국 각 부협의회에서 조선인이 차지하는 비중은 약간 높아진 것이 사실이나(부산부 등 일부 도시는 오히려 사정이 더 나빠졌다), 그럼에도 불구하고 1926년 부협의회원 선거에 이르러서도 평양만이 조선인 측 당선자가 다수를 차지하였고, 나머지 11개부에서는 여전히 일본인 당선자가 다수를 차지하였다. 전체적으로 볼 때 1920년대 부협의회의 운영은 압도적으로 일본인 중심이었다고 할 수 있다.[19] 지정면의 경우는 1923년 이후 면협의원 선거의 전국적 현상에 대한 분석은 아직까지 이루어진 바 없기 때문에 자세한 내용은 알기 어렵다. 다만, 전체적으로는 부 지역보다 지정면 지역에서 조선인의 당선자 비중이 높았고, 그동안 단편적인 연구 결과로 볼 때 지역에 따른 편차도 심했을 것이라는 짐작이 간다.

---

18) 손정목, 앞의 책, 1992, 208~209쪽.
19) 강동진, 앞의 책, 1980, 338~339쪽 참조.

Ⅲ. 1920년대 지역운동과 지역정치의 두 가지 사례

1920년대의 사회적 변화 중 크게 주목되는 것 가운데 하나는 부와 지정면의 이름으로 행정구획된 지방도시의 지역개발과 그에 따른 지역사회 내부의 변화이다. 지방도시로 인구가 집중되고, 시구개정사업이 시행되고, 학교와 시장, 병원 등 근대적 공공시설이 들어서면서 도시의 구획과 시가지의 경관이 바뀌기 시작한 것도 이즈음부터였다. 그런데 '식민지 근대화' 과정의 일환이라고 할 수 있는 이러한 지역개발사업이 식민지 당국의 일방적인 의지만으로 이루어진 것은 아니다. 식민지 당국은 자문기관인 협의회를 활용하여 '참여와 동원'(허영란의 표현을 빌리자면)을 통한 개발의 정당성과 재정을 확보하려 했고, 지역의 유지와 주민들은 자신들의 기득권적 요구를 관철시키기 위해서 협의회에 압력을 가하는 방식을 선택하였다. 이 과정에서 지역의 유지층은 '부민대회', '면민대회', '유지대회' 등 이른바 주민대회에 협의원을 불러내 비판하기도 하고, 또 이러한 정치행사의 반복된 과정을 통해서 일부 유지들은 자신들의 지명도를 높여 다음의 협의원 선거에 도전장을 내기도 하였다. 이제 그 당시의 정황을 협의회의 구성이 일본인 협의원 중심이었던 부산부와 조선인 협의원 중심이었던 동래면의 두 사례를 통해서 살펴보자.

1. 부산부 사례

1914년 부제의 제정 이래 조선인 4명, 일본인 8명 등 모두 12명의 협의회원으로 구성되어 운영되어 오던 부산협의회는 1920년 임명제에서 선거제로 바뀌면서 그 구성에서 큰 변화가 일어났다. 1920년 11월 첫 선거 이후 3년마다 시행된 부산부협의회 협의원 정수는 20~30명이었으나, 매회 당선된 조선인 협의원 수는 2~4명에 불과하여 사실상 '일본인 협의회'의 장식품에 다를 바 없었다.

부협의원 선거제는 여러 가지 모순을 내포하고 있었다. 무엇보다, 부세(府稅) 5원 이상의 납세자로 한정한 제한선거 규정은 경제력에서 절대적인 열세에 있던 조선인 측에 불리하게 작용하였다. 조선인 총 인구 대비 유권자 비율이 0.5%에도 못 미쳤다. 물론 총 인구 대비 유권자 비율이 조선인 측보다는 월등히 높았던 일본인 측의 경우도 실제 유권자 수는 부산부 일본인 총 인구의 2~3% 수준이었다. 다만, 절대적 유권자 수는 일본인 유권자가 조선인 유권자보다 최소 6배 이상으로 압도적으로 많았다.[20]

　1920년대 부산부협의회 협의원의 절대 다수는 상공업 자본가들이었다. 그중 조선인 당선자들의 주요 산업은 객주와 미곡상, 정미업 내지 주조업이었던 반면, 일본인 당선자들은 무역과 잡화상을 비롯하여 조선, 토목, 식품업 등에 종사하는 상공업자들이 다수를 차지하였다. 협의회 구성의 이러한 경향은 1920년대 후반 이후 전문직 종사자들이 늘어나면서 다소 변화를 보이고 있으나, 기본적인 틀은 계속 유지되었다. 특히 일본인 상공업자 가운데 다수는 개항 이후 부산으로 건너와 토착화한 '지원세력(地元勢力)'으로 부산상업회의소와 학교조합을 비롯하여 부산지역의 각종 사회단체에서도 큰 영향력을 행사하는 세력들이었다. 그들은 이른바 유지 중의 '유지'였다. 이 유지층의 중심인물이 일제시기 부산의 대표적 부호로서 부산의 '3거두'로 불리던 카시(香椎源太郎), 오오이케(大池忠助), 하자마(迫間房太郎)였고 이들은 부협의원으로서 부산부의 부정(府政)에도 적지 않은 영향력을 행사하였다.

　1920년대 부산부협의회에서 일본인 협의원들은 수적으로 압도적 다수였을 뿐만 아니라, 실제 협의회 운영의 주도권까지 전적으로 장악하였다. 반

---

20) 홍순권, 앞의 논문, 2006 참조. 당시 제한선거의 모순에 대해서는 일본인이 발행하는 언론에서 매우 비판적이었다. 『朝鮮時報』 1926년 11월 13일(1면)에 실린 「時報評論」에서는 "당시 부산부민의 2% 정도의 유권자가 30명의 대표를 뽑는 것은 세계적으로 예를 찾기 드물고, 일본도 늦게 普選을 실시하고 있는 마당에, 이러한 방식으로는 지식계급의 선거 참여가 불가능하다"고 지적하였다.

면에, 조선인 협의원들은 수적으로 열세였을 뿐만 아니라 부정활동이나 정책 결정 과정에서 전혀 독자성을 지니지 못하였다. 이처럼 부산에서는 사실상 유권자인 유지층이 선출한 협의원들이 부민을 대표하여 부협의회를 운영하였고, 이를 통해 정치적 영향력을 행사하였다. 유권자인 지역유지들이 지역개발 사업이나 부정의 현안을 놓고 빈번히 부민대회를 개최한 것도 실제로는 지방선거와 연관된 정치활동의 연장으로 볼 수도 있다.

1920년대 부산부의 주요 경제 현안 중 가장 큰 이슈는 부산부의 전기산업을 공영화하자는 '전기부영화운동'에 관한 문제였다. 부산부협의회 내의 정치적 갈등 또한 이 문제의 해결 방안을 둘러싼 대립 양상으로 나타났다. 대체로 여러 차례의 부민대회의 개최를 통해 중소상공업자들의 지지를 얻고 있던 전기부영화운동세력(기성회파)이 부산부협의회 안에서 주도권을 장악하였기 때문에 일견 부산부협의회가 전기부영화운동을 주도하는 양상이었다. 그러나 당시 가스전기회사의 대주주였던 카시를 비롯한 부산부협의회 내의 부산상업회의소 핵심세력은 이에 대하여 대립적 입장을 취하였다. 특히 그들은 부산부와 전기회사 간의 협상과정에서 과도한 매각 조건을 내세움으로써 결국은 '전기부영화'가 무산되는 데 주요 원인을 제공하였고, 이로 인하여 전기부영화운동이 실패로 끝난 뒤에도 양자 간의 파벌적 갈등은 해소되지 않았다. 이처럼 유권자 수와 협의원의 구성에서 일본인 측이 압도적 다수를 차지하고 있던 부산부에서 지역사회 내의 정치적 대립 구도는 단지 민족간 갈등으로서가 아니라 식민지 지배민족인 일본인 지배층 내부의 계층적 이해관계의 대립 양상으로 나타나고 있었다.

일본인 유지층을 주요한 지지기반으로 구성된 1920년대 부산부협의회는 전기부영화 문제 이외에도 '자치제 실시 요구' 등 각종 현안에 대해서 '부민대회' 또는 '시민대회' 이름의 주민대회를 개최하고, 여기서 의제화한 지역 현안을 다시 부산부협의회를 통해 공식화함으로써 그 해결 과정에서 부당국을 압박하는 수단으로 활용하였다. 이처럼 주민대회를 매개로 한 현역 협의원들의 정치활동은 협의원 선거 과정에서 후보자들이 이미 내세운 선거공약과도 관련이 있었다. 즉, 1920년대 부산부협의회원 선거에서는 전기 부영화 문제나 부산 앞바다 매축사업 등 지역개발사업이 주요 공약으로 제시되고 있었다.[21]

2. 동래면 사례

동래면은 1923년 지정면이 되면서 비로소 선거제로 통해 면협의회를 구성할 수 있게 되었다. 즉, 이때부터 선거라는 방식을 통해서 비록 제한적이기는 하지만 주민 여론이 반영될 수 있는 지역 내의 정치적 공간이 만들어졌다. 물론 지정면의 경우도 면협의회는 법률적으로 의결권이 없는 자문기관에 불과하였다. 이러한 상황에서 유권자로 구성된 유지들이 자신들의 의사를 보다 효과적으로 식민지 당국에 전달하는 수단으로서 활용된 정치 행태가 바로 '면민대회' 또는 '면민유지대회'였다. 유지들과 유지집단을 대표하여 선출된 협의원들은 이러한 면민대회를 통해 수렴된 의견을 면 당국이나 군 당국에 전달하기도 하고 또 반대로 협의원들은 당국을 대변하여 당국의 정책적 결정에 관하여 면민들을 설득하는 역할을 동시에 하였다.

실제로 면민대회를 주도하거나 면민대회에 일반 면민들 동원한 것은 상층 유산계급에 속하는 지역유지들이었으며, 대부분이 유권자였던 이들이 협의원을 선출하였으므로 면협의회는 면민 전체의 대표기관이라기보다는 사실관계에 있어서 지역유지층의 대표기관에 불과했다.

세 차례에 걸친 1920년대 동래면 면협의원 선거는 협의원 정수 12명에 1923년 조선인 10명, 일본인 2명, 1926년 조선인 9명, 일본인 3명, 1929년 조선인 9명, 일본인 3명 등의 당선자를 내었다. 이처럼 1920년대 동래 면협의회는 앞서의 부산부협의회와는 대조적으로 조선인 협의원이 절대적 다수를 차지하고 있었다. 이들 조선인 협의원들은 주로 상공업자, 지주, 은행가

---

21) 『朝鮮時報』 1926년 11월 13~19일의 부산부협의회 협의원 입후보자 소개 관련 기사 참조.

등으로 구성되었으며, 이들 가운데는 동래지역의 전통적 유지집단인 기영회와 연관되어 후일 기영회의 회원으로 가입한 사람도 적지 않았다.[22]

1920년대 동래면협회원의 이력과 관련하여 중요한 특징은 이들 중 상당수가 협의원이 되기 전에 유지대회 또는 면민대회에서 대회장이나 집행위원 등을 맡는 등 대회를 이끌어 갔던 인물이라는 점이다. 그 대표적인 인물이 일제시기 동래의 대표적 유지이자 명망가였던 김병규이다.[23] 이처럼 동래면에서는 면협의원들은 스스로 주민대회를 직접 조직하거나 대회 행사의 주도권을 행사하지는 않았지만, 그들과 주민대회 주도세력과는 밀접한 관계를 지니고 있었다. 이 때문에 또 협의원 가운데는 임기가 끝난 이후에도 각종 주민대회를 주도하는 등 지역활동가로 활약한 인물도 적지 않았다.[24] 이러한 양자관계는 1929년 경오구락부가 설립되면서 절정에 달하였다. 중년층과 청년층이 단합하여 지역의 발전을 도모하자는 취지로 설립된 사실상 동래의 청장년층 유지단체인 경오구락부는 1930년 말 지방제도 개정으로 실시된 1931년 5월 동래읍 읍회 의원 선거에 적극적으로 개입하였

---

22) 이에 관한 보다 구체적인 분석은 별도의 논고를 통해 밝힐 예정이다.
23) 홍순권, 「일제시기 동래의 도시화 과정과 '주민대회'」, 이태진 교수 정년기념논총 간행위원회 편, 『사회적 네트워크와 공간』, 태학사, 2009 참조. 김병규는 1899년 설립된 동래 開陽學校을 1906년 마치고 그해 세워진 三樂學校에서 교편을 잡았다. 두 학교 모두 동래 기영회의 주도로 설립되었다. 김병규는 삼락학교가 개양학교를 흡수 합병하여 東明學校로 교명을 바꾼 이후에도 교육가로서 교편생활을 계속하였다. 1918년 동래지역의 유력자들이 동래은행을 설립하자, 김병규는 교육을 떠나 동래은행 본점으로 지배인으로 취임하여 은행가로서의 길을 걸었다. 1927년 동래은행 감사가 되었고, 1931년에는 상무에 취임하였다. 또 1933년 동래산업조합이 창업되었을 때는 초대 조합장으로 추대되었다. 그는 1946년에 기영회에 가입하였다(부산광역시 동래구 편, 『동래구지』, 1995, 890쪽 및 『동래기영회 140년사』, 109쪽 참조).
24) 1926년 이후 지방선거에 당선 면협의회원 다수는 이전 주민대회의 실행위원, 조사위원의 경력을 가진 경우가 많았다. 또 1929년 5월 선거에서 당선된 동래면협의회원 李石模는 동년 12월 주민대회에서 시구개정실행위원으로 선출되기도 하였다. 이밖에 자세한 내용은 홍순권, 앞의 논문, 2009 참조.

다. 이 첫 번째 동래읍회 의원 선거에서 경오구락부는 9명의 공인후보를 추천하여 의원 정수 12명 가운데 김병규를 포함하여 8명을 당선시키는 성과를 올렸다.25) 이는 동래의 유지층들이 지방선거를 위해 지역운동 또는 주민운동을 어떠한 방식으로 활용하였는가를 보여주는 좋은 실례이다.

일제시기 동래의 정치세력인 유지층의 일부는 개항 이전부터 기영회라는 역내 '자치조직'의 성격을 띤 집단을 중심으로 세력을 결집하고 있었다. 일제에 의한 을사조약 강제 체결 전후 식산흥업운동에 참여하고 신식학교를 설립하는 등 계몽운동을 펼쳤던 기영회는 1920년대 들어서 식민지 당국이 추진한 도시정비 사업에 적극적으로 참여하였다. 이 과정에서 기영회를 중심으로 동래 유지세력은 면 운영과 관련하여 자신들의 의사를 대변할 수 있는 대표를 면협의회에 진출시키기 위해서 적극적으로 노력을 하였다.26)

1920년대 동래면 유지들이 적극적으로 개입했던 지역개발의 주요 현안은 학교 증설, 시구개정선의 변경 반대, 시장 이전 및 공설화, 온천탕 읍영화 등이었다. 동래지역의 유지들은 이러한 사업과 관련하여 자신들의 요구를 달성하기 위한 수단으로 '면민대회' 등 주민대회를 자주 활용하였다. 이때 유지들은 주민대회에 그들이 선출한 면협의원을 불러내어 면 행정과 관련된 책임을 묻기도 하고 자신들의 의지가 관철될 수 있도록 그들을 압박하기도 하였다. 그러나 그 효과가 없다고 판단되었을 때는 면 당국에 직접 자신들의 의견을 청원하였다.27)

---

25) 『동아일보』 1931년 4월 6일(3) 및 동년 5월 13일(3) ; 『조선일보』 1931년 5월 24일(6) 등 참조.

26) 이러한 사실은 면협의원을 지낸 다수의 인물들이 후일 기영회 회원으로 가입한 사실로도 입증된다. 이는 면협의회원 명단과 기영회 회원 명부(『동래기영회 150년사』, 1984)의 상호 대조를 통해 쉽게 확인할 수 있다.

27) 물론 도시화 과정에서는 이밖에도 다양한 문제들이 제기되었다. 이를테면 1931년 3월 '동래면민의 여론기관'인 동래 경오구락부가 동래의 중대 현안문제로 제시한 8개항이 모두 이에 속한다고 할 수 있다. 『동아일보』 1931년 3월 2일자(3)에 실린 관련 기사의 내용을 인용하면 아래와 같다.
"동래면민의 여론기관인 동래경오구락부(東萊庚午俱樂部)에서는 지난 22일 정기

이제 1920년대와 1930년대 초 동래의 주요 현안 몇 가지를 간단히 살펴보면 다음과 같다.

첫째, 학교증설운동은 동래면이 지정면으로 승격되기 이전부터 제기되었던 문제로서 가장 오랫동안 주민대회의 핵심 쟁점이 되었던 현안이다. 학교증설운동을 주도한 것은 물론 동래지역의 유지들이었으나, 이 운동은 대다수 지역주민들과 이해관계가 깊었던 관계로 일반 주민들의 자발적인 참여도 높았다. 동래 주민과 유지들의 이러한 노력은 실질적으로 성과를 나타내었으며, 그 결과 일제시기 동래면(읍)은 점차 교육중심 도시로서 성장해 나갈 수 있었다.

둘째, 시구개정과 관련된 주민대회는 1925년 식민지 당국이 스스로 계획 설정한 시가지의 간선도로를 갑자기 변경하려는 데 대한 반발로 시작되었다. 이 문제가 지역사회 내의 갈등문제로 확대된 까닭은 식민지 당국이 이미 시가지 간선도로 예정선을 공포해 놓고도 추후 일본인세력가의 요구에 따라 예정선을 임의로 변경하려는 데 있었다. 시가지 건설 과정에서 계급적 이해관계와 민족적인 이해관계가 중층적으로 작용한 사건이라고 할 수 있다. 이 시구개정선의 변경 문제는 식민지 당국과 지역주민 간의 의견 대립으로 오랫동안 실현을 보지 못하다가 1938년에 이르러서야 비로소 그 결말을 보았다. 시구개정을 둘러싼 갈등이 진행되는 동안 지역유지들은 면민대회, 읍민대회 등의 주민대회를 지속적으로 개최하면서 이를 식민지 당국을 압박하는 수단으로 활용하였다. 이러한 주민대회를 주도하면서 동래지

대회에서 토의된 지방발전상 중대현안(重大懸案)인 시내시설문제(市內施設問題)를 가지고 교섭의원 김병규(金秉圭), 박우형(朴遇衡), 유영준(俞永濬), 박길호(朴吉浩) 5씨가 27일 오전 10시에 동래면장 추봉찬(秋鳳瓚) 씨를 방문하고 동래면민의 의사를 대표하야 좌기 제항의 신속실시를 요망하였다 한다.

一. 市街道路撤水[?]問題, 二. 隔離病舍移建問題, 三. 市內下水道施設問題. 四. 共同井戶淸潔問題, 五. 市內街燈實施問題, 六. 朝夕市場移轉問題, 七. 郡廳前道路直通問題, 八. 壽安線開通促進問題."

위 신문기사에 언급하고 있는 교섭위원.

역의 일부 유지들은 지방정치의 실질적 '리더'로 성장하였고, 그러한 전력을 바탕으로 1920~1930년대에 동래면협의회 또는 동래읍회에 진출하는 정치적 성공을 거둘 수 있었다. 1920~1930년대 동래의 면협의회와 읍회는 지역유지들이 목표로 했던 현실적 정치적 공간이자, 사실상 유지집단의 대의기구와 같은 기능을 담당하였다.

시장 이전 및 시장 공설화 문제와 동래온천의 읍영화 문제도 동래지역의 도시화 과정의 주요 현안이었다. 이러한 문제들도 지역유지들이 중심된 '주민대회'의 반복적 개최를 통해 일정한 성과를 거두었다. 결국 지역 현안의 해결을 위한 주민대회의 개최는 비록 제한된 범위 내에서기는 하지만 식민지 지배하에서 도시 운영 문제를 둘러싸고 벌리는 행정 당국과 지역유지층 간 갈등의 표출인 동시에 갈등을 조정하는 정치적 공간이었던 것이다.

이상에서 정리한 바와 같이, 1920년대 동래의 도시화 과정에서 이해관계의 기본 대척점을 이루었던 것은 식민지 당국과 지역유지층이었지만, 그 양자의 이해관계를 조정하거나 의사전달의 매개 역할을 하였던 것은 면협의회 또는 면협의원들이었다. 1923년 이후 선거권을 획득한 동래 유지들은 면민대회 등 주민대회의 개최를 통해 자신들의 의사가 지역적 대표성을 지녔음을 확인함으로써 면협의회와 식민지 당국에 대하여 자신들의 존재를 드러내었다. 이처럼 유지들이 지역 안에서 정치적 주도권 장악을 통해서 식민지정책에 대해 제한적인 영향력을 행사할 수 있었던 것은 그들이 선거권을 획득한 유권자였기 때문이었다. 물론 유지들이 정치적 활동이 항상 성과를 내었던 것은 아니며, 게다가 당국의 지역정책과 관련하여 지역유지들이 간여할 수 있는 부분은 매우 제한되어 있었기 때문에, 이를 두고 '관료유지지배체제'로 규정할 수 있을지에 대해서는 약간의 이론이 있을 수 있다고 생각한다. 그럼에도 불구하고 동래지역에서 보이는 '주민대회'를 매개로 한 유지들의 정치행태는 유지층과 식민지 당국 간 정치적 타협으로 이루어진 식민지적 지배질서의 새로운 모형으로서 충분히 주목할 만하다.

Ⅳ. 맺음말

　1920년 조선총독부가 문화정치의 일환으로 추진한 지방제도 개정은 지역유지층을 중심으로 한 새로운 형태의 정치적 지배질서를 만들어냈다. 그러한 '지방자치를 위한 훈련'으로 포장된 신지배질서의 출현을 가능하게 했던 것이 1920년 지방제도의 개정이고, 그 핵심은 전국 각 부와 지정면의 협의원에 대한 선거제의 실시였다.

　3·1운동 이후 일제는 조선식민통치에 대한 일대 전환을 고려하면서 식민지 근대화의 전제로서 시구개정 등 지역개발사업을 적극적으로 추진하려 하였다. 이러한 새로운 정책의 추진에는 지역차원의 새로운 형태의 지배질서가 요구되었다. 그리고 조선총독부로서 그것은 조선인의 저항을 최대한 완화하면서 식민지적 요구를 관철시키는 방식으로 설정되어야 했다. 이에 따라서 일제는 조선인의 상층부, 특히 지역사회의 유력자들을 보다 적극적으로 식민통치체제로 끌어들여 체제내화할 필요가 있었으며, 지방제도의 개정과 부면협의회의 선거제로의 전환은 그러한 필요성에서 만들어졌다.

　1920년대 도시의 개발 과정에서 식민지 당국에 의해 시구개정사업 등 각종 지역개발사업이 추진되었다. 이러한 사업들은 그 시행 과정에서 지역주민, 특히 지역유지층의 이해관계가 많이 얽혀 있었기 때문에 식민지 당국으로서는 그 갈등을 최소화하고 사업에 정당성을 부여할 수 있는 적절한 수단이 필요하였다. 그러한 식민지정책 목표에 부합하는 지방기구가 유권자인 지역유지들의 선거에 의해서 선출된 부협의회와 지정면 면협의회였다. 또 지역민을 대변한 지역유지들은 이러한 지방기구를 통해서 전기부영화와 온천탕읍영화와 같은 문제를 제기하여 자신들의 이익을 보장받으려 했다.

　각 지역의 조선인 유지들 가운데 민족적 견지에서 이러한 '지방선거' 자체를 부정하는 사람도 없지 않았으나, 지역유지들 가운데 적지 않은 사람들이 부협의원이나 면협의원이 되기 위해서 지방선거에 적극적으로 뛰어들었다. 물론 지역유지들 가운데는 이를 출세를 위한 발판으로 생각한 사람들도 있었겠지만, 지역적 차원에서 본다면 도시화가 진행되면서 생기는 많은 지역개발사업들이 자신들의 이해와 밀접한 관계가 있었기 때문에 이 문제를 방관만 할 수도 없었다. 시구개정이든 시장의 이전 확충이든, 학교 설립이든 어차피 지역개발이 이루어진다면 자신들의 요구와 이익을 반영할 필요도 있었던 것이다. 따라서 그들의 지방정치 참여 동기는 일차적으로 지역유지로서 계급적 이해관계에서 비롯된 것으로 민족적인 문제는 부차적인 것으로 인식되었을 것이다. 그들의 지방정치 참여는 관치행정에 의한 식민지적 도시운영에 대한 일정한 동의를 전제로 한 것이었다. 그럼에도 불구하고 부협의회와 면협의회가 조선인과 일본인 유지층들로 구성되어 있었기 때문에 양자간에 다소간 갈등과 충돌이 없을 수는 없었다. 이 경우 식민지라는 조건이 일본인 측에 유리하게 작용하였지만, 지역사회 내 조선인 유지층의 영향력이 무시될 수는 없었다.

  부·면협의회의 협의원은 일정액 이상을 납세하는 선거권을 지닌 지역유지들의 투표를 통해서 선출되었기 때문에 이들이 일반 주민의 의사를 대표할 수는 없었다. 그럼에도 불구하고 협의원 물론 선거권자인 유지들도 자신들의 요구를 관철시키기 위해서 '지역 대표'라는 명분이 필요하였다. 따라서 그들은 자신들을 지역주민의 대변자로 부각시키기 위해서 주민을 동원한 '주민대회'를 개최하고, 이를 식민지 당국을 압박하는 수단으로 활용하였다. 이러한 정치행태는 결과적으로 지방제도 개정의 목적이 '민의창달'에 있다고 주장한 문화통치의 식민지 당국의 선전을 뒷받침하는 것이기도 했다. 어쨌든 이러한 과정을 통해서 1920년대의 '민의'와 지역유지를 중심으로 한 새로운 형태의 지역적 정치질서가 만들어졌다. 실제로는 유지대회에 불과했던 각종 '부민대회'나 '면민대회' 명칭의 주민대회는 때로는 협의회의 지지를 받은 경우도 있지만, 때로는 주민대회에서 만들어진 민의가 협의회원 개인의 의지와 충돌하는 경우도 있었다. 이러한 경우 개개의 협의원들은 주민대회에서 비판의 대상이 되었다. 즉 주민대회가 사실상 유지층 내의 이견 조정 역할을 하는 동시에 지방정치의 헤게모니 장악 수단으로 활용되기도 하였던 것이다.

요컨대, 1920년대 문화정치하에 시행된 지방선거라는 새로운 정치행태는 식민통치의 단순한 전술적 전환이라기보다는 식민지 근대화 시행과 더불어 지방의 도시들을 식민지적으로 근대화하기 위한 정책의 시행하면서 '민의'를 포장하기 위해 생겨난 의사 '자치기구'라고 규정할 수 있다.

또 1920년대 지방정치의 중심 공간이었던 부·면협의회는 의결권이 없는 자문기관에 불과한 한계를 지니고 있었다. 따라서 1920년대에는 재조일본인을 중심으로 이러한 자문기관을 의결기관으로 바꾸려는 노력이 지속되었다. 그 결과 1930년 말 마침내 지방제도 개정을 통해 부협의회를 부회로 개칭하고 의결권을 부여하였으며, 지정면을 읍으로 승격시키면서 종전의 면협의회에 대신하여 읍회를 설치하고 부회와 동일한 권한을 부여하였다. 그렇다고 해서 1920년대 협의회에 비해 1930년대 부회나 읍회가 관치행정의 성격을 탈피하여 자치적 기능이 실질적으로 강화된 것은 아니었다. 오히려 1930년대 들어서 식민지 조선사회가 급격히 파시즘체제로 전환해 가는 국내외의 정세변화 속에서 부회와 읍회의 기능이 무력화되고 그 동시에 주민대회 또한 그 활력을 점차 잃어갔다. 이는 유지집단의 1920년대식 정치참여가 사실상 실패로 돌아갔음을 의미한다.

일제시기 부산의 시장

공설시장을 중심으로

장 선 화

Ⅰ. 머리말

부산의 중구지역은 일제시기 일본인들의 중심지로 부산부의 심장에 해당했다. 이 지역은 조선 후기 왜관이 있던 자리로 개항과 함께 일본전관거류지로 지정되면서 일본인들이 이주해 정착한 곳이다. 일본전관거류지를 기반으로 한 일본인들은 토지 매입, 매축과 항만 건설 등을 통해 주변으로 영역을 확장해 갔다. 한일무역을 중심으로 성장한 일본인들은 공업의 발전과 경남도청의 이전을 통해 부산을 경남의 중심지로 만들었다. 이러한 과정 속에서 부산은 교통의 발달과 함께 기존 동래 중심의 상권을 부산으로 이동시켰고, 부산의 상권은 경남지역을 넘어서고 있었다.

전통적인 조선인 상업은 정기시장인 장시를 중심으로 이루어졌고 이것은 일제시기에도 존속, 폐지, 이전을 거치면서 확산되어 왔다. 이러한 정기시장을 중심으로 한 상업 활동을 일제는 전근대적인 것이라고 보고, 통제하고자 했으나 일제시기 장시는 더 확대되는 경향을 보였다.[1] 일제시기 농촌에서는 장시를 중심으로, 도시에서는 공설시장을 중심으로 일상생활용품의 공급이 이루어졌다. 부산에서 일본인들의 중요 산업은 무역을 중심으로 이루어졌고, 그들의 일상 생필품의 보급은 상점과 시장 등을 통해 이루어졌다. 한일병합 후 부산의 일용품 공급 시장은 조선인 중심의 5일장이었던 부산시장(부산진시장)과 일본인의 상설시장인 일한시장(日韓市場)을 대표적으로 들 수 있다. 이들 시장은 1914년 시장규칙이 반포되면서 모두 부영(府營)으로 편입되었다.

기존 연구에서 장시는 정체성론 극복의 측면에서 조선사회의 발전적 측면을 보여주는 지표로 연구되었다. 그리고 개항 이후 장시가 외국 자본의 침투 경로가 되어, 그 때문에 기존 장시 체계가 크게 왜곡되었다는 사실이 강조되었다. 이후 장시 연구는 다양한 방면으로 진행되어 장시와 지역주민

---

[1] 허영란, 「일제시기의 장시 변동과 지역주민」, 서울대 박사학위논문, 2005, 6~8쪽.

들과의 관계, 식민지기 재래시장의 시장경제화 과정에서 나타나는 특징과 시장 갈등을 통한 사회관계 등 시장에 대한 경제적 부분 외 사회적 관점에서도 연구가 이루어졌다.[2]

시장관련 연구는 조선의 재래시장에 집중되었는데, 최근에는 도시 연구와 함께 도시의 상행위, 도시민의 소비활동과 각 개별시장에 대한 연구가 진행되고 있다.[3] 그러나 이들 연구는 서울지역이 주된 관심의 대상이었고, 부산에 대해서는 그다지 연구되지 못했다. 부산에 대해서는 개항기 무역, 상권 침탈, 공업의 발전과 상권의 이동과 관련해 시장에 주목한 연구가 있을 뿐이다.[4]

물론 최근 부산 도시와 재부일본인사회에 대한 연구가 이뤄지고 있으나 아직 도시 상업, 시장에 대한 본격적인 연구는 이루어지지 못하고 있다. 기존 일제시기 부산의 시장 연구에서는 도시를 중심으로 이루어지는 생필품 시장으로서의 모습을 부산부와의 관계 속에서 분석하지 못했으며, 다양한 시장의 모습을 그려내지도 못했다. 그리고 일제시기 동안 판매의 가장 마지막 단계인—소매상인과 소비자가 만나는— 소비시장이었던 공설시장이 도시 내부의 상권 통제에 어떻게 개입하고 있었는지에 대한 연구 또한 필요하다.

---

2) 허영란, 위의 논문 ; 조형근, 「식민지기 재래시장에서 사회갈등과 사회적 관계의 변동」, 서울대 박사학위논문, 2005.
3) 허영란, 「일제시기 '시장'정책과 재래시장상업의 변화」, 『한국사론』 31, 서울대학교 국사학과, 1994 ; 허영란, 「근대적 소비생활과 식민지적 소외」, 『역사비평』 통권49호, 1999 ; 허영란, 「일제시기 서울의 '생활권적 상업'과 소비」, 『서울상업사』, 2000 ; 전우용, 「한말-일제초의 廣藏株式會社와 廣藏市場」, 『典農史論』 7, 2001 ; 전우용, 「서울에서 도시 상설시장의 형성-대한제국기의 도시개조와 관련하여-」, 『2002년 Seoul International Conference for History-역사 속의 한국과 세계』, 2002 ; 전우용, 「한말·일제 초 서울의 도시행상(1897~1919)」, 『서울학연구』 29, 2007.
4) 홍순권, 「근대 개항기 부산의 무역과 상업」, 『항도부산』 11, 1994 ; 장선화, 「1920~1930년대 부산의 공업발전과 도시구조의 변화」, 동아대 석사학위논문, 1998 ; 박두봉, 「일제강점기 부산의 유통과 무역」, 『항도부산』 15, 1998.

흔히 도시의 시장을 신식시장이라 말한다. 이것은 시장규칙 반포 후 제2·3호 시장을 말하는 것으로, 제2호 시장이 일반 소비시장에 해당하고 제3호 시장은 대체로 사설시장이면서 도매시장에 해당한다. 따라서 도시 유통 전반을 보려면 제2·3호 시장 전체를 봐야 하겠지만, 우선 이글에서는 일제가 시장규칙에서 제2호 시장이라고 한 공설시장에 대해 살펴보고자 한다. 공설시장은 도시민에게 일상생활용품을 제공하는 일용품시장으로, 일본에서 먼저 물가 안정을 위해 사회시설 차원에서 만든 것이었다. 조선에서도 1919~1920년쯤 각지에 제2호 공설시장이 만들어졌다. 그러나 부산에는 1915년 처음으로 공설시장이 만들어졌다고 알려져 있으며, 일제시기 전국에서 가장 많은 공설시장을 갖고 있는 곳이었다.

그러므로 이 글에서는 개항 후 부산의 시장 개설 상황과 이후 부산부가 들어서고 시장규칙이 반포되면서 부산의 시장이 어떻게 변모하는지를 살펴볼 것이다. 또 부산에 설치된 공설시장이 최초의 제2호 시장이었는지, 부산에 공설시장이 많이 들어섰던 이유는 무엇이었는지 등에 대해 고찰해 보고자 한다. 한편 일제의 상권장악을 위해 시행한 시장규칙과 함께 사설시장을 부영으로 전환하면서 발생하는 문제들, 새로운 시장을 건설하면서 생기는 갈등들을 통해 상권 관계를 조망해 보고자 한다. 이를 통해 도시의 확장과 함께 시장이 어떻게 재편되어 가는지도 살펴볼 수 있을 것이다.

공설시장 개설과 관련한 제 문제들은 『釜山日報』, 『朝鮮時報』, 『매일신보』, 『동아일보』, 『조선일보』 등 신문을 통해 그 당시 표출되었던 제반 갈등들을 추적해 보고자 한다. 그리고 공설시장 일반과 시장세와 관련한 부분은 총독부 발행 문서와 부산부에서 발행한 자료들 특히 『釜山府勢要覽』과 『昭和11年公營市場關係書類』을 통해 당시의 상황을 고찰하고자 한다.

Ⅱ. 시장규칙 시행 전후 부산의 시장 변화

1. 시장규칙 시행 이전 부산의 시장

부산은 개항 이후 왜관이 일본전관거류지가 되면서 일본인들의 합법적인 정착지가 되었다. 일본인들은 초기부터 무역과 관련된 회사를 설립하고 그들의 이익 보호를 위한 조직을 만드는 등 여러 활동을 벌여왔고, 철도와 항만 등을 건설하는 데도 노력을 경주하였다. 그리고 점차 일본인 인구가 증가하면서 전관거류지만으로는 수용이 어려워지자, 좁은 시가지를 확장하기 위해 매축 사업 등을 벌이고, 이를 통해 거주지를 확장하였다. 그러나 계속되는 인구 유입은 일본인들을 조선인 거주지역으로 이주하게 했고, 기존의 조선인들은 더 주변지역으로 밀려났다.[5] 이와 같은 일본인들의 인구 증가는 그들 자신의 생필품을 공급받을 시장을 요구했다.

시장규칙 반포 전 부산의 시장 개설 현황을 보면, 조선인들이 주로 이용했던 규모가 큰 정기시장은 구포(음력 3·8일), 동래(음력 2·7일), 부산(음력 4·9일)시장이 있었다.[6] 1914년 부제(府制)로 부산시장(부산진시장)만이 부산부의 행정구역에 포함되며, 시장규칙 반포 후에는 부영시장(府營市場)으로 되었다. 여기서는 1914년 부제 실시 이후의 부산부를 중심으로 시장상황을 보고자 한다.

---

5) 장선화, 앞의 논문, 1998 참조. 일본전관거류지를 중심으로 한 도시의 형성은 1914년 지방행정구역의 재편으로 전관거류지가 폐지되고 부제(府制)가 실시되면서 부산부는 그 행정구역이 구일본전관거류지, 청국거류지, 부산면, 사중면, 사하면 중 지금의 대신동지역, 부민동, 부용동, 보수동, 부평동, 신창동, 대청동, 남포동, 아미동, 토성동, 초장동, 남부민동, 아치섬까지 확장되었고, 동래군과는 분리되었다(부산시사편찬위원회, 『부산시사』, 1991). 1925년 경남도청이 부산 이전으로 행정도시로서의 면모를 확대하고 1936년 1차 행정구역 확대로 서면과 암남리를 편입하고 1942년 2차 행정구역 확장을 통해 동래읍 전부와 사하면의 편입을 통해 점차 조선인 거주지 쪽으로 도시 영역을 확장해갔다.

6) 日韓書房編輯部, 『朝鮮地誌』, 1912, 348쪽.

당시 부산진시장은 이 지역에서 규모가 큰 시장으로 주로 곡물, 채소, 어류, 소, 말, 석유, 성냥, 방물, 음식물, 광물 등을 매매하였다.7) 수백 년의 역사를 가진 부산진시장은 음력 4일과 9일에 범일동의 길가를 중심으로 장이 열렸다. 이곳은 구포, 동래, 사하 등 일대에서 많은 사람들이 와 번창하였다. 그리고 시장규칙 시행 이후에도 조선인들이 중심이 되어 활발한 상행위가 지속되었다.

일본인의 시장은 조합과 회사가 운영하던 시장들이 대부분이었다. 먼저 부산곡물상조합(釜山穀物商組合) 및 부산곡물수출상조합(釜山穀物輸出商組合)의 공동 경영하에 1906년 10월에 설립되어 동년 11월 1일에 개시한 부산곡물시장(釜山穀物市場)이 있었다. 이곳은 일본이 조선에서 곡물 거래를 원활히 하기 위해 만든 특수시장으로 대청동에 위치하고 있었다. 이 시장은 누구나 가서 물건을 사는 소매시장이 아니었다. 곡물시장에서 상업 활동을 할 수 있는 사람은 위의 두 조합 동맹원이거나 회원으로 한정되어 있었다. 그리고 휴일을 제외한 매일 오전·오후 두 번 개시하였다.8)

다음은 부산어시장(釜山魚市場)으로 일본의 어업진출과 관련해 살펴볼 필요가 있는 시장이라 할 수 있다. 이 어시장은 남빈정(南濱町)에 위치하였고 부산수산주식회사가 경영하였다. 주로 선어(鮮魚)의 위탁판매를 취급하는 곳으로 1889년 8월에 개설되었다. 매일 오전 6시에 개시하고 거래방법은 경매, 산당매(算當賣) 및 입찰매(入札賣) 등으로 하고 회사의 승인을 받은 중매인만 매수할 수 있었다. 회사는 선어(鮮魚), 건염어(乾鹽魚)를 불문하고 판매수수료를 받았으며 조선의 어시장 중 가장 규모가 컸다.9)

---

7) 위의 책, 348쪽.
8) 釜山府,『釜山府勢要覽』, 1922, 125쪽. 이 시장은 시장규칙에 따르면 4호시장으로 매매는 모두 견본에 의해서 행해지고 상업회의소에 의해 설정된 수도(受渡)법규에 따라서 그것을 수수할 수 있다.
9) 이 시장은 시장규칙 반포 후 제3호 시장이 되며 이후 부산수산회사는 경남수산회사와 병합하며 그 발전을 보게 된다. 위의 책, 126쪽 ; 동아경제시보사,『조선은행회사요람』, 1921.

또 청과물을 판매하는 부산식량품시장(釜山食糧品市場)10)이 있었다. 식량품주식회사(食糧品株式會社)11)가 경영한 이 식료품시장은 1907년 남빈정에 개설되었다. 주로 채소, 과일 등 청과물의 위탁판매를 목적으로 하였고, 매일 오전·오후 2번 개시했다. 회사는 위탁자에게 매매수수료를 징수하였고, 중매인에 대해서는 그 1개월 매수금액에 따라 구전을 되돌려 받았다.

그리고 비교적 늦은 시기인 1913년에 개설되는 부산진공동판매소(釜山鎭共同販賣所)12)는 범일동에 위치하고 있었으며, 부산농업조합(釜山農業組合)이 경영하였다. 면적 40평 내에 소옥 24평의 별다른 시설 없이 채소, 과일, 기타 식료품의 위탁판매를 하였던 소규모 시장이었다.

위의 일본인 시장들은 당시 한일무역과 관련된 시장으로 회사와 조합이 그 소유주였고 시장규칙 반포 이후 제3·4호 시장으로 유통의 중요부분을 담당했다.

일반 상설소매시장이라 할 수 있는 것 중 대표적인 것은 일한공동시장(日韓共同市場-富平町市場)을 들 수 있다. 이 시장은 부평정에서 보수정으로 통하는 십자로 부근에 있었던 조선인 시장에서 매일 부산 시내를 행상하는 내선인(內鮮人)이 팔다 남은 상품을 부근의 주민과 통행인들에게 판매하던 것에서 비롯되었다. 1908년에 이르러 점차 이곳 상인의 수가 증가하고, 시가지가 팽창함에 따라 경찰관헌에서 풍기·위생 단속 명목으로 도

---

10) 부산부, 위의 책, 128~129쪽. 이 시장도 이후 제3호 시장이 되며 1935년 중앙도매시장으로 귀속된다.
11) 1907년 야채, 과일 등 기타 식료품의 위탁판매를 목적으로 자본금 10만 엔, 불입금 2만 5천 엔으로 니와세(庭瀨寬, 사장), 이시하라(石原源三郎, 전무취체역, 지배인)를 중심으로 설립되었다. 1909년에는 자본금 5만 엔, 불입금 17,500엔이고 역원은 야마모토(山本經一, 취체역사장), 이시하라(石原源三郎, 전무취체역), 나카무라(中村俊松)·고미야(小宮萬二郎)·기리오카(桐岡金三, 취체역)·하세가와(長谷川要太郎)·이마이치(今市丈吉)·후쿠시마(福島源次郎, 감사역) 등이 맡고 있었다. 『부산일본인상업회의소년보』, 1907 ; 『조선신사록』, 1909.
12) 부산부, 앞의 책, 1922, 129~130쪽. 제3호 시장으로 중앙도매시장이 개설된 이후로도 존치한다. 朝鮮總督府, 『市街地の商圈』, 1926, 482쪽.

로 이외의 곳으로 집중시키고자 하였다. 그래서 부평정 일대의 한 구역(현재 시장 위치)을 임대하여 그곳에 장옥(場屋)을 건설하고 점포를 설치해 앞서 말한 시장상인을 모으고 경찰관헌의 허가를 얻어 사용료를 징수하였다.13) 이 시장을 1910년 6월에 들어 일본인 이토 유이(伊藤祐義)가 경영하였다.14) 일한시장은 조선과 일본 상인이 함께 출점하였고 어채 및 일용잡화를 직접 소비자에게 판매하는 것을 목적으로 하였다. 그리고 장내·옥외에서 사용료를 징수하였으나, 누구나 와서 팔 수 있어서 소상인들의 집합장소가 되었다. 즉 일한시장의 시초는 조선인들의 상업행위가 일본인들과 함께 결합되면서 상설개인시장으로 전개해 나간 것이라 볼 수 있을 것 같다.

또 초량동에 개인이 경영하던 공동일용품판매소(共同日用品販賣所)15)는 부평정시장과 마찬가지로 어채 등 기타 잡화류를 팔았는데, 이 시장은 1924년 이후 기록이 보이지 않는다. 이후 확인되는 유사한 이름은 『시장관계서류』(1935)에 나오는 초량일용품취급소로 1931년 화재로 전소되었으며 이후 이 자리에 초량공설시장이 들어섰다.

부산어채시장(釜山魚采市場)은 서정(西町)에 소재한 것으로 일본인 다카하시(高橋長次郎)가 1906년 11월에 설립하여 경영하였다. 그러나 경영 부진으로 다카하시(高橋佐太郎) 외 5명이 발기하여 동업조합을 조직해서 1910년 12월부터 경영해왔다. 이 시장도 직접 소비자에게 판매하는 것을 목적으로 해 항상 사람이 많았다고 한다.16)

---

13) 朝鮮總督府 內務局, 『公設市場槪況』, 1924, 34쪽.
14) 『공설시장개항』에 따르면 명치 42년(1909)에 개설했다고 기록되어 있으나 『부산부세요람』에는 모두 명치 43년(1910)으로 되어 있어 여기서는 부산부가 작성한 『요람』의 기록을 따르기로 한다.
15) 1913년 개설되어 개인이 경영하였으며, 면적은 570평 내 250평에 3채의 平家를 지어서 어류, 채소, 기타 일용 잡화류를 취급했다. 1924년 자료부터는 보이지 않는다 (釜山府, 『釜山府勢要覽』, 1921·1924).
16) 『부산요람부록』, 1912, 256쪽. 박두봉, 앞의 논문, 1998, 236~237쪽에서 재인용. 부산어채시장은 1912년 이후 기록이 보이지 않는다.

이 시기 시장의 상황을 보면 일본인들의 거주가 일반화되면서 차츰 일용품을 파는 소매시장도 증가 추세에 있었다. 일본인들을 대상으로 하는 시장은 모두 매일 여는 상설시장이 일반적이었으며, 회사와 조합이 중심이 된 도매시장과 일반 개인이 경영하는 소매시장이 공존하고 있었음을 알 수 있다. 여기서 소매시장은 주로 부산에 정착한 일본인들을 위한 것이었고, 도매시장은 주로 일본과 조선의 무역과 관련이 있었다고 볼 수 있다. 그리고 조선인들은 장시라고 불리는 정기시장을 통해 상행위를 했다. 장시는 건물이나 시설이 없이 도로변을 따라 가판을 두고 상품을 파는 형태였으며, 일한공동시장 등에서도 조선인은 일부를 제외하고 대부분 노점 형태로 상행위가 이뤄지고 있었다.

2. 시장규칙 시행 후 부산의 시장

1910년 한일병합으로 일제는 본격적인 식민지경영에 돌입하였다. 일제는 조선의 상업 형태가 상설점포를 통한 경영보다 구식시장을 통한 경영이 주를 이룬다고 보고 이것을 원시 물물교환시대의 유물로 보았다.[17] 이러한 조선의 상행위에 대해 일본은 그 낙후성을 지적하며 근대와 함께 사라질 체제로 보았다.[18] 그러나 일본이 유통과 상권을 장악하기 위해서는 조선의 시장체제를 파악하고 침투해서 재정비해야 했다. 식민당국자의 시장통제에 대한 시도는 이미 통감부 시기부터 진행되었다. 통감부는 조선의 시장에 대한 침투와 통제를 위해 시장에 대한 조사와 과세라는 방법을 사용했다. 그래서 먼저 시장에 대한 조사를 진행하였고, 그 결과로 1909년 9월경 탁지

---

17) 朝鮮總督府, 『朝鮮人の商業』, 1925, 1쪽.
18) '원래 시장거래라는 것은 중세기의 유물이고, 문화·교통·경제의 발달에 따라서 쇄미하고 상설점포가 그것을 대신하는 것이 통칙으로 되지만 홀로 조선에서는 근래 두드러지게 제시설이 진보발달을 보이고 있음에도 불구하고 시장거래는 여전히 왕성하다.'라고 해 조선시장의 지속성에 대해 의문을 제기하고 있다. 京城商工會議所, 「朝鮮に於ける市場取引の現況」, 『經濟月報』 175, 1938, 21쪽.

부(度支部) 사세국(司稅局)에서 『한국각부군시장상황조사서(韓國各府郡市場狀況調查書)』가 편찬되었다. 이러한 조사는 일본에서도 1918년에 가서야 진행된 일이었다. 통감부의 이와 같은 조사는 지방적 차원에서 식민지배의 물적 재원을 제도적으로 확보하기 위한 조사 작업으로 볼 수 있으며, 이후 지방세제 정비 과정에서 그 세원의 포착을 위한 기초조사로 시행된 것이라 할 수 있다. 하지만 통감부 시기에는 시장에 대한 장악이 아닌 접근에 머물고 있었다. 이런 측면은 1909년 탁지부령 제28호 지방비 부과금징수규정에서 시장세 수세를 지방관세가 아니라 별도의 시장관리인을 통해 수행하도록 규정한 점에서 드러난다.[19]

일제의 시장 장악을 위한 정책이 체계적으로 이루어지는 것은 1914년 9월 12일자 총독부령 제136호 '시장규칙'을 반포하면서부터였다.[20] 시장규칙은 전통적이고 전근대적인 조선의 재래시장을 근대화한다는 명목을 표방하였다. 그러면서 모든 재래시장을 공영화하였다. 이것은 상품 유통을 통제하고 장악하려는 조선총독부의 시도라고 평가할 수 있다.[21]

---

19) 조형곤에 의하면 시장 조사를 기반으로 한 1909년의 시장세의 지방비 부과는 갑오개혁과 광무기 이래의 무명잡세 혁파 원칙을 정면으로 뒤엎는 것으로 민의 반대에도 불구하고 시장세를 부활시킨 것은 식민 통치를 위한 물적 기반의 확보를 위한 조치라는 경제적 맥락과 조선인의 독자적 정치·사회적 활동을 위한 중요한 물적 기반 중 하나인 시장이 가지는 위험성의 차단이라는 사회정치적 맥락이 동시에 작용하는 것으로 보고 있다. 조형곤, 앞의 논문, 2005, 96~105쪽 참조.
20) 朝鮮總督府, 『官報』 1914년 9월 12일자. 시장규칙을 반포하는 과정에 대해서는 조형곤의 위의 논문, 113~115쪽을 참고하기 바란다.
21) 시장규칙에 대한 기존의 평가는 대체로 시장공영화를 통해 조선인의 재래시장을 완전히 장악하고 통제하려 했다는 것이다. 이에 대해 조형곤(위의 논문, 118쪽)은 부분적 수정되어야 한다고 말한다. 왜냐하면 진정한 의미의 공영제가 아닌 단지 개설자를 한정한 제한 정책에 불과하다고 보기 때문이다. 즉 공공경영을 이야기하면서 시장규칙에는 공영을 위한 어떤 규정도 담겨있지 않다는 것이다. 시장규칙은 시장경영의 재원을 공공재원으로 확보하지 않고 오히려 시장세로 확보했다는 점, 기존의 상업적 구관들, 특히 종래의 관습적 권리들을 전혀 부정하지 않았다는 점, 공영을 위한 어떤 거래방식 규정도 없었다는 점, 시장권 제한 규정 등 시장의 조정을 위한 체계적인 규정이 부재하다는 점 등이 실질적 의미에서의 공

시장규칙을 보면 '모든 시장은 공공단체(府) 또는 이에 준하는 것(面)이 아니면 이를 경영할 수 없게 하고 도장관이 공익상 필요하다고 인정할 때에는 허가를 취소하고 이전 기타 적당한 조치를 명'할 수 있었다. '경찰관 또는 헌병이 필요하다고 인정할 경우에는 시장에서 영업을 하는 자, 시장에 들어가는 자에 대하여 공안·교통 또는 위생의 단속에 관한 임시 필요한 조치를 취할 수 있게 하고, 시장 또는 시장상인이 관의 지시를 따르지 않을 경우 1년 이하의 징역·금고 또는 200원(圓) 이하의 벌금에 처할 것'을 규정하였다.

일제는 시장규칙에서 조선의 시장을 세 형태로 분류하였다. 제1호 시장은 장옥을 설치하거나 또 장옥을 설치하지 않아도 구획된 지역에서 매일 또는 정기로 다수의 수요자 및 공급자가 모여서 상품의 매매 교환을 행하는 장소, 제2호 시장은 20명 이상의 영업자가 하나의 장옥에서 주로 곡물 식료품의 판매를 행하는 장소, 제3호 시장은 생산자의 위임을 받아 경매의 방법에 의해 상품의 판매를 행하는 장소로 규정하였다.

영제를 부정하게 하는 것들이라는 것이다. 즉 공영 없는 공영화라는 것이다. 그 이유를 식민권력 자신이 아직 '근대적/식민지적 시장제도'에 대한 총체적 프로그램을 갖고 있지 못했다는 사실과 프로그램이 있었다 할지라도 그것을 실사할 만한 능력을 갖추지 못했다는 사실 모두에 있었다고 지적하고 있다. 물론 시장규칙에 그런 측면이 없다고 할 수 없지만, 시장규칙에 제3호 시장에 대한 규정을 두고 있는 것과 관련해 다른 측면으로 생각해 볼 수도 있을 것 같다. 그것은 기존에 제3호 시장으로 인가를 받은 시장들이 대체로 조선에 진출한 일본인들이 다수를 점하고 있다는 것이다. 그리고 시장의 공영화를 주장하면서도 사설을 인정하고 상속까지도 가능하게 하면서 일본인들이 계속해서 시장을 유지할 수 있도록 하고 있다는 점, 그리고 제3호 시장이 주로 경매 등의 방식에 의해 거래가 되는 도매시장이며 대량의 물자를 유통시키는 기구임을 생각할 때, 이 도매시장을 일본인들이 장악하는 것으로 조선의 물자를 통제할 수 있다는 것이다. 그리고 그들이 주장하듯 시간이 흐르면 제1호 시장은 자연도태로 갈 것이라 생각했기 때문에 직접적인 분란을 일으킬 수 있는 소매시장에 대한 지나친 간섭보다는 도매시장을 장악해 유통의 중요부분을 통제하고 소매시장인 재래시장은 시장관리의 주체를 공영화고 경찰에 의해 단속하는 것 속에서 지역에 맞게 여유를 주면서 차츰 통제하고자 한 것은 아닌가 하는 의문이 든다.

제1호 시장은 조선인들이 주로 이용하는 매일 또는 전통적인 5일장인 정기시장과 일반농산물과 생활용품이 아닌 특수한 상품을 취급하는 특수시장 등과 같은 소매시장이 여기에 속한다. 제2호 시장은 도회지에서의 일본인을 중심으로 해서 발달된 일반 상가, 공설 식료품시장을 말한다. 그러나 제2호 시장은 시장규칙이 반포되고 바로 지정된 곳이 없었다.[22] 제3호 시장은 도회지에서 경매 방법으로 어채의 위탁 판매를 회사나 조합을 통해서 하는 일본인 경영의 수산시장 및 청과시장 등이 속한다.[23]

이후 1920년에 시장규칙이 개정되면서 첨가된 시장인 제4호 시장은 곡물증권 및 현물곡물거래소를 말한다. 명목상 공설로 되어 있으나 그 경영은 개인 또는 회사에 위탁해 곡물을 대량 거래하였다. 곡물현물거래소는 개항과 함께 강화도조약의 조건으로 일본인 상인에 의해 인천의 미두거래소를 설립한 것이 그 효시였다. 그 후 1906년 부산, 목포, 대구에, 1910년 서울과 군산에, 그리고 강경·진남포·신의주·원산 등 전국 9개 지역에 곡물 현물거래시장이 설립되었다. 이 거래소를 통해 쌀을 비롯한 주요 곡물을 일본으로 수출하거나 일본에서 정제한 후에 다시 역수입하게 되었다. 이러한 곡물현물시장은 주로 일본인이 중심이 되어 곡물상조합을 개설하여 합법적 부등가 교환을 자행하고, 막대한 한국산 곡물을 일본으로 보내는 창구 역할을 수행했다. 이와 같은 제3·4호 시장은 일제에 의한 경제침략의 교두보로서 당시 우리나라 농수산물을 강제로 수탈하기 위한 일종의 기지로서

---

[22] 제2호 시장이 한 곳도 지정되지 않음에도 불구하고, 시장규칙 내에 포함시킨 것에 대해 대체로 조선인 시장과 일본인 시장을 구분하고자 하는 의도임을 지적하고 있다(조형곤, 앞의 논문, 2005, 107~108쪽). 그러나 그밖에 일제가 시장의 형태를 제1호 시장에서 제2호 시장으로 바꾸고자 한 의도는 없었는지 살펴볼 필요가 있을 것 같다. 즉 도태될 것으로 생각되는 조선인시장을 제2호 공설시장으로 차츰 정지해 갈 의도로, 지정되지 않은 형태의 제2호 시장을 미리 명시했다는 것이다. 즉 그들이 생각한 앞으로의 시장 형태는 제2호 시장이었던 것이다. 부산의 경우를 보면 제1호 시장을 정리하면서 제2호 시장을 세우고 있어 그 사실을 유추하게 해 준다. 부산진시장이 그 예이다.

[23] 文定昌, 『朝鮮の市場』, 일본평론사, 1941, 66~70쪽.

의 기능을 가진 것이었다. 제4호 시장은 특수시장으로 일반 시장과는 거리가 있다. 그래서 흔히 신식시장이라고 하면 제2호 시장과 제3호 시장을 칭한다.

시장규칙 반포 후 부산부의 시장의 부영화 과정을 살펴보자. 우선『부산일보』신문기사를 통해 부산 일한시장의 부영화 과정을 보면, 이 시장은 종래 일본인이 경영하던 사설시장이었던 관계로 바로 인수의 과정을 거치지 않고, 우선 허가가 만료되는 시점에서 부영으로 하는 문제가 논의 대상이 되었다. 일한시장의 처리는 재부일본인사회에서 관심의 대상이었고, 부산부협의회에서도 이 문제가 중요하게 논의되었다.

『부산일보』1915년 7월 1일자 일한시장의 부영화문제와 관련한 기사에 따르면 '일한시장은 계약기간의 만료와 함께 시장규칙 시행으로 부영으로 가야하지만 전 경영자인 이토 유이(伊藤祐義)의 권익 또한 생각해서 시장은 부산부영으로 하고, 그에게 청부를 맡기는 형태도 고려되었다. 그러나 그것은 상급 관헌(경남도청)에서 부 직영 외에 그를 청부로 하는 것은 시장규칙에 어긋난다는 이유로 거부되었다. 이후 조치에 대해 당자간에 고려 중이나 시장 자체를 부(府)에서 완전히 인수하기에는 부재정 부족으로 불가능하다. 결국 일한시장의 설비를 현상 그대로 부산부에서 대차하고 편한 방법으로 그것을 관리를 하고 부직영으로 하는 것으로 근래 중 결정을 볼 것이라 한다'고 전하고 있다. 이 내용은 1915년 7월 14일자 부산부협의회에서 그대로 관철되고 있다. 즉 '일한공동시장과 영정(榮町)시장을 부영(府營)으로 하기로 결정하였다. 일한시장의 경우 부산부에서 임차(임차료 1개월 200엔)하고 소유주 이토를 시장관리보조인으로 삼아 해당 시장경영에 필요한 경비를 공제하고 순이익금의 얼마를 보수로 주는 것으로 하였다. 그 1개년 간 수입 예산이 5,242엔, 지출예산이 4,572엔으로 차액 670엔은 부산부의 이익으로 한다'고 해 시장을 부영으로 함과 이로 인해 부재정에 도움이 됨을 적시하고 있다. 즉 기존의 시장경영주에게 일정의 권리를 유지하도록 하고 시장경영의 이익을 지방세로 편입시켜 부경영에 사용하고자 함을 알 수 있다.

이로써 이 두 시장은 부산부윤의 신청에 의해 경남도장관의 허가를 받아 1915년 9월 1일자로 부영공설시장으로 개시하였다.[24] 일한공동시장(日韓共同市場)은 부영으로 되면서 부평정시장(富平町市場)으로 명칭을 바꾸었고, 이후 전국에서 가장 큰 규모의 공설소매시장으로 성장하였다. 부산부는 이 곳의 확장과 발전에 힘을 기울였다.[25] 그러나 영정시장은 개장한지 얼마 되지 않아 부산착평지를 총독부에 인도하였고, 성적이 좋지 못한 이 시장은 1916년경 폐지되었다.[26]

그런데 조선인이 중심이 되었던 부산시장은 1914년 9월 부영으로 되었고, 아무런 설비 없이 이전과 마찬가지로 도로변에서 시장이 열렸다. 정기시장으로 음력 4일과 9일에 개시하였고, 주로 농산물과 기타 선어·잡화류를 사고팔았다.[27] 즉 조선인 시장은 일본인이 경영하던 사설시장과 달리 거의 아무런 어려움 없이 시장규칙 반포와 함께 부영으로 된 것이다.

---

24) 당시 부평시장과 영정시장의 규모를 보면 부평정시장은 면적 535평에 건물 판매소 7동(건평 301평 5합), 창고 1동(건평 3평), 사무소 1동(건평 1평 5합), 변소 3동(건평 1평 4합), 매일 개시하며, 휴업일 매년 1월 1일, 개폐시간 일출에서 오후 12시까지이다. 이 시간은 이후 하절기와 동절기로 나눠 7시와 6시로 단축되어진다. 주요 취급 종류는 수산물, 곡물, 야채, 과일, 잡화, 기타 일반 음식물 등이다. 사용료는 장옥은 1평당 1일 10전 이내, 창고는 1평당 7전 이내, 옥외는 1평당 6전 이내로 징수방법은 하루만 사용할 때 매일 그 날의, 달을 기준으로 매월 20일까지 그 달분을 사용자로부터 징수한다.
영정시장의 위치는 부산부 영정 5정목 1번지와 상생정 5정목 1번지에 걸쳐 있고 면적은 1,358평이고 설비는 장옥인 물품판매소 7동(건평 307평), 창고 1동(건평 32평 5합), 사무소 1동(건평 44평 7합 5작), 경비소(見張所) 1동(건평 3평), 변소 2동(건평 2평)을 두고 있다. 개시일은 매일이고 휴일은 매년 1월 1일, 개장 시각은 일출에서 오후 10시까지이다. 취급 물품은 수산물, 곡물, 채소, 과일, 신탄 기타 일반 음식물이다. 여기서 부평정시장과 차이는 신탄을 판매한다는 것이다. 사용료는 부평정보다 조금 싸서 장옥은 1평당 1일 80전 이내, 창고는 4전 이내, 옥외는 2전 이내이고 징수방법은 부평정시장과 일치한다.『부산일보』1915년 8월 26일 1면 2단.
25) 부산부,『부산부세요람』, 1930, 148쪽.
26)『부산일보』1916년 4월 28일 2면.
27)『부산부세요람』, 1933, 187쪽.

시장규칙 시행 후 시장의 공영화는 상황에 따라 다르게 형성되었다. 자연 발생적으로 만들어져 경영되었던 사설시장을 부에서 매수하거나 대여하여 약간의 확장 개선을 더해 그것을 부가 인수하는 형태를 취하기도 했다. 부산부의 경우는 이런 경로를 통해 부영시장을 만들어간 것이었다. 즉 부는 기존의 상권을 그대로 사설 경영주에게 유지하도록 하면서 시장세를 챙겼던 것이다. 그것은 1916년 초에 있었던 부평시장의 전소 후 부산부의 태도에서도 잘 보여준다.

1916년 1월 25일 부평시장에 불이 나면서 부평정시장이 전소되자 부에서는 전소한 시설을 종전대로 이토(伊藤)에게 출자해 건축하게 하고 시장은 부에서 직영하는 것으로 2월 1일 부협의회에서 결정하여 건설의 모든 책임은 전 경영주가 지게 하였다.[28] 시장의 제반 시설비용은 부에서 출자하지 않으면서 시장규칙에 따라 소유는 부영을 고수한 것이다.

그 후 부평정시장은 1922년 부산부에서 모든 시설을 인수하여 진정한 의미의 부영시장이 되었다. 그리고 부에서는 시장 주변 정리를 통해 도로가 정비되고 비위생적인 부분도 없어져 주변 환경이 일신되었음을 강조하였다. 즉 '종래 시장 부근의 도로는 음식물, 야채, 해산물 등의 조선인 행상인으로 가득 차 통행의 장애는 물론 비위생적으로 아주 무질서하여 주위의 도로 748평을 시장구역에 편입 정리시켜 대부분 개수하였다. 한편 부근 인가는 시장의 성황에 따라 전부 상점으로 바뀌게 되었다'[29]고 하여 상업의 안정적인 정착과 주변 상가의 확장으로 성공한 계획이었음을 지적하고 있다.

그리고 시장규칙 반포 후 1916년 3월 동래군 축산조합이 경영하던 우시장을 부산부 경영으로 이전하여 제1호 시장인 부산진우시장(釜山鎭牛市場)을 개설하였다. 이 시장은 범일동에 있었으며, 생우를 취급하는 시장으로서 주변 농촌과 일본으로 수출하는 상인이 주 고객이었다.[30] 이 우시장은 주

---

28) 『부산일보』 1916년 2월 2일 2면.
29) 朝鮮總督府 內務局, 『公設市場槪況』, 1924, 36쪽.
30) 부산부, 『부산부세요람』, 1921, 104쪽.

요시장으로써 오랫동안 제1호 시장으로의 명맥을 유지하였다.

이에 대해 기존의 회사와 조합이 경영하던 사설시장은 모두 제3호 시장으로 그대로 인가를 받고 있었다. 그래서 곡물시장, 부산식량품시장, 부산어시장, 부산진농업조합공판장이 인가를 받아 영업을 하였다. 시장의 공설화가 주장되는 속에서도 부산에서는 사설 제3호 시장이 개설되었는데 그것은 1926년에 부산해산상조합(釜山海産商組合)이 남빈정에 설립한 것으로 부산해산상조합시장(釜山海産商組合市場)이다. 이 시장은 주로 해산물과 비료를 취급했다. 이 시장은 중앙도매시장이 설립된 후에도 계속 명맥을 유지하였다.[31]

이처럼 시장규칙이 반포된 후 부산에서 시장에 대한 조치를 보면 일본인 경영 시장들은 대체로 회사와 조합을 통해 경영하고 있어서 제3호 시장으로 그대로 경영권을 가질 수 있었고, 일부 사설시장과 조선인 시장만이 부영으로 이전되었음을 알 수 있었다.

---

31) 부산해산상조합의 창립은 1915년인데 이보다 앞에 1910년 赤坂正一 씨 외 14명이 이사청의 인가를 받아 창립한 부산해산물중매상조합 및 1911년 故武久捨吉 외 11명이 부산부윤의 인가를 얻어 창립한 부산중요해산물문옥조합이 그 전신이다. 이 두 조합이 1915년에 이르러 합병함에 의해 동조합의 성립한 것이다. 이들이 1926년 시장규칙에 준거해 경상남도지사의 인가를 얻어 이리코(イリコ(마른멸치)]시장을 경영하였다. 荒井彌一郎(조합장), 大島芳輔(부조합장), 阿部平松(감사), 三井精重·吉良態吉·加藤字太郎·友松甚四郎·光井武次郎·伊藤正一(평의원), 香椎源太郎, 赤坂正一(고문) 등이 주요 경영진이었다. 이 시장은 더욱 발전하여 1934년에는 판매고가 170만 원을 넘고 그 판로도 긴키(近畿), 추코쿠(中國), 큐슈(九州) 일원, 간토(關東), 호쿠리쿠(北陸), 타이완(臺灣), 선만(鮮滿), 남지(南支), 하와이(布哇), 남양(南洋) 방면에 걸쳐 있었다. 이 시장은 부산어시장과 함께 부산의 대표적인 명물이 되었다. 『新釜山大觀』, 1935, 101쪽.

Ⅲ. 공설시장의 개설과 현황

1. 도시에서 공설시장 개설

일본에서 근대적 소매시장의 기원으로 삼는 공설시장은 1918년의 공설소매시장 설치부터이다. 공설소매시장은 도시화가 진행되는 속에서 안정적 식료품 공급체제를 확보하는 수단으로서 도입되었다. 도시화와 공업화의 진전으로 많은 노동자들이 도시로 유입되었고, 도시는 이들의 노동력을 저임금으로 사용하기 위해서 노동자들의 생활기반을 안정적으로 도모해주어야 했다. 그중 중요한 것이 주택과 식료품이었다. 일본에서는 이러한 공업의 발달과 관련해서 생활비 안정을 위한 공설시장의 설립에 대한 의견이 1912년에 제시되었다. 즉 공설시장의 문제는 경제정책이기보다는 사회정책인 세민대책으로 등장하였다. 그러나 공설시장이 설치되는 것은 1차 대전으로 물가가 등귀하여 생활에 위협을 느낀 세민들이 급기야 쌀폭동을 일으키고 나서였다. 이에 대한 대책으로 동경상업회의소에서 공설시장 개설을 제기하였고, 제일 먼저 오사카에 공설시장이 개설되었다. 오사카를 시작으로 이후 일본 전국으로 공설시장이 개설되기 시작했다.[32]

일본 본국의 이러한 공설시장 개설은 식민지 조선에도 영향을 미쳐 사회시설로서 1919년 경성에서 처음으로 제2호 공설시장이 개설되었다. 추삼무(萩森茂)는 『조선의 도시』에서 경성의 공설일용품시장 개설 이유와 개설 과정을 밝히고 그 영향을 다음과 같이 기술하고 있다. "1912년의 물가지수를 100으로 할 때 1919년 지수가 259로……생활상의 위협을 느끼기에 이르렀다. 부는 부민 생활의 안정에 밑천이 되기 위해 1919년 12월 15,290엔을 투자하여 명치정(明治町)공설시장 및 종로공설시장을 설치하고, 1920년 12,270엔을 투자해 9월에 경정(京町)공설시장, 10월에 화원정(花園町)공설

---

32) 石原武政, 『公設小賣市場の 生成と展開』, 千倉書房, 1989, 6~19쪽.

시장의 2개소를, 또 1921년 8월에 4,228엔을 투자해 마포공설시장을 증설했다. 그리고 경정시장은 1922년 10월에 한강통 3번지로 이전 용산공설시장으로 개칭하고, 종로시장은 1925년 10월 폐지되어 현재는(1930) 명치정, 화원정, 용산, 마포공설시장의 4개소가 있다"33)고 하였다. 그리고 제2호 공설시장은 이후 전주, 원산 등 도시들에서 세워졌다. 흔히 제2호 공설시장은 제1호 조선인 시장과 달리 도시에서 일본인들의 일용품을 안정적으로 공급하기 위한 시장을 지칭했다.

그러면 부산에서는 언제 제2호 공설시장이 만들어졌던 것인가? 대체로 공설시장의 효시를 부산의 부평정시장이라고 말한다. 문정창 또한 『조선의 시장』에서 공설시장의 효시를 부평정시장이라고 했다.34) 그리고 이제까지 연구들에서도 제2호 공설시장의 첫 등장을 부산 부평정시장으로 삼고 있었다.35)

문정창은 또 다른 글에서 공설시장은 부, 읍 또는 군과 같은 공공단체가 그 주민의 일상생활품의 수용과 공급의 원활을 도모하며 가격을 조절하며 또 시민의 위생과 보건에 불편이 없도록 하기 위한 시설이라고 하였다. 그리고 여기서도 조선의 공설시장은 1910년 부산의 일한시장의 설치가 그 효시며 도시 발전과 일본인의 증가로 자연스럽게 공설시장의 설치가 필요하게 되어 등장하였으며, 1차 대전 후 공설시장이 차차 늘어갔고 공공단체가 아닌 개인이 경영하는 사설 공설시장이 늘어 도시민들에게 일상용품을 공

---

33) 萩森茂, 『朝鮮の都市』, 대륙정보사, 1930, 104~109쪽. 이러한 공설시장의 개설에 일본인 상인들이 반발하여 공설시장 개설이 연기되기도 하였다. 『동아일보』 1920년 5월 20일 3면.
34) 文定昌, 앞의 책, 1941, 71~78쪽. 물론 앞서 말한 총독부가 발행한 『공설시장개항』(1924)과 『조선에 있어서의 공설시상』(1930)에서 부산에서 공설시장으로 부평정시장과 남빈정시장을 들고 있고 부평정시장의 최초 개설시기를 1915년으로 잡고 있기 때문에 도시에서 일용품을 판다는 의미에서 공설시장의 효시는 부평정시장이라 할 수 있을 것 같다.
35) 조형곤도 최초의 제2호 시장을 부평정 일한시장이라 보고 있다(앞의 논문, 2005, 108쪽).

급하였다고 하면서 사설시장의 역할도 강조하였다.36) 여기서 보면 공설시장을 도시민의 일상용품을 공급하는 기관으로 보고 있음을 알 수 있다. 그러한 의미에서 부평정시장을 조선에서 공설시장의 효시로 삼는 것 같다.

그런데 문정창은 또 『조선의 시장』에서는 공설시장은 제2호 시장을 통칭한다고 말하고 있다. 그리고 부 혹은 읍에는 도시가 발달하면서 시장규칙 제1조 제2호에 의한 공설시장이 아닌 공설시장이 있었다고 지적했다. 그것은 도시에서 개인이 장옥을 만들고 공설이라 마음대로 칭하는 경우이다. 그리고 지방 도읍 소재의 재래시장 중 도읍주민의 일상생활필수품 배급 시설로서 장옥을 설치하고, 영업자를 수용해 주로 어채 · 기타의 식료품을 판매함으로서 공설시장이라 칭하는 것이 있었다. 그러나 이것은 제1호 시장의 진보된 부분으로 제2호에 해당하지 않는다고 하였다. 또 시장규칙 제1조 제2호에 미치지 못하는 사설 공설시장이 경기도에서 문제가 되어 경기도령에 의해 18명 이상 20명 미만의 영업자도 도지사의 허가를 받아 공설시장으로 삼은 것이 있었다고 지적한다. 하지만 이 세 경우는 그가 본 제2호 공설시장의 형태가 아니며 시장표에도 들어가지 않는다고 지적했다. 그러면서 부산의 부평정시장은 1915년부터 제2호 시장에 포함시키고 있다.37)

그러나 『시가지의 상권(市街地の商圈)』(이후 『상권』으로 축약함)에 의하면 1923년 조사에서 전국적으로 제2호 공설시장은 7개가 있었다고 한다. 경성 3개소(명치정 · 화원정 · 종로), 군산 2개소(식량품시장 · 군산공설시장), 전주 1개소(전주공설시장), 원산 1개소(수정(壽町)공설시장)38)이다. 1924년 발간된 『공설시장개황』(『시장』으로 축약함)의 1923년 8월부터 말까지 조사한 각도의 보고에 따르면 공설시장은 경성부 4개소(용산 추가), 전주부 1개소, 군산부 1개소(군산공설시장), 대구부 1개소(대구부공설시장), 부산부 1개소(부평정), 평양부 3개소[수정(壽町) · 행정(幸町) · 사창(司倉)], 원산 1개

---

36) 文定昌, 「朝鮮の 公設市場」, 『半島の光』, 1941, 8쪽.
37) 文定昌, 앞의 책, 1941, 73~75쪽.
38) 朝鮮總督府, 『市街地の商圈』, 1926, 453~515쪽.

소, 청진부 1개소(청진일용품시장)로 총 13개소의 공설시장을 설치하고 있음을 알 수 있다. 같은 해 조사임에도 불구하고 7개소에서 13개소로 차이를 보이고 있다.

그 차이는 어디서 오는 것인가? 『상권』 조사에서 보면 조사 자체에서 누락된 시장(용산, 대구, 청진공설시장)이 존재하였고, 『시장』에서 공설시장이라 조사된 것 중에는 1923년 조사에서 제2호 시장이 아닌 제1호 시장으로 지정되어 있는 것이 있기 때문이다. 그리고 군산의 경우 『상권』에서는 2호 공설시장이 2개소로 지정되어 있으나 『시장』에서는 1개소로 조사되어 있다. 이것은 제2호 시장을 규정하는 것과 공설시장을 규정하는 것에 차이가 있다는 것이다.

보통 시장규칙에 의거 도시에서 일본인의 일용품을 공급하기 위해 만들어진 공설시장은 제2호 시장이었다고 생각되었다. 그런데 누락되거나 미개설된 시장 외에 평양부, 부산부의 공설시장들이 제1호 시장으로 되어 있었다. 경성상업회의소(1929)의 1928년 조사에서 부산부의 경우 모두 제2호 시장으로 지정되었으나, 평양부의 경우는 여전히 제1호 시장이다.[39] 이후 경성상업회의소(1938)의 1937년 조사에 따르면 제2호 시장의 개소는 30개소이고 평양부의 경우 제1호 시장이던 3개소를 포함 7개소가 제2호 시장으로 지정되었다.[40] 여하튼 1차 대전 후 도시의 물가 앙등을 잡기 위해 만들어졌다는 공설시장은 처음부터 모두 제2호 시장으로 출발한 것은 아니었다는 것이다. 1919년부터 제2호로 지정되는 시장이 출현하는 것은 맞지만 물가조절을 위해 만든 공설시장이 모두 제2호 시장은 아닌 것이다. 그래서 공설

---

39) 경성상업회의소(京城商工會議所), 「朝鮮に於ける市場取引の現況」, 『朝鮮經濟雜誌』 165, 1929, 3쪽.
40) 경성상업회의소, 「朝鮮に於ける市場取引の現況」, 『經濟月報』 175, 1938, 94~96쪽. 평양부의 경우 1920년 3개소를 모두 개소하고 부에서 물가조사 감독을 하는 공설시장임에도 불구하고 제1호 시장으로 지정된 것은 제2호 시장이 가지는 규정에 미치지 못해서인가? 또 일부 지방에서 상설시장이라도 제2호 시장으로 지정되지 않고 공설시장으로 불리지 않음을 볼 때 일제의 시장규칙에 일관성에 의문이 든다.

시장은 제2호 시장이라고 일반화해서 말할 수 없다. 그런데『시장』에서 조사된 공설시장이 시장규칙에서 규정하는 제2호 시장으로 지정되지 않은 것은 어떤 부분이 미흡해서인지는 알 수 없다.

앞에서 부산의 부평정시장은 1923년까지 제1호 시장으로 있었음을 확인할 수 있었다. 1923년에서 1927년 어느 시점에서 제2호 시장으로 지정된 것 같다.

이러한 공설시장 개설은 도시 상업에 어떤 영향을 주었던 것일까? 경성부의 경우 공설시장 개설 효과를 '상품가격이 3할 이상 차이가 보임에 따라 부내 다른 업자들도 견제하게 되어 그 판매가격이 공설시장의 소매가격에 접근하는 경향을 보였다. 그리고 부내 식료품 및 생활필수품의 판매가격을 정할 때 공설시장의 소매가격을 표준으로 하게 되고, 일반 해당업자도 공설시장을 모방하여 그중에는 동업자가 서로 모여 염매소(廉賣所) 간판을 걸고 개점하는 일이 속출'한다고 해 공설시장 개설이 성공적이었음을 전하고 있다.[41] 부의 공설시장 개설로 물가 안정과 염매소라는 사설시장들의 등장을 전해주고 있는 것이다.

부산의 경우도 마찬가지로 부내 도매가격을 기준으로 시장상인의 매입가격 및 시중 판매 소매가격을 참작해 대략 도매가격에 5푼 내지 1할을 더해 가격을 결정하는 등 시세보다 싼 가격에 물건을 공급하였다. 그로 인해 공설시장의 가격은 부산에서 일반소매가격의 표준이 되어 일반상인들도 종래의 가격을 인하시켰다.[42] 그리고 공설시장 개설로 인해 그 주변은 모두 상가로 변하고 2층 건물로 개축하려는 움직임이 있는 등 주변이 상업지구로 변하였다. 그중에는 개인이 돈을 내어 장옥을 짓고 영업을 하는 사설시장이 설립되기도 하였는데, 이것에 대한 통제를 공설시장 쪽에서 부당국

---

41) 萩森茂,『朝鮮の都市』, 대륙정보사, 1930, 104~109쪽. 이러한 공설시장의 개설에 일본인 상인들이 반발하여 공설시장 개설이 연기되기도 하였다.『동아일보』1920년 5월 20일 3면.

42) 조선총독부, 앞의 책, 1924, 36~40쪽.

에 진정을 하기도 하였다.43) 여하튼 공설시장의 개설은 주변 상인들에게 영향을 끼쳤고 유사 영업 형태가 도시에 행해졌음을 알 수 있다.

이러한 공설시장의 추세를 보면 〈표 1〉과 같다.

〈표 1〉 제2호 공설시장 발전 추세

연도	1915	1921	1926	1930	1935	1938
시장 수	1	7	10	16	18	28
거래액(千圓)	?	1,167	3,624	9,303	13,050	17,212

* 文定昌, 『朝鮮の市場』, 일본평론사, 1941, 72쪽 참조.
** 1915년 부분은 의문이 있지만 여기서는 그대로 인용하였다.

〈표 1〉에서 보듯이 공설시장은 해마다 증가 추세임을 알 수 있다. 즉 조선에서의 공설시장은 제1차 대전 이후 물가 앙등에 대처하기 위해 1910년대 말과 1920년대 초에 걸쳐 신설되기 시작해 도시의 성장과 함께 증가하였다. 그런데 공설시장의 개설이 1919년에 개설되었다는 사실은 물가 대책이라는 것 외에 3·1운동과 관련 속에서도 고려해 보아야 한다. 3·1운동 이후 일어난 불매운동은 일본인의 생활에 위협이 되었고, 이로 인해 일본인 위주의 일용품 공급시설로 등장한 것이 제2호 시장이었다. 이것은 제2호 시장이 경제적 유통기구로서보다는 물가등귀에 따른 사회구제시설로 설치되었다고 하면서도 오히려 경제 상황이 나은 일본인 소비자 위주로 경영되었다는 사실에서도 알 수 있다.44) 일반적으로 제2호 시장은 주로 일본인들이 이용하는 시장으로 일본인들이 많이 거주하는 도시지역에 집중적으로 설립되었다. 이로 인해 도시에서 민족별 거주지 차이와 함께 일본인 상권과 조선인 상권 또한 명백히 분리되어 나타나게 되는 것이다. 이후 공

---

43) 『부산일보』1929년 2월 19일 3면 8단, 「공설시장을 위협하는 시장 유사 영업 시장 규칙에 저촉」에 의하면 시장을 계설하고 있는 사람들이 부산부협의회 의원으로 부산의 유력자이었음을 알 수 있다.

44) 조형곤, 앞의 논문, 2005, 142~146쪽.

설시장은 특히 1935년에서 1938년 사이 급격히 많이 개설됨을 알 수 있는데, 이것은 1937년 중일전쟁 발발 전후로 한 물가 대책의 일환으로 이루어졌을 것으로 본다. 이 시기 제2호 공설시장은 제3호 시장과 함께 전시하 유통의 중요 기능을 담당하였다.

〈표 2〉 1928년 부읍별 2호 공설시장 설치 수와 거래액

府邑	경성	인천	전주	군산	부산	목포	총계
시장 수	3	1	1	1	2	1	9
거래액(圓)	596,853	110,270	36,530	44,886	2,661,980	미개설	3,495,519

* 京城商工會議所, 「朝鮮に於ける市場取引の現況」, 『朝鮮經濟雜誌』 165, 1929, 3쪽 참조.

〈표 3〉 1937년 부읍별 2호 공설시장 설치 수와 거래액

府邑	경성	인천	개성	대구	부산	평양	목포	해주	광주	나진	순천	총계
시장 수	1	3	3	1	8	7	1	1	2	2	1	30
거래액(圓)	3,720,000	399,746	548,047	155,386	6,492,358	3,906,198	380,437	351,130	116,449	444,525	112,332	16,526610

* 京城商工會議所, 「朝鮮に於ける市場取引の現況」, 『經濟月報』 175, 1938, 94~95쪽 참조.

〈표 2〉와 〈표 3〉을 통해 보면 1920년대에 비해 1930년대에 많은 도시에 공설시장이 개설되고 있음을 알 수 있다. 게다가 부산과 평양의 공설시장 개수가 확연히 증가함을 알 수 있다. 그러나 앞서 보았듯이 평양의 경우는 1920년에 공설시장 3개소가 있었고 이 시장들이 제2호 시장이 아님으로 해서 빠져 있었을 뿐이었다. 그렇게 본다면 부산의 경우 가장 큰 증가세를 보여 1928년 이후 6개소의 공설시장이 증설되었다. 다음 절에서 구체적으로 살펴보겠지만 부산은 1929년부터 1930년대 초반에 이들 공설시장이 대체로 완비되었다. 다른 지역에 비해 이른 시기에 도시에 시장이 정비됨을 알 수 있다. 부산지역에 이렇게 많은 공설시장이 설치될 수 있었던 원인은 어디 있을까? 이제 본격적으로 부산 공설시장의 특징을 살펴보기로 하겠다.

2. 부산 공설시장의 개설과 현황

〈그림 14〉 1920년대 중반경 부평정시장의 모습
(부산부, 『부산부사회시설개요』, 1927)

부산의 공설시장은 앞서 언급한 부평정시장이 시초라 할 수 있다. 물론 처음부터 제2호 시장은 아니었지만 도시에서 일용품을 공급하는 훌륭한 시장으로서의 기능을 하고 있었다. 1920년대 초 부산에는 제3호 시장, 즉 도매시장은 많으나 소매시장이 부족한 상황 속에서 부평정시장은 일본인만이 아닌 조선인 및 외국인들도 이용하는 아주 번성한 시장이었다.[45] 그리고 부평정시장은 출점 상인들도 일본인에 한정된 것이 아니라 일본인과 조선인이 잡거출점(雜居出店)해 잡화·곡물·야채 및 건물류(乾物類) 등을 판

---

45) 『조선시보』 1918년 9월 18일 5면 2단. 이 부평정시장의 조선 최대의 공설시장으로 부산의 명물로 부산에 오는 대외 유력자들의 시찰지가 될 정도로 계속 번창하였다.

매하였다. 일본인을 위한 소비시장이었지만 일본인뿐만 아니라 조선인들도 이 시장을 이용하였음을 알 수 있다.46) 특히 많은 조선인들은 시장 바깥쪽으로 밀집하여 노점 판매를 하고 있었다.47)

또 부평정시장의 번성에는 위치도 중요하였다. 부평정시장은 부산부의 서부쪽 중산 이하의 소주택자 및 봉급생활자 거주구역에 있고 또 전차선로에 면해 있어서 위치가 좋았다. 게다가 상품도 다양하여 시내 원근은 물론 시외 주민의 이용자도 많았으며, 특히 부내에 있는 요리업, 음식점들이 이곳을 이용하고 있었다.

1924년 현재 부평정시장에 들어오는 상품을 보면 선어는 부산부근에서 잡은 것들이 대부분이고, 건어와 건멸치는 통영·여수 방면에서, 가물치는 주로 가고시마(鹿兒島)·고치(高知)·시즈오카(靜岡)산이며, 야채는 일본에서 이입되어 오는 것이 70%, 대전·구포·밀양·대구 등에서 오는 것이 20%, 부산부근이 10% 정도였다.48) 일본인이 좋아하는 생선과 야채가 조선인들과 달리 일본과의 유통도 활발하게 이뤄졌다. 그리고 야채부분을 통해 보면 시장의 물품이 일본인들을 위한 것으로, 이 시장의 주 고객은 일본인임을 알 수 있다. 부평정시장은 계속 발전을 거듭하는데 1935년 현재 부평정시장의 규모를 보면 시장 용지는 1,283평, 건물은 목조 기와집 1채(521평), 점포 수 526개 정도이며 1일 사용자가 1만 명 내외이며 1일 판매고가 약 7,000엔에 이를 정도였다.49)

1차 대전 후의 경제상황은 부산에도 영향을 미쳤다. 『조선시보』 1918년 4월 6일자 사설을 보면, 일본과 경성에서 공설시장 건설이 유행하고 있으

---

46) 부산부, 앞의 책, 1921, 103쪽.
47) 『매일신보』 1926년 3월 10일 3면 4단, 「釜山에 가장 問題인 露店과 日韓市場의 取締」 ; 『부산일보』 1929년 4월 16일 3면 8단, 「부산진과 중도정시장, 중도정 5월 상순 부산진은 올 가을 10월 개설」.
48) 조선총독부 내무국, 앞의 책, 1924, 37쪽.
49) 부산부, 『부산부세요람』, 1936, 137쪽.

며, 일본과 가까워 일본의 물가 영향을 많이 받는 부산에서도 부평정시장 외에 하나 또는 두 개의 공설시장을 건설해야 한다는 점을 역설하였다. 따라서 이 시기 부산에서도 공설시장의 개설을 고려하고 있었다는 것을 알 수 있다. 그러나 공설시장은 이때 바로 건설되지 않고, 1924년에 가서야 개설되었다. 그 개설 이유는 물가 등귀보다는 지역적 필요에 의한 것이었다.

이때 개설된 시장이 남빈정시장이었는데, 개설된 이유는 도시가 확대 발전했기 때문이었다. 부산은 항상 좁은 시가로 인해 일본에서 들어오는 유입인구를 수용하기 힘들었다. 따라서 항만시설과 함께 매축사업에 힘을 기울였다. 즉 부산부의 동해안 매축사업으로 동부시가가 갑자기 부산의 중추를 이루게 되면서 부산역을 중심으로 하여 동남부 시가에 점포와 주택이 밀집해 소위 매립신정(埋立新町), 변천정(辨天町) 1·2정목(町目) 등은 부내 유일의 번화지구를 형성하였다. 이곳으로의 과도한 인구 집중은 바다를 건너 목지도(영도)까지 이어졌고, 목지도의 농지에서 수집한 채소류는 바로 어획류의 육양장(陸揚場)인 남빈정(南濱町)으로 왔다. 따라서 그것을 소화할 기관이 필요하게 되어 1924년 8월 민유지 165평과 목조 기와 2층 건물 131평을 빌려 공설시장을 경영하게 된 것이다.[50]

그러나 남빈정시장은 부평정시장과 같이 번성하지 못했다. 남빈정시장은 1924년 8월 25일 개장해 2층 매점 25, 1층 매점 30으로 백화점의 모습을 보였지만, 인근 일대에는 실업가가 많았고 시장의 주 고객인 봉급생활자가 적어서, 이후 2층 매점은 점차 문을 닫게 되었다. 남빈정시장은 자구책으로 정품염가판매를 하는 등 고객의 흡수에 노력했지만 성공하지 못했다. 결국 부와 협의하여 2층 매점을 1층으로 이전하고, 2층은 시장상인의 주택으로 사용하게 되었다.[51] 이를 통해 시장의 번영에는 입지조건이 중요하게 작용한다는 사실과 함께 시장을 이용하는 사람들이 주로 일본인들 중에서도 대

---

50) 조선총독부 내무국 편, 『朝鮮に於ける公設市場』, 1930, 61~62쪽.
51) 『부산일보』 1925년 7월 12일 7면 4단.

체로 중하급생활자들임을 알 수 있다.

　남빈정시장은 1935년에 본정시장(本町市場)으로 개칭하면서 본정 1정목 간선도로와 대창정통(大倉町通) 사이의 부지 약 1,320평방미터(약 400평)에 건물을 신축해서 이전했다. 이전한 본정공설시장은 부청사와 중앙도매시장을 비롯해 장수통(長手通) 및 대창정통(大倉町通)의 상점가와 부산대교(영도대교) 등 도시의 심장부에 위치하고 교통도 편리해지면서 이용자 수도 하루 약 5천 명 내외를 헤아리게 되었다.52)

　남빈정시장 이후 1920년대 말에서 1930년대 초에 공설시장이 급격히 많이 설립되었다. 그것은 부산부당국이 이 시기 불황으로 인한 물가 폭등 등 사회 불안을 해소하고 물가안정을 위해 시장통제를 하고자 했기 때문이다. 그래서 부내 사설시장을 정리하고 공설시장화 하였다. 기존의 공설시장 주변에 생겨난 사설시장으로 인해 공설시장이 위협받는다고 보고 시장규칙에 의거해서 이들을 통제하고자 하였다.53) 그 첫 시도가 중도정시장과 부산진시장이었다.

　1929년에 개설된 중도정시장은 부평정시장 주변에 다수의 조선인 행상들이 운집하여 도로 위생상 문제가 된다54)는 이유로 중도정 1정목에 급조된 시장이었다. 『부산일보』에서는 '부산부에서는 부평정시장의 완화책과 시장

---

52) 부산부, 앞의 책, 1936, 123쪽. 이곳은 1960년대 시장민영화 사업의 일환으로 부산 데파트가 세워지게 되었다.
53) 『중외일보(中外日報)』 1928년 11월 22일, 「문제인 부산시장 엽 연매소(聯賣所) 부윤의 조치 주목중」 ; 『부산일보』 1929년 2월 19일 3면 8단, 「공설시장을 위협하는 시장 유사 영업 시장규칙에 저촉」 ; 『부산일보』 1929년 2월 21일 3면 6단, 「부평정 사설시장 경고를 발하다. 만약 반성하지 않는다면 단연코 조치를 취할 것」.
54) '……대신동 방면으로 시가가 확장되면서 보수교 부근 도로상에 다수의 조선인행상자가 운집하여 교통위생상 지장이 많으므로 중도정 1정목에 개설……', '……개설일이 많지 않아 따라서 내용이 부실하다. 점포 수는 86, 하루 입장인원은 500명을 헤아린다. 부평정공설시장에 만들어진 일반시가에 비해 저렴함을 유지하고 있다.'라고 하는데서 알 수 있듯이 중도정시장은 조선인 상인들의 통제를 위해 마련된 것이었다. 부산부, 앞의 책, 1930, 130쪽.

부근 도로의 교통정리 때문에 중도정에 시장을 설치하기로 하고 하자마(迫間) 씨의 소유지 600평을 빌리고 5월 초부터 노천시장을 개설하기로 결정했다.'55)고 전하고 있다. 이것은 부평정시장 쪽의 항의에 의한 것이기도 한데, 노점상 및 유사영업을 하는 사설시장의 통제를 계속 진정했던 것이다. 그 일환으로 마련된 조치가 중도정시장으로 장소만 마련하고 아무런 시설물 없이 노점상들을 한 곳으로 집중시킨 것이었다.

중도정시장은 도청 이전 후 시가지가 계속 확대됨에 따라 대신동 형무소 자리에 시장 터를 마련하고 1933년 1월에 이전하여 선어·채소·과일·기타 일반 필수품 등을 저렴한 가격에 판매하였다. 그리고 부의 북서지방의 산물을 시장에서 도매로 서로 교환하면서 1일의 입장자 약 4천 명 내외의 활발한 시장으로 성장하였다.56) 시장명도 대신정시장(1933년 1월 17일 인가, 1월 18일 개시)으로 개칭하였다. 시가의 발전은 일본인들의 진출이 그만큼 활발했다는 것인데, 조선인들은 점차 일본인들에 의해 점점 주변지역으로 밀려나게 되었다.

1929년에 중도정시장과 함께 개설이 모색되었던 것이 부산진공설시장이다. 이곳은 수백 년간 장시가 섰던 곳으로 음력 4·9일에 사유지 및 도로에서 상품 매매를 해왔는데, 1914년 시장규칙의 반포와 함께 부산부의 경영으로 지정되었던 곳이다. 이후 부산진지역으로 인구가 유입해 오고, 이곳이 점차 발전함에 따라 교통 공안 위생상의 개선을 위해 1930년 부산부는 부산진공설시장의 설비를 완성하고 상설시장을 5일장과 겸설하였다.57) 이 시장은 부내에서 유일한 조선식 시장이었다. 그런데 이 시장의 개설은 그렇

---

55) 『부산일보』 1929년 4월 16일 3면 8단, 「부산진과 중도정시장, 중도정 5월 상순 부산진은 올 가을 10월 개설」.
56) 부산부, 「報告第149號公設市場表, 釜山公設大新町市場」, 『昭和11年公營市場關係 書類-이후 시장서류로 칭함-』, 1936.
57) 부산부, 위의 글. 이 기록에 의하면 시내 유일한 조선식 시장이고 이용자는 멀리 밀양, 울산, 포항 등에 이르고 시일은 물론 평일에도 거래량이 많았다고 한다.

게 쉽게 이루어지지 않았다. 부산진 쪽과 수정정 쪽에서는 공설시장 개설에 반대해 왔었다. 원래 부산진시장은 1929년 10월 개설할 예정이었으나[58] 1930년 12월에 가서야 개설이 되며 개설한 이후에도 주변의 사설시장으로 인해 이용자가 적어서 시장번영회 쪽에서는 선전전단을 뿌리기도 하였고, 부당국에서는 사설시장을 철폐시키고자 하였다.[59]

사설시장은 공설시장 개설 전부터 부산진 유락관 앞에 개설되어 영업 중이었는데, 부의 시장 폐지 통고는 상인들에게 사활이 걸린 문제였다. 상인들은 부의 사설시장 철폐 통고에 대응해서 대표 유동준(俞東濬) 씨 외 16명을 뽑아 경남도청을 방문하여 진정을 하는 등 시장을 지키기 위해 노력하였다.[60] 부산진지역 또한 이전부터 조선인 거주지로 일본인의 진출에도 불구하고 많은 조선인들이 거주하고 있었고 이 시장의 주요 소비자들도 조선인들이었다.

이처럼 부당국은 신설된 공설시장보다 사설시장을 찾는 사람들이 많음으로 인해 주변 사설시장을 정리해서 공설시장으로 유통을 집중시키고자 하였다. 그러나 부의 시장폐쇄는 사설상인들의 반발을 불러왔던 것이다. 부산부의 체제유통 정비는 사설 시장의 통제뿐만 아니라 부산부 유일의 조선식 시장인 부산진시장(5일장) 또한 철폐시킬 계획을 가지고 있었다. 『매일신보』에 따르면 부산부는 1938년 1월 그동안 상인들의 반발로 부산진시장(5일장)을 서면 방면으로 이전시키지 못하다가 부전리 제2상업학교(현

---

[58] '부산진시장의 설치도 총 경비 4만 엔을 기채(起債)해서 5월부터 점차 사용지 2천 평의 매수에 착수, 올 가을 10월경에는 개설 예정인데 상옥(常屋) 부지 60평까지 약 1만 2천 엔의 많은 액수를 요하는 상태이다. 때문에 부에서는 토지 매수에 지장이 생길까 염려해 비밀리에 부지 선정 중이라고'『부산일보』1929년 4월 16일 3면 8단.

[59] 『부산일보』1931년 1월 20일 3면 7단,「부산진시장 충실, 대매출과 내용 선전」; 『부산일보』1931년 1월 21일, 3월 8일,「부산진의 사설시장 부에서 폐쇄할 것이라고 경고」.

[60] 『조선일보』1931년 8월 7일 3면 1단,「시장령 실시와 수백소상 진정, 시장령에 의하야 폐지케되면 거긔 종사하든 상인살수업서 부산진사설시장문제」.

부산 롯데백화점) 앞 800평 부지에 시장을 개설하고 1년간의 유예를 주고 이전시키고자 하였다. 그 당시 부산진 시장을 이용하는 수천 명의 상인을 도매상들은 중앙도매시장으로 합병시키고 이전부터 이곳에서 장사를 해온 소매상인들은 1년간의 유예를 줘서 이전시킨다는 것이었다. 부산부가 밝힌 이전 목적은 부산이 발전을 하면서 장소가 협소해졌고 동래와 구포 등지에서 부산시장에 오는 상인들의 편리를 도모함과 동시에 지역발전에 따라 상설시장을 증설한다는 것이다. 이는 도시의 발전으로 조선식 시장을 도시중심부에서 외곽 쪽으로 이전하고 상설인 공설시장화를 목적으로 하고 있다는 것이다.[61] 즉 조선인 상권의 통제와 부산에 있어 제1호 시장을 제2호 공설시장으로 만드는 것을 목적으로 하고 있었다.

　부산부당국의 공설시장 개설은 여기에서 그치지 않고 기존의 상권지역에 계속해서 공설시장을 세웠다. 부의 이러한 시장권 통제는 이후 중앙도매시장 건설이라는 것과 연결된다. 이러한 것들은 만주사변 이후 계속되는 전시 상황과 깊은 상관관계를 가졌다. 다수의 공설시장 개설로 볼 때 부산부당국은 공설시장이라는 형태로 부내 유통의 안전망을 확보하고자 했던 것이다. 〈표 3〉에서 보았듯이 다른 지역의 공설시장은 대체로 그 숫자가 줄고 있는데 반해 부산의 경우 계속 수적 증가를 보이고 있었다.

　다음으로 건립된 것이 초량정공설시장과 목도공설시장이다.[62] 이 당시 부에서는 부산부 내 8개의 공설시장 건립을 목표로 하나씩 건립해 나갔다.[63] 이에 대해 수정정과 부산진은 공설시장에 반대했으나 부당국은 개설을 강행하였다.

---

61) 부전리 시설과 관련된 기사는 『매일신보』 1938년 1월 12일 3면 4단, 「부산부전리에 시장을 신설, 위치는 제2상업교 앞」과 동일자 4면 6단, 「역사 오랜 부산진시장 서면으로 드디어 이전? 수천소상인은 1년간 여유주어, 전부 이전케 할 방침」.
62) 『중앙일보』 1932년 3월 17일 3면 4단, 「부산부당국에서는 사설시장을 철폐하고 공설시장건설에 박차를 가한다 하면서 초량·목도에 공설시장 건립」.
63) 『부산일보』 1933년 1월 25일 2면 4단, 「부산공설시장 7개소」.

초량공설시장의 설치는 크게 무리 없이 진행되었는데, 그것은 이곳에 있던 시장(초량일용품취급소)이 1931년 화재로 소실되어 부에서 예산 35,000엔을 들여 토지 매입을 하고 공설시장을 세웠기 때문이다.64) 목도공설시장 또한 30,000엔의 공비로 설비하여 1932년 6월 1일에 개장하였다. 개시 후 이용객이 계속 증가하여 1936년 당시 1일 7,000명 정도가 시장을 찾았다고 한다.65)

수정정시장은 고관(古館)공원 동측 도로상에 조선식 시장이 있었는데 부에서 1933년에 35,000엔을 투자하여 시장을 신축하고 공설시장화 해 1933년 4월 1일 개장하였다.66) 기존에 있던 시장상인들이 시장개설에 대해 반대하였지만 그것은 무시되었다. 이렇게 7개의 공설시장을 개설한 부산부의 상황에 대해 일본인 신문인 『부산일보』에서는 '이제 현안인 중앙도매시장이 출현하면 부산부의 시장도 완전히 통제되어 부민도 안심하고 야채·과일을 염가에 구매할 수 있을 것'67)이라고 환영하고 있다.

그리고 부당국은 수정시장의 건립을 마지막으로 시장통제를 일단락했다고 보고, 이를 기회로 시장마다 있는 번영회와 호조회(互助會)를 단초로 하여 연합번영회를 만들 계획을 세워 시장을 통제하고자 하였다. 연합번영회의 명목은 부당국과 제휴를 통해 시장개선의 연구조사를 하고 함께 회원의 이익과 친목도 도모한다는 것이었다.68)

이후 공설시장은 또 변모하는데 이미 언급했듯이 1935년에 남빈정시장이

---

64) 『부산일보』 1932년 3월 3일 2면 7단, 「부산공설시장 정상(井上)과 수의(隨意) 계약」 ; 부산부, 「보고제149호 공설시장표, 부산공설초량시장」, 앞의 책, 1936.
65) 부산부, 위의 책, 126쪽. 목도지역의 이러한 발전은 공업의 발달과 함께 인구의 유입이 목도 쪽으로 이뤄졌기 때문이다. 이때 일본인 뿐 아니라 조선인들의 유입도 지속적으로 늘어나고 있었다. 장선화, 앞의 논문, 1998, 36~38쪽.
66) 『동아일보』 1932년 8월 26일 6면 6단 ; 부산부, 「보고제149호 공설시장표, 부산공설수정시장」, 위의 책.
67) 『부산일보』 1933년 1월 25일 2면 4단, 「부산공설시장 7개소」.
68) 『부산일보』 1933년 1월 26일 1면 8단, 「부산 각 시장 번영회연합회 조직」.

도로 공사로 인해 장소를 이전하고 개명하여 본정시장으로 되었다. 그리고 부산부에서 조선인들이 가장 많이 사는 영주정지역에도 총 경비 35,000엔을 투자해 부지 221평·부유지(府有地) 235평을 합해 401평에 장옥을 짓고, 1936년 9월 1일 영주정공설시장이 개장되었다.69) 개설 후 1937년에 영주정시장은 화재로 인해 소실되어 상인들이 부에서 책임을 져야한다는 취지로 구제책을 부에 진정하였다. 그러나 이후 기사에 의하면 부의 활동은 눈에 띄지 않고 부내 8개 시장번영회에서 동정금품을 모집해 주었다는 것만 확인할 수 있었다.70) 80여 명의 상인들은 자금난과 장소난으로 노천에서 장사를 하다가 1938년 6월 돈을 모아 복구공사에 착수하며 8월에 완공하였다.71) 원래 공설시장 관리 책임은 부에게 있지만 실상은 부영으로 설비된 시장이나 그 운영은 시장상인들에 맡겨져 있는 상황임을 간접적으로 알 수 있다.

이를 통해 부평정과 남빈정을 제외하고 공설시장이 설립된 곳들을 보면 대체로 조선인들의 거주지이면서도 일본인들이 대거 유입되어간 곳으로, 일정 정도 조선인 시장이 만들어져 있던 곳들이었다. 특히 부산진시장, 영주정시장, 수정정시장이 그러하였다. 그리고 영주정시장의 경우 공설시장이 개설된 곳 중 가장 일본인 수가 적은 곳이었다.72) 이곳은 일반적으로 조선인 거주지라 할 수 있을 것이다. 어쩌면 그래서 가장 늦게 공설시장이 개설되었는지도 모르겠다.

이들 공설시장에 입점하기 위해서는 상당한 자산을 가지고 상업의 경험도 있으며 선량한 자로 2명 이상의 보증인을 세워야 했으며, 일본인 관리자

---

69) 부산부, 앞의 책, 1936, 128쪽.
70) 『동아일보』 1937년 11월 29일 4면 1단, 「상품 소실한 상인 대표 구제책 부에 진정, 부산부당국을 방문키로 결정, 공설시장의 화재 후문」 ; 「災後商人들 爲해 同情金品募集」.
71) 『매일신보』 1938년 6월 5일 4면 6단, 「부산영주정공설시장 8월 초에는 준공, 공비는 1만 3천 엔으로」.
72) 부산부, 『부산부세요람』, 1936, 11~16쪽.

에게 허가를 받아야 했다. 목도(영도)공설시장의 경우 1일 입점자의 허가는 관리자에게 모든 권한이 주어져 있었다.[73] 즉 조선인들 중 자산과 경험이 있는 자들만이 시장에 입점할 수 있었고, 입점 후에는 그들의 통제를 받아야만 했다. 그리고 자산이 부족한 조선인 상인 대다수는 옥외나 노점에서 장사를 하였을 것이다.

수정정시장의 관리는 부산진관리자가 겸임하고 있었기에 수정정시장번영회 쪽에서는 시장번영을 위해 전임관리자를 요구하기도 하였다. 그리고 시장 이용자가 적다는 이유로 시장료 인하도 요구하였다.[74] 이곳은 일본인들의 거주가 많은 곳이 아니었고 아직 시장이 정착되지 못해서 상인들이 시장의 발전을 위해 필요 요건을 부산부에 요구한 것이었다. 1936년 『요람』에 의하면 1일 입장객 수가 5,000명에 이른다고 하니 시간이 지나면서 점차 시장이 안정적으로 경영되었음을 알 수 있다.

그리고 시장마다 차이는 있지만 공설시장 설치비용의 대부분은 부지 구입에 들어가 장옥이나 시설에는 그다지 투자되지 못했다. 이에 비해 일본인의 중심시장으로 성장한 부평정시장은 개축을 거듭하고 나날이 발전하여 조선과 일본을 통틀어 제일의 시장으로 이름을 떨치면서 부산부의 명물로 성장하였다. 부평정시장은 내외에서 부산에 오는 인사들이 거쳐 가는 관광지로서 부각되고 있었다. 그리고 1933년 5월에는 시장 발전의 수호신으로서 신사(神社)를 건립해 자체의 행사를 행하였고, 1933년 7월에는 자체 소방조합 설립을 부당국에 상신하는 등 시장 자체 설비를 갖추어 갔다.[75]

---

73) 이 관리 책임자는 보통 일본인으로 부서기(府書記)였고 시장의 크기에 따라 사무원과 상용인을 두고 있었다. 관리자는 시장 전반을 통제하지만 그들이 해야 하는 주요한 일 중에 부내 도소매 가격을 조사해 시장가격을 표시하고 품질관리와 부정행위를 막는 일이었다. 부산부, 『시장철』, 1936 ; 『부산일보』 1925년 9월 3일 2면 7단, 「부산부영시장개선」.

74) 『부산일보』 1934년 8월 25일 석간 2면 6단, 「수정정시장번영회 진정, 사용요금 3할 인하 요구」.

75) 『부산일보』 1933년 5월 7일(석) 2면 8단, 「부평시장에 상신(商神)」 ; 『부산일보』

이상에서 보았듯이 1920년대 말 이후 조선인 거주지에 공설시장의 설치는 경성부와 차이를 보이는 부분이다. 경성부의 공설시장은 대체로 일본인 거주지에 집중되어 조선인들이 사는 종로 이북 방면에는 설치되지 못하였다.[76] 물론 부산의 경우도 일본인들이 사는 중심지에 공설시장이 더 활발하게 경영되고 있었다. 그러나 조선인 거주지에도 공설시장을 개설하여 운영하였다. 그리고 『요람』에 의하면 대체로 하루 4~5천 명이 출입한다고 하니 성공적인 시장경영이 되고 있음을 알 수 있다.

그리고 앞서 본 바와 같이 부산의 공설시장은 다른 지역에 비해 많은 수가 설립되었다. 문정창은 부산과 평양의 공설시장은 부가 도시 내에 사영(私營) 공설시장을 매수하여 약간의 확장 개선을 더해 그것을 공영으로 인수하는 경로를 거쳐 만들어졌다고 하였다.[77] 그의 지적처럼 부산부는 도시가 발전하면서 부내 사설시장이 많이 형성되었고, 이를 정리하여 그곳에 공설시장을 개설하는 손쉬운 방법을 사용하여 짧은 시간 내에 많은 시장을 설치할 수 있었다는 것이다. 그러나 사설시장을 공설시장화 했다는 것보다 중요한 것은 다른 지역은 1930년대 후반경에 증가하는 공설시장이 부산은 그보다 이른 1920년대 말부터 1930년대 초반에 집중해 개설되는가 하는 것이다. 부산부는 앞서 보았듯이 사설시장의 정리 뿐 아니라 제1호 시장을 제2호 공설시장으로 만들어 가면서 시장통제를 하려 하였고 또한 원활한 통제를 위해 중앙도매시장 건설에도 힘을 쏟았다. 이러한 일련의 행보는 전시체제와 관련을 지어 생각해 보아야 할 것이다. 그리고 부산이 가지는 위치도 중요하다. 부산은 당시 경성 다음으로 일본인 거주가 많았고, 일본과 조선을 잇는 중요 통로로 상공업이 발달된 곳이었다. 부산은 일본과 가까워 일본의 물가 영향 등과 같은 경제적 영향 뿐 아니라 사회정치적 영향도

1933년 5월 12일 2면 11단, 「부평시장의 시장신사」 ; 『부산일보』 1933년 7월 30일 2면 6단, 「부평 시장에 소방조합 만일에 대비」.
76) 문정창, 앞의 책, 1941, 8쪽.
77) 위의 책, 74쪽.

많이 받는 곳이었다. 이미 1920년대 후반에 그 영향을 받고 있었고, 만주사변 이후 전개되는 상황에 부산은 빨리 대비를 하였다고 볼 수 있다. 즉 발빠른 정세인식으로 부산부 거주 일본인들 사이에서 시장통제의 필요성을 공감하고 그것이 공설시장 증설과 중앙도매시장 개설로 이어진 것으로 볼 수 있을 것이다.

부산은 물가등귀에 따른 사회불안을 해소하고 도시민들이 안정적으로 물품구입을 할 수 있게 한다는 명분의 공설시장 개설이 가장 충실하게 시행한 곳이었다. 그것은 부산의 공설시장이 개설되는 시기가 공황과 전시상황으로 물가가 등귀하던 시기와 궤를 같이 하고 있다는 측면에서 그러하다. 이것은 물자의 통제가 이뤄져야하는 시기와도 상통할 것이다. 그리고 이곳에서 일본인들의 정착은 안정적으로 이뤄지고 있었고, 그들의 세력이 다른 지역에 비해 강하게 작용하고 있었다. 이는 일본인 내부를 안정적으로 지배하고자 부산부에서 공설시장 건립을 강력하게 추진하게 된 배경이 아닐까 한다.

Ⅳ. 맺음말

일제시기 농촌의 장시에 대응하는 도시 소비시장인 공설시장이 만들어지는 과정과 확장되어 가는 과정을 살펴보았다. 부산에는 개항 이후 일본인들이 곡물수집과 상품시장으로서의 기능을 확보하기 위해 사설시장을 개설하고 있었고, 조선인 재래시장인 5일장이 서 있었다. 일제는 병합 후 상권 장악과 재정 확보를 위해 1914년 시장규칙을 발표하여 공영제를 표방하고 조선의 장시를 제1호 시장으로 지정하여 자신들의 통제 안에 두고자 하였다. 그러나 회사나 조합이 경영하던 시장은 제3호 시장으로 지정하고 계속 그들이 경영할 수 있도록 하였다. 주로 이러한 사설시장을 경영하는 자들은 일본인들이 다수였다. 게다가 시장규칙 시행 당시 한 곳도 지정되지 않았던 제2호 시장의 규정을 명기하기도 했다.

1차 세계대전으로 물가가 폭등하고 이것이 사회불안 요소가 되면서 일본에서부터 사회시설로서 안정적인 일용품을 공급할 수 있는 공설시장이 개설되기 시작했고, 이 제도는 조선에도 들어와 1919년 경성부에서 최초의 제2호 공설시장이 탄생하였다. 기존에 부산부 부평정시장이 제2호 공설시장으로 알려져 있었으나, 도시염가상설시장이라는 측면에서만 인정될 수 있는 부분이었다. 부평정시장은 도시에서 일본인을 상대로 일용품을 공급하는 공설시장이기는 하지만 사회시설의 관념으로 또 시장규칙에 의거한 제2호 시장으로서 인지되고 있지 못하였다.

제2호 공설시장은 주로 일본인들이 거주하는 도시에 개설되었고, 그중 부산은 가장 많은 수의 공설시장이 개설되었다. 그것이 가능했던 것은 도시가 발전하면서 사설공설시장이 많이 존재했기 때문이기도 하겠지만, 그보다 시장을 통제하고자 했던 부당국의 의도가 주요했다고 생각된다. 부산부당국은 초창기 공설시장 개설에 그렇게 열정적으로 동참하지 않았다. 경성부나 평양부 등에서 이른 시기에 3개소 이상의 공설시장을 세우고 있었지만, 부산부에서는 1918년경에 이미 공설시장 개설에 대한 의견이 나왔음에도 불구하고 개설되지 않았다. 그러다가 1924년 가서야 남빈정시장을 개설하였다. 그것도 물가 앙등에 대응하는 것보다도 동부 시가의 발전에 따라 시장의 필요성으로 개설한다고 밝히고 있다.

그러던 부산부가 1929년 이후 갑자기 부산부 곳곳에 공설시장을 개설하기 시작하였고 그 이유를 시장통제에 두고 있었다. 그 당시는 세계대공황으로 물가가 폭등하던 시기이면서 만주사변으로 전시체계로 들어가던 시기였다. 부산부는 물가 폭등으로 인한 사회불안을 막고 점차 번성해 가는 사설시장을 부 통제 속으로 넣으면서 전시체계를 대비해 간 것이었다. 그리고 이 시기 개설되는 공설시장들은 대체로 조선인 거주지지역에 개설되는데, 그 지역은 대체로 일본인들의 이주로 인구가 확장되어 가던 곳이며 조선인 상권이 살아 있던 곳이었다. 따라서 이곳에 공설시장을 개설함으로써 일본인들에게는 안정적인 일용품 공급을 한다는 것과 조선인들의 상권 침탈이라는 두 개의 목적을 실현했다고 볼 수 있다. 이렇게 공설시장을 곳곳에 개설할 수 있었던 것은 일본인의 거주가 안정적으로 이루어지고 있었기 때문이었고, 이러한 도시 주변부의 공설시장 개설은 부전시장의 개설에서 보듯이 조선인들의 상권을 더 외곽지역으로 밀어내는 역할을 하였다.

일제시기 부산의 공설시장의 건설은 도시에서 일용품의 안정적 공급을 위한 소비시장 통제의 기능 뿐 아니라 부평시장의 신사 건립이나 축제 등 시장이 가지는 사회적·문화적 기능으로 사람들 사이의 연결망을 확충하는 데도 기여했다. 본문 중에는 이 부분에 대한 내용을 제대로 다루지는 못했지만 이후 일본인사회를 조망하는 또 하나의 자료가 될 수 있으리라 생각한다. 그리고 시장 개설이 각 지역마다 다른 양상이 나타나는 것은 총독부의 정책과 관련이 있는 부분이며 또 그 지역 상황에 따라 차이가 있었다. 이에 대해서도 자세히 밝히지 못해 다음 과제로 남는다.

일제하 東海南部線 건설과 지역 동향

전 성 현

* 본 논문은 한국근현대사학회『한국근현대사연구』2009년 봄호 제48집에 수록된 것을 수정·보완한 것임.

I. 머리말

 개항과 더불어 조선에 들어온 일본인들은 조선에서의 지역적 기반을 중심으로 독자적인 '일본인사회'를 형성하고 거류민단, 상업회의소 등 자치 기구를 만들었다.[1] 민족적으로 분리되었던 지역단위의 자치 기구는 병합 이후 식민지적 재편과정에 따라 일부 조선인들을 포함하는 새로운 자치 기구로 성립되었다.[2] 지역민을 위한 새로운 자치 기구는 시기적 편차에도 불

---

[1] '在朝日本人社會'에 대한 연구는 일찍이 일본인 연구자들에 의해 일본사의 영역으로 인식되어 연구되다가(梶村秀樹, 『朝鮮史と日本人』, 明石書店, 1992 ; 木村健二, 『在朝日本人の社會史』, 未來史, 1989 ; 高崎宗司, 『植民地朝鮮の日本人』, 岩波書店, 2002) 최근 들어 한국사 영역에서 새롭게 주목받기 시작하였다(이규수, 『식민지 조선과 일본, 일본인』, 다홀미디어, 2007). 대표적인 연구로 동아대 '일제시기 재부산일본인사회 연구팀'의 연구와 자료집이 있다(홍순권 편, 『일제시기 재부산일본인사회 사회단체 조사보고』, 선인, 2005 ; 홍순권 편, 『일제시기 재부산일본인사회 주요인물 조사보고』, 선인, 2006 ; 홍순권 외, 『부산의 도시형성과 일본인들』, 선인, 2008). 일본인사회에 대한 연구는 그간 한국사 영역에서 배제되어 왔었는데 그 이유는 민족사적 측면에서 한국사는 한국인에 의한 역사여야 한다는 또 다른 '주체 사관' 때문으로 파악할 수 있을 것이다. 그러나 주체는 언제나 큰 타자 또는 對타자에 의해 위치지어 진다는 근대 주체에 대한 논의를 새삼 언급하지 않더라도 그리고 민족 또는 국가라는 시야에서 벗어나야하는 당면한 문제를 거론하지 않더라도 역사는 한국인이라는 주체뿐만 아니라 주체가 활동하는 과거의 시공간에 대한 연구이며 또한 현재의 주체와 시공간을 구성하는데 영향을 미친 과거의 모든 것들에 대한 총체적인 연구라고 할 수 있다. 따라서 일본인사회는 한국사의 영역에 포함될 수 있을 뿐만 아니라 그만큼 일제시기의 주체와 환경을 구체적으로 파악할 수 있는 지점일 것이다. 이는 일본인사회가 조선인으로서의 주체형성과 식민권력 및 식민정책 등 일본제국주의의 성격과 내용을 살펴볼 수 있는 중요한 지점일 뿐만 아니라 식민지의 두 가지 측면 즉, 근대성과 식민성을 구체적으로 파악할 수 있는 중요한 지점이기 때문이다. 그런 의미에서 일본인사회에 대한 연구는 어느 식민지기 연구만큼이나 중요한 연구일 것이다.

[2] 일제의 의해 허용된 자치 기구는 일본인들이 다수 거주하는 도시지역에만 한정되었다. 따라서 어느 정도 정치적·경제적 자치가 허용된 지역 자치 기구는 조선인을 일부 포함하는 부협의회(부회)와 상업회의소(상공회의소) 정도에 그쳤다(홍순권, 「1910~20년대 부산부협의회의 구성과 지방정치 – 협의원의 임명과 선거 실태 분석을 중심으로」, 『역사와 경계』 60, 2006 ; 홍순권, 「1930년대 부산부회의 의원

구하고 일제시기 전 시기 동안 일본인자본가들이 다수를 차지하였다. 일본인자본가들을 중심으로 하는 지역자본가들은 지역과 조선에서의 기득권 유지와 자본 확대를 위한 활동에 적극적이었다. 나아가 조선총독부는 물론 일본정부에까지 자신들의 주장을 관철시키기 위해 정치 활동을 전개하였다. 결과적으로 지역자본가들의 정치 활동은 해당 지역의 도시화를 촉진시킬 뿐만 아니라 도시문화와 도시공간의 확대로까지 이어지며 근대 도시로의 발전에 크나큰 영향을 미쳤다.[3]

그러나 식민지 조선이라는 상황 속에서 이루어진 근대도시로의 발전은 다수의 일본인자본가들에 의해 이루어졌기 때문에 애초부터 일본인을 위한 것이었다. 각종 정치 활동을 통해 이루어진 지역사회(local society)의 근대적 모습은 항상 식민성을 내포할 수밖에 없었다. 그렇기에 '식민지적 근대'인 도시화와 도시발전의 내용과 성격을 파악하기 위해서는 자본가들의 정치·경제적 활동을 구체적으로 살펴보는 것은 의미 있는 작업이다. 특히 자신들의 사적 이익을 은폐하고 지역의 '민의'라는 '사이비(擬似) 공론'을 조성하고 그 '대표성'을 획득하여 각종 공공시설 및 공익사업의 부설 및 유치에 뛰어든 일본인자본가들을 중심으로 하는 지역자본가들의 활동은 근대성의 구체적 의미뿐만 아니라 식민성까지 발견할 수 있는 좋은 지점이라고 할 수 있을 것이다.

한편, 일제시기 조선철도에 관한 기존 연구는 주로 경부, 경의, 경인 등

선거와 지방 정치세력의 동태」,『지방사와 지방문화』10-1, 2007 ; 전성현, 「일제초기 '조선상업회의소령'의 제정과 조선인 상업회의소의 해산」,『한국사연구』118, 2002).

3) 손정목, 「경남도청 이전의 과정과 결과」,『일제강점기 도시화과정연구』, 일지사, 1996 ; 김중섭, 「일제하 경남 도청 이전과 주민 저항운동」,『경남문화연구』18, 1996 ; 김제림, 「1920년대 전기사업 부영화운동-평양전기 부영화를 중심으로-」,『백산학보』46, 1996 ; 김제정, 「1930년대 초반 경성지역 전기사업의 부영화 운동」,『한국사론』43, 2000 ; 김백영, 「1920년대 '대경성계획'을 둘러싼 식민권력의 균열과 갈등」,『사회와 역사』67, 2005.

간선철도망에 집중되었기 때문에[4] 지역단위의 철도건설에 관한 연구는 일부를 제외하면 거의 이루어지지 못했다.[5] 따라서 본 연구는 동해남부선(東海南部線)[6]이라는 지역철도(local train)와 그 건설과정에 적극적으로 개입하고 있는 지역자본가들의 동향을 부산과 대구지역을 중심으로 살펴볼 것이다. 특히 부산과 대구지역의 자본가들이 지역 헤게모니를 둘러싸고 어떻게 지역철도 건설과정에 적극적으로 개입하고 있는지를 구체적으로 살펴볼 것이다. 이를 통해 식민지 조선에서 이루어진 '식민지적 근대'가 총독부를 중심으로 하는 '상위의 식민권력'에 의해서만 주도된 것이 아니라 지역의 일본인자본가와 같은 '하위의 식민권력'에 의해서도 주도되었다는 점을 보여줄 것이다.[7] 나아가 식민지 조선에서 이루어진 경제 개발의 주체들을 밝힘으로서 그 개발의 이익이 누구에게 돌아갔는지를 확인할 수 있을 것이다.

Ⅱ. 지역철도와 東萊輕鐵延長線 계획

부산을 중심으로 하는 철도부설은 경부, 경인 양 철도의 건설에 이어서

---

4) 기존 철도사 연구의 정리 및 한계는 정재정, 『일제침략과 한국철도(1892~1945)』, 서울대출판부, 1999, 서장 참조.
5) 김희중, 「일제지배하의 호남선 철도에 관한 고찰」, 『호남대학교 학술논문집』 23, 2002 ; 金洋植, 「충북선 부설의 지역사적 성격」, 『한국근현대사연구』 33, 2005 ; 김민영·김양규 공저, 『철도, 지역의 근대성 수용과 사회경제적 변용 – 군산선과 장항선 –』, 도서출판 선인, 2005 ; 전성현, 「일제하 조선 상업회의소의 철도부설운동(1910~1923)」, 『석당논총』 40, 2008.
6) 1910년 전후 민간에 의해 최초로 계획될 당시 '동래연장선'으로 주로 불리워지다가 조선총독부의 '조선철도 12년 계획'으로 부설이 확정된 시점을 전후하여 그 이후는 '동해안선', 특히 '동해남부선'으로 불리워졌다. 본 논문에서는 복잡하지만 그 시대적·지역적 명칭의 의미를 강조하기 위해 1910년대는 주로 동래연장선으로, 1920년대는 주로 동해안선 또는 동해남부선으로, 그리고 그 개별선은 대구포항선과 부산울산선 등으로 서술하고자 한다.
7) 여기서 사용한 상하위의 개념은 식민권력의 위계를 의미하는 것은 아니다.

사설철도로는 조선에서 처음으로 건설되기 시작하였다. 부산에는 이른 시기에 일본인사회가 정착되고 이에 따른 도시화가 진전되면서 도시철도(Urban railway)와 도시간철도(Inter-Urban railway)의 필요성이 야기되었다. 또한 부산은 일제의 조선침탈을 위한 교두보이면서 대륙침략의 관문이었다. 따라서 부산을 중심으로 하는 조선침탈과 대륙침략은 인적·물적 유통망의 확보와 밀접한 관계를 가지고 있었다. 그 때문에 통감부시기부터 부산항의 축항을 비롯하여 부산항과 경부선을 곧바로 연결시키는 간선망의 완성을 추구하였다. 이어서 제2, 제3의 간선망 확장을 위한 움직임이 부산의 일본인사회로부터 제기되었다. 이 같은 움직임은 일제의 조선침탈을 용이하게 하는 것이었으며, 일본인자본가들의 영향력 확대와 그에 따른 이익 확보와도 관련되는 것이었다.[8] 부산의 일본인자본가들은 조선 최초의 도시궤도열차 운행을 위한 교통망 확충과 함께 부산, 동래, 울산을 연결하는 도시간철도의 건설을 계획하였다. 더 나아가 도시철도 또는 도시간철도를 넘어 '대륙의 관문'인 부산항을 중심으로 조선 내륙 깊숙이 자신들의 영향력을 확장하기 위한 장대한 철도부설계획을 세워 두었다.

먼저, 부산의 일본인자본가들은 부산항을 중심으로 부채꼴 형태의 철도 간선망을 구축하고자 하였다. 즉, 부산항을 기점으로 경남 서부, 경남 중부, 경남 동부의 세 방향으로 뻗어나가는 철도망의 완성이 그것이었다. 이미 완성된 경남 중부를 거쳐 경북, 충남북, 경기를 관통하는 경부선을 중앙에 배치하고, 좌측으로는 경남 서부로 나갈 수 있는 교두보인 하단을 거쳐 웅천(진해), 마산, 진주에 이르는 철도와 우측으로는 경남 동부로 나갈 수 있는 경남의 전통적 중심지인 동래를 거쳐 기장, 울산, 경주, 포항에 이르는 철도부설을 계획하였다.[9] 이 같은 장대한 철도부설 계획은 조선병합과 함

---

8) 朝鮮總督府農商工部, 『釜山方面商工業調査』, 1911.
9) 『朝鮮時報』 1911년 4월 12일, 「釜山延日鐵道敷設計劃」. 결과적으로 부산지역 일본인자본가들의 장대한 계획은 일제시기에 완성되지 못하고 해방 이후를 거쳐 모두 실현되었다. 그것이 경전선과 동해안선이다.

께 현실화되었다. 부산항을 중심으로 좌측으로 뻗어가는 철도는 진주에서 그치는 것이 아니라 호남선과 연결하여 나주, 목포 등 전라남도까지 이르는 부산목포간(또는 부산나주간) 철도부설계획이 본격적으로 추진되었다.10) 경남 동부를 관통하는 철도도 부산의 일본인자본가들에 의해 그 실현을 위한 첫발을 내딛었다. 그 최초의 움직임이 부산궤도주식회사의 설립과 부산진동래간 궤도열차의 부설이었다.

1909년 6월 부산에 거주하는 일본인자본가 오이케(大池忠助), 도요다(豊田福太郎), 고미야(小宮万次郎), 후쿠다(福田恒祐), 고시마(五島甚吉), 야마모토(山本純一), 구리야(栗屋端一)는 부산진으로부터 동래온천장까지 연장 6哩5分2呎의 경편궤도 포설에 대한 특허를 신청하여 한국 내무대신으로부터 그 특허권을 받았다.11) 그리고 8월에는 자본금 5만 원(이후 10만 원)의 부산궤도주식회사를 설립하고 바로 선로건설공사에 착수하였다.12) 11월 말에 부산진성내로부터 동래남문에 이르는 연장 4哩19鎖의 공사를 완료하였다. 계속해서 남문에서 온천장에 이르는 연장 1哩76鎖의 공사에 착수하여 12월 18일에 준공하였다.13) 뒤이어 제반 사항을 정리하고 12월 31일 운수개시를 한국정부에 청원하여 다음해인 1910년 3월 7일 한국 내부대신으로부

---

10) 『朝鮮時報』1910년 10월 27일, 「新鐵道敷設計劃」 ; 『東京朝日新聞』1910년 10월 30일, 「釜木電鐵計劃」 ; 『朝鮮時報』1910년 10월 30일, 「釜山木浦間の電鐵」 ; 『東京朝日新聞』1911년 2월 6일, 「(本社朝鮮特電)木浦釜山輕便鐵道出願」 ; 『朝鮮時報』1911년 2월 7일, 「釜木電鐵認可か」 ; 『朝鮮時報』1911년 2월 21일, 「釜木間電鐵設計」 ; 『大阪每日新聞』1911년 2월 23일, 「南朝鮮電氣鐵道」 ; 『釜山日報』1911년 2월 24일, 「釜木間の鐵道」 ; 『釜山日報』1911년 2월 25일, 「南韓鐵道談, ▲發起人佐藤潤象氏」 ; 『朝鮮時報』1911년 2월 25일, 「釜木電鐵に就て」 ; 『朝鮮時報』1911년 2월 28일, 「南韓鐵道の眞相」 ; 『報知新聞』1911년 3월 2일(1일 석간), 「南朝鮮電鐵會社發起」.
11) 倉地哲, 「輕鐵布設許可書」, 『朝鮮瓦斯電氣株式會社發達史』, 1938.
12) 창립 당시 부산궤도주식회사는 취체역 大池忠助 외 4명, 감사역 迫間房太郎 외 1명을 선거하고 전무취체역으로 栗屋端一을 뽑는 등 최초 출원한 부산의 일본인자본가로 이루어져 있었다(朝鮮總督府 鐵道局, 『朝鮮鐵道史』제1권, 1929, 728~729쪽).
13) 釜山商業會議所, 『釜山要覽』, 1912, 125~127쪽 ; 朝鮮總督府鐵道局, 『朝鮮鐵道史』제1권, 728~729쪽.

터 인가를 받아 운수영업을 시작하였다.14) 그때까지 관련 법령이 제정되지 않았고 일제에 의해 철도건설에 대한 구체적인 정책이 수립되기 이전이었다. 그 때문에 이후 지급되던 사설철도 보조금도 없이 전적으로 부산지역의 일본인자본가들의 자본에 의한 지역의 사설철도가 건설되었던 것이다.

한편, 부산항 매축을 주도하고 있던 사토(佐藤潤象)15) 등이 부산항의 전기철도사업에도 관심을 가지고 도쿄(東京)과 오사카(大阪)의 일본인자본가들을 규합하여 1909년 부산이사청 마츠이(松井巫) 이사관에게 부산항 전기철도사업계획서를 제출하였다.16) 당시 부산항의 일본인자본가들은 전기철도사업보다는 증기철도 사업에 관심이 있었기 때문에17) 사토 등은 일단 분위기가 조성되기를 기다리고 있었다. 그러던 중 그는 1910년 가스사업과 함께 다시 동경과 대판의 일본인자본가들을 발기인으로 하여 사업계획서를 제출하였다. 그 사이 부산항의 일본인자본가들은 일본 본국의 적십자총회에 참석하여 시가전철을 경험하게 되고 그 필요성을 인식하게 되었다. 따라서 부산항에서도 본격적으로 전기철도에 대한 요구가 있었고 부산이사청에서는 네 방면으로부터 사업계획서를 제출받았다.18) 부산이사청은 이를 부산민단 및 부산번영회에 자문을 구하였고 부산의 일본인들은 일본 본국의 자본과 부산의 자본이 연합하고 전기철도사업뿐만 아니라 가스사업까지 포함하는 한국와사전기주식회사에 그 건설을 허가하기로 결정하였다.19)

---

14) 倉地哲, 『朝鮮瓦斯電氣株式會社發達史』, 1938.
15) 佐藤潤象의 부산항 매축에 대해서는 차철욱, 「부산 북항의 매축과 시가지 형성」, 『한국민족문화』 22, 2006 참조.
16) 『釜山日報』 1910년 6월 2일, 「韓國瓦斯電氣會社創立由來, 佐藤潤象氏の所談」.
17) 朝鮮總督府鐵道局, 『朝鮮鐵道史』 제1권, 734~735쪽, 大池忠助의 담화.
18) 부산이사청에 사업신청서를 제출한 사람은 ① 松平남작 외 27명의 조선와전, ② 경성의 일한와사전기회사, ③ 대판의 小平道三郎, 부산 今西峯三郎, 豊田福太郎씨, ④ 山口縣 三井대의사, 中野 諸氏였다(『朝鮮時報』 1910년 5월 20일, 「韓國瓦斯電氣會社特許に就て, 龜山理事官談」).
19) 『朝鮮時報』 1910년 5월 20일, 「韓國瓦斯電氣會社特許に就て, 龜山理事官談」.

1910년 10월 동경에서 창립총회를 열고 부산경남을 중심으로 조선 전역으로 가스·전기·전철사업을 확대하고자 하는 목적하에 한국와사전기주식회사(1913년 조선와사전기주식회사로 개칭, 이하 조선와전으로 통일)가 설립되었다. 조선와전은 부산의 대자본가인 오이케, 하자마(迫間房太郞), 고시마 등을 포함하여 동경과 대판의 일본인자본가들이 중심이 되어 자본금 300만 원으로 설립되었다. 본점을 동경에 두고 지점을 부산에 두는 한편, 동경마차철도주식회사 사장이었던 무다구치(牟田口元學)를 회장으로, 부산매축회사 상무취체역이었던 사토를 상무취체역으로 하여 회사를 이끌어나가도록 하는 등 초기에는 일본 본국 중심으로 회사가 운영되다가 점차 부산 중심으로 운영되게 되었다. 설립 다음 해인 1911년 2기 중역부터 부산의 일본인자본가들이 조선와전 중역진의 과반 이상을 장악하였으며, 1915년부터는 회장 겸 상무취체역으로 부산의 대표적 자본가인 카시이(香椎源太郞)가 선출되어 이후 줄곧 회사를 이끌었다. 또한 1915년 조선와전의 대주주 5명 중 3명이 부산지역의 일본인자본가였으며, 설립 당시부터 부산의 주주들 및 부산지역의 일본인들이 지속적으로 요구하였던 본점의 부산 이전도 조금 늦었지만 1920년대가 되면서 이루어졌다.[20]

설립허가에 따라 조선와전은 부산의 일본인자본가들에 의해 설립된 부산궤도주식회사와 부산전등주식회사를 매수하여 부산항 시가전철의 신설 및 부산진동래간 증기철도의 개량에 들어갔다.[21] 그리고 조선와전은 1911

---

20) 『時事新報』 1911년 4월 22일, 「韓國瓦斯電氣株式會社」; 『朝鮮時報』 1912년 3월 1일, 「第三會決算報告」; 『釜山日報』 1913년 3월 9일, 「社名改稱認可申請」; 1914년 3월 1일, 「(東京特電)瓦電總會結了」; 1915년 9월 22일, 「(東京特電)瓦電會社臨時總會」; 1915년 9월 26일, 「(東京特電)瓦電重役會議決議」; 1915년 9월 6일, 「朝鮮瓦電大株主, ▲百株以上百八十七人」.

21) 『朝鮮時報』 1911년 6월 7일, 「東萊輕鐵の改善」; 『釜山日報』 1911년 12월 28일, 「輕鐵改築工事入札」; 1911년 12월 29일, 「輕鐵改築工事落札」; 『朝鮮時報』 1911년 12월 29일, 「輕鐵改修工事」; 1912년 1월 18일, 「輕鐵改修工事」; 1912년 2월 7일, 「輕鐵四區工入札期」; 『釜山日報』 1912년 2월 10일, 「輕鐵工事進捗」; 1912년 2월 20일, 「輕鐵新工事の落札」; 『朝鮮時報』 1912년 2월 20일, 「輕鐵改修請負」; 『釜山日

년부터 1912년에 걸쳐 부산을 중심으로 하는 지역철도 건설계획을 수립하고 총독부에 연장건설신청서를 제출하여 연장선로 115리(哩)의 허가를 받았다.[22] 조선와전이 제출한 지역철도건설계획을 살펴보면, 다음 〈표 1〉 및 〈그림 1〉과 같다.

〈표 1〉 조선와사전기주식회사의 지역철도 건설계획(1912년 현재)

구분	區間	哩程	軌間	動力	건설비예산(円)
조선와사전기 주식회사	동래, 경주간	51哩4分	2呎6吋	증기	1,050,000
	경주, 대구간	42哩		증기	950,000
	포항, 경주간	15哩		증기	300,000
	울산, 장생포간	6哩9分		증기	
합계		115哩2分			2,3000,000

출전 : 朝鮮總督府鐵道局, 『朝鮮鐵道史』 제1권, 1929, 728쪽.

報』 1912년 4월 13일, 「輕鐵改修開通, ▲來る二十一日より新客車運轉」;『朝鮮時報』 1912년 4월 14일, 「輕鐵改修一部落成」;『釜山日報』 1912년 7월 5일, 「南門溫泉場間輕鐵全通, ▲本日より」.
22) 倉地哲, 『朝鮮瓦斯電氣株式會社發達史』, 35~36쪽.

<그림 1> 조선경편철도계획선(1915)

　〈표 1〉과 같이 조선와전의 철도건설계획은 기존의 부산진, 동래간 철도의 궤간을 확대하고 이를 연장하여 동래로부터 울산, 경주를 거쳐 경상북도 대구에 이르는 간선을 부설하고 다시 경주로부터 포항에 이르는 것과 울산으로부터 장생포에 이르는 지선을 건설하고자 하는 계획이었다. 그리고 동래연장선의 경철연장허가서에 따르면 〈그림 1〉[23]과 같이 제1기선은 동래, 울산, 경주간과 울산, 장생포간으로 인허가일로부터 1년 이내에 부설하여야 하며 제2기선은 경주, 대구간과 경주, 포항간으로 인허가일로부터 2년 이내에 부설하여야 했다.[24] 부산상업회의소에서는 이 철도건설계획에 대해 부산항의 "지방적 교통기관으로써 이 방면의 교통운수를 편리하게 하고 연도 각지의 개발과 함께 본항 상업의 발전에 이바지하는 바가 적지 않을" 것이라고 평가하였다.[25] 즉, 조선와전의 지역철도 건설계획은 부산항을

---

23) 『釜山日報』 1915년 1월 18일, 「朝鮮輕便鐵道線路圖」.
24) 『釜山日報』 1912년 7월 23일, 「東萊輕鐵延長許可書」.

중심으로 하는 경제권의 확대가 그 중요한 목적이었다. 따라서 조선와전은 우선 동래, 울산간의 철도건설을 위한 준비에 들어갔다. 이것이 부산울산선 건설계획의 시초였다.

그러나 조선와전은 본국 주주들의 이익을 위해 무리한 배당을 추구하던 무다구치 회장과 사토 상무로 말미암아 자금의 결핍을 겪게 되고 세계대전으로 인한 경제계의 불황으로 기존의 사업조차 진행할 수 없는 입장에 처해졌다.[26] 조선와전의 자본 및 경영상의 어려움으로 말미암아 이미 계획되어 건설 준비에 들어갔던 동래, 경주간·경주, 대구간·포항, 경주간·울산, 장생포간의 철도건설을 어렵게 만들었다. 한편 조선와전의 설립 목적은 설립 이후 확대된 동래경편의 연장선이 아니라 부산의 전철부설이었다. 그것도 초량을 중심으로 거류민들이 집중적으로 거주하고 있는 지역과 부산항의 매축에 따라 새롭게 매축된 지역이었다. 따라서 전철부설이 늦어지는 것에 대한 부산지역 일본인들의 불만이 고조되고 있었다.

이와 달리 대구포항간 철도부설을 계획하고 스스로 그 회사까지 설립하고자 하였던 대구, 경주, 포항의 일본인들은 동래연장선 부설이 늦어지는 것에 대해 불만을 터뜨리고 있었다. 조선와전의 수뇌부인 무다구치 회장과 사토 상무는 다시 일본 자본을 끌어들여 새로운 조선경편철도회사(이하 '조선경철')를 만들고 이를 통해 동래연장선을 부설하고자 계획하였다. 더불어 새롭게 설립될 조선경철은 기존의 동래선과 동래연장선 부설권을 조선와전으로부터 양도받아 이를 운영 또는 부설하도록 조선와전과 가계약을 맺는 등 동래연장선의 부설을 시작하기 위한 준비단계에 들어갔다. 그러나 일본 재계의 불황과 경철보조금의 미비 등 여러 가지 문제로 말미암아 쉽사리 조선경철은 설립되지 못했다.

그 와중에 한 차례 연장신청을 했던 조선와전의 동래연장선 부설권은

---

25) 釜山商業會議所, 『釜山要覽』, 1912, 126쪽.
26) 倉地哲, 『朝鮮瓦斯電氣株式會社發達史』, 36~37쪽.

1915년 12월 31일 건설기한을 넘김으로써 면허권이 취소되고 말았다. 엎친 데 덮친 격으로 조선와전은 회사경영 문제로 주주들 사이에 분규가 일어났다. 그 결과 부산 중심의 회사경영에 미흡한 것으로 문제되었던 무다구치 회장과 사토 상무 등 기존 경영진은 퇴진하게 되고 새로운 경영진이 선출되었다.27) 새로이 조선와전을 이끌고 나갈 회장 및 상무취체역에는 겸임으로 당시 수산업에 몰두하고 있던 카시이가 선출되었다. 결국 1915년 기존 경영진이 퇴진하고 카시이를 중심으로 하는 부산지역 일본인자본가들이 대거 조선와전의 경영진에 들어오고 경영정상화를 추진하기 위한 각종 대책이 마련되면서 주주간의 분규는 일단락되었다.28)

한편 조선와전에서 퇴진한 무다구치 회장과 사토 상무는 이미 추진하고 있었던 조선경철의 설립을 위해 지속적으로 일본 재계 인사들과 접촉하였다. 아울러 동래연장선 중 대구포항선의 부설에 일찍부터 적극적으로 나서고 있던 대구지역의 자본가를 끌어들여 조선경철을 설립하였다. 그리고 조선와전으로부터 인수하려고 가계약까지 맺었던 동래연장선 부설권과 동래선 운영권 등을 모두 파기하고29) 곧바로 경상남도청에 동래연장선 부설을

---

27) 조선와사전기주식회사의 자본구조는 부산과 일본 자본이 대등한 애초 계획과 달리 점차 일본 자본의 우위로 진행되면서 정작 영업대상지였던 부산 중심의 회사로 기능하지 못할 한계를 지니고 있었다. 물론 부산지역을 중심으로 영업활동을 전개하여야 하기 때문에 회장과 상무취체역을 제외한 취체역과 감사역에는 부산지역의 대표적인 자본가인 大池忠助, 香椎源太郎, 五島甚吉 등이 포진하였다. 그러나 회사의 운영은 동경의 牟田口元學 회장과 부산의 佐藤潤象 상무취체역에 의해 좌지우지되는 실정이었다. 이 때문에 조선와사전기주식회사는 내부에 철도파(牟田口, 佐藤)와 비철도파(大池)로 분리되어 철도파는 경편철도부설에 적극적이었으며 비철도파는 애초 회사 설립 목적이었던 부산의 전철·전기·와사사업 등에 집중할 것을 주장하고 있는 등 갈등이 심화되었다. 그 와중에 모다구치 회장과 사토 상무취체역을 중심으로 조선경편철도회사의 설립이 추진되고 그 과정에 철도파는 새로운 철도회사로 자리를 옮기게 되고 조선와사전기주식회사는 부산의 기간 사업에만 전염하게 되었다(『釜山日報』1914년 2월 18일, 「瓦電會社と總會」).
28) 倉地哲, 『朝鮮瓦斯電氣株式會社發達史』, 37~39쪽.
29) 조선경철이 조선와전과의 가계약을 파기한 이유는 조선와전의 동래연장선 부설

출원하였다.30) 다음 〈표 2〉는 조선경철 창립 발기인 명단이다.

〈표 2〉 조선경편철도주식회사 창립 발기인 명단(1915.12.25)

지역		성명(주식 수)	계
조선	경성	白完爀(100), 白寅基(100), 백작 李完用(100), 趙鎭泰(100), 자작 趙重應(100), 山口太兵衛(100)	6명 (600주)
	대구 포항	片東鉉(100), 李一雨(100), 李柄學(100), 鄭在學(100), 秦喜葵(100), 崔鍾允(100), 小倉武之助(100), 吉村鎭雄(100), 谷口小次郞(100), 永井幸太郞(100), 杉原新吉(100), 勝崎作太郞(120), 眞家六藏(100)	13명 (1,320주)
	부산	迫間房太郞(300), 豊田福太郞(100), 小原爲(200), 大池忠助(300), 佐藤潤象(200), 幸野小平(100)	6명 (1,300주)
	소계		25명 (2,230주)
일본	동경	磯部保次(200), 石橋重朝(1,000), 石丸龍太郞(300), 橋本正彰(200), 岡田松生(100), 小野金六(200), 공학박사 渡邊嘉一(100), 武和三郞(200), 園田實德(200), 中野武營(100), 中野實(200), 牟田口元學(300), 國澤琢一(100), 安川隆治(300), 小泉策太郞(200), 남작 鄕誠之助(200), 安藤保太郞(100), 喜多村吉雄(200), 水尾訓和(100), 鈴木熊太郞(100)	20명 (4,300주)
	기타	太田淸藏(福岡, 100), 上遠野富之助(名古屋, 100), 藤本淸兵衛(大阪, 100), 有田義資(神奈川, 200), 平野萬四郞(北海道, 100)	5명 (500주)
	소계		25명 (4,800주)
총계			50명 (7,020주)

출전: 『釜山日報』 1916년 1월 7일, 「朝鮮輕鐵會社定款, △附 發起人引受株と贊成人」; 『朝鮮時報』 1916년 2월 10일, 「輕鐵認可申請, ▲七日進達す」.

〈표 2〉와 같이 조선경철의 창립 발기인은 그 자본 규모의 차이에도 불구하고, 조선과 일본에 기반을 둔 자본가들이 각각 25명씩 균등하게 배분되었

권이 1915년 12월 31일까지 건설하지 않으면 자동으로 조선총독부의 허가가 취소되기 때문이었다(『朝鮮時報』 1915년 12월 29일, 「假契約破棄, ▲瓦電對輕鐵」).
30) 『釜山日報』 1916년 1월 3일, 「佐藤潤象氏晋州行」; 1916년 1월 7일, 「佐藤潤象氏來晋」.

다. 특히 조선의 경우, 부산은 물론 경성과 대구의 일본인은 물론 조선인자본가들까지 참여하였다. 물론 경성의 경우, 조선경철 창립위원들의 유치노력에 의해 조선인명망가 및 자본가들이 전격적으로 발기인에 포함되었다.31) 하지만 대구와 부산의 경우는 철도부설이 이루어지는 연선지역이었기 때문에 지역의 경제적 발전을 위해 일본인 및 조선인자본가들이 스스로 참여하였다.32) 그렇다고 두 지역의 입장이 같은 것만은 아니었다. 각 지역의 경제적 기반과 철도부설의 중요도에 따라 참여하는 모습이 달랐다. 부산의 경우, 이미 설립된 조선와전과의 관계 및 부산의 현안 문제였던 시내전철의 부설 문제 등으로 인하여 조선경철의 설립에는 다소 소극적이었다.33) 이에 반해 부산의 경제권으로부터 탈피하여 독자적인 경제권을 확보하고자 했던 대구지역의 자본가들은 대구를 중심으로 하는 철도부설에 적극적이었다.34) 특히 대구의 경우 부산과 달리 조선인자본가들도 적극적으로 참여하였다. 그 결과, 조선에 기반을 둔 발기인 중 과반 이상이 대구지역에 편중되었으며 그 발기인들도 민족별로 균등하게 배분되었다. 다음 〈표 3〉의 조선경철 주주의 지역별 분포와 〈표 4〉의 조선 주주의 지역별 분포 및 보유 주식 수를 보아도 이와 같은 사실을 알 수 있다.

---

31) 『釜山日報』 1914년 5월 15일, 「輕鐵敷設計劃進行, ▲牟田口瓦電重役談」; 1914년 5월 20일, 「朝鮮輕鐵創立來歷(續), 朝鮮輕鐵會社發起人總代 牟田口元學氏談」.
32) 다음 장에서 상세히 살피겠지만 대구의 경우 직접 철도회사를 설립하려고까지 했다.
33) 조선경철 창립위원장이 부산지역의 회사설립에 소극적인 점을 비판하는 것뿐만 아니라 조선와전의 회장으로 선출된 香椎源太郎과 조선와전의 중역이었던 五島甚吉이 조선와전과의 관계 때문에 조선경철의 발기인을 스스로 사퇴하고 있는 점에서도 부산지역 일본인자본가들의 소극적인 모습을 살펴볼 수 있다(『朝鮮時報』 1915년 11월 19일, 「輕鐵と香椎氏, ▲發起人を辭す」; 1915년 11월 20일, 「香椎氏 發起人を辭す, ▲例の輕鐵モン題」). 그렇다고 해서 자본의 축적이라는 점에서 부산의 일본인자본가들이 조선경철설립에 적극 참여하였다는 점을 간과할 수는 없을 것이다.
34) 대구·경북지역의 '대구포항선' 부설운동 참조.

〈표 3〉 조선경편철도주식회사 주주의 지역별 분포(1916)

지역	東京	朝鮮	大阪	福岡	栃木	神奈川	愛知	兵庫	北海道
주주 수	171	49	25	18	10	5	7	1	2
주식 수	32,065	11,005	7,700	5,720	1,150	770	600	300	200
지역	大分	岐阜	福島	京都	茨城	埼玉	山梨	千葉	총계
주주 수	2	1	1	2	1	2	1	1	299
주식 수	130	100	100	70	40	20	20	10	60,000

출전: 『釜山日報』 1916년 5월 8일, 「朝鮮輕鐵株主府縣別」.

〈표 3〉를 통해 조선경철의 전체적인 주주 및 주식 현황을 알 수 있는데, 일본자본 즉 동경자본이 과반 이상으로 압도적이었다. 이는 조선경철의 설립에 주도적 역할을 하였던 조선와전 회장 무다구치의 역할이 상당히 컸기 때문이었다. 뿐만 아니라 당시 조선총독부의 철도부설 등 조선에서의 산업개발정책 자체가 민간 자본의 유치를 통해 추진된 점도 중요한 이유였다. 그러나 이미 보았듯이 조선경철의 설립에는 조선에 기반을 둔 지역자본가들의 계획과 추진에 의해 이루어졌으며 그 때문에 조선의 주주 및 주식도 상당한 위치를 차지하였다. 조선에 기반을 둔 자본가들이 주주로 참여한 현황은 다음 〈표 4〉와 같다.

〈표 4〉 조선경편철도주식회사 조선 주주의 현황(1916)

이름	주식	지역	비고	이름	주식	지역	비고
閔丙奭	1,000	경성	李王職長官	李完用	100	경성	伯爵, 中樞院副議長
大池忠助	600	부산	무역상/ 상의, 민단	李炳學	100	대구	大邱銀行중역/ 상의
小原爲	500	부산	토목건축청부업/ 상의	小倉武之助	100	대구	大邱電氣(株)사장, 鮮南銀行사장/ 상의, 민단
木下元治郎	500	부산	토목건축청부업/ 상의	吉村鎭雄	100	대구	鮮南銀行중역/ 상의
永井幸太郎	400	대구	大邱酒造(株)중역/ 상의	谷口小次郎	100	대구	토목건축청부업
迫間房太郎	300	부산	무역상/ 상의	山岸富雄	100	경성	橫山商店(株)중역
豊田福太郎	300	부산	무역상/ 상의	大和與次郎	100	경성	朝鮮運輸聯合會長
勝崎てん	300	?		山口太兵衛	100	경성	무역상
吉川義治	300	부산	國際舘(株)중역	趙重應	100	경성	子爵, 中樞院顧問/ 상의

眞家六藏	300	대구		趙鎭泰	100	경성	朝鮮商業銀行사장/ 상의
幸野小平	300	부산	釜山窯業(株)중역	鄭在學	100	대구	大邱銀行사장/ 상의
芥川正	300	부산	釜山日報사장	崔浚	100	대구	大邱銀行중역, 慶南銀行중역
井谷義三郎	200	부산	미곡상/ 상의	崔鐘允	100	대구	
迫間保太郎	200	부산	무역상/ 상의	秦喜葵	100	대구	慶一銀行중역
岡本小三郎	200	대구	大邱相互金融(株)중역/ 상의	杉原新吉	100	대구	杉原商店대표
梯茂太	200	부산	곡물상	池上吉次	50	?	朝鮮輕鐵(株)서무과주임
愛甲卯八郎	200	부산	米穀倉庫會社지점장	星野政太郎	40	부산	釜山埋築(주)중역
島田重三	200	?		水谷直次郎	40	?	
山下順平	180	경성	京城葬儀社(株)	石田靜治	30	경성	協信社(株)사장
勝崎作太郎	150	대구	상의	藤枝茂	30	?	
白寅基	100	경성	韓一銀行중역/ 상의	妹尾大記	30	?	
白完爀	100	경성	朝鮮商業銀行, 韓一銀行, 漢城銀行중역/ 상의	進辰馬	20	경성	龜屋商店主
片東鉉	100	포항	농업, 해륙산물상	木庭傳	15	?	
李一雨	100	대구	어업, 大邱銀行중역	주주 총 49명(생략 2명), 주수 총 11,005주			

출전: 『釜山日報』1916년 5월 6일, 「朝鮮輕鐵株主」.
비고: 강조는 조선인임.

우선 〈표 4〉와 같이 조선의 주주는 대부분 대구, 부산, 경성지역의 대표적인 자본가들이 망라되고 있다. 그리고 해당지역의 정치·경제적 자치 기구인 민단 및 상업회의소의 중심인물이었음을 알 수 있다. 다시 주주들을 지역별로 구분해 보면 대구지역이 15명, 부산지역이 13명, 경성지역이 12명, 미상이 6명으로 어떤 한 지역이 주도적으로 참여하였다고는 할 수 없다. 그러나 부산지역은 철도부설의 중심지역이었음에도 불구하고 조선와전 설립 때와는 달리 소극적인 참여에 그치고 있다. 더불어 경성지역은 설립과정에 창립위원의 적극적인 유치활동에 의해 참여하고 있다. 따라서 조선에 기반을 둔 조선경철의 주주는 대구지역의 자본가들이 가장 적극적이었던 만큼 중요한 위치를 점하고 있었다고 보아도 틀리지 않을 것이다. 특히 대구지역의 자본가 중 조선인자본가의 참여도 눈에 띄게 두드러진다. 이는 조선경철을 둘러싼 이 지역자본가들의 적극적인 태도를 단적으로 보여주는 징후라고 할 수 있을 것이다. 그렇다면 조선경철은 동경자본과 조선자본(특히 대구자본이 다수)이 연합하여 설립한 회사로 볼 수 있으며 철도부설도 적극적인 부설활동을 전개한 대구를 중심으로 추진될 수밖에 없었다고 해도 지나치지 않을 것이다.

설립과 더불어 조선경철은 표면적으로는 본사를 부산에 두고 일부 부산지역 일본인자본가를 창립발기인에 두었지만 철도부설계획은 대구를 중심으로 하는 노선을 최우선적으로 배치하였다. 즉, 대구경주간을 제1구, 포항경주간을 제2구, 경주동래간을 제3구, 울산장생포간을 제4구로 정하고 제1구 공사는 건설허가일로부터 6개월 이내, 제2구는 1년 이내, 제3구는 1년 6개월 이내에 착공하도록 계획하는 등 대구를 중심으로 하는 철도부설을 최우선으로 계획하였다.[35] 원래 조선경철의 설립이 추진될 당시에는 부산과 대구에서 동시에 착공하는 것으로 계획되었으나 이후 대구지역의 적극적인 부설운동으로 말미암아 변경되어 대구포항간이 우선 건설되게 되었다. 따라서 부산지역을 중심으로 하는 조선와전이 경영난과 자본부족으로 면허권이 취소되자 대구지역을 중심으로 하는 조선경철이 그 면허권을 다시 획득하고 창설 당시 부산이었던 본사를 이듬해 다시 대구로 이전하는 한편, 조선중앙철도주식회사(이하 '조선중철')로 개편하여 본격적으로 대구 중심의 철도건설에 들어갔던 것이다.[36]

---

35) 『釜山日報』 1915년 11월 18·19일,「朝鮮輕鐵起業目論見大要, ▲幷に同株式會社定款」.
36) 조선와사전기주식회사의 발기인에 부산의 일본인자본가들이 포함되었다면 조선경편철도주식회사는 대구의 일본인자본가들이 대거 포함되고 있는 것을 통해서도 알 수 있다(朝鮮總督府,「朝鮮에 在한 私設鐵道의 發達」,『朝鮮』 76, 1924, 97~98쪽). 또한 조선경편철도주식회사의 철도건설에 필요한 토지는 대구의 中江五郎平에 의해 매수되었다(田中正之助,『浦項誌』, 1935, 108~109쪽).

Ⅲ. 대구·경북지역과 '大邱浦項線' 건설

대구는 전통적인 행정 중심지이며 조선 후기에 이미 행정, 상업, 군사, 교통요충지로서 도시화가 진전된 곳이었다. 1601년(선조 34) 경상감영이 설치된 이래 경상도의 행정 중심지로 자리매김하였으며 대한제국기에는 진위대가 설치되어 군사요충지로서의 성격도 지녔다. 더 나아가 대구는 낙동강을 중심으로 경상도 내륙지방의 상업 중심지로도 성장하였다. 특히 상업 중심지의 면모는 서문시장과 약령시 등 전국적인 시장이 생기면서 더욱 강해졌다.[37]

이러한 대구지역에 개항 이후 부산을 기점으로 하는 일본인들이 점차 이주해 오게 되고 1903년 경부선 철도부설공사로 일본인의 이주가 빠른 속도로 진행되는 등 점차 일본인들의 경제적 침탈이 심화되었다. 특히 경부선의 부설은 대구지역의 경제적 기반을 일본인 중심으로 재편하도록 추동하였다. 우선 조선의 식민화가 가속화되고 일제에 의한 이주식민이 정책적으로 추진되자 많은 일본인들이 부산을 통해 조선 각지로 이주하기 시작하였다. 그 과정에 일본인들의 대구 정주가 본격화되었다.[38] 이미 부산지역을 중심으로 경제적 기반을 확보하고 내륙지역으로 그 영향력을 확장하고자 하는 일본인자본가들은 경부선의 개통을 통해 연선지역에 대한 경제적 침탈을 본격화하였다. 특히 부산지역의 중요한 일본인자본가들은 경부선의 연선지역에 각각 지점을 설치하고 내륙지역에 대한 영향력을 확장하였는데 대구지역도 마찬가지였다. 그 결과 서문시장과 약령시를 통해 성장하고 있었던 조선인 중심의 경제는 일본인 중심으로 경제로 재편되는 한편, 1909년경까지 대구는 전적으로 부산상인의 세력하에 발전하였다.[39] 그렇다면

---

37) 김일수, 「일제강점 전후 대구의 도시화과정과 그 성격」, 『역사문제연구』 10, 2003, 86~88쪽.
38) 大邱新聞社, 『鮮南要覽』, 1912.
39) 朝鮮銀行, 『大邱地方經濟事情』, 1913, 5쪽.

경부선 개통 이후 초창기 대구지역의 경제적 기반은 부산의 영향권하에 있었다고 해도 과언이 아닐 것이다.40)

마침내 대구의 일본인자본가들은 부산의 영향권하에서 탈피하여 독자적인 경제권을 형성하고자 하는 움직임을 가시화하기 시작하였다. 우선 거류민회를 재정립하는 한편,41) 상업회의소를 통해 독자적인 경제권 형성을 위한 도로 개수 등 적극적인 활동을 전개하였다. 특히 대구를 중심으로 하는 도로의 정비는 독자적인 유통망을 형성하기 위한 중요한 조건이었기 때문에 통감부시기부터 적극적으로 나섰고 이때에도 진주, 전주, 안동, 경주 그리고 강원도의 해안에 이르는 도로의 개축을 총독부에 요구하였다.42) 계속해서 대구의 일본인들은 지역철도의 부설을 위한 계획수립에 들어갔다. 그즈음 부산에서는 조선와전이 설립되고 동래연장선에 대한 논의가 본격화되었으며 이를 기반으로 한 조선와전의 동래연장선 인가신청이 총독부에 제출되었다. 이제 대구에서도 더 이상 대구 중심의 철도부설을 늦출 수 없게 되었다.

마침 1911년 대구안동간의 도로는 개축에 들어갔고 대구경주간 도로도 새로 개착이 시작되자 이를 중심으로 하는 철도망 계획도 본격화되었다. 특히 일본과의 직무역을 통해 경북 내륙지역에 대한 경제적 영향권을 확대하고자 했던 대구의 일본인자본가들에게는 동해안의 포항과 울산은 중요

---

40) 大邱商業會議所, 『最近大邱要覽』, 1920, 19~20쪽.
41) 대구거류민회에서는 대구와 전혀 관련이 없는 기쿠치 겐조(菊池謙讓)를 1911년 거류민장으로 추천하여 경성에까지 가서 권유하여 임명하고 있다. 기쿠치는 1894년 조선 주재 국민신문 통신원으로 조선에 들어와 한성신보 사장으로 있으면서 고종의 개화정책에 직간접적으로 개입하는 등 일제의 조선침략에 적극적이었으며 통감부시기에도 이토 히로부미(伊藤博文)에 중용되어 일본과 조선을 오가며 특수한 외교상의 임무를 맡고 있었던 인물인데 대구거류민회에서 대구와 전혀 인연이 없는 기쿠치를 거류민장으로 적극 추천한 것은 기쿠치의 정치적 행보를 통해 대구의 독자적인 기반을 확보하기 위한 움직임으로 보인다(三輪如鐵, 『大邱一斑』, 1912, 227~228쪽).
42) 大邱府, 『大邱民團史』, 1915.

한 항구였다.43) 따라서 새롭게 대구일본인거류민회의 민장으로 추천되어 임명된 기쿠치 겐죠(菊池謙讓)는 대구지역의 유지들과 포항, 경주에 출장하여 철도부설 문제에 대해 조사하는 한편, 해당지역의 유지들과도 협의하여 대구경주간을 중심으로 하는 경편철도 부설을 결정하였다. 이 대구경주간 경편철도는 영일만의 포항으로부터 경주를 거쳐 대구에 이르고 다시 고령으로부터 전주를 거쳐 호남선에 이르는 이른바 남선횡단철도였다. 대구의 일본인자본가들은 대구를 중심으로 하는 남선횡단철도를 완성하기 위해 일본 본국의 자본을 끌어들이는 한편, 대구철도주식회사를 설립하기 위한 발기인회를 개최하는 등 대구포항간 철도부설에 적극적으로 나섰다.44)

그 와중에 조선와전이 신청한 동래연장선의 부설인가가 승인되었다.45) 그러자 대구, 포항의 유지들은 일단 철도회사의 설립 등 기존 계획을 중지하고 동래연장선의 2, 3구역인 대구경주간, 경주포항간 철도의 속성을 적극적으로 원조하는 것으로 방향을 전환하였다. 대구상업회의소도 대구포항간 부설의 시급함을 고려하여 총독부 허가서에 기재된 부설기한 2년 이내를 좀 더 단축하여 철도가 완성될 수 있도록 회사와 교섭하기로 하는 등 적극적으로 부설운동에 나섰다.46) 계속해서 동래연장선 허가를 사례하기 위해 경성으로 가던 조선와전 상무취체역인 사토우를 대구역에서 예방한 기쿠치 민장은 "대구, 경주, 포항간 철도는 대구 유지의 손으로 포설하고자 하였는데 미리 조선와전에서 선편을 잡는 동시에 허가까지 받았으니 이제 회사가 대구, 경주, 포항간을 제1기공사에 넣어 조속히 부설해 달라"고 요구하

---

43) 大邱商業會議所, 『最近大邱要覽』, 20쪽.
44) 『朝鮮時報』 1911년 10월 14일, 「大池氏談片」 ; 1911년 11월 7일, 「迎日鐵道布設計劃」 ; 『釜山日報』 1911년 11월 7일, 「(大邱特電)鐵道會社設立」 ; 『京城日報』 1911년 11월 8일, 「南鮮鐵布設計畵」 ; 『釜山日報』 1911년 11월 9일, 「大邱通信(6일 지국발)」 ; 『朝鮮時報』 1911년 11월 9일, 「橫斷鐵道計劃」.
45) 『釜山日報』 1912년 7월 14일, 「輕鐵延長許可條件」.
46) 『釜山日報』 1912년 7월 14일, 「輕鐵延長と大邱」 ; 1912년 7월 18일, 「大邱通信(十六日支局發)」.

는 등 대구포항선의 속성을 재촉하였다. 더불어 조선와전 회장에게도 대구 거류민단장과 대구상업회의소회두의 이름으로 「경편철도 포설에 대한 의견서」를 제출하고 대구포항선을 제1기선에 편입시켜 달라고 하였다.[47] 뿐만 아니라 만약 조선와전이 허가를 받아놓고 공사를 방관한다면 대구지역의 자본가들은 스스로 부설할 생각임을 지속적으로 회사와 부산지역의 언론에 전달하고 이에 관한 구체적인 상담 및 협의도 계속하였다.[48]

한편, 조선와전 내부에서도 동래연장선을 부설하기 위한 방안이 뜨거운 감자로 부상하였다. 곧 철도부설을 위한 증자안과 회사 설립안이 제기되었다. 조선와전은 수뇌부인 회장 및 상무취체역의 의견에 따라 새로운 회사의 설립으로 가닥을 잡고 일본자본의 참여를 독려하며 공사를 위한 본격적인 선로조사에 들어갔다. 그 첫 선로조사가 대구, 경주, 포항간이었다. 그리고 조사가 끝난 후 "중역회의의 결과는 아니"라고 전제는 하였지만 사토 상무취체역은 "동래연장선 공사는 대구포항간의 선로가 시급하다"는 의견을 제시하며 부산 중심의 철도계획으로부터 서서히 대구 중심으로 옮겨가는 분위기를 연출하였다.[49] 당시 조선와전의 중역 간에는 철도파와 비철도파로 분리되어 그 입장이 달랐으며 점차 시내전철과 동래연장선 문제에서 의견이 갈리기 시작하였다. 철도파이며 본국 자본가를 대변하는 무다구치 회장과 사토 상무취체역은 당장 이익이 되지 않는 시내전철보다는 동래연장선의 부설이 더 시급한 것으로 보았다. 이에 반해 비철도파이며 부산 자본

---

47) 『釜山日報』 1912년 8월 7일, 「東萊輕鐵延長談, ▲電瓦常務取締 佐藤潤象氏」; 1912년 8월 16일, 「輕鐵延長急說意見書, ▲大邱, 慶州, 浦項間の工事」.
48) 『釜山日報』 1912년 8월 23일, 「輕鐵延長線と瓦電株主總會, ▲佐藤瓦電常務談」; 1912년 8월 25일, 「(釜山日報)再び東萊輕鐵延長線を論ず」; 『朝鮮時報』 1913년 1월 15일, 「敷設權讓受の議」; 1913년 4월 23일, 「大邱の相談如何」.
49) 『釜山日報』 1913년 4월 23일, 「朝鮮鐵道線路踏査」; 1913년 4월 23일, 「(大邱特電)輕鐵線路踏査」; 1913년 4월 24일, 「輕鐵豫定線一部視察終る, ▲佐藤,磯部兩氏歸釜 ▲瓦電會社釜山重役會」; 1913년 4월 24일, 「(大邱特電)瓦電重役歸釜」; 1913년 4월 24일, 「(浦項特電)輕鐵線路踏査」; 『大邱新聞』 1913년 4월 24일, 「邱浦間輕鐵敷設計劃」.

가를 대변하는 오이케 등은 조선와전 본연의 목적인 부산의 전철, 전기, 가스사업에 충실해야 한다고 생각하였다. 따라서 동래연장선은 일단 새로운 회사의 수립을 통해 실현되는 것이 타당하다고 합의하고 철도파의 무다구치 회장과 사토 상무취체역은 본국 자본을 끌어들이는 한편, 첫 공사를 잠정적으로는 대구포항간으로 생각하고 있었던 것으로 보인다. 한편, 처음부터 동래연장선을 계획하여 부산의 영향력을 확대하고자 했던 부산지역의 일본인자본가는 시내전철 등 부산의 도시화에 일차적으로 집중하면서 이미 허가받은 동래연장선은 당연히 부설될 것이라고 막연하게 생각하며 그 부설에 소극적이었던 것으로 보인다. 이에 반해 대구포항선 부설을 우선 목표로 삼았던 대구지역의 일본인자본가들은 조선와전 중역간의 불화와 그에 따른 새로운 회사의 설립을 기회로 대구포항간의 철도부설을 제일 먼저 실현할 수 있는 분위기를 조성하는데 성공하였던 것이다.

 그러나 바로 설립될 것으로 생각되던 새로운 회사는 총독부의 경편철조 보조금에 대한 내용이 결정되지 않았고 조선와전과의 동래선의 경영권 및 동래연장선의 부설권을 양도받기 위한 협정도 지체되는 바람에 계속해서 미뤄졌다. 그러는 과정에 총독부 허가서의 공사기간 만기가 다가오자, 1913년 7월 조선와전은 다시 연장을 신청하였다. 이에 대구지역의 일본인자본가는 또다시 대구포항간 철도의 조속한 공사착공을 주장하면 총독부와 회사에 압박을 가하기 시작하였다.[50] 대구, 경주, 포항의 유지자 연합은 "대구로부터 경주를 거쳐 포항에 이르는 경편철도선로는 조선와전에서 급설"하도록 하명하고 "만일 조선와전에서 급설할 수 없으면" 그 포설권을 자신들에게 허가해달라고 데라우치 총독에게 「大邱慶州及浦項間輕便鐵道敷設に附請願」를 제출하였다.[51] 더불어 기쿠치 민장은 조선와전을 방문하여 사토 상무취체역뿐만 아니라 부산에 와 있던 무다구치 회장을 직접 만나 대구포

---

50) 『朝鮮時報』 1913년 7월 18일, 「邱浦輕鐵速成請願成行」; 1913년 8월 16일, 「大邱特報」; 1913년 8월 17일, 「餘滴」; 1913년 8월 21일, 「大邱だより(二十一日發)」.
51) 『朝鮮時報』 1913년 8월 23일, 「輕鐵速成請願」; 1913년 8월 24일, 「輕鐵續成請願」.

항선의 급무를 주장하며 향후 부설에 대해 논의하였다.52)

무다구치 회장은 대구지역의 철도부설운동에 자극받아 "원래 대구포항간 경철부설은 당국으로부터 來意도 있고 특히 現時의 교통상태로부터 속성의 필요를 인정"한다고 하며 새로운 회사의 제1기선은 대구포항선이 될 것임을 공공연하게 내비쳤다.53) 한편, 부산은 동래연장선으로 인하여 번영할 것인데도 불구하고 전혀 열심이지 않고 오히려 반대하는 자가 있다고 비판하였다. 더 나아가 부산지역의 소극적인 모습에 불만을 나타내며 조선와전으로부터의 분리를 노골적으로 내비쳤다. 이러한 가운데, 총독부는 민간자본의 철도부설에 필요한 보조금 확보에 노력하였고, 이것이 편성된 1914년 예산이 일본정부와 의회를 통과하였다. 그 결과 부산진동래간, 대구경주간, 전주이리간, 광주송정리간의 각 경편철도에 경비보조가 이루어지게 되었다.54)

이제 대구지역의 자본가들은 새로운 회사설립에 더욱 적극적으로 나섰다. 대구민장이던 기쿠치는 민단제의 폐지로 민장의 임무가 자동 소멸하자 본격적으로 조선경철의 주주모집을 위한 모집위원으로 활동하기 시작하였다. 특히 기쿠치는 대구를 중심으로 하는 주주모집에 적극적으로 나섰다.55) 동시에 대구지역은 일본인자본가뿐만 아니라 당시 경북도지사였던 이진호를 중심으로 지방관청에서도 적극적이었다.56) 물론 조선인자본가들

---

52) 『釜山日報』 1913년 9월 9일, 「邱浦間輕鐵速成と慶北の輿論, ▲菊地民長の來釜」.
53) 『釜山日報』 1913년 9월 10일, 「忙裏閑」;『朝鮮時報』 1913년 9월 11일, 「邱浦輕鐵と瓦電會社」.
54) 『釜山日報』 1914년 1월 28일, 「輕便鐵道補助」; 경편철도 경비보조를 통해 볼 때, 자금부족으로 직접 철도부설에 나서지 못한 총독부도 대구경주간 철도가 다른 철도보다 더 긴요한 철도였음을 간접적으로 드러내었다. 그렇다면 장차 설립될 새로운 회사인 조선경철은 물론 조선총독부도 동래선의 경영권과 동래연장선의 부설권을 조선와전으로부터 인수하여 대구경주간 철도부터 부설하려고 내부적으로 결정하였던 것으로 보아도 무리는 없을 것이다.
55) 『釜山日報』 1914년 6월 3일, 「輕鐵事務取扱ひ, ▲菊池謙讓氏に委囑し來る」; 1914년 6월 10일, 「慶州浦項輕鐵株募集豫定, ▲菊池謙讓氏の談」.

도 이러한 움직임에 적극 호응하여 참여하였다. 따라서 대구, 포항, 경주 등 지역자본가들의 발기인 참여 및 주주 참여의사가 나날이 확대되었다.

드디어 동경에서 조선경철의 창립위원회가 열리고 그 설립이 본격화되자,57) 대구지역의 자본가들은 대구 중심의 철도부설을 위한 전제조건을 내걸며 적극적으로 회사설립에 참여할 것을 제안하였다. 그들이 내건 전제조건은 첫째 본점을 대구에 둘 것, 둘째 제1기공사는 대구포항간으로 할 것이었다.58) 본점 설치를 제외한 대구지역 자본가들의 요구는 전격적으로 받아들여졌다.59) 그 결과 〈표 2〉에서 본 것처럼, 조선경철의 발기인으로 조선과 일본 측 인사가 각각 25명씩 선정되었고, 그 조선 측 발기인 25명 중 과반이 넘는 수가 대구지역의 자본가들로 채워졌다. 더불어 주주로의 참여도 적극적이어서 〈표 3〉과 〈표 4〉와 같이 조선 전체 주주 중 가장 많은 인원을 차지하였다. 후일의 일이지만 최초 자본력의 우위로 말미암아 일본자본이 중심역할을 맡았다가 이내 지역자본이 중심이 된 조선와전과 마찬가지로 조선경철도 설립 당초 일본자본이 중심이었지만60) 차츰 대구자본을 중심으로 재편되었다.

뒤이어 대구지역의 자본가들은 조선경철의 설립과 동시에 대구상업회의

---

56) 『釜山日報』 1914년 7월 10일, 「慶北道長官と輕鐵」.
57) 『國民新聞』 1915년 6월 22일, 「朝鮮輕鐵創立」; 『釜山日報』 1915년 6월 22일, 「朝鮮輕鐵創立委員會」; 1915년 6월 23일, 「朝鮮輕鐵の晩餐會」; 『京城日報』 1915년 6월 23일, 「朝鮮輕鐵創立」; 『釜山日報』 1915년 6월 25일, 「朝鮮輕鐵創立委員會」; 『万朝報』 1915년 6월 28일, 「朝鮮輕鐵計劃」; 『時事新報』 1915년 6월 28일, 「朝鮮輕便鐵道進捗」; 『やまと新聞』 1915년 6월 28일, 「朝鮮輕鐵計劃」; 『中央新聞』 1915년 6월 28일, 「朝鮮輕鐵創立」; 『釜山日報』 1915년 7월 1일, 「朝鮮輕鐵の創立」.
58) 『釜山日報』 1915년 11월 16일, 「輕鐵會社創立に付協議」; 『朝鮮時報』 1915년 11월 16일, 「輕鐵に關し協議」; 1915년 11월 19일, 「輕鐵協議會」.
59) 『朝鮮時報』 1916년 1월 11일, 「輕鐵設立申請」.
60) 설립 당시 조선경철의 중역은 취체역으로 牟田口元學(사장)·中野武營·園田實德·小野金六·石丸龍太郎·佐藤潤象(상무)·武和三郎·鈴木熊太郎·中野實이, 감사역으로 宮崎正吉·山口太兵衛·자작趙重應이 선출되었다. 모두 일본자본이며 조선자본도 경성자본만 선출되었다(『朝鮮時報』 1916년 5월 1일, 「朝鮮輕鐵役員」).

소를 중심으로 조선경철의 본점을 대구에 설치할 것을 골자로 하는 의견서를 제출하는 등 본점 유치에도 다시 박차를 가했다.[61] 물론 그러한 대구지역의 움직임을 보도한 부산일보에 대해 대구의 지역신문인 조선민보는 오보임을 주장하였지만[62] 정황상 대구지역의 본점 유치 움직임은 그 이전부터 지속되었고 결과적으로 대구지역 자본가들의 이와 같은 노력은 그 이듬해 실현되었다.

이제 동래연장선의 운명은 조선경철에 넘어갔고 대구지역을 거점으로 하는 조선경철은 1916년 그 부설권을 획득하게 되면서 대구를 중심으로 대구포항선을 건설하는 한편, 부산을 중심으로 하는 부산울산선 건설은 계속적으로 미루게 되었다. 또한 조선경철이 건설하는 철도노선은 본질적으로 조선와전 시기에 면허를 받은 부산 중심의 노선과는 차이를 보였다. 조선경철은 조선와전 시절의 동래를 거점으로 삼아 울산을 거쳐 포항 및 대구로 이어지는 노선의 설치를 폐기하고 새롭게 대구를 시작으로 남하하는 경동선(慶東線)의 건설계획을 수립하고 면허를 얻었다. 즉, 경동선은 대구에서 경주(서악)를 거쳐 포항으로 가는 노선과, 도중 서악에서 분기해서 울산, 동래로, 그리고 울산에서 분기해서 외항인 장생포로 가는 노선이었다.[63]

---

61) 『釜山日報』 1916년 1월 16일, 「朝鮮輕鐵と大邱, △本社を大邱に置く希望」 ; 1916년 1월 21일, 「輕鐵本社位置移轉の運動, △東上委員二名出發」.
62) 『朝鮮民報』 1916년 1월 22일, 「輕鐵本社位置移轉運動は嘘, 釜山日報の誤報を正す」
63) 南滿洲鐵道株式會社 庶務部調査課, 『朝鮮の私設鐵道』, 1925, 93쪽.

일제하 東海南部線 건설과 지역 동향

<그림 2> 조선철도약도(1923) 중 경동선

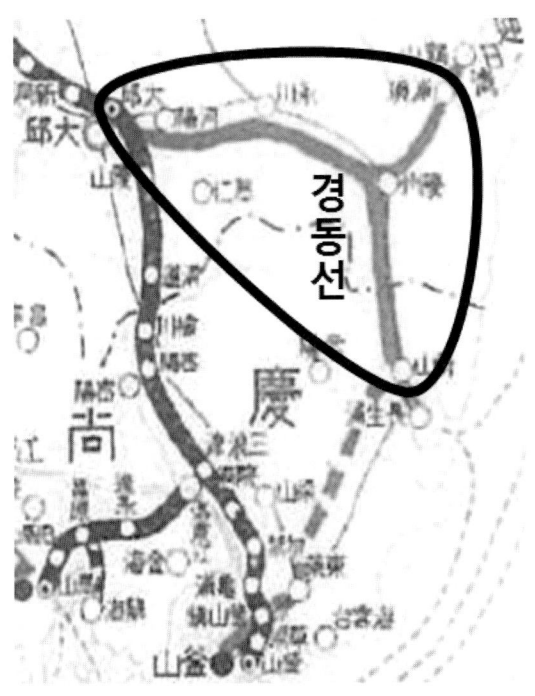

　조선경철의 경동선 건설계획은 대구를 중심으로 하는 철도건설일 뿐만 아니라 경상도 동해안지역을 대구의 경제권으로 끌어들이려는 의도가 있었음을 알 수 있다. 왜냐하면 대구포항과 울산지선의 분기가 기존의 조선와전과는 다른 구조를 가지고 있기 때문이다. 즉, 경주읍 부근의 서악역에서 양 노선이 분기하는데, 포항 방면으로 가는 노선은 경주를 거치지 않고, 바로 형산강을 따라 안강-포항으로 직행하였다. 경주읍 동문 밖에 설치된 경주역을 지나가는 것은 울산지선뿐이었다. 결국, 울산-동래에서 포항 방면으로의 이동은 전혀 고려되지 않았고, 이로 말미암아 포항은 대구와 직접 연결되게 되었다. 조선경철의 경동선은 경부선과 낙동강 수운을 통해 경북지역까지 영향권을 미치고 있던 부산을 견제하고 경북지역을 대구 중

심으로 재편하기 위한 철도계획선이었음을 알 수 있다.[64] 경동선의 대구포항간 선로의 우선 건설로 인하여 대구로서는 포항이라는 양항을 자신의 세력권 내에 포함시킬 수 있었고 이를 통해 경상도 동해안지역으로 부산의 경제적 영향이 미치지 못하도록 할 수 있었다.[65]

일단 경동선은 1916년 2월 15일에 면허가 교부되었고, 익년부터 공사에 들어갔다. 일차적으로 대구포항간 선로건설이 우선 이루어졌다. 1917년 11월 대구-하양간 14.3마일, 1918년 11월 하양-포항간 49.6마일 및 서악-경주-불국사간 8.3마일, 1919년 8월에는 포항-학산간 1.2마일, 1921년 10월 불국사-울산간 18.7마일 등 합계 92.1마일이 개통되었다. 남은 구간은 울산-장생포 및 울산-동래간이었다. 그러나 남은 구간은 계속해서 건설이 지연되었다. 더군다나 조선경철은 새롭게 중부조선을 중심으로 하는 철도 부설을 계획하고 "조치원에서 청주, 음성을 경유 충주에 이르는 선로, 조치원에서 공주에 이르는 선로, 평택에서 장호원을 경유 음성 및 여주에 이르는 선로" 등 세 선로의 부설인가를 총독부로부터 받았다.[66] 이는 조선경철이 부산울산선에 대한 부설의지가 전혀 없었음을 노골적으로 드러낸 것이라고 할 수 있다. 뿐만 아니라 1919년 조선중철로 개칭된 이후에도 물론이거니와 다시 사설철도의 합동으로 설립된 조선철도주식회사(이하 '조선철도')도 본점을 대구에 두고 있었기 때문에 부산울산선 건설에 미온적이었다.[67] 이러한 철도회사의 태도는 부산을 비롯한 부산울산선 인근 주민들의 반발과 철도건설을 위한 정치적 활동을 전개하도록 만들었다. 그렇다면 대구지역의 자본가들이 중심이 된 조선경철의 철도부설은 계획단계뿐만 아니라 실질적인 건설에서도 대구지역의 세력권 확보에 주안점을 두면서 부

---

64) 『釜山日報』1918년 9월 6일, 「輕鐵の關係と邱浦經濟關係」; 1918년 9월 7일, 「邱浦輕鐵開通と經濟關係(上)」; 1918년 9월 10일, 「邱浦輕鐵開通と經濟關係(3)」.
65) 南滿洲鐵道株式會社 庶務部調査課, 『朝鮮の私設鐵道』, 94쪽.
66) 『朝鮮總督府官報』1917년 8월 23일.
67) 朝鮮總督府, 「朝鮮에 在한 私設鐵道의 發達」, 『朝鮮』 76, 1924, 97~98쪽.

산지역의 세력권 약화를 기도하였기 때문에 부산지역의 일본인자본가를 비롯한 지역민들의 반발과 적극적인 부산울산선 속성운동을 야기시키는 원인이 되었다고 할 수 있을 것이다.

Ⅳ. 부산·경남지역과 '釜山蔚山線' 건설

 동래선의 연장 선로이며 동해남부선의 최하단 선로인 부산울산선을 둘러싼 연선지역의 부설운동은 크게 두 시기로 나누어 살펴볼 수 있다. 이렇게 시기를 나누어 볼 수 있는 이유는 애초의 계획과 그 실행을 둘러싼 부산지역의 입장과 관련된다. 왜냐하면 부산지역이 중심이 된 부설운동이 2기에 본격화되었고 그 결과, 부산울산선의 건설이 실현되었기 때문이다. 1기 부설운동은 부산의 일본인 자본가들이 철도부설 계획만 세우고 그 실현을 위한 활동에는 소극적이었던 1910년대 전반기까지이다. 2기 부설운동은 부산울산선 건설의 면허자체가 대구를 중심으로 하는 조선경철에 넘어가고 그 최초 부설이 대구포항선부터 건설된 시점부터 '조선철도 12년 계획'에 부산울산선이 포함되는 시점까지이다. 그러면 1기 부설운동에 대해 먼저 살펴보고, 본격적으로 운동이 전개되는 2기를 살펴보도록 하자.

 2장에서 살펴본 것처럼 부산의 일본인 자본가들은 부산을 중심으로 세 방향의 철도건설 계획과 그 실행을 위한 회사설립을 위해 병합 전부터 노력하였다. 그 결과 조선와전이 설립되었고, 설립 이후 곧바로 동래선의 개량에 들어가는 동시에 동래선의 연장에 대한 계획을 수립하였다. 최초 연장 계획은 기존의 동래선을 울산까지 연장하는 것이었다. 연장 이유로는 울산이 경남 동부의 대읍이였으며 특히 미곡의 주산지였을 뿐만 아니라 장생포와 방어진을 통한 대량의 수산물을 안정적으로 부산으로 가져올 수 있는 곳이었기 때문이었다.[68] 따라서 동래연장선은 부산지역을 중심으로 하는 경제의 활성화를 위한 경제선이었다.

이즈음 울산에서도 울산번영회가 중심이 되어 부산울산선 건설에 대한 필요를 인식하고 조선와전의 연장선 계획에 동조하는 한편, 적극적으로 그 계획의 입안 및 허가를 위한 여론 환기는 물론 직접 회사와 접촉하는 등 그 실현을 위해 노력하였다.[68] 또한 울산의 조합관리자 및 면장을 중심으로 다시 조선와전에 조회하는 한편, 울산경철부설기성동맹회도 조직하여 울산에까지 경편철도가 운행될 수 있도록 노력을 경주하였다.[70] 더불어 울산군청은 물론 학교조합, 번영회 등은 철도선로에 필요한 토지도 적극적으로 조성되도록 노력하겠다고 하는 등 철도부설에 적극적이었다.[71]

한편 장생포, 방어진에서도 일본인이 중심이 되어 부산울산선의 건설과 함께 울산에서 방어진까지 연장될 수 있도록 조선와전에 청원하였다.[72] 장생포와 방어진은 동해안을 중심으로 하는 풍부한 어장으로 말미암아 일찍부터 일본인들의 진출이 활발하였으며 이 때문에 일본인들을 중심으로 하는 근대적 기간시설의 확보를 위한 움직임들이 활발하였다.[73] 이와 같이 최초 동래연장선에 대한 조선와전의 계획과 연선지역의 철도건설 의지에 따라 조선와전은 부산울산선은 물론 대구까지 그 선로의 연장을 계획하는

---

68) 『朝鮮時報』 1911년 6월 22일, 「蔚山日鮮民の督促」; 1911년 7월 13일, 「蔚山長生浦通信」; 『釜山日報』 1912년 3월 14일, 「輕鐵延長と海岸線」.

69) 『朝鮮時報』 1911년 6월 14일, 「蔚山輕鐵の布設」; 1911년 6월 18일, 「瓦電會社の活動」; 1911년 7월 7일, 「輕鐵問題進捗」; 1911년 7월 12일, 「蔚山通信」.

70) 울산경편철도급설기성동맹회는 회장으로 椙山助市를, 부회장으로 中塚隆稔를, 그리고 久富丈四郎, 朴宗黙 양씨를 위원으로 선출하고 철도부설에 관한 모든 건을 위임하였다(『朝鮮時報』 1911년 6월 22일, 「蔚山日鮮民の督促」; 『釜山日報』 1911년 6월 22일, 「蔚山繁榮會評議員會」; 『朝鮮時報』 1911년 6월 27일, 「蔚山通信」).

71) 『朝鮮時報』 1911년 7월 4일, 「蔚山軌道敷地寄附」; 1911년 7월 7일, 「蔚山と輕鐵敷地」; 1911년 7월 8일, 「輕鐵敷地に就て」; 『釜山日報』 1911년 7월 8일, 「輕鐵延長と敷地, ▲蔚山方面に於ける」.

72) 『朝鮮時報』 1911년 7월 13일, 「蔚山長生浦通信」.

73) 長岡源次兵衛, 『蔚山案內』, 1917.

한편, 지선으로 각각 울산장생포와 대구포항선을 계획하여 총독부의 인가를 받았다. 이는 앞에서도 살펴보았지만 부산지역의 경제권을 경상남북도까지 확장하고자 하는 의도 속에서 이루어진 것이었다.

울산지역과 달리 부산지역의 일본인자본가들은 부산울산선의 건설이 당연히 이루어질 것이라 여기고 당시 부산의 현안 문제였던 시내전철 부설문제에 집중하였다.[74] 부산의 여론은 줄곧 조선와전의 시내전철 부설에 초점이 맞춰져 있었고, 이때 대구는 자신들의 경제권 회복을 위한 대구포항선 건설을 위해 지속적으로 운동을 전개하였다. 결국 부산지역의 현안문제가 부산울산선 건설에 집중되지 못하는 사이 대구경북을 중심으로 하는 일본인 및 조선인 자본가들은 새롭게 설립된 조선경철에 적극적으로 개입하는 한편, 그 부설 선로의 1기선을 부산울산선에서 대구포항선으로 변경하고 회사본점도 대구로 옮겼던 것이다.

부산울산선이 계획되고 건설허가가 떨어졌음에도 불구하고 건설이 지연된 이유로 철도회사 측에서는 계속해서 재계 불황과 자금 부족을 강조하였다. 하지만 핑계에 지나지 않았다. 1912년 조선의 무한한 천연자원을 개발하기 위해 사설철도를 조성하고자 하는 방침하에 「조선경편철도령」이 조선총독부에 의해 제정되고 이에 따라 「조선사설철도보조법」이 제정되어 경편철도를 건설할 경우 총독부로부터 지속적으로 보조금을 받게 되었다. 보조금도 최초의 보조금 6分에서 1918년 7分, 1919년 8分으로 증가하였다.[75] 그보다 더 중요한 이유는 앞에서도 언급한 것처럼 조선경철이 조선와전과 달리 대구를 중심으로 설립되었기 때문이었다. 이것은 대구지역의 일본인 및 조선인 자본가들의 적극적인 유치도 있었겠지만, 부산지역의 일본인들이 철도건설의 허가만을 믿고 적극적으로 부설운동을 전개하지 않은 점도 중요한 요인이었다. 그 결과 조선경철, 조선중철, 그리고 조선철도

---

74) 倉地哲, 『朝鮮瓦斯電氣株式會社發達史』, 48~49쪽.
75) 朝鮮總督府鐵道局 編, 『朝鮮鐵道四十年略史』, 1940, 465~472쪽.

모두 노골적으로 부산울산선 건설을 다음으로 미루고 경북지역의 대구포항선을 선두로 다른 철도노선을 비롯하여 충청도지역의 철도노선 건설에 더 적극적으로 나섰던 것이었다.76)

그러는 사이 부산지역의 현안 문제인 시내전철이 1917년 완성되어 개통되자, 이제 부산지역의 일본인자본가들은 현안 문제인 시내전철이 해결되자, 다시 적극적인 부설운동으로 그 태도를 전환하였다. 그리고 인근의 동래, 울산, 경주의 지역민들과 함께 독자적으로 혹은 연합하여 부산울산선의 조속한 건설을 관련 회사 및 조선총독부에 적극적으로 요구하기 시작하였다. 이러한 지역민의 철도부설을 위한 정치활동은 지역 자본가들이 중심이 되어 주도하였다. 특히 부산상업회의소를 비롯하여 각 지역 번영회가 가장 적극적으로 부산울산선 속성운동을 전개하였다. 다음 〈표 5〉는 2기에 해당하는 부산울산선 속성을 위한 진정 및 청원활동을 정리한 것이다. 자료의 한계로 전체를 조망할 수 없지만 대략적인 활동을 살펴볼 수 있다.

〈표 5〉 부산울산선 부설을 위한 진정 및 청원활동

시기	지역	대표위원	청원 및 접촉인사	활동주체
1917.9	부산	大池, 迫間, 香椎, 豊田	當路者	동맹회
	동래	惣部, 佐佐木		
	울산	安成, 椙山, 松並		
1918.8	동경	조선와사전기주식회사중역	조선경편철도주식회사 동경전무취체역 武和三郎	조선와전
1918.10	부산	부산상의회두 香椎源太郎	長谷川총독, 철도회사	동맹회
1919.12	부산	부산상의회두 香椎源太郎	총독, 철도회사	동맹회
1920.5	부산	부산상의회두 香椎源太郎	조선중앙철도주식회사 武, 佐藤 전무취체역, 鈴木 지배인	부산상업회의소
1923.6	부산	부산상의부회두 豊泉德治郎, 평의	조선중앙철도주식회사 상무취체	부산상업회의소

76) 조선경편철도주식회사는 1917년에 조치원청주선, 조치원공주선, 평택여주선 등의 경편철도 건설을 허가받고 있으며(『朝鮮總督府官報』 1917년 8월 23일) 이어서 김천, 상주간 철도노선을 답사하여 경편철도 건설을 출원하고자 하였다(『釜山日報』 1917년 11월 7일, 「金泉尙州間踏査」; 11월 18일, 「金泉尙州間輕便鐵道敷設」).

		원 伊藤祐義 小原爲	역 鈴木寅彦	
1923.10	부산	부산부윤 小西恭介, 부산상의회두 香椎源太郎, 서기장 花輪, 부회두 豊泉德次郎 文尙宇, 평의원 伊藤祐義	조선총독 齋藤實 조선총독부철도부 弓削부장, 澤崎감리과장, 新田공무과장 조선철도주식회사 상무취체역 佐藤潤象, 松岡서무과장, 운수과장, 공무과장	동맹회(부산상업회의소)
	동래	동맹회위원 中山勝吉		
	울산	울산군수 孫永穆, 동맹회위원 中谷德一 布瀨淸四郞 金聲振 朴秉稿		
	경주	동맹회위원 光成勝一		
1925.6	부산	부산번영회 小原爲 伊藤祐義	경남도지사 和田	동맹회 (부산번영회)
	울산	飯塚외 1명, 孫 군수		
1925.7	부산	香椎源太郎, 豊泉德次郎, 水野嚴, 福島原次郎, 石川侃一, 小原爲, 伊藤祐義, 文尙宇, (武久, 石原-상경위원)	下岡 정무총감 조선철도주식회사 入澤부사장	동맹회(부산상업회의소)
	동래	秋鳳燦		
	울산	安成千代五郞, 松重淺太郞, 安金由喜太, 森田嘉太郞, 中谷德一, 朴南極, 朴宗點, 朴秉鎬, 李圭直, 金正國, 金聲振		

〈표 5〉를 통해 보면, 부산울산선 속성을 위한 2기 활동은 대체적으로 조선경철이 영업을 시작하는 시점에서부터 집단화되었다. 이런 움직임은 다시 사설철도 합병에 의해 조선철도주식회사가 설립되는 시점에 재개되었다가 조선상업회의소연합회와 일본제국철도협회, 그리고 조선총독부에 의해 일본정부와 의회에 제출되어 승인을 얻어 1927년부터 건설에 들어간 '조선철도 12년 계획'에 부산울산선이 포함될 때까지 집중적으로 이루어졌다.

1916년 조선경철이 부산에서 설립되고 그 첫 계획을 조선와전이 면허를 받았다가 취소된 부산, 대구간, 경주, 포항간, 울산, 장생포간의 철도건설로 두었음은 앞에서도 지적하였다. 하지만 조선경철의 철도건설은 부산으로부터 시작된 것이 아니라 대구로부터 시작되었으며 그 철도노선도 최초의 노선과는 다르게 진행되었다. 따라서 조선경철이 부산진으로부터 동래를 거쳐 울산 방면에 이르는 선로를 당초 제1기선으로부터 제외하는 한편, 대구포항선을 중심으로 건설에 착수되는 것에 반하여 부산울산선은 전혀 건설의 기미가 보이지 않는 것에 대해 부산, 동래, 울산지역에서 불만이 터져 나왔다.

먼저, 부산의 일본인신문인 『부산일보』는 조선경철이 부산울산선 건설의지가 없음을 비판하며 부산, 울산 방면의 관민유지들의 상호 연대를 통한 부산울산선 속성을 주장하였다.77) 이에 동조하여 울산지역에서 일본인과 조선인 백여 명이 모여 부산울산선기성동맹회를 조직하였다.78) 이어서 울산지역 동맹회 위원들은 동래, 부산의 유력자들과 함께 부산울산선의 속성을 기하는 동맹회를 결성하는 한편, 부산에서 3개 지역 유력자가 모여 논의한 후 연서로 철도회사에 부산울산선의 속성을 진정하였다.79) 그러나 이에 대해 조선경철은 울산을 중심으로 경주 혹은 동래에 부설될 경철은 이익이 그다지 없다는 구실로 계속해서 건설면허만 연장하였다. 그리고 부산울산선보다는 충청남북도에도 경편철도 건설권을 획득했을 뿐만 아니라 진남포, 광양간 철도 등 다른 지역으로 철도사업을 확장하기 위해 노력하였다.80) 그렇다고 마냥 연기할 수는 없었기 때문에 우선 경주, 울산간 철도연장공사를 위한 측량에 들어가는 한편, 조선총독부 철도국의 조사에 응하여 동래울산간의 연선조사에 들어가는 등 임시적인 조처는 취하였다.81)

그 이후에도 지속적으로 부산울산선 건설에 대한 요구가 제기되었다. 1918년 가을 대구포항간의 경편철도가 개편되고 운행에 들어가자, 동경에서 열린 조선와전의 주주총회에서 부산울산선 건설에 대한 문제가 제기되

---

77) 『釜山日報』 1917년 7월 10일, 「釜蔚輕鐵の速成を望む」.
78) 『釜山日報』 1917년 7월 22일, 「蔚山輕便鐵道期成會」.
79) 『釜山日報』 1917년 9월 15일, 「朝鮮輕便鐵道の釜山鎭蔚山線の速成を陳情」.
80) 『釜山日報』 1917년 9월 26일, 「蔚山輕鐵線敷設果して如何」; 1917년 11월 7일, 「金泉尙州間踏査」; 11월 18일, 「金泉尙州間輕便鐵道敷設」; 1918년 4월 17일, 「群山公州間輕鐵調査」.
81) 『釜山日報』 1918년 1월 17일, 「蔚山慶州間の輕鐵延長工事」; 1918년 1월 30일, 「蔚山輕鐵線敷設果して如何」.

었다.82) 또한 부산상업회의소회두 카시이는 대구로 이전한 조선중철을 직접 방문하여 부산울산선 건설의 필요성을 강조하였다. 이에 대회 회사 측으로부터 현재로서는 재개의 불황과 자금의 부족을 들어 공사에 착수하기가 어렵고 경제가 회복되고 자금이 조달되면 조만간 건설공사에 들어갈 것이라는 대답만 들었다.83) 이후 조선중철은 다시 동래, 울산간 철도건설에 관한 총독부철도부에 건설허가원을 제출하였다.84) 그리고 이듬해 새로 임명된 상무취체역 스즈키(鈴木寅彦)가 경편철도조사를 마치고 부산에 오자 부산상업회의소는 부산울산선 속성을 진정하였다. 그러나 속성에 대한 즉답은 듣지 못하고 당시 진행되고 있는 사설철도의 합병을 기다려야 했다.85)

　1923년 사설철도의 합병이 이루어져 조선철도가 창립되자, 기존 철도회사를 통해 부산울산선 속성을 이룰 수 없다고 판단한 부산, 동래, 울산, 경주의 유력자들은 집단적인 속성운동을 전개하였다. 1923년 8월, 1부 3군의 기성동맹회를 연맹하여 울산, 부산간 철도속성동맹회를 조직하고 부산상업회의소회두를 동맹회장으로 선출하는 한편, 상경위원을 선정하여 조선총독부와 새로 창립된 조선철도를 직접 방문하여 진정하기로 하였다.86) 이에 따라 부산부윤과 울산군수를 비롯하여 동맹회 상경위원 13명은 경성으로 올라가 본격적으로 진정활동을 전개하였다. 우선 조선철도를 방문하고 조선와전시절부터 계속해서 중요 직책을 맡고 있는 조선철도 상무취체역 사토와 면담하였다. 특히 철도회사에 대해서는 그간의 "무성의, 무기력, 무방침"에 대해 비난하며 1부 3군의 지방민은 철도가 건설될 때까지 계속하여

---

82)『釜山日報』1918년 9월 7일,「輕鐵蔚山線の交渉, 朝鮮瓦斯と朝鮮輕鐵」.
83)『東亞日報』1920년 5월 17일,「蔚山鐵道起工確定」.
84)『동아일보』는 동래부산간 경편철도의 건설신청을 제출한 것으로 보도하고 있지만 이미 부산진동래간은 경편철도가 건설되어 있기 때문에 동래울산간 경편철도로 보인다(『東亞日報』1922년 5월 15일,「東萊釜山間輕便鐵道敷設申請」).
85)『朝鮮時報』1923년 6월 23일,「蔚山線の延長は當然」.
86)『京城日報』1923년 8월 2일,「蔚山釜山間輕鐵速成運動」; 9월 30일,「蔚山釜山間鐵道敷設運動」.

속성운동을 전개할 것이며 회사의 속성 의지가 있다면 가능한 모든 원조를 아끼지 않을 것이라고 주장하였다. 이에 사토는 부산울산선 속성에 대한 개인적인 의지를 약속하였다. 한편 상경위원은 노무라(野村龍太郞) 사장에게도 동맹회장의 명의로 진정서를 제출하였다. 이윽고 조선총독부 철도부를 방문하여 새롭게 창립된 철도회사가 제일 먼저 부산울산선을 기공할 수 있도록 간청하는 한편, 사이토 총독을 방문하여 진정서를 제출하였다.[87]

그러나 연합동맹회를 조직하고 조선총독에게까지 진정서를 제출하는 정치적 활동도 수포로 돌아갔다. 조선총독을 비롯하여 조선총독부의 철도부는 부산울산선보다 충주청주간이 더 시급을 요하는 철도라고 생각하고 있었다. 즉, 부산울산간은 교통이 편리하여 육지로는 자동차, 바다로는 방어진과 장생포까지 기선으로 통행이 가능하나 충주청주간은 하차(荷車)도 통행하지 못하기 때문에 올해까지는 자금이 있다면 기공선을 먼저 건설한다는 철도부설방침을 내어 놓았다.[88] 따라서 부산울산선 연선지역의 유력자들에 의해 이루어지고 있던 부산울산선 건설은 또다시 목적을 달성하지 못한 채 끝나고 말았다.

한편, 1921년 10월 이미 경주와 울산간의 경편철도가 완성되었다. 그러자 최초 계획의 주 간선 중 남은 것은 부산울산선뿐이었다. 특히 경주울산선까지 완성되자 부산지역의 경제권은 더욱 축소될 수밖에 없었다. 전통적으로 부산의 경제권에 속해 있었던 울산은 경주울산선이 완성된 이후 점차 대구의 경제권에 포섭되어 갔다.[89] 따라서 부산울산선 건설은 부산의 경제권을 확보하는 길이기에 포기할 수 없었다.

때마침 1925년 4월 남만주철도주식회사에 이관되었던 철도 경영권이 다

---

87) 『朝鮮時報』1923년 10월 19일, 「各地上京委員蔚釜間輕鐵速成をため京城に各方面陳情」; 『京城日報』1923년 10월 19일, 「鐵道速成陳情」; 10월 20일, 「蔚山釜山間鐵道速成陳情書提出」.
88) 『朝鮮時報』1923년 10월 21일, 「蔚山釜山間輕鐵速成運動の經過」.
89) 『朝鮮時報』1925년 6월 27일, 「釜蔚間鐵道敷設」.

시 조선총독부 직영으로 바뀌면서 대대적인 철도망계획이 진행되었다. 이러한 안팎의 분위기에 따라 1925년 6월, 다시 부산번영회에 의해 잠시 소강상태에 빠졌던 속성 문제가 제기되고 울산의 유력자와 함께 경남도지사를 방문하는 등 다시 실현운동이 전개되었다. 이에 호응하여 그간 속성운동을 주도하던 부산상업회의소도 다시 부산, 울산간 철도건설의 실현운동을 착수하고자 논의하기 시작하였다.[90] 또한 기존 철도회사와 총독부의 철도건설계획으로는 도저히 부산울산선을 건설할 수 없다고 인식한 부산과 울산지역의 유력자들 중 일부는 스스로 발기하여 철도회사를 창립하고 종래 조선와전의 동래전차를 인수하고자 하였다.[91] 물론 실현되지는 않았지만 부산울산선 연선지역의 자본가들이 부산울산선을 어느 정도까지 중요하게 생각했는지를 알 수 있는 대목이다.

부산번영회와 부산상업회의소에서 철도속성에 관한 논의가 시작되자, 다시 기성동맹회의 활동이 재개되었다. 더불어 부산과 울산의 유력자들은 부산의 지역신문인 『부산일보』와 『조선시보』에 부산울산선 개통의 필요성과 속성운동에 연선주민의 동참을 요구하는 기고문을 실으며 지역여론을 환기시켰다.[92] 기성동맹회장인 부산상업회의소회두 카시이는 울산을 비롯하여 연선지역의 기성동맹회원을 부산으로 초대하여 속성운동을 위한 협의에 들어갔다. 부산상업회의소에서 개최된 철도속성협의회에는 홍수로 인해 오지 못한 경주회원을 제외하고 각 지역의 동맹회원 30여 명이 참석하여 조만간 촉진운동을 착수하기로 결의하였다.[93] 뿐만 아니라 기성동맹회에

---

90) 『朝鮮時報』1925년 6월 29일, 「蔚釜鐵道速成陳情」; 『釜山日報』1925년 7월 3일, 「蔚山釜山間鐵道敷設」; 『朝鮮時報』1925년 7월 8일, 「釜山商議役員會」.
91) 『釜山日報』1925년 7월 5일, 「釜山蔚山鐵道」; 『朝鮮時報』1925년 7월 5일, 「懸案の蔚釜鐵道」.
92) 『釜山日報』1925년 7월 5일, 「蔚山釜山間鐵道速成要望の理由, 釜山商業會議所 花輪書記長談」; 『朝鮮時報』1925년 7월 9일, 「釜山蔚山鐵道開通速成に就て望む, 東萊 中山藤吉」; 『釜山日報』1925년 7월 10일, 「蔚釜鐵道速成を望む敢て沿線地方民に告ぐ, 蔚山代表 飯塚文市」.

서는 먼저 총독부와 도청, 철도당국에 청원서 제출을 결정하고 상경위원도 확정하였다.[94]

부산상업회의소회두 카시이를 필두로 하는 상경위원은 경성으로 가는 즉시 시모오카(下岡忠治) 정무총감을 방문하고 "부산울산선은 순화물선으로 사철선이 울산까지 온 이상 부산까지 연장하여" 조속히 건설되도록 힘써달라고 요망하였다. 그리고 조선철도 다치자와(立澤重磨) 부사장을 방문하여 같은 의미의 내용을 전달하고 철도건설은 어떻게든 하겠지만 현재의 총독부 보조금으로는 힘드니 추후 다시 논의하자고 하는 답변을 들었다. 여전히 철도속성 문제는 해결되지 않았지만 점차 해결의 기미를 보이기 시작하였다.

한편 조선상업회의소연합회는 1922년부터 '철도건설 10개년 계획'을 조선 산업개발 '4대 요강'의 첫 번째로 정하고 지속적인 정치 활동을 전개하였다.[95] 이 계획 속에도 부산상업회의소의 주장에 따라 부산울산선이 포함되어 있었다. 조선상업회의소연합회의 활동은 조선총독부와 일본의 정재계에 영향을 미쳤고, 조선총독부는 1922년부터 6개년 내 완료예정으로 새로운 철도망조사에 들어갔다. 1925년 철도 경영이 다시 조선총독부로 환원되자 철도국을 설치하고 철도국장을 중심으로 철도망계획을 진행하였다. 그 결과 철도부설 및 개량, 도로항만, 치산치수 등 종합적인 조선 산업개발계획이 10년 계속사업으로 수립되고 예산에 편성되었다.[96]

---

93) 철도속성협의회에 참석한 동맹회원은 香椎源太郎, 豊泉德次郎, 水野嚴, 福島源次郎, 石川侃一, 小原爲, 伊藤祐義, 文尚宇(이상 부산), 秋鳳燦(이상 동래), 安成千代五郎, 松重淺太郎, 安金由喜太, 森田嘉太郎, 中谷德一, 朴南極, 朴宗點, 朴秉鎬, 李圭直, 金正國, 金聲振(이상 울산)이었다(『釜山日報』 1925년 7월 10일, 「蔚山釜山間 鐵道速成協議會」; 『朝鮮時報』 1925년 7월 10일, 「鐵道期速成協議會」).

94) 기성동맹회의 상경위원은 부산의 香椎源太郎, 石原源三郎, 水野嚴, 武久捨吉 등 4명이었다(『釜山日報』 1925년 7월 11일, 「蔚釜鐵道促進會議」; 『朝鮮時報』 1925년 7월 11일, 「鐵道速成運動」).

95) 전성현, 「일제하 조선상업회의소연합회의 산업개발전략과 정치활동」, 동아대학교 사학과 박사학위논문, 2006, 제6장 조선철도망계획의 수립 참조.

다른 한편 일본의 관사철도에 관여했던 전문가, 재계 인사들의 모임인 제국철도협회는 1922년 정관개편을 통해 철도의 조사연구기관으로 거듭났다. 1924년 가을부터는 조선철도망조사에 뛰어들었다.97) 조사사항은 조선의 철도망조사, 조선의 철도경영개선책, 조선의 철도보급 및 속진안이었다.98) 제국철도협회는 1년여의 조사와 귀족원 및 중의원, 참모본부, 유지를 망라하는 조사회의 회의를 거쳐 초안을 마련하였다. 초안은 1929년부터 1951년까지 22년간 수억 원의 경비를 투자하여 4천 마일을 연장하는 계획이었다. 제국철도협회는 마련된 초안을 바탕으로 조선에 건너와 실지조사와 함께 조선총독부를 비롯하여 지역 상업회의소와 협의를 거쳐 1925년 12월 완성된 조선철도 18년 계획을 수립하였다.99) 부산상업회의소도 적극적으로 지원금을 지급하고 부산울산선의 부설이 필요함을 역설하였다. 그 결과 조선상업회의소연합회의 '철도건설 10개년 계획'100)과 일본제국협회의 '조선철도 18년 계획'에 포함되어 있었던 부산상업회의소의 부산울산선은 조선총독부가 수립하고 일본 정부가 승인한 '조선철도 12년 계획'에도 포함되어 국영철도로 건설될 수 있게 되었다. 이후 부산지역의 자본가를 중심으

---

96) 상업회의소와의 논의를 통해 이루어진 것으로 철도부설 및 개량의 내용은 조선 산업개발 '4大 要項' 중 철도부설계획인 10년 계획이었다.
97) 國澤新兵衛, 「一行內鮮의 趣旨」, 『朝鮮經濟雜誌』 126, 1926, 1쪽.
98) 大平鐵畊, 『朝鮮鐵道十二年計劃』, 1927, 42쪽.
99) 제국철도협회의 조선철도에 관한 조사위원회결의는 5개안과 부대 결의안 그리고 계획선로로 구성되었다. 결의안은 1. 조선의 추요 철도는 국유를 근본방침으로 할 것, 2. 정부는 속히 조선철도부설에 관한 법률을 제정할 것, 3. 정부는 기정계획(이미 예산을 확정한 것)의 외 전항 조선철도부설법에 따라 2천백여 리의 철도를 금후 18년 이내에 부설할 것, 4. 정부는 제1항의 방침에 기초하여 점차 주요한 사설철도를 매수할 것, 5. 정부는 현행 조선사설철도보조법의 8분보급을 개정하여 1할로 하여 미성선의 속성을 도모할 것, 부대결의로 정부는 제3항의 18년 부설계획의 진보함에 수반하여 수송량의 증가에 따라 점차 경부, 경인, 경의 각선을 복선으로 할 것이었다(大平鐵畊, 『朝鮮鐵道十二年計劃』, 45쪽).
100) 조선상업회의소연합회의 '철도건설 10개년 계획'은 전성현, 「일제하 조선 상업회의소의 철도부설운동(1910~1923)」, 『석당논총』 40, 2008 참조.

로 지역여론은 동해안선 중 부산울산선의 조기착공을 위해 노력하여 1928년에 드디어 착공에 들어가 부산울산선은 1935년에 결국 완공되었다.[101]

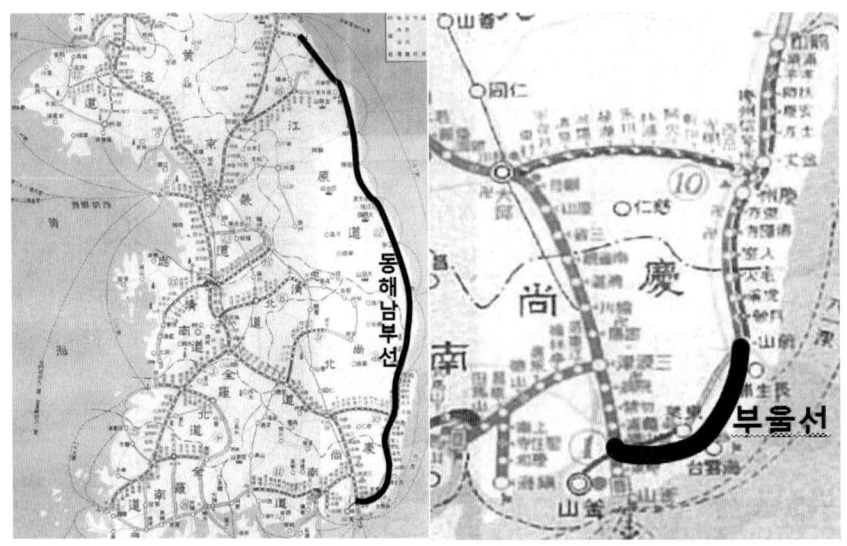

〈그림 3〉 조선철도약도(1928) 중 동해남부선 〈그림 4〉 조선철도약도(1928) 중 부울선

V. 맺음말

지금까지 '동해남부선'이라고 하는 지역철도의 부설과정과 이를 둘러싼 경상남북도 연선지역의 자본가들을 중심으로 한 지역민들의 동향을 살펴보았다. 그 내용을 정리하면 다음과 같다. 개항을 전후한 이른 시기부터 조선에 건너와 '식민지 경영'에 적극 참여하고 있었던 일본인자본가들은 그들의 경제적 기반을 보다 더 확대하기 위해 스스로 자치 조직을 결성하고 이를 통해 조선의 산업개발에 적극적으로 나섰다. 그 가운데 두드러진 것이

---

101) 朝鮮總督府鐵道局, 『朝鮮鐵道四十年略史』, 269~273쪽.

지역철도의 부설 등 지역의 공공시설 및 공공사업에 대한 직·간접적인 유치활동이었다. 특히 부산은 일본인자본가들이 일찍부터 경제적 터전을 잡으면서 영향력을 넓혀 나갔기 때문에 다른 지역에 비해 그와 같은 움직임이 더욱 활발하게 일어났다. 따라서 이러한 움직임은 '시기의 조만(早晩)'과 '영향력의 강약(强弱)' 차이만 있을 뿐 부산만의 고유한 특징은 아니었다.

병합 이전 경부선 건설과 관련하여 조선 측의 주주로는 부산의 일본인자본가들이 대거 참여하였을 뿐만 아니라 경부선 부설을 통해 인근 경상도의 주요한 도시에 각각의 지점을 설치하는 등 자신들의 경제적 기반을 확대해 나갔다. 병합을 전후한 시기에는 '대륙의 명실상부한 관문'을 목적으로 부산항의 도시화는 물론 전라도, 충청도, 경상도로 뻗어 나가는 세 갈래의 지역철도 부설계획을 구상하였다. 이를 위해 부산이사청과 협의하고 일본자본의 유입을 추진하는 한편, 부산자본이 중심이 되는 회사 설립에 착수하였다. 그 결과, 부산의 도시화와 지역철도의 부설을 목적으로 하는 부산 중심의 조선와사전기주식회사가 성립되었다. 조선와전은 설립과 동시에 이미 구상한 지역철도 부설계획 가운데 하나의 축인 울산·경주·포항·대구까지 이어지는 동래연장선을 계획하고 조선총독부로부터 부설인가를 승인받았다. 그러나 제1차 세계대전에 따른 경제계의 불안과 그에 따른 자본부족, 그리고 부산의 현안문제였던 전철부설 등으로 인하여 곧바로 착수하지 못하고 계속 연기되었다.

한편, 조선와전의 동래연장선 계획을 전해들은 대구지역의 자본가들은 지역 경제가 계속해서 부산에 종속될 것을 염려하며 독자적인 경제권을 형성하기 위해 힘썼다. 먼저 대구지역과 전혀 연고가 없지만 일본 정·재계 및 조선총독부와 긴밀한 관계에 있었던 기쿠치 겐죠를 민장으로 영입하고 이전부터 추진하고자 한 대구포항선 부설을 위한 움직임을 가시화하였다. 기쿠치를 중심으로 하는 대구지역의 자본가들은 일차적으로 대구철도주식회사의 설립을 논의하였으며, 조선와전의 동래연장선 계획이 승인되자 대구포항선을 우선적으로 부설해줄 것을 거듭 회사에 청원하였다. 다른 한편,

동래연장선의 부설이 연기될 때마다 조선총독부에 그 부설을 청원하였고 철도부설이 어려울 경우 자신들에게 부설권을 이양해 줄 것을 강력하게 요청하였다. 이와 같은 대구지역 자본가들의 움직임은 조선와전의 동래연장선 부설에도 영향을 미쳐 새로운 회사의 설립을 유도하였다. 결과적으로 조선와전의 내부적인 문제와 대구지역 자본가들의 적극적인 대구포항선 부설운동으로 말미암아 별도의 조선경편철도주식회사가 대구 중심으로 설립되었다. 조선경철은 이제 대구지역의 이해를 대변하며 조선와전과 달리 대구포항간 철도부설을 우선적으로 실시하였다. 또한 조선중앙철도주식회사로 개편되고 다시 조선철도주식회사로 합병된 이후에도 계속해서 동래연장선의 또 다른 축인 부산울산선 부설에 뛰어들지 않았다.

  철도부설의 주도권을 잃었을 뿐만 아니라 원래 계획했던 부산울산선조차 부설이 지연되자, 부산의 일본인자본가들은 부산상업회의소를 중심으로 부산울산선 속성운동을 전개하였다. 이전부터 부산울산선을 염원하였던 동래, 울산지역의 유지 자본가들을 끌어들이는 한편 이들을 통해 지역민의 여론을 조장하고 더 나아가 지역언론을 통한 지역여론의 수렴에 적극 나섰다. 또한 부산울산선속성을 위한 1부 2군(부산, 동래, 울산) 또는 1부 3군(부산, 동래, 울산, 경주) 동맹회를 조직하고 이를 통해 조선총독부 및 일본정부에 정치활동을 전개하는 것과 동시에 지속적으로 철도회사에 그 부설을 요구하였다. 이와 같은 부산·울산지역의 움직임은 조선상업회의소연합회의 '조선철도 10개년 계획'에 영향을 미쳤고, 일본 정·재계에 대한 전방위적인 '동상운동(東上運動)'의 결과, 일본정부가 승인한 '조선철도 12년 계획'의 동해선에 포함되어 1935년 완공을 보게 되었다.

  이상과 같이 '동해남부선(東海南部線)' 건설과 관련하여 식민지 조선에서의 철도와 지역과의 관계는 다음과 같이 이해할 수 있을 것이다. 첫째, 동해남부선은 지역의 '개발'과 '발전'이라는 '정치적 수사'와 함께 '자본의 논리'에 의해 추진되었다. 그 '자본'의 중심은 지역자본이었으며 일본인자본이었다. 물론 부설과정에서 투자된 자본은 압도적으로 본국자본이 많았다. 하지만 점차 지역 내 일본인자본(일부 조선인자본 포함)으로 그 중심이 옮겨 갔으며 결국 지역자본 중심으로 재편·운영되었다.

둘째, 동해남부선의 부설과정은 지역자본 간의 갈등과 협력의 양상을 구체적으로 드러내어 주었다. 특히 지역자본 간의 갈등은 식민권력과 식민정책의 균열지점을 드러내어 줄 뿐만 아니라 이를 봉합하여 균질화하고자 하는 조선총독부의 역할 또한 드러내어 주었다. 그렇다면 식민지 조선에서의 식민권력과 식민정책은 그 '균열'과 '균질'이라는 모순적인 상호작용을 통해 수행되었음을 알 수 있다.

셋째, 동해남부선의 부설에는 일부이지만 조선인자본도 포함되었다. 이는 지역개발이 가져올 넓은 의미의 포괄적 이익과 관련이 있었기 때문으로 보인다. 그 때문에 지역개발과 발전이 지역자본가들, 특히 일본인들의 '정치적 수사'에 지나지 않았지만 조선인들을 각종 지역공공사업의 부설운동에 참여할 수 있도록 추동하였다. 하지만 대부분의 조선인들은 포괄적 이익조차 향유할 수 없는 위치였으며 그들의 주체적인 목소리는 물론 그들을 대신할 목소리조차 왜곡당한 위치였다.

1920·1930년대 부산부의 도시빈민층 실태와 그 문제

양 미 숙

* 본 논문은 부산경남역사연구소 『지역과 역사』 제19호(2006.10)에 수록된 것임.

I. 머리말

　조선에서 근대적 도시의 형성과 성장은 조선 사회의 내부 발전이나 요구에 의한 것이 아니라 처음부터 식민통치의 효율성과 밀접한 관련성을 맺고 있었다. 그러므로 일제시기 도시는 서구 근대도시의 형성과 달리 일제의 식민지배 구조와 맞물려 있었다는 점에서 매우 중요한 연구 분야로 생각된다. 또한 일제시기 도시에는 조선으로 이주해 온 일본인들이 대거 거주했을 뿐만 아니라 1920년대 이후 많은 조선인들도 농촌을 떠나 도시로 이주하고 있었기 때문에 일제시기 도시사 연구는 도시민들의 일상생활 속에 투영된 민족문제와 사회문제를 다각도로 접근할 수 있는 특성을 지녔다.

　식민지 도시사 연구는 근대사회의 형성과 관련하여 이런 중요성에도 불구하고 최근에 와서야 연구의 주요 대상으로 주목받게 되었다. 따라서 근대 도시사 연구는 이제 본격적인 연구에 접어드는 수준이라고 해도 과언이 아니다.

　기존의 근대 도시사에 대한 연구 현황을 살펴보면 다음과 같다.

　첫째, 식민지시기 도시사 전체에 대한 개괄적 분석이다.[1] 개항기와 일제시기 조선의 도시계획, 도시화 과정, 도시사회상을 다룬 방대한 연구이다. 이 연구는 식민지시기 도시사 연구의 중요성을 연구자들에게 환기시켰다는 점에서 선구적 연구로서 그 의의가 크다고 하겠다. 그러나 연구 대상 시기와 범위가 광범위하여 도시의 인구현상, 도시시설, 도시계획 등 도시와 관련된 것들을 총망라하고 있어 심층적 도시사연구로서는 한계를 갖는다.

　둘째, 인구사적 측면에서 도시사를 연구한 것이다.[2] 조선에서 도시화의

---

1) 손정목,『일제강점기 도시계획연구』, 일지사, 2002 ;『일제강점기 도시화과정연구』, 일지사, 1996 ;『일제강점기 도시사회상연구』, 일지사, 1996. 물론 손정목의 연구에서도 심층적 연구가 있다. 그러나 그것은 경성의 사례에 한정되어 있다.
2) 권태환,「일제시대의 도시화」,『한국의 사회와 문화』11, 한국정신문화 연구원, 1990.

특성을 도시형성 배경과 인구 구성을 중심으로 살피고, 여기에서 나타나는 도시의 성장, 변화를 개괄적으로 살펴본 연구이다. 이 연구는 부분적으로 도시화와 식민정책을 언급하고 있지만 전체적으로 인구에 초점을 맞추어 살펴본 한계가 있다.

셋째, 도시거주 빈민층에 대한 연구이다.[3] 하층 민중의 일상 생활사를 토막민이 도시빈민화 되어가는 과정과 노동계급으로 전환되는 과정을 중심으로 살펴본 연구이다. 이 연구는 일제시기 사회 빈민층이 중심부에서 소외되어 주변부에 어떻게 거주하게 되었는지를 도시공간과 관련하여 서술하고 있다. 이밖에 일제시기 자료를[4] 통해 조선에서 빈민이 형성되어가는 과정과 그들의 생활상을 서술하고 있는 연구가 있다.[5] 일제시기 빈민의 형성에 대한 전체상을 밝힌 점에서 연구사적 의의가 있지만 전국적인 통계 자료나 서울 중심의 통계를 이용하고 있어 부산지역의 연구로서는 자료상 근본적 한계를 갖는다. 따라서 근대도시 부산이 안고 있던 문제들에 대한 구체적인 분석이 미흡할 수밖에 없었다.

넷째, 개별 개항장 중심의 도시사 연구 중에서 부산에 한정해서 살펴보면 일본전관거류지(日本專管居留地) 설정 후 부산의 도시형성을 도시공간의 확대란 측면에서 매축·항만시설·도로·철도 등 도시 기반시설을 중심으로 파악한 연구가 있다.[6] 이 연구는 부산지역 근대도시사 연구의 단초를 열었다는 점에서 연구사적 의의가 크다. 그러나 초기 연구가 갖는 불가피

---

[3] 김경일, 「일제하 도시 빈민층의 형성-경성부의 이른바 토막민을 중심으로-」, 『사회와 역사』, 1986. 이외에 도시 빈민을 다룬 논문으로 고동환 「근대이행기 빈민의 삶과 저항」, 『역사비평』 46, 역사문제연구소, 1999 ; 곽건홍, 「일제하 빈민」, 『역사비평』 46, 역사문제연구소, 1999 ; 현종철, 「일제지배하 도시빈민 생활 연구」 경희대 석사학위논문, 1996 등이 있다. 이들 논문에서는 전국적 상황과 서울 중심으로 서술되어 있다.
[4] 京城帝國大學衛生調査部, 『土幕民の 生活, 衛生』, 岩波書店, 1942.
[5] 강만길, 『일제시대 빈민생활사연구』, 창작과 비평사, 1987.
[6] 김의환, 『부산근대도시 형성사연구』, 연문출판사, 1973.

한 한계로서 매축과 같이 도시의 물리적 공간 확대에 초점이 맞추어져 있어 도시의 내적 문제라고 할 수 있는 사회문화적·경제적 문제들은 다루어지지 못하였다. 이 밖에 1920~1930년대 중반 부산의 공업화과정과 그에 따른 도시의 변화과정을 밝힌 연구와 부산의 일본인 대자본가들과 부산 근대도시 형성의 관계를 규명한 연구들이 있다.[7] 이외에 주거문제와 주거권 확보운동의 차원에서 부산의 근대도시를 다룬 연구를 들 수 있다.[8] 이 연구에서는 주거 문제에 대한 도시 거주민들의 대응 양상과 주거 문제를 둘러싼 차가와 집세 문제 등을 중심으로 서술하여 주거 문제에서 본질적 문제라고 할 수 있는 주거환경과 주거조건 등과 같은 질적 문제에 접근하지는 못하였다.

부산은 조선에서 가장 먼저 일본에 의해 개항이 되었고 이로써 개항 이전 조선인에 의해서가 아니라 개항 이후 일본인들에 의해 새롭게 탄생했던 도시였다. 1910년 이전까지 부산은 일본들의 전관거류지를 중심으로 일본인들이 독점적인 세력을 형성했으며, 이후 그들은 세력을 점점 넓혀 나갔다. 1910년 이후 부산은 무역의 중심지로,[9] 1930년대 이후는 대륙침략의 거점으로 변모해 갔다. 이와 같은 부산의 변화는 도시화와 근대화로 이해할 수도 있겠지만 일제가 조선을 식민지화 해가는 과정을 잘 보여준다고 할 것이다. 일제에 의한 부산의 도시화 근대화의 결과를 통해서 이것이 어디를 중심으로 이루어졌으며 누구를 위한 것인지가 분명해지고 이는 조선의 식민지화가 조선과 조선인에게 어떠한 영향을 미쳤는지 가늠해 볼 수 있다.

이에 본고에서는 기존 도시사 연구를 바탕으로 기존 연구에서 잘 다루어

---

7) 장선화, 「1920~30년대 부산의 공업발전과 도시구조의 변화」, 『지역과 역사』 6, 2000 ; 김경남, 「일제하 조선에서 도시건설과 자본가집단망」, 부산대학교 박사학위논문, 2003.
8) 하명화, 「1920~30년대 초 도시주거문제와 주거권 확보운동」, 『지역과 역사』 12, 2003.
9) 釜山商工會議所 編, 『釜山經濟史』, 1989, 587·683쪽.

지지 않았던 1920년대와 1930년대 초 부산의 도시화 과정에서 야기된 빈민 문제를 살펴보고자 한다. 1910년대 지방제도개편, 토지조사사업 등을 통해 식민지 기반이 마련되고 1920년대 본격적인 식민지의 구조가 확립되면서 농촌에서 토지조사사업과 산미증식계획 등으로 농민층 분해가 진행된 결과, 도시로 모여든 조선인들과 도시 내부의 일본인에 의해 근대화가 이루어지는 동시에 부(富)에서 배제된 조선인들은 빈민화되고 있었다. 즉 1920년대는 도시에 인구가 집중되었고 거기에 따른 도시 문제가 진행되고 있었다. 이 논문은 이와 같이 1920년대부터 본격화되었던 부산의 도시 문제를 빈민에 초점을 맞추어 살펴봄으로써 당시 식민지 상황 아래에서 빈민의 삶이 어떠했는지 파악하고 이들 빈민에 대한 일제 식민당국의 대책을 평가해 보고자 한다.

이를 위해 먼저 도시 문제의 발생 배경이 되는 인구증가와 거기에 따른 인구의 지역별 분포를 분석해 조선인 거주지역이 근대화에 배제되고 과밀화되어 가는 과정에서 어떻게 도시의 빈민들이 형성되고 도시 문제가 발생하고 있는지를 살펴볼 것이다. 이와 함께 조선인의 근로조건이 일본인들보다 얼마나 더 열악하였는지 실증적으로 분석할 것이다. 이 과정에서 조선인 빈민들의 생활고와 주거 문제를 구체적으로 밝혀 보았다. 끝으로 늘어나고 있는 빈민의 문제를 해결하기 위한 부산부의 대책은 무엇이었는지 그리고 얼마나 적절했는지를 살펴보고자 한다.

Ⅱ. 부산부의 인구증가와 도시빈민층의 현황

1. 인구증가와 지역별 인구분포

1935년까지 부산부의 총 면적은 33.56㎢이었고, 거주가능 면적은 16.1㎢로 총 면적의 48%에 불과했다. 1925년 조선 전체의 인구밀도를 보면 88명/㎢이고, 1925년 14개 府의 평균 인구밀도가 5,839명/㎢인데 비해 부산은 3,172명/㎢로 나타나고 있다.10) 하지만 부산은 지형상 거주가능 면적이 16.1㎢에 불과해 총 면적이 아닌 거주가능 면적의 인구밀도는 6,611명/㎢로(2003년 부산의 인구밀도 4,862명/㎢) 조선의 14개 부(府) 평균 인구밀도보다 훨씬 높았다. 이러한 상황은 1935년까지 계속되어, 부산부의 면적은 확대되지 않은 채 인구는 계속적으로 증가하였다. 따라서 부산부의 인구밀도는 점점 더 높아지고 있었다.

1909~1935년까지 부산부의 전반적인 인구 변화 추이를 민족별로 보면 다음과 같다.

〈그림 1〉 부산부의 총인구 변화와 일본인 인구증가 추이(단위: 戶, 名)

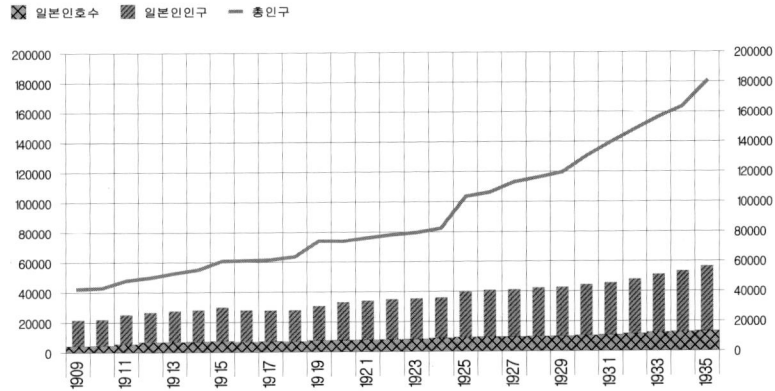

출전: 釜山府 編, 『釜山府勢要覽』, 1921, 4~7쪽 ; 釜山商工會議所 編, 『統計年報』, 1931, 1쪽 ; 1936, 1쪽 ; 釜山商工會議所 編, 『釜山要覽』, 1912, 8~14쪽 〈부표 1〉 참조.

---

10) 손정목, 『일제강점기 도시화과정연구』, 일지사, 1996, 137~138쪽 ;『한국지방제도・자치사 연구』상, 일지사, 1992, 124・251쪽에서 재인용. 釜山市史編纂委員會, 『釜山市史』 3권, 1991, 26~29쪽. 1914년 府制가 실시될 당시의 부산부의 면적은 33.56㎢인데 1936년과 1942년 2차에 걸쳐 구역이 확장(동래읍 편입)되고 있다. 따라서 1914~1936년까지 매축에 의한 부산부의 면적을 제외하면 부산부의 면적은 크게 확대되지 않고 있는 것으로 보인다.

〈그림 2〉 부산부의 총인구 변화와 조선인 인구증가 추이(단위: 戶, 名)

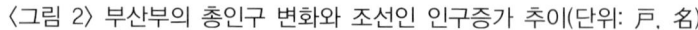

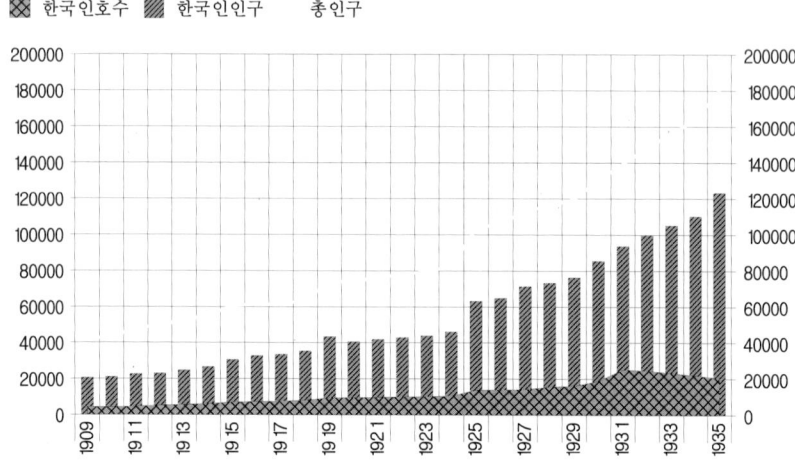

출전: 〈그림 1〉과 같음(〈부표 1〉 참조).

〈그림 1〉과 〈그림 2〉에서 보면 일제강점기 부산부의 전체 인구는 계속 증가하여 1910년 42,265명이던 것이 1920년에는 73,885명, 1935년에는 180,271명에 이르고 있다. 1925년 이후 이러한 인구증가는 조선인 인구증가에 의한 것임을 알 수 있다. 일본인의 경우는 1910년 이전 무려 267%의 증가율을 보이는 반면 1910년 이후 급속한 인구증가가 보이지 않고 있다. 이는 부산이 1910년 이전 이미 어느 정도의 도시 기반을 구축하고 있어 일본인의 이주 요인이 사라졌기 때문이기도 하였다.[11]

그리고 일제시기 부산부의 인구증가는 〈표 1〉에서 자연증가가 아닌 사회증가에 의한 것임을 확인할 수 있다. 〈표 1〉에서 보면 1919년부터 1930년까지 연평균 일본인 인구 증가율이 3.97%고 자연 증가율은 -0.25%이다. 이는 부산부 일본인사회의 정주성이 낮았음을 보여준다.[12] 그리고 조선인의 경

---

11) 홍순권, 「일제시기 부산지역 일본인사회의 인구와 사회계층구조」, 『역사와 경계』 51, 2004, 6·50~51쪽.
12) 『釜山』, 1928년 1월, 26~30쪽.

우는 연평균 인구 증가율이 5.57%이고 연평균 자연 증가율이 0.83%이다. 이로부터 부산부의 인구는 두 민족 모두 자연적 요인에 의해서라기보다 사회적 요인에 의해서 증가하고 있음을 알 수 있다.

〈표 1〉 1919~1930년 부산부 일본인 조선인 수의 연도별 증감 추세와 자연증가율

(단위: 名, %)

연도	일본인					조선인				
	증감수	증감률	출생률	사망률	자연증가율	증감수	증감률	출생률	사망률	자연증가율
1919	2,604	9.34	2.0	3.0	-1.0	7,961	22.4	1.6	1.9	-0.3
1920	2,586	8.45	2.0	2.7	-0.7	-2,892	-6.6	1.1	2.9	-1.8
1921	894	2.70	2.1	2.5	-0.4	1,370	3.3	1.7	1.4	0.3
1922	936	2.75	2.3	2.8	-0.5	1,069	2.5	1.8	1.9	-0.1
1923	445	1.27	1.9	2.7	-0.8	915	2.1	2.1	1.7	0.4
1924	566	1.60	2.0	2.4	-0.8	2,207	5.2	4.1	1.9	2.2
1925	3,830	10.66	2.0	2.5	-0.5	17,111	7.2	2.9	1.7	1.2
1926	1,047	2.63	2.0	1.8	0.2	1,724	2.7	2.6	1.4	1.2
1927	341	0.84	2.2	2.3	-0.1	6,415	9.4	3.4	1.5	1.9
1928	1,102	2.68	2.5	2.2	0.3	1,993	2.7	3.6	2.1	1.5
1929	396	0.94	2.7	2.4	0.3	3,034	4.1	3.5	1.9	1.6
1930	1,631	3.82	2.7	2.2	0.5	9,125	11.9	3.4	1.6	1.8
연평균	1,364	3.97%	2.2%	2.45%	-0.25%	4,169	5.57%	2.65%	1.82%	0.83%

출전:『釜山』, 1927년 9월, 35쪽 ; 釜山府 編,『釜山府勢要覽』, 1924, 9~10쪽 ; 1927, 10~11쪽 ; 1931, 11~12쪽.
* 조선인 일본인 인구는 〈부표 1〉 참조.

결국 〈그림 1〉과 〈그림 2〉, 〈표 1〉을 종합하면 부산부의 인구증가는 자연증가보다 주로 사회증가에 의한 것이고, 일본인 증가보다 조선인 증가가 더 컸음을 확인할 수 있다.[13]

---

13) 물론 부산부는 이러한 민족별 차이성에도 불구하고 일본인 인구가 차지하는 절대적 수치는 식민지조선의 다른 도시들과 비교하더라도 월등히 높았다. 일제시기 부산의 일본인 인구동향에 대한 자세한 설명은 홍순권, 앞의 논문, 2004, 49쪽에서 부산의 일본인 인구증가가 사회적 요인에 의해 주도되었음을 밝히고 있다. 1914~1930년 사이 전국 주요 도시 일본인 인구 구성비는 다음과 같다.

다음으로 살펴볼 것은 이렇게 증가한 부산부의 인구는 지역별로 어떤 차별성을 띠면서 분포하고 있었는가 하는 것이다. 이를 위해 각 시기별 부산부의 정(町)별 인구 분포를 정리하면 〈표 2〉와 같다.

〈표 2〉에서 우선 일본인 주거 비율이 70% 이상을 차지하는 곳을 보면 대청정(大廳町), 복전정(福田町), 서정(西町), 행정(幸町), 본정(本町), 변천정(辨天町), 금평정(琴平町), 남빈정(南濱町), 상반정(常盤町), 좌등정(左藤町), 지정(池町), 매립신정(埋立新町), 대창정(大倉町), 중정(中町), 안본정(岸本町), 고도정(高島町), 동・서고사정(東・西高砂町), 영정(榮町), 상생정(相生町), 장전정(藏前町) 등으로 오늘날 대청동, 신창동, 동광동, 광복동, 남포동, 중앙동 등에 해당하는 곳이다. 이들 지역의 일본인 인구 구성을 보면 일본인 인구는 1920년 93.62%, 1925년 87.22%, 1930년 88.14%로 평균 89.66%를 차지하고 있다.14)

〈표 2〉 1920, 1925, 1930년의 町별・민족별 인구구성　　　　　(단위: 名)

町洞名	1920				1925				1935			
	일본인	조선인	외국인	계	일본인	조선인	외국인	계	일본인	조선인	외국인	계
南富民町	75	1,728		1,803	146	2,292	24	2,462	177	3,234		3411
綠町	681	237	2	920	950	322		1,273	1,082	307	6	1,396
草場町	704	2,068	2	2,774	1,342	3,634	1	4,977	2,029	5,633		7,662
土城町	951	400		1,351	1,577	453	4	2,034	1,938	340	6	2,284
谷町	159	2,517		2,676	215	3,514		3,729	392	6,384		6,776

* 전국주요도시일본인구성비 비교(1914・1920・1930년)　　　　(단위: %)

도시 연도	경성	부산	평양	대구	인천
1914	23.79	51.28	19.68	22.76	38.12
1920	26.22	44.80	22.72	26.71	30.92
1930	27.50	33.92	13.26	29.32	17.65

출전: 홍순권, 「일제시기 부산지역 일본인사회의 인구와 사회계층구조」, 『역사와 경계』 51, 2004, 6・48쪽에서 재인용 ; 손정목, 『일제강점기 도시화과정연구』, 1996, 82쪽에서 재인용.

14) 비율은 해당년도의 (해당지역 일본인수/해당지역 총인구수)를 각각 더해서 지역 수만큼 나눈 수치이다.

富民町	331	103		434	582	767		1,349	1,131	779		1,910
中島町	177	823		1,000	346	1,437	2	1,785	861	1,735	3	2,599
大新町	742	4,975		5,717	1,682	8,373	7	10,063	5,545	18,398	5	23,948
寶水町	2,564	1,058	6	3,628	3,548	1,899	3	6,450	3,554	2,732	16	16,303
富平町	4,947	303	4	5,254	5,444	778	9	6,231	6,014	768	29	6,811
大廳町	1,639	13		1,652	1,869	155		2,024	2,191	231		2,422
福田町	175			175	257	1		258	250	4		254
西町	2,417	51	4	2,472	2,481	91	14	2,586	2,320	131	16	2,467
幸町	1,173	49		1,222	1,192	91	5	1,288	1,120	152	2	1,274
南濱町	1,602	77		1,679	1,453	150	7	1,610	1,603	469	3	2,075
辨天町	1,217	47		1,264	1,191	124		1,315	1,681	66	5	1,752
琴平町	215	12		227	92			92				
本町	1,772	369	2	2,143	1,875	646	13	2,534	1,959	285	27	2,571
常盤町	101			101	92			92				
左藤町	140	38		178	151	118		269				
池ノ町	349	43		392	311	82		393				
埋立新町	215	40		255	526	94	1	621				
大倉町	367	28		395	452	127	1	580	2,781	910	20	3,711
中町	184			184	306	55	6	367				
岸本町	140	15		155	193	24		217				
高島町	177	22		199	246	66		312				
東高砂町	105	3		108	107	1		108				
西高砂町					47	2		49				
榮町	225	7	2	234	572	244	10	826	904	188		1,092
相生町	26			26	51			51				
藏前町	38	2		40	43	5		48				
瀛州町	286	4,687	10	4,987	559	7,679	36	8,274	965	13,583	160	14,708
草梁町	2,565	5,248	191	8,004	3,479	8,189	392	12,060	5,015	14,893	101	20,009
水晶町	1,052	2,678		3,730	1,636	4,056	8	5,700	2,995	9,797	8	12,800
佐川町	313	3,357	15	3,685	471	4,272	22	4,765	1,099	8,155	17	9,271
凡一町	700	2,675	5	3,380	848	4,585	5	5,438	2,924	13,546		16,470
瀛仙町	3,652	4,772	5	8,429	4,264	8,184	22	12,470	5,319	16,592	22	21,933
青鶴洞	39	617		656	44	803		847	212	1,589		1,801
東三洞	54	1,487		1,541	51	1,572		1,643	215	1,875		2,090
大橋通	220			220					235	237		472
총계	32,786	40,549	248	36,670	40,803	64,928	592	106,323	56,512	123,313	446	180,271

출전: 釜山府 編, 『釜山府勢要覽』, 1921, 18~21쪽 ; 『釜山』1927년 4월, 17쪽 ; 釜山商工會議所 編, 『統計年報』, 1936, 21쪽.

* 진한 부분은 조선인 밀집지역이다.

이 지역은 일본전관거류지가 설정되고 난 뒤 1901년에 책정된 지가(地價) 등급 1내지 2등급에 해당하는 지역으로,15) 과거 왜관이 있었던 일본전관거류지를 중심으로 일본인들이 대부분 거주하고 있음을 확인할 수 있다. 한편 조선인들은 주로 오늘날 대신동, 남부민동, 초장동, 아미동, 영주동, 초량동, 수정동, 좌천동, 범일동, 청학동, 동삼동지역에 해당하는 대신정(大新町), 남부민정(南富民町), 초장정(草場町), 곡정(谷町), 영주정(瀛州町), 초량정(草梁町), 수정정(水晶町), 좌천정(佐川町), 범일정(凡一町), 청학동(靑鶴洞), 동삼동(東三洞) 등에 집중적으로 거주하였다. 이곳은 일본인 거주지역 외곽지역으로 조선인 인구는 1920년 85.36%, 1925년 85.00%, 1930년 84.09%로 평균 84.81%의 비율을 차지하고 있었다.16) 이처럼 일본인과 조선인의 거주지역이 뚜렷이 구별되고 있었다.

부산부에서 지역별·민족별 거주지의 차이는 각 지역의 도시기반 시설구축과 밀접한 관련이 있었다. 일본인들이 주로 거주했던 지역은 지금의 용두산 부근으로 일제시기 부산부청을 비롯해 행정관청, 회사, 공장, 병원, 학교가 위치했으며 일본인의 생활 편의를 위해 주변에는 시장도 들어서 있었다. 또한 이 지역은 일본전관거류지 설정 이후부터 도로 개설을 비롯해 일본인들의 식수를 위한 저수지, 배수지, 상수도 시설이 설치되었고,17) 전철도 부설되어 기본적인 근대도시시설이 갖추어졌다. 여기에 반해 조선인들이 거주했던 지역은 위와 같은 근대적 도시기반 시설들이 갖추어지지 못하였다. 그런데 〈표 2〉에서 보면 일본인 거주지역의 일본인 인구는 1920~1925년은 9.1%, 1925~1935년은 8.7%의 증가율을 보이는 반면에 조선인 거주지역

---

15) 김의환, 앞의 책, 1973, 44~45쪽.
16) 『동아일보』 1932년 6월 21일. 부산부 내 궁민 수를 조사하였는데 이들이 살고 있는 지역을 보면 곡정, 영선정, 영주정, 초량정, 초장정, 좌천정, 대신정으로 조선인 밀집지역과 일치하고 있다. 1933년 3월 28일. 대신정, 영주정, 초량정, 초장정 등을 부산의 빈민지구라고 언급하고 있는데 이것 역시 조선인 밀집지역이다.
17) 平島洋三, 「조선에 있어서 도시시설의 개요」, 『도시계획의 기본문제』, 1938, 215~238쪽.

의 조선인 인구는 같은 시기 각각 34.5%와 49.56%의 증가율을 나타내고 있다. 일본인 증가와 비교되지 않을 정도로 많은 조선인이 부산부로 유입되고 있었다. 이렇게 증가한 조선인들은 대신정이나 영주정 등과 같은 조선인 거주지역으로 몰려 주택 문제를 비롯해 많은 도시 문제를 낳는 직접적인 원인으로 작용하였다.

2. 도시빈민층의 현황

이상에서 살펴본 바와 같이 부산부의 인구는 계속 증가하게 되는데 이는 공업의 성장, 대일무역의 확대, 매축공사에 동원된 노동군, 도일(渡日) 노동자들의 부산부 체류, 경상남도청의 이전, 주변 농촌지역으로부터의 농민들의 이주 등 여러 가지 복합적 원인에 의해 조선인들 특히 노동자들의 인구가 증가할 수밖에 없었다. 이렇게 증가한 노동자들은 과잉 노동력으로써 저렴한 임금과 불안한 고용구조 아래 도시의 빈민층을 형성해 갔다.

보통 빈민이란 해당 시기의 최저생활비를 산정해 수입이 그것에 미치지 못하는 경우에 해당하는 자를 의미한다. 일제시기 조선총독부에서는 빈곤층을 세민(細民), 궁민(窮民), 부랑민(浮浪民), 거지 네 가지로 분류했다.[18]

등정충치랑(藤井忠治郎)은 빈민을 네 가지로 나누어 정의하고 있는데 이를 구체적으로 살펴보면 당시 일본에서 빈민은 월 20원 이하의 수입으로 가임(家賃) 3원 이하를 내고 있는 사람들로 규정하였다. 조선에서는 월 12원 이하의 수입으로 살아가는 사람을 빈민으로 보고 있었다.[19] 본고에서는

---

18) 손정목, 『일제강점기 도시사회상연구』, 1996, 108~109쪽에서 재인용. 세민은 생활이 매우 어려운 상태에 있으나 타인의 구호를 받지 않아도 겨우 자기 생활을 유지해 갈 수 있는 자, 궁민은 생활이 극히 어려워 타인의 구호를 받지 않고는 생활할 수 없는 처지에 있는 자, 부랑민 또는 부랑자란 일정한 주거와 직업이 없이 이곳저곳을 배회하는 무숙자(無宿者), 거지란 이곳저곳을 부랑 배회하면서 자기 및 가족을 위해 전혀 모르는 사람을 상대로 상업적(常業的)으로 금품을 구걸하는 자를 지칭하였다.

빈민을 세민, 궁민, 토막민, 저임금과 고용이 불안정한 임금노동자 등을 포함한 도시의 하층민으로 간주하고자 한다.

1920·1930년대에 조사된 부산부 빈민의 수를 〈표 3〉에서 살펴보자.

〈표 3〉 부산부의 빈민현황 (단위: 名)

분류 년도	빈민	궁민	세민	걸인	극빈자	합
1927		265	2,309	126		2,700
1928					600	
1932		1,547				
1934	40,833					40,833
1936						37,059
1937		1,759	35,580			37,339

출전:『東亞日報』1927년 2월 19일,「慶南의 貧民狀況」; 1928년 4월 14일; 1928년 1월 28일,「釜山勞友會의 極貧者救濟活動」; 1932년 6월 21일,「釜山府內의 窮民 要求急」; 1932년 6월 21일; 1933년 3월 28일; 1934년 3월 29일; 1934년 3월 31일; 1934년 4월 2일.

〈표 3〉에서 1927년 경상남도에서 조사한 부산부의 빈민 수는 궁민, 세민, 걸인 등 총 2,700명이 파악되고 있다. 다음으로 1928년 부산노우회(釜山勞友會)가 극빈자 구제를 위해 극빈자 수를 조사하였는데 그 수가 600명으로 궁민, 세민, 걸인 등으로 파악되지 않고 있지만 '극빈자 구제활동'이라는 기사제목으로 볼 때 궁민에 해당하는 것으로 생각되어진다. 이것을 통해 전년도에 비해 궁민의 수는 증가했음을 알 수 있다.

1932년의 『부산일보』 기사에 의하면 부산부 내 급히 구제가 필요한 궁민의 수를 1,547명으로 보도하고 있다. 이처럼 궁민의 수는 1920년대 말 증가

---

19) 藤井忠治郎,『日帝下 貧民關係資料』1, 帝國地方行政學會, 1926, 64~67쪽. 첫째 생활이 야만적인 상태에 있는 사람, 둘째 일정한 수입과 일정한 일에 종사하지 않지만 때때로의 수입으로 겨우 생명을 이어가고 있는 사람, 셋째 일정한 수입은 없지만 날마다 不定의 수입으로 정해진 일을 해서 생활하는 사람, 넷째 일정한 수입으로 그럭저럭 생활하고 있는 사람이라 하였다.

하기 시작해 1930년대 접어들어서도 계속해서 증가하고 있었다. 1934년 동아일보에 연재된 '부산의 빈민굴 탐방기'에서는 부산의 대표적인 빈민지역인 영주정, 대신정, 곡정 세 곳의 빈민 수를 각각 조사하여 발표하였다. 이들 지역의 빈민 수는 영주정 7,000명, 대신정 5,000~6,000여 명, 곡정 4,500명으로 부산의 나머지 빈민지역인 초장정, 초량정, 수정정, 좌천정의 빈민 수는 빠져있다. 〈표 3〉에 나타난 1934년 빈민 수는 영주정, 대신정, 곡정의 세 지역의 빈민 수를 평균해 전체 빈민지역을 곱해서 나온 수로 대략적인 당시 부산의 빈민 수를 파악해 보았다. 1936년과 1937년은 궁민 수, 세민 수를 부산부 사회과에서 조사하였는데 그 수를 보면 각각 37,059명, 37,339명으로 나타나고 있다.

1936년과 1937년은 1934년의 『동아일보』 기사에서 보이는 빈민 수보다 감소하고 있는데 이는 조사기관의 차이와 1934년의 경우 전체 지역이 조사된 것이 아니라 몇몇 지역만의 수치를 가지고 평균하였기 때문이다. 또한 이 표는 조사기관과 조사대상이 일정하지 않다는 한계가 있다. 이런 한계를 가지고 있기는 하지만 1927년에서 1937년 사이에 빈민 수는 대체적으로 증가하고 있는 것을 확인할 수 있다.

위의 빈민 수는 부산부나 관변단체에 의해서 조사된 것으로 조선인 인구에 3~4% 정도밖에 차지하고 있지 않은데 총독부 스스로가 "일반 조선인의 생활 상태를 조사하여 매년 통계를 내는데 최근 들어 궁민의 수효가 엄청나게 증가되는 상황임으로 극비밀리에 이를 조사"[20]하였다는 점에서 빈민의 수가 이보다 컸을 것으로 생각된다. 하지만 일제시기 조선인들의 생활 상태를 파악할 자료는 부족하기 때문에 부산부에서 조사한 간접적인 자료를 통해서 당시 빈민에 가까운 조선인의 현황을 알아보기로 하자.

1931년 기준으로 부산부의 조선인과 일본인의 '직접국세납입액' 조사에서 조선인들의 생활 상태를 보면, 조선인은 20,475호, 108,190원, 매호 평균 5원

---

20) 『東亞日報』 1927년 6월 8일, 「各地方 窮民의 每年 激增」.

28전, 일본인 10,836호 982,390원 매호 평균 90원 66전, 외국인 122호 7,917원 매호 평균 64원 98전으로 나타나고 있다.[21] 호구 수는 조선인이 가장 많아 69.9%이지만 납세 총액으로 보면 총 납세액에 9.8%만 차지하고 있어 조선인의 경제 상태를 짐작케 해준다. 여기서 더욱 주목되는 것은 1931년 당시 부산부 조선인의 총 호구 수는 25,109호인데, 결국 조선인 4,634호의 경우는 통계에 나타나지 않고 있어 이들은(18.45%) 국세를 납부할 정도에도 미치지 못하는 경제 수준에 있음을 엿볼 수 있다.[22]

1933년 부산부에서 면세층의 숫자를 발표하였다. 이에 의하면 조선인 129,956명, 일본인 47,836명으로 총 인구 177,792명 중에 면세층인 조선인은 23,080호에 인구 85,231명, 일본인은 2,693호에 인구 11,175명으로 인구 수는 합하여 86,406명이다. 이것으로 보아 총 인구의 절반이 넘는 54.22%(총 면세층 인구/전체 인구)가 세민인 것을 알 수 있다. 더구나 조선인만을 보면 65.5%(조선인 면세층/조선인 인구)가 세민임을 확인할 수 있다.[23]

따라서 부산부의 빈민 또는 빈민에 가까운 상태에 있는 조선인의 수는 일제의 식민통치가 진행되면서 증가하고 있는 것으로 보인다.

---

21) 『東亞日報』 1932년 9월 6일, 「稅納入額으로 본 釜山 朝鮮人의 經濟狀態 半數以上이 窮民化」.

22) 1931년 당시 부산부의 호구와 인구를 보면 조선인 25,109호, 93,674명, 일본인 10,836호, 45,502명, 외국인 122호, 362명인데 이 사료에 나타난 부산부 세무과 조사에 의하면 일본인과 외국인의 호구는 일치하고 있으나 조선인은 4,634호가 인구 통계보다 적게 나타나 있어 이것을 누락으로 보기는 힘들고 국세를 납세할 수 없는 조선인으로 파악해야 할 것이다.

23) 『東亞日報』 1933년 8월 27일, 「免稅點以下의 細民層 全人口의 折半以上」(동아일보 기사에서는 면세층을 면세점 이하의 세민으로 표현하고 있다). 당시 부산의 면세층 수에서 보이듯이 일본인 면세층의 비율 또한 23.36%(일본인 면세층/일본인 인구)를 차지하고 있어 조선인보다는 낮은 비율이지만 부산부 일본인 내 일본인 면세층 또한 상당하였던 것으로 보인다.

Ⅲ. 도시빈민층 생활과 주거환경

1. 도시빈민의 직업과 소득

1920년부터 1927년까지 부산부의 일본인과 조선인의 직업과 임금은 〈표 4〉와 같다.

〈표 4〉 1920년대 일본인 직업별 호구표   (단위: 名, %)

직업별	인구	1920	1921	1922	1923	1924	1925	1926	1927
농림 목축업	조선인	4,149	4,156	4,209	4,234	4,305	4,405	4,419	4,920
	일본인	906	927	946	924	904	931	943	1,122
	비율(%)	10.2/2.7	9.9/2.7	9.8/2.7	9.6/2.6	9.3/2.5	7.0/2.3	6.9/2.3	7.0/2.8
어업 및 제염업	조선인	2,014	2,175	2,196	2,266	2,423	3,074	3,254	1,768
	일본인	1,778	1,887	2,018	2,090	2,145	2,404	2,463	1,478
	비율	5.0/5.4	5.2/5.6	5.1/5.8	5.2/5.9	5.3/6.0	4.9/6.0	5.1/6.0	2.5/3.6
공업	조선인	4,804	5,206	5,270	5,368	5,887	8,408	8,501	7,229
	일본인	7,099	7,317	7,416	7,465	7,508	7,996	8,230	7,787
	비율	11.9/21.5	12.4/21.5	12.3/21.2	12.2/21.1	12.8/20.9	13.3/20.1	13.320.1	10.2/19.1
상업 및 교통업	조선인	11,927	12,388	12,890	13,259	14,206	18,306	18,821	19,545
	일본인	16,385	16,588	16,972	17,180	17,473	17,003	17,394	14,953
	비율	29.3/49.5	29.6/48.8	30.0/48.6	30.2/48.6	30.8/48.6	29/42.8	29.4/42.6	27.7/36.8
공무 및 자유업	조선인	2,323	2,401	2,478	2,556	2,631	4,165	4,668	6,195
	일본인	5,759	5,920	6,079	6,163	6,203	9,452	9,708	11,500
	비율	5.7/17.4	5.7/17.4	5.8/17.4	5.8/17.4	5.7/17.3	6.6/23.7	7.3/23.8	8.828.3
기타 유업자	조선인	14,475	14,664	14,898	15,069	15,441	22,110	22,765	28,975
	일본인	636	755	822	857	899	1,132	1,166	2,398
	비율	35.7/1.9	35.0/2.2	34.7/2.4	34.3/2.4	33.5/2.5	35.0/2.8	35.6/2.9	41.0/5.9
무직업 및 무신고자	조선인	840	912	1,030	1,201	1,201	2,286	1,500	1,965
	일본인	522	606	662	681	694	838	899	1,436
	비율	2.1/1.6	2.2/1.8	2.4/1.8	2.7/1.9	2.6/1.9	3.6/2.1	2.3/2.2	2.8/3.5

합계	조선인	40,532	41,902	42,971	43,886	46,093	63,204	63,928	70,597
	일본인	33,085	33,979	34,915	35,360	35,926	39,756	40,803	40,674

출전: 『釜山』 1927년 2월 13~14쪽, 7월 35쪽, 12월 38쪽.
* 각 년도에 나오는 비율은 조선인 해당직업 비율/일본인 해당직업 비율로 '해당직업 조선인/ 해당년도 조선인', '해당직업 일본인/ 해당년도 일본인'으로 계산하였다.

먼저 〈표 4〉를 통해 일본인의 직업구성을 보자. 일본인이 가장 많이 차지하고 있는 직업은 첫째, 상업 및 교통업이었다. 부산은 개항 이후 상업도시로서 성장해왔기 때문에 1910년대 이후 꾸준히 공업이 성장하고는 있었지만 상업이 강세를 보였다. 일본인의 직업구성에서 두 번째 직업은 공업이고 세 번째는 공무 및 자유업이었다. 그리고 일가적 근육(日稼的 筋肉)노동자를[24] 의미하는 기타 유업자(有業者)와 무직업 및 무신고자는 4~5% 정도밖에 차지하고 있지 않다. 이처럼 부산부의 일본인은 1920년대에 대체로 안정적인 직업이라고 할 수 있는 상업, 교통업, 공업, 공무 및 자유업에 대다수가 종사하고 있었다.

반면 조선인의 직업구성을 보면 일본인의 직업구성과 대조적으로 첫 번째는 기타 유업자로 전체의 약 35%를 차지하고, 두 번째는 상업 및 교통업, 세 번째는 공업으로 파악된다. 조선인의 직업 구성에서 기타 유업자의 범주가 35.6%에 달하고 있어 조선인의 고용 상태가 매우 불안정했음을 보여준다.

이들 유업자들은 도시비공식 부문의 존재를 의미한다. 도시비공식 부문은 공업화 등의 경제발전과 병행하여 도시화가 진행되지 않고 경제발전에 앞서 도시인구가 급속히 팽창하는 개발도상국의 일반적 특징으로 지적될 수 있다. 즉 일정한 공업화와 농촌의 궁핍화로 인해 도시로의 인구 이동은 일어나고 있었지만 도시에서 이들 유입인구를 수용할 만한 고용을 만들어내지는 못하고 있었다. 이런 도시비공식 부문은 통계 항목으로 분류할 수 없는 잡업층 등이 주류를 이루었는데 이미 식민지도시에서 그 모습이 드러

---

24) 『釜山』 1927년 12월, 36~41쪽. 날품팔이 일을 하는 노동자.

나고 있었고 대표적 범주로 도시빈민과 토막민이 여기에 해당했다.25) 시기적 차이는 있지만 1940년대 서울의 토막민에 대한 한 조사에 따르면 토막민 2,648명 중에 직업이 조사된 남자 736명 가운데 일용노동자가 301명으로 40.8%를 점했다. 여기에 일용노동자와 유사한 쓰레기, 분뇨 처리장에서 일하는 청부인부, 운송인부, 운반인부, 짐꾼 등을 합치면 도시비공식 부문이 차지하는 비율이 50% 정도에 이르고 있다.26) 그만큼 식민지도시에서 비공식 부문의 종사자들이 많았음을 보여준다.

다음으로 일본인과 조선인의 임금을 비교해 보면 〈표 5〉와 같다.

〈표 5〉 1915~1930년 1日 노동임금 추이 (단위: 圓)

직종\민족	노동임금(1915년)		노동임금(1925년)		노동임금(1930년)	
	일본인	조선인	일본인	조선인	일본인	조선인
목수	1.200	0.600	3.331	2.476	3.454	2.216
벽돌공	1.500		3.700	2.475	3.816	2.500
차량제조	1.200		2.500	1.325	3.108	2.025
염물			1.400	1.300	1.933	1.725
구두공	0.800	0.400	2.275	2.000	2.200	1.800
활판식자	0.900		2.450	1.775	2.316	1.675
장유제조	0.333		1.200	0.600	1.472	0.969
건설노무자	0.800	0.400	2.000	1.500	2.000	1.000
짐꾼			2.000	1.450	2.000	1.500
어부	0.333	0.266	1.500	1.000	1.000	0.700

출전: 『釜山府勢一斑』, 1917, 61~62쪽 ; 釜山府 編, 『釜山府勢要覽』, 1927, 208~213쪽 ; 1932, 223~228쪽.

〈표 5〉를 통해 1915년의 조선인과 일본인의 임금을 비교해 보면 조선인의 임금이 일본인 임금의 절반수준인 것을 알 수 있다. 이러한 임금의 격차

---

25) 하시야 히로시, 『일본제국주의, 식민지도시를 건설하다』, 모티브, 2005, 55~67쪽.
26) 京城帝國大學衛生調査部 編, 『土幕民の 生活・衛生』, 岩波書店, 1942, 96~101쪽.

는 1920년대에 약간 줄어들게 된다. 그러나 여전히 조선인의 임금은 일본인의 임금에 비해 68~70% 정도에 그치고 있었다.27) 이 밖에 공장 등에 고용된 조선인조차 임금이 일본인의 70%에 그치고 있었다. 이런 임금구조는 조선인 가운데 일고(日雇)와 기타 유업자에 해당하는 35.6%의 불안정한 고용구조와 연동되어 항상 조선인의 저임금 시장을 구축하고 있었다. 따라서 조선인들은 일본인들과는 달리 직업적으로 안정되지도 않았고, 임금 수준도 낮아서 생활고에 시달리고 있었다. 열악한 조선인들의 생활 상태를 구체적으로 보여주는 사례를 보면 다음과 같다.

〈표 6〉에서 보이는 1923년 부산부의 물가를 기준으로 5인 가족의 한 끼 상을 차려보자. 밥과 두 가지 반찬을 놓는다고 할 때 한 끼 식사에 드는 재료비를 산출해 보면, 밥 한 그릇에 1홉씩의(10홉=1되) 쌀이 들어 5인이면 5홉 1/2되(升) 16.65전이 들고, 반찬은 〈표 6〉에서 가장 저렴한 것으로 두부 1모(丁) 3.8전과 무 500g 3.3전, 모두 합쳐 23.6전이 된다. 이것을 3끼로 계산하면 총 70.8전이라는 수치가 산출된다. 당시 『동아일보』에 보도된 노동자의 하루 평균 임금의 최고치는 60전이고 여기에 못 미치는 60전 미만인 경우도 있어 이들의 일급은 하루하루 식사만 하기에도 부족해 땔감, 의류, 기타 잡화 등의 구입은 불가능했을 것으로 짐작할 수 있다.28) 부산부에서 조사된 인력거꾼과 짐꾼의 일급은 각각 1원 30전, 1원으로 이 자료에 근거하더라도 노동자들이 일급으로 생활하기에는 빠듯함을 알 수 있다.29)

---

27) 당시 부산부나 부산상공회의소에서 조사한 자료에 의하면 1927년의 지게꾼의 1일 노임(勞賃)이 0.800원로 나타나 있지만 1927년 12월 5일 『釜山日報』 사료에 나타난 지게꾼의 1일 노임은 15전~1원으로 평균 30전이다. 또한 시기가 좀 앞서기는 하지만 1923년 11월 9일 『東亞日報』 사료에 나타난 지게꾼의 1일 노임은 30~50전에 이르고 있다고 보도하고 있다. 이 같은 사실에서 당시 부산부나 부산상업회의소에서 발간한 자료와 신문의 보도내용이 다른 것을 알 수 있다.
28) 『東亞日報』 1923년 11월 9일. 노동자들의 하루 임금 약 50~60전 또는 담군(擔軍)이 되고 혹은 공부(工夫)가 되어 종일 30~40전에서 50전에 지나지 않는 일에 품을 팔았다.
29) 釜山府 編, 『釜山府勢要覽』, 1924, 194~200쪽.

〈표 6〉 1923년 부산부에서 조사한 물가표

물품	단위	평균 소매가격
정미(精米)	1升(되)	33.3錢
콩(大豆)	1升	20.0錢
팥(小豆)	1升	25.5錢
무우(大根)	1貫	25.3錢
탁주(濁酒)	1升	40.0錢
간장(醬油)(조선산)	1升	50.0錢
소금(食鹽)	1斤(600g)	4.8錢
명태(明太)	1尾(1마리)	56.3錢
돼지고기(豚肉)	1匁(3.75g)	51.3錢
계란(鷄卵)	1個	7.1錢
두부(豆腐)	1丁(한 모)	3.8錢
가쓰오부시(鰹節)	1匁	1.6錢
고구마(甘藷)	100匁	4.0錢
감자(馬鈴薯)	100匁	4.9錢
양파(玉葱)	100匁	5.8錢
숯(木炭)	1貫(3.75kg)	38.5錢
땔나무(薪)	1貫(3.75kg)	1.2錢
석탄(石炭)	1斤	1.2錢
삼베(朝鮮麻布)	1疋	2圓 6錢
솜(打綿)	1貫(3.75kg)	3圓 6錢
일본종이(和紙)	1帖(안팎 2페이지)	8.0錢
조선종이(朝鮮紙)	1枚	5.0錢

출전: 釜山府 編, 『釜山府勢要覽』, 1924, 188~193쪽.

 이와 같은 상황은 1930년대에 들어서도 나아지지 않았다. 1932년에 실시된 부산 궁민 구제 사업으로 목도(牧島)의 도진교(渡津橋) 가설 공사를 할 때 여기에 동원된 궁민들에게 지급된 하루 평균 임금이 38전으로 1920년대의 최저 일당과 거의 비슷한 수준인 것을 알 수 있다.[30] 또 1934년 영주정 산리의 빈민굴의 한 예를 보면 여섯 식구 월수입이 5~6원으로 위의 사료의

---

30) 『東亞日報』 1932년 8월 2일.

일당에도 못 미치고 있다.31) 이곳에서 수입이 좋은 가구는 월수입이 9원으로 식구 6명에 쌀값 6원, 방세 1원 30전, 잡비 1원 70전으로 모두 지출되고 있다.32)

그런데 1920년대 중반 당시 일제에 의해서 보고된 조선인 빈민 표준을 보면 1호당 월평균 12원으로 조사되고 있어33) 부산부의 빈민굴에 사는 노동자들은 이에도 못 미치는 수준이었다.

2. 도시빈민의 가옥형태와 주거환경

1920년대와 1930년대에 부산부에는 많은 빈민들이 존재하였는데 빈민 문제와 관련해서 반드시 살펴보아야 할 것이 두 가지이다. 첫째, 빈민들이 기거했던 가옥 자체가 어떠했는가 하는 점이다. 둘째, 이러한 가옥들의 주변 환경이 어떠한가 하는 점이다. 먼저 빈민들이 생활했던 가옥에 대해서 살펴보면 다음과 같다.

조선인의 대표적 거주지역이었던 대신정(기사 A), 영주정, 곡정에 대한 기사를 통해서 분석해 보기로 하자.

> A-이 서부 서대신정인 구덕빈촌 '고부도리', '대밭골', '황토굴', '딱박골' 등의 명칭을 가진 빈민주택이 무질서하게 펴져 있는 곳이다. 이 빈촌을 뒤로 둔 대신정 복판은 도청, 재판소, 형무소 등에 다니는 관리의 주택이 현대식 온갖 문화의 전당이 되리만치 찬란하게 정비되어 있다. 그 화려한 건물의 뒤엔 이 구덕 고개의 빈민들의 주택은 모두 '빠라크' 뿐이다. 빠라크의 구조는 너무나 급조한 양철집에 기둥은 손가락보다 굵지 않은 나무에다 사람이 서서 출입할 수 없으리만치 낮은데 문이라고는 모두가 하나 아니면 둘이다.34)

---

31) 『東亞日報』 1934년 3월 31일.
32) 『東亞日報』 1934년 4월 1일.
33) 藤井忠治郎, 앞의 책, 1926, 66~67쪽.

위 기사에서는 대신정의 조선인 가옥의 위치와 가옥의 형태가 잘 나타나 있는데 일본인들의 가옥의 위치와 가옥의 형태가 대조적인 것을 보여주고 있다. 또한 1920년대의 대신정의 가옥 위치나 가옥 형태가 나타나있는 기사와[35] 비교해 보면 그것이 개선되지 않았음을 보여준다. 즉 대신정의 경우는 조선인의 가옥은 일본인의 가옥 주변 비탈이나 고개에 위치했으며, 토막이나 토막과 유사한 바라크[36]구조의 가옥형태였음을 알 수 있다.

영주정의 상황도 이와 비슷한 것을 알 수 있다. 1920년대 영주정을 묘사하고 있는 기사에서[37] 조선인 가옥의 위치는 '시가의 번화한 거리로부터 쫓기어 영주동 뒤 산에'라는 부분에서 일본인들이 살고 있는 곳에서 벗어나 산에 위치하고 있었다. 또한 가옥의 형태는 '게딱지 같은 초가집'이라고 묘사하고 있어 토막의 형태는 아니지만 아주 작은 초가집 형태였다. 1934년 기사에서는 영주동을 "험악한 토막과 빠락 집이 층계층계 요리조리 무질서하게 쌓여있으니 이곳이 조선사람 빈민굴이라는 별명을 가진 산리이다"라는 표현을 하고 있어[38] 1920년대와 1930년대 가옥의 위치는 변하지 않았으며, 가옥의 형태는 '게딱지 같은 초가집'이 '토막과 빠락 집'으로 그 가옥형태가 개선되지 못하였음을 확인할 수 있다.

곡정의 경우 1934년 기사를[39] 통해서 위의 두 지역과 비교해 보자. 우선 기사의 제목 '2·3년간 급설된 곡정(谷町) 산토막지대'에서 2·3년 사이에 토막이 갑자기 만들어지고 있으며, 가옥이 산에 위치하고 있음을 알 수 있다. 그리고 근처의 화장장 설치되어 있는 덕택으로 도로는 어느 정도 정비

---

34) 『東亞日報』 1934년 4월 2일.
35) 小春, 「釜山의 貧民窟과 富民窟」, 『開闢』 1923년 4월호, 66~67쪽 ; 車相瓚, 「南隊」 『別乾坤』 22, 1929, 122~124쪽.
36) barrack: 막사, 병영, 판자집, 크고 엉성한 건물.
37) 『東亞日報』 1921년 8월 7일.
38) 『東亞日報』 1934년 3월 31일.
39) 『東亞日報』 1934년 4월 2일.

되어 있었지만 그곳에 거주한 빈민들의 가옥형태는 대신정이나 영주정과 마찬가지로 산토막으로 묘사되는 바라크였다.

결국 대신정, 영주정, 곡정은 당시 부산부의 빈민들이 주로 거주하고 있었던 곳으로 지붕은 양철 조각, 가마니 조각, 널족판 등이고, 가옥의 크기는 벌집 정도로, 하늘에 맞닿는 산에 게딱지 같은 초가집, 혹은 산토막 또는 바라크와 같은 집들이 일반적이었다.

1920년대 도시에 빈민들이 생겨나기 시작하면서 그들의 가옥형태는 대개 토굴이라고 하는 집이었는데 이것은 1평 반 정도의 토지를 몇 자 깊이로 파내려가 만든 것으로 바깥쪽과의 경계는 출입구를 덮은 멍석이나 헌가마니로 구분되었다. 이와 같은 집을 토굴(土窟), 두옥(斗屋)이라 불렀다. 1920년대는 토굴과 함께 토막도 공존하였는데 토막은 토굴과 비슷하긴 하지만 바라크나 일본의 굴립소옥(掘立小屋)과 같은 형태의 집으로 재료는 고목, 고송, 마른 나뭇가지, 헌 아연판, 헌 멍석, 헌 가마니, 새끼, 흙 등이었다.[40] 영주정에는 초가집의 형태도 있었지만 1920~1930년대 부산부의 대표적인 빈민 지대인 대신정, 영주정, 곡정의 조선인 빈민의 가옥형태는 대부분 토막과 유사했음을 확인할 수 있다. 물론 조선인 빈민들이 토막에서만 거주한 것은 아니었다. 다음 기사에서도 이는 확인된다.

> B-(초장정)사체가 無造作에 2개의 통나무 사이에 묶여 香(香燃)도 없이 무조작으로 풀을 감싸 보내는 것이다. 곡정火葬場 아래로부터 일대를 조사하였지만……長屋 9척에 8칸 반의 안에는 7호 43인이 생활하고 있는 것과 9척에 6칸의 長屋에 5호가 보금자리를 만들어 29인이 생활하고 있는 등 부근의 습기가 많고 더러운 길 위에 아동들이 놀고 있고, 계곡이 흘러 이르는 곳에서, 食糧品을 씻거나 의류를 세탁하였다. 위생적 견지에서 한심하다고 하지 않을 수 없다. 대신정 일대를 조사 長屋 9척에 3칸 반의 2호 11인, 이들은 지게를 지고 市街에 나아가 노역을 구해 하루 15전으로부터 1원 내외의 하루수입(日收), 평균해서 보면 30전 내외의 하루수입에 5인의 一家를

---

40) 손정목, 『일제강점기 도시사회상연구』, 1996, 247~281쪽.

부양하지 않으면 안 되며, 妻는 잔교(棧橋)와 공동창고 앞(前) 등에 나아가
곡류의 떨어진 것을 모아…….41)

　위의 기사 B에서 조선인 빈민들이 거주한 장옥이라는 것을 보면 세로길이 9척(尺)에 가로길이 8간(間) 반을 7호 43인이 거주하고, 9척에 6칸을 5호 29인이, 9척에 3칸 반을 2호 11인이 각각 사용하고 있다. 9척을 장옥의 폭이라고 보면 2m 72cm 정도에 해당하고 장옥의 길이는 간(間)으로 표시되어 있는데 1間이 6尺이므로 1간은 1m 81cm 정도이다. 9척에 8칸 반을 7호로 나누면 1호당 9척에 1.21칸으로 1호당 장옥의 면적은 2m 72cm×2m 19cm(1.8평 −1평=3.3m²)가 된다. 7호 43인으로 1호당 6.1명이 되어 1.8평의 장옥에 6명 정도가 살고 있는 것이다. 나머지 두 예도 이 상태를 크게 벗어나지 못하고 있음을 보여준다. 이 수치를 당시 다른 지역의 1인당 평수와 비교하여 보면 경성의 경우 최하 2~5평이고 동경은 15평, 대판은 32평, 구미(歐美)는 40~50평인 것에 비해 부산부의 토막은 1호당 1.8평, 1인당 0.3평에 불과하다.42) 장옥이 토막보다는 나은 가옥형태인 것으로 보이지만 그 재료나 구조를 정확하게 알 수는 없다. 다만 그 규모를 보면 토막과 비슷하여 그 속에서 생활했던 조선인들의 주거 또한 열악하였음을 알 수 있다.
　당시 조선인 빈민들의 가옥 구조를 묘사한 것을 보면 천정은 "사람이 겨우 설 수 있을 정도이고 서까래가 그대로 보이고 있어 지붕이 즉 천정이고 천정이 곧 지붕이었다. 지붕은 풀을 이어 만들거나 넝마, 가마니를 뒤집어 놓아 비가 올 때는 우산을 받쳐 들고 있어야 할 정도이다. 채광의 경우 광선이 거의 들어오지 않으며 창문은 앞쪽에 출입구 겸 들창이 있는데 마치 창고에 구멍이 난 것처럼 보인다. 크기는 1평보다 조금 큰 정도이고 대개 2~3인, 6~7인 정도가 생활하였다"43)라고 하고 있다. 이와 같은 사정은 집의

---

41) 『釜山日報』 1927년 12월 5일.
42) 『東亞日報』 1929년 11월 16일.
43) 藤井忠治郞, 앞의 책, 1926, 78~89쪽.

규모에서는 부산부의 경우와 거의 일치하고 있고 나머지의 것도 비슷하였을 것으로 생각된다.

다음은 빈민굴이 있었던 지역의 주거환경이다. 조선인 빈민들은 일본인들의 거주지역의 외곽에 주로 거주하였는데 이런 곳은 대부분 산비탈이었다. 따라서 산비탈과 같은 곳에 도로, 상수도, 하수도와 같은 시설은 물론이고 오물 처리도 원활하게 이루어질 수 없었을 것이다.

영주정의 도로는 "계획을 세우지 않아 산비탈에 마음대로 불규칙하게 지은 토막과 빠락 사이로 꼬불꼬불하고 험악한 길이 거미줄 모양으로 엉키어 있어 여름철이나 비가 계속 오게 되면 교통은 차단되고 도로는 진흙으로 흙바다를 이루어 다니는 사람들이 모두 미끄러져 왕래가 없었다"[44]고 한다.

영주정의 이 같은 도로사정은 오물의 처리도 곤란하게 하였다. 부산부에서는 오물 소제부가 있어 오물을 가져다가 버린다고 하고 있지만 영주정과 같이 평탄하지 않는 도로에서 버려지는 오물은 처리 비용이 많이 든다고 하여 처분을 하지 않고 있다. 따라서 토막민들은 개천에다 분뇨를 버리고 있어 위생이 악화될 수밖에 없었다. 대신정과 곡정의 도로 사정을 보면 대신정은 도로계획을 세워 둔 곳으로, 곡정은 화장장 덕택으로 영주정보다 도로사정이 나았지만 도로의 안전 문제나 위생 문제는 영주정과 동일하였다. 대신정은 오물을 버릴 곳이 없었으며 곡정은 화장장으로 불결하게 인식되었지만 당국에서는 청결에 대해 신경을 쓰고 있지 않았다.[45]

이들 지역은 도로사정과 오물 처리가 불편했을 뿐만 아니라 식수 또한 아주 부족한 상태였다. 영주정은 수도관이 부설되지 않아 샘물을 먹고 사는데, 샘은 공동 갱호가 10개소로 여기서 하루 용출되는 수량이 한 샘에 2석, 총 30석이었다.[46] 이는 평지에서 수도관을 이용하는 사람들 중에 풍족

---

44) 『東亞日報』 1934년 3월 31일.
45) 『東亞日報』 1934년 4월 1일 ; 1934년 4월 2일.
46) 1석(石)은 180리터이다. 당시 영주정의 인구가 7,000명이고 이곳에서 쓸 수 있었던 물은 30석 5,400리터로 1인당 쓸 수 있는 물은 0.7리터였다(2000년 현재 한국인 1

하게 사용하면 모자랄 수량인데 반해 7,000명이나 되는 주민들이 10개의 샘만을 이용하고 있어, 과연 이 정도의 수량으로 생활이 가능했을지 의문이다. 따라서 이곳의 부녀자들은 물 한 동이를 긷기 위해 밤을 새기도 하였다.[47] 대신정의 경우도 바로 근처에 고원견(高遠見)수원지를 두고도 돈이 없어 이곳의 물을 먹지 못하고 5·6곳의 샘만을 이용하고 있었는데 수량이 풍부하지 않아 항상 물 기근으로 고생하였던 것으로 보도되고 있다. 곡정의 경우도 두 지역과 같이 식수가 원활하게 공급되지 않아 늘 곤란한 상태였다. 식수와 마찬가지로 부산지역에서 조선인들이 이용할 수 있는 공동세탁장 설비도 2개소밖에 없어 그 설비가 불충분하였다.[48]

이상에서 보았듯이 빈민들이 거주했던 지역의 주거환경은 화장장이나 산비탈 등으로 위생시설을 갖추지 않고 있었다. 근대도시 부산은 전통적 행정의 중심지였던 동래를 기반으로 발전한 것이 아니라 동래에서 상당히 거리가 떨어져 있던 옛 왜관을 거점으로 형성되었다. 따라서 처음부터 근대적 도시발달과 그것의 각종 기반시설들은 이들 왜관지역에 밀집할 수밖에 없었다. 즉 도시화가 조선인의 거주지역과는 전혀 무관하게 전개되었던 것이다.

Ⅳ. 부산부의 도시빈민 대책

부산부 역시 여타의 대도시와 마찬가지로 1920년대 초반부터 조선인의 급격한 증가와 이에 조응하지 못하는 조선인 거주지역의 낙후로 도시 문제가 심각하게 대두되었다. 특히 조선인 빈민들의 증가와 이에 따른 주거 문

인당 하루 물 소비량 395리터).
47) 『東亞日報』 1934년 4월 1일.
48) 『東亞日報』 1939년 3월 29일 ; 조선총독부, 『조선사회사업요람』, 1936, 81쪽.

제, 위생 문제, 과잉 노동력 문제들이 1920년대 중반부터 불거지고 있었다. 이와 같은 문제에 대한 조선인들의 불만을 미연에 막기 위해 일제는 1920년대부터 도시 빈민을 위한 '방민적(防民的)·교화적(敎化的)' 차원에서 사회사업을 실시하였다.49) 부산부에서 사회사업을 담당했던 시설들 중 방민사업과 관련된 시설로는 부산직업(釜山職業)·인사소개소(人事紹介所), 부산부공동숙박소(釜山府共同宿泊所), 부산공동식당(釜山共同食堂), 부산부공익질옥(釜山府公益質屋), 부산부영주택(釜山府營住宅), 부산부행려병인구호소(釜山府行旅病人救護所) 등이 있었다.50)

부산직업·인사소개소에서는 실업자 및 무직자에게 무료로 직업소개·인사상담·주택소개 등과 함께 부대사업으로 공동숙박소·공동식당 등의 편의시설을 제공하였다. 그러나 '실업 문제와 민중의 생활난에 대한 대처'라는 방민(防民), 궁민구제 사업의 일환으로 추진되었던 직업소개소는 노동력의 수급 조정이라는 일제의 노동 통제의 성격을 강하게 띠었을 뿐이며51) 부산부공익질옥 또한 명목상 부산부에 거주하는 소액소득자를 대상으로 대출을 하고 있지만 현실적으로 저당물을 담보하여야 하기 때문에 소득이 일정하지 않거나 거의 소득이 없는 빈민들에게는 혜택이 돌아갈 수 없었다. 그리고 부산부행려병인구호소 역시 1개소에 그 수용인원이 하루 17명밖에 되지 않았고 의원 수도 2명에 지나지 않아 많은 빈민들을 감당하기에는 턱없이 부족하였다.52) 따라서 이와 같은 사회사업들은 빈민들의 일시적 고통은 해결할 수 있었는지 모르겠지만 근원적으로 빈민들의 생활난과 실업 문제 등을 해결할 수 있는 대책이 될 수는 없었다.

---

49) 박철규, 「부산지역 일본인사회단체의 조직과 활동」, 『역사와 경계』 56, 2005, 183~192쪽.
50) 朝鮮總督府學務局社會科, 『朝鮮社會事業要覽』, 1933, 19~215쪽 ; 釜山日報社, 『釜山案內』, 1926, 78~79쪽 ; 慶尙南道 編, 『慶尙南道社會事業施設槪要』, 1931, 15~16쪽.
51) 홍순권, 「일제시기 직업소개소의 운영과 노동력 동원 실태」, 『한국민족운동사연구』 22, 한국민족운동사연구회, 1999, 381~384쪽.
52) 朝鮮總督府學務局社會科, 『朝鮮社會事業要覽』, 1933, 19~215쪽.

한편 1930년대 전반기 부산부에서 운영하던 사회사업시설 외에 빈민에 대한 대책을 보면, 먼저 1931년 부산부회 의원 중 조선인 의원 9명은 빈민지구에 대한 개선을 요구하고 있다. 대신정, 영주정, 초량정, 초장정 등의 빈민지구에 도로를 개설하고 쓰레기 처리, 분뇨의 처리를 일본인 거주지역과 같이 해줄 것을 요구했던 것이다. 그러나 1934년 예산 회의 때까지도 이와 같은 요구는 반영되지 않았다.[53] 이에 조선인 의원들은 사직서를 내는 등 처음에는 강경한 입장을 보였다. 그러나 부산부당국의 협박과 회유에 의해 조선인 의원들이 사표를 철회하면서 이 사건은 일단락되고 만다.[54] 즉 조선인 빈민들의 주거 환경이 열악한 것을 조선인 부회 의원들과 부산부당국도 인식하고 있었지만 어디까지나 조선인 빈민들 스스로가 해결해야 할 문제로 떠넘겼을 뿐 부산부에서 대책을 세우고 해결해야 할 사안은 아니라고 생각했던 것이다.

다음은 빈민구제를 위해 부산부에서 실시했던 궁민구제사업을 보면, 간선도로공사(幹線道路工事), 부산대교 가설공사(釜山大橋 架設工事), 매립(埋立) 및 선류정리공사(船溜整理工事) 등이 대표적인 사업이었다. 이 사업은 부산부가 빈민을 구제할 목적으로 1932년 3월에 기공하여 총 공사비 360만 원을 들여 공사가 진행되었다. 그런데 빈민구제라는 명목 아래 노동자들을 모아 겨우 35, 36전의 일당밖에 지불하지 않았다. 게다가 이 공사 중 사상자가 58명이나 되었지만 위자료 등을 지불하지 않고 있어[55] 빈민들을 구제하기는커녕 오히려 더욱 참담한 상태로 몰아가고 있었다. 부산부의 이와 같은 궁민구제사업도 당시 조선에서 시행되었던 다른 지역의 궁민구제사업과 마찬가지로 과잉 노동력의 값싼 임금을 이용한 대규모의 토목사업을 벌여 세계공황으로 인한 일본 자국의 위기를 타개하기 위한 것이었다.[56]

---

53)『東亞日報』1933년 3월 28일 ; 1934년 3월 29일.
54)『東亞日報』1934년 3월 31일 ; 1934년 4월 13일.
55)『東亞日報』1932년 8월 2일 ; 1934년 4월 1일 ; 1934년 11월 22일.
56) 이종범, 「1930년대 초의 '궁민구제토목사업'의 성격」, 『전남사학』 2, 1988, 153~154쪽.

결국 빈민들의 고용 불안과 저임금에 따른 생활고와 주거 문제와 같은 구조적인 문제에 대해 부산부는 근본적인 대책을 마련하지 않았다. 고용 불안을 해결할 수 있는 직업의 알선과 대규모의 토목사업은 일본 자국의 이해와 조선에서의 노동력 수급 조정과 통제를 위해 그 본래 목적이 변질되어 빈민구제라는 목적을 이루지 못했다.

이 밖에 직접적이지는 않지만 1925년 이후 부산부의 주택 문제 해결과 관련된 대책으로 부산부의 관변 단체적 성격을 지녔던 사회사업연구회의 '부산세민지구 설정안'을 들 수 있다. 이 단체는 1927년 12월 부산세민굴 지정지역 설정에 관한 실지조사를 하고, 1928년에는 부산세민지구 설정안을 부산 부윤에게 보고하고 있다.[57] 이 설정 안에는 구체적인 위치, 선정 이유, 지구설정에 필요한 면적과 비용, 설정지구 내에서의 경제적 활동까지 나타나 있어 부산부의 빈민들을 위한 대책으로 큰 효과가 기대되었다. 하지만 이러한 사회사업연구회의 대책에 대해 부산부에서는 조처를 취하지 않은 것으로 보인다.[58] 빈민들의 문제는 몇몇 사업으로 해결될 문제는 아니었으며 이들에 대한 안정적인 직업의 마련과 그에 따른 주거 문제의 해결이라는 구조적인 대책 없이는 해결될 수 없는 사안이었다.

V. 맺음말

부산 시가지의 형성과 발전은 지금까지 살펴본 바와 같이 식민통치의 주체인 일본인들을 중심으로 마련되었다. 그만큼 도시 확장에 따른 많은 이익 또한 일본인 대자본가에게 돌아갔다. 이러한 일본인 중심의 도시 확장은 자연스럽게 시내 중심부에서 벗어난 외곽지역으로 조선인들을 내몰았

---

57) 『釜山日報』 1927년 12월 5일 ; 12월 12일 ; 『釜山』 1928년 10월, 36쪽 ; 『朝鮮時報』 1927년 12월 4일 ; 12월 9일 ; 12월 12일.
58) 『釜山日報』 1928년 5월 8일 ; 10월 9일.

다. 그 결과 조선인들에게는 근대적 시설은 말할 것도 없고 주거공간마저 부족하였다. 부족한 주거지를 해결하기 위해 조선인들은 부득이 산비탈, 화장장 또는 땅값이 저렴한 빈터 등지에 그들의 주거지를 마련할 수밖에 없었다. 실제 부산부는 당시에 급증한 인구를 수용할 만한 충분한 주택을 갖추고 있지 못하였다. 따라서 이들은 산비탈과 화장장 주변과 같은 빈터에 토막과 토굴에 가까운 양철 조각, 가마니 조각, 널빤지로 만든 '게딱지' 같은 곳에서 살 수밖에 없었다. 이렇게 열악한 주거환경은 도시화가 본격적으로 시작되는 1920년대부터 급속히 발생하기 시작하여 이후 식민통치가 어느 정도 안정기에 접어들었다는 1930년대와 1940년대에 가서도 개선되지 않았다. 오히려 1930년대 이후 더욱더 민족별 거주지역의 분리에 의한 주거와 주거환경의 문제는 심각해져 갔다.

　조선인들의 이와 같은 주거실태는 당시의 일본인들과 차별적인 저임금의 고용구조와 밀접한 관련이 있었다. 부산은 항만 배후지가 좁은 지리적 조건 때문에 도시화 과정에서 매축을 위한 대규모의 토목·건설사업에 투입된 노동자, 경남일대 농촌에서 몰락해 부산으로 유입된 농민, 도항을 위해 체류하면서 일고(日雇)로 고용되는 노동자들 때문에 1920년대 이후 인구가 급격히 증가하였다. 특히 조선인 인구 증가는 노동력 과잉을 불러와 조선인의 직업과 임금을 열악한 상태로 몰아갔다. 이는 1920년대 부산의 직업구성을 볼 때 일고와 무직 부문에서 일본인들은 4~5% 정도에 그친 반면, 조선인은 30~40%였던 데서도 조선인들의 근로조건이 매우 불안정하였음을 확인할 수 있다. 더구나 조선인 노동자들은 일본인 임금의 50~70% 정도에도 못 미치는 저임금을 받고 있었다. 따라서 이렇게 증가한 조선인 노동자들은 도시 빈민화 되어 갔고 그들의 하루 임금으로써는 하루 식비도 감당하기 어려워 겨우 그날그날의 생활을 하였다. 따라서 빈민들의 주거실태와 주거환경은 열악할 수밖에 없었다.

　그런데 부산부는 1920년대 이후 급격히 사회 문제로 표출되는 빈민 문제에 대해 근본적인 대책을 제시하지 못했다. 총독부의 정책에 따라 부산부에서도 방민적·교화적 차원에서 사회사업 시설들을 운영하였다. 그중에는 부산직업·인사소개소의 무료 직업 소개, 공동 숙박소와 공동 식당의 운영 등과 같은 사업들이 있었다. 그러나 이러한 사업들은 빈민들의 기본적 문제였던 의식주를 해결하기에는 역부족이었다. 따라서 부산부의 이와 같은 몇몇 사회사업은 시간이 지날수록 노동력 수급과 통제 수단으로 나아가 식민지정책의 선전수단으로써 전락하고 말았다.

부산의 도시화와 근대화는 일본인들을 위한 것이었고 그들의 지역에서만 진행되어 갔다. 따라서 일본인 거주지역의 외곽지역인 조선 거주지역은 일제의 도시화와 근대화의 대상이 아니었다. 이렇게 도시화와 근대화에 소외된 조선인들은 저임금 고용 구조와 맞물려 빈민층으로 살아갈 수밖에 없었다. 결국 조선인은 민족적·계급적 차별과 함께 도시의 외연적 발전으로부터 소외되었다.

〈부표 1〉 1909~1935년 부산부 인·호구 수 (단위: 戶, 名)

연도	일본인		조선인		외국인		합계	
	호수(호)	인구(명)	호수(호)	인구(명)	호수(호)	인구(명)	호수(호)	인구(명)
1909	4,284	21,697	4,317	20,568			8,601	42,265
1910	4,508	21,928	4,276	20,990			8,784	42,918
1911	5,583	25,252	4,639	22,610			10,222	47,862
1912	6,826	26,586	5,239	23,061	57	231	12,122	49,878
1913	6,956	27,610	5,685	24,842	55	239	12,696	52,692
1914	7,115	28,254	6,098	26,653	46	187	13,259	55,094
1915	7,369	29,890	7,014	30,688	56	187	14,439	60,765
1916	6,869	28,012	7,295	32,846	49	189	14,213	61,047
1917	7,177	27,726	7,556	33,578	47	202	14,780	61,506
1918	6,993	27,895	8,072	35,463	57	209	15,122	63,567
1919	7,575	30,499	9,478	43,424	50	215	17,103	74,138
1920	7,689	33,085	9,551	40,532	54	238	17,294	73,885
1921	7,897	33,979	9,776	41,902	58	245	17,731	76,126
1922	8,111	34,915	10,031	42,971	65	275	18,206	78,161
1923	8,281	35,360	10,221	43,886	72	306	18,574	79,552
1924	8,902	35,926	10,547	46,093	92	374	19,157	82,393
1925	9,364	39,756	13,772	63,204	118	562	23,254	103,522
1926	9,584	40,803	14,050	64,928	122	592	23,756	106,323
1927	9,533	41,144	14,172	71,343	125	605	23,830	113,092
1928	9,822	42,246	15,578	73,336	142	625	25,542	116,207
1929	9,931	42,642	16,066	76,370	149	642	26,146	119,655
1930	10,347	44,273	18,813	85,585	141	539	29,301	130,397
1931	10,836	45,502	25,109	93,674	122	362	31,433	139,538
1932	11,531	47,836	24,505	99,956	123	364	33,515	148,156
1933	12,358	51,031	23,253	105,197	62	201	35,673	156,429
1934	12,699	53,338	21,861	110,275	63	201	37,267	163,814
1935	13,142	56,512	20,475	123,313	104	446	38,355	180,271

출전: 釜山商工會議所 編, 『釜山要覽』, 1912, 8~14쪽 ; 釜山府 編, 『釜山府勢要覽』, 1921, 4~7쪽 ; 釜山商工會議所 編, 『統計年報』, 1931, 1쪽 ; 1936, 1쪽.

식민지 해항도시 부산의 일본인사회와 죽음의 폴리틱스

1920~1930년대를 중심으로

류교열

Ⅰ. 머리말

 사람은 누구나 저 죽음의 군대와 마주치지 않을 자는 없다. 사람은 의식하건 못하건 죽음에 대한 관념과 애도의 의례를 통해 공동체로 묶여왔다. 20세기에 일어난 제국주의 침략, 식민지 지배, 세계전쟁, 그리고 전지구적 자본주의와 같은 사건은 무수한 사람들을 공동체로부터 추방시켰다. 공동체로부터 떨어져 나와 마치 유령처럼 기댈 곳 없이 떠돌아다니는 존재에 불과할 것인가, 아니면 공동체로의 극적인 수렴이라는 자기 기만적인 과정을 거칠 것인가? 이러한 물음은 1930년대 식민지 해항도시 부산을 살았던 일본인들에게 주어진 '죽음'의 가치에 대한 선택과도 밀접하게 관계한다. 이 같은 심상의 표류는 공동체에 완전히 목까지 담그고 있는 자들, 곧 '타자'를 떼어낸 측의 사람들은 상상할 수도 없는 사실일 것이다. 그 결과는 오늘날 관련 연구에서도 나타난다.
 최근 식민지시기 재조일본인사회(在朝日本人社會)에 관한 연구가 한국과 일본에서 다양하게 전개되고 있다. 그러나 이들 모두가 조선에 거주했던 일본 민간인의 '삶'과 관련된 것으로, '죽음'과 '죽음의 형태'가 '생자(生者)'에 의해 어떻게 소비되고, 가치가 부여되었으며, 또 그것이 '생자'를 역규정하였는가에 관한 언급은 없다. 이에 본 연구는 공동체에서 떨어져 나온 '타자'로서의 부산 일본인사회의 장송의례나 묘제가 어떻게 변화했는지, 위령이나 추도의 형태는 어떠했는지, 그리고 사자(死者)와 생자의 관계 등 '죽음'의 가치에 대한 전반적인 양태를 하나씩 살펴보고자 한다.
 또 하나 본고가 부산의 1930년대를 중심으로 시기를 설정한 것은, 식민지 일본인사회의 세대교체라는 문제와 관련되기 때문이다. 개항 이후부터 초기 식민지 해항도시 부산 형성기의 일본인사회는 정착 리스크, 즉 새로운 환경에 대한 적응이 불가피했던 1세가 중심이었다. 그러나 1930년대에 접어들면서 보다 안정된 식민지도시에서 새로운 활로를 모색하는 2세로 일본인사회의 거의 모든 분야에서 세대교체가 진행된다. 1세의 경우 이주지인

식민지에서의 '돈벌이'가 주목적이었다. 반면에 2세의 경우는 식민지도시에서 활로를 모색하는 등 보다 강한 '정착성'을 지니게 되는데 이는 보편적인 현상이라 하겠다. 종래 재조선일본인사회 연구가 이러한 세대교체에 따른 일본인사회의 의식구조의 변화 등을 고려하지 않은 채 진행되어 왔던 측면을 지적하지 않을 수 없다. 이에 대한 규명과 함께 일본제국의 식민지 건설 과정에 있어서 식민지 지배의 강인성의 근거가 된 '풀뿌리 침략자'들의 '죽음'에 어떠한 가치가 세대별로 형성되어 왔는가를 살펴볼 필요가 있을 것이다.

향후 한국 내 식민지 해항도시에 대한 조사연구는 물론, 나아가 타이완이나 만주를 포함하는 과거 일본제국의 권역에 관해서도 현지의 자료수집과 실지조사 등을 진행해 나갈 계획이다. 따라서 이 내용은 이제 관련 자료를 보완하고 있는 미완성의 상태에 불과하다. 관련 연구자들의 귀중한 조언이 필요하다.

Ⅱ. 재부산 일본인사회와 사망자 처리

개항 이후 일본인 거주자의 증가와 함께, 일본인전관거류지에는 '수도, 전등회사, 은행, 우체국, 수비대, 어시장, 소학교, 유치원, 사원, 신사, 극장(寄席), 유곽, 기타 잡종의 상점, 의원, 음식점 등이 있으며, 백반의 공급이 구비'되어 있었다.[1] 식민지 해항도시로 발전하기 시작한 부산은 초기적인 도시 문제에 봉착하는데, 이 문제는 당연히 근대적인 식민지도시로서의 부산의 도시체제 정비에 대한 필요성으로 연결되었다. 1929년에 부산부윤 구와하라 이치로(桑原一郎)는, 부산부민을 상대로 한 신춘인사 중에서, "부산은 조선에서 내지인이 건설한 도시 중에서 가장 오래되었으며, 가장 크다

---

1) 山本庫太郎, 『朝鮮移住案內』, 民友社, 1904, 50쪽.

(중략) 문화의 발달에 순응하는 교통기관의 정비를 목적으로 하는 시구개정은, 시급히 실시해야 할 중대사업"임을 강조하고, '대부산건설' 계획에 대한 부민의 참여와 이해를 요구하였다.2) 그리고 3월 18일에는 부협의회에서도 상세한 '대부산건설' 계획을 설명하면서, 이를 위해 전년도 대비 예산안의 대폭적인 증가에 협조를 요청하였다. 구와하라의 '대부산건설'에 필요한 사업 중에서도 특히 눈길을 끄는 것은 신규사업으로 책정된 '화장장 및 제장비'와, 당시 민간이 경영해오던 '화장장 매수'이다.3)

1928년 당시, 부산부 내에는 민간이 경영하는 화장장이 아미산, 영도, 부산진 등의 세 곳에 존재하고 있었다. 지금까지 확인된 바에 의하면, 부산 최초의 화장장은 1904년에 오타니파혼간지부산별원(大谷派本願寺釜山別院)이 일본영사관의 인가를 얻어, 대신리에 설치한 것으로 생각된다.4) 그러나 그 설비가 너무나도 조악하여 부산부 내의 일본인사회에서 불평불만이 많았으며, 조선인사회에서도 화장의 잔혹스러움 등이 제기되는 등 근대적인 설비로 바꾸는 것이 시급하였다.

> 모두 그 시설이 열악하고 불완전하여 부민(府民)의 불편이 심각하므로 부는 위생적, 사회적 견지에서 총 공비 56,000여 엔을 계상하여 부지 1,200여 평, 건물 131평을 건설하고, 제장(祭場)은 좌우 6칸, 앞뒤 9칸의 철근 블록의 단층 중앙정문에 神佛兩式의 제단을 설치, 화장장은 무연무취의 특허 日新式 소각로를 구비하여 1시간 내외의 완전소각 시설을 갖추고 1929년 1월부터 업무를 개시하였다. 부민의 이용이 점차 증가하고 있는 것이 현황이다.5)

결국 부산부는 부내의 민간경영 화장장을 모두 매수하였으며, 경비 약 4

---

2) 『釜山』 第4卷 第1号, 1929년 1월, 2쪽.
3) 『釜山』 第4卷 第3号, 1929년 3월, 2~3쪽.
4) 釜山甲寅会, 『日朝通交史附釜山史後編』, 朝鮮時報社, 1916, 212쪽.
5) 釜山府, 『釜山府勢要覽』, 1929, 112쪽.

만 엔을 들여 중유를 사용하는 무연, 무취의 최신식 소각로 4기를 곡정(谷町)일본인공동묘지 아래에 설치, 소각시간도 1시간으로 단축하는 등, 부산부가 직접 운영하는 형태를 취하였다.6) 그리고 신불양식(神仏両式)의 제단을 구비한 장례식장도 이와 함께 새로이 건설되었다. 이렇게 건설된 당시 최신식 화장장과 장례식장의 이용자가 거의 대부분이 일본인이었던 것은 말할 필요도 없다. 또한 화장장에 도입된 무연무취의 특히 일신식(日新式) 가마는 1926년 11월 30일자 『釜山日報』에 사진과 함께 대대적으로 화장장치 건설청부에 대한 광고가 게재된 바 있다. 내용을 보면, 시공업체인 일신기업주식회사(日新起業株式會社)는 도쿄시 마루노우치(丸の內)에 본사를 두고 있는데, 이 회사는 1925년에 시즈오카현(静岡県) 하마마츠시(浜松市), 후쿠시마현(福島県) 와카마츠시(若松市), 나가노현(長野県) 마츠모토시(松本市)의 시영 화장장에 이 소각로를 설치하였으며, 이듬해에는 요코하마시(横浜市)에 13기, 후쿠오카현(福岡県) 구루메시(久留米市)에 4기를 건설하였다.7)

실제 당시 화장은 법규상 일몰 후가 아니면 행할 수 없도록 제한되어 있었다. 그러나 무연무취의 일신식 소각로는 일본에서 이미 낮에도 작업이 가능하도록 허가를 얻어둔 상태였다. 또한 소각로 1기당 하루에 15회 작업이 가능하므로, 부산의 곡정 화장장에서는 4기가 가동한다면 하루에 60회 작업이 가능한 시스템을 완비한 샘이 된다. 또한 신속하고 근대적인 설비로 인하여 종래 시신의 존엄을 헤칠 정도로 유족들과 일반인들에게 불쾌감을 주던 분위기가 위생적이고 근대적인 모습으로 쇄신되었다. 당시만 해도 일본에서 이러한 설비의 출현은 가히 화장계의 일대 혁명이었다고 하겠다.

---

6) 釜山府內務係, 『釜山府衛生施設槪要』, 1928년 5월 20일, 24~25쪽.
7) 『釜山日報』 1926년 11월 30일.

<釜山府谷町蛾嵋山의 火葬場과 齋場>

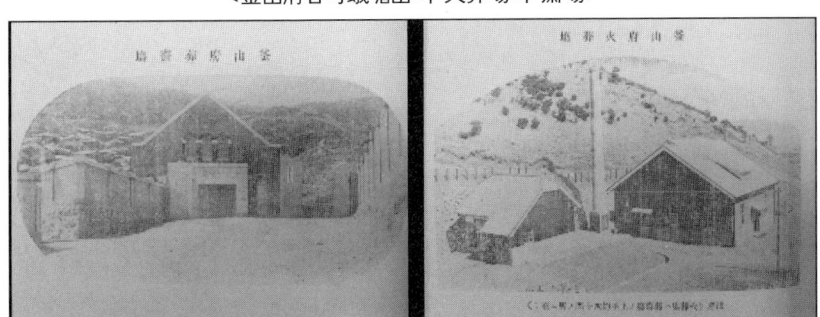

이는 경성장제장(京城葬齊場: 홍제동묘지에 인접한 화장장과 납골당을 합친 것)이 1932년에서야 그동안 석탄을 이용한 소각로(1회 사용에 약 3시간 소요)에서 중유를 이용한 소각로를 도입한 것을 감안한다면 당시 조선에서 가장 최신식이었음을 알 수 있다.8)

그러면 1926년부터 1932년까지 부산부 내의 일본인 인구 사망률은 어느 정도였을까. 사망률은 각각 1.80%, 2.31%, 2.20%, 2.40%, 2.15%, 2.11%, 1.99%로 연간 평균은 2.13%가 된다.9) 〈표 1〉에서 알 수 있듯이, 이 시기 부산부 내의 일본인사회에서 연간 약 1,000명 정도의 사망자가 발생한 것을 알 수 있다. 특기할 사실은 연령대별 사망자 수를 보면, 1세 미만의 유아사 망률이 매년 전체의 20% 정도를 차지하며 높게 나타나고 있다는 사실이다. 이는 조선인의 그것보다도 높으며 환경의 차이를 극복하지 못한 일본인 부모들의 문제로 다루어지고 있다.10) 하지만 여기에는 다양한 원인이 있을 것으로 생각되며, 이에 대한 규명도 함께 이루어질 필요가 있다. 이 같은 일본인사회의 사망자 수 증가는 일본인공동묘지는 물론 화장장과 장례식장의 수요를 항상적으로 증가시켰다. 특히 부산부 내의 일본인사회에서 장

---

8) 『京城彙報』 제131호, 1932년 8월, 21쪽.
9) 『釜山府勢要覽』, 1932, 11~12쪽.
10) 『釜山』 1927년 7월, 14쪽 및 1917년 9월, 1쪽을 참조.

식(葬式)은 90% 이상이 화장이었던 반면에 부내 조선인의 경우는 유교식 매장이 99%로 압도적이었다. 특히 화장장의 경우는 부산부 이외에서 유입되는 경우도 많았는데, 이에 대해서는 화장장 및 장례식장의 수요에 관해서는 부내인의 사용료의 두 배를 징수하는 것으로 차등화하여 제한하였다. 그 결과 부외로부터 유입되는 화장장 사용 건수는 감소하는데, 이러한 제한은 당시 조선의 주요도시도 다를 바가 없었다.[11]

〈표 1〉 釜山府內日本人総人口 및 死亡者数의 年度別現況 (単位: 名)

年度	日本人 人口数	日本人 死亡者数	年度	日本人 人口数	日本人 死亡者数
1910	23,900	-	1926	40,803	734
1911	24,794	-	1927	41,144	951
1912	26,586	-	1928	42,246	929
1913	27,610	-	1929	42,642	1,025
1914	28,254	-	1930	44,273	954
1915	29,890	-	1931	45,502	964
1916	28,012	-	1932	47,836	950
1917	27,726	611	1933	51,031	1,444
1918	27,895	936	1934	53,338	-
1919	30,499	904	1935	56,512	-
1920	33,085	902	1936	59,014	-
1921	33,979	838	1937	59,231	-
1922	34,915	990	1938	55,767	-
1923	35,360	946	1939	51,802	-
1924	35,926	861	1940	54,266	-
1925	39,756	991	1941	57,688	-

주) 『朝鮮総督府統計年報』의 각 연도에 의해 작성(단, 일본인 사망자 수는 釜山府內務係가 발행한 잡지 『釜山』 10월호를 참고하여 작성).

---

11) 『釜山』 1929년 12월, 16쪽.

〈표 2〉 1928년 현재 부산의 공동묘지 현황

名稱	所在地	規模(坪)	設置年月	備考
범일정공동묘지	동래군 서면 부암리 산 35	7,835.5	1914.3	
범일정공동묘지	범일정 1,492	2,742	1914.8	
좌천정공동묘지	좌천정 산 10	7,350	1915.1	
수정정공동묘지	수정정 산 44	5,040	1914.9	
초량정공동묘지	초량정 산 61	11,850	1915.9	
영주정공동묘지	동래군 사상면 학장리 산 20	17,790.3	1917.2	
대신정공동묘지	동래군 사상면 학장리 산 19	5,491.8	1914.3	
대신정공동묘지	동래군 사상면 학장리 산 99	3,180	1914.3	
곡정공동묘지	동래군 사상면 학장리 산 98	5,763.3	1915.5	
남부민정공동묘지	남부민정 산 28	4,500	1914.3	
영선정제1공동묘지	청학동 산 45	3,600	1914.3	
영선정제2공동묘지	영선정 45	2,439	1919.2	
영선정내선인공동묘지	영선정 산 40, 729, 730	14,523	1915.5	
청학동공동묘지	청학동 산 40	1,440	1914.3	
동삼동공동묘지	동삼동 산 38	1,110	1914.6	
부산진내지인공동묘지	범일정 산 53	5,310	1916.6	
곡정내지인공동묘지	곡정 산 22 및 그 부근	24,090.4	1906.11	

주) 釜山府內務係, 『釜山府衛生施設槪要』, 1928년 5월 20일, 24~25쪽.

부산부 내 묘지의 경우는 〈표 2〉와 같은데, 이 시기 이미 부산부 내의 조선인 묘지는 과포화상태에 달하였으며, 1928년에 약 4,000원을 투하하여 서부와 영도에 각각 한 곳씩 조선인 공동묘지를 신설하였다.[12]

Ⅲ. '죽음'에 대한 재부산 일본인사회의 의식과 변용

이 시기 화장을 한 일본인 사망자 중에서 실제 곡정 일본인공동묘지에 묘를 세운 수는 어느 정도인지 아직 확인할 수 없다. 그러나 회고록 등을 통하여 확인할 수 있는 사실은 화장은 이주한 식민지에서 행하더라도 묘는

12) 釜山府內務係, 『釜山府衛生施設槪要』, 1928년 5월 20일, 24~25쪽.

고향인 일본에 세우거나 그렇게 하고 싶다는 인식이 많았다는 것이다.[13] 실제 1930년대 초기 서울(京城府)의 일본인 사망자 화장장 사용 상황을 보면 연간 2,000명에 달하고 있다. 그러나 그중에서 일본인 공동묘지에 묘를 세우는 비율은 1929년이 2%, 1930년이 24%, 1931년이 3%, 1932년이 7%에 지나지 않는다.[14] 즉 9할 이상의 일본인 사망자는 화장하면서 식민지에서의 묘지는 갖지 않았다는 것을 말해준다. 그 때문에 화장한 이후 묘를 세우지 않고 유골을 사원이나 자택의 불단에 일시 보관하였다가 내지로 귀국할 때 가지고 돌아가 선조의 묘에 안치하는 사례가 보편적이었다고 하겠다.[15]

예를 들면 1928년 1월 16일에는 부산부 내의 대청정(大庁町)에 소재하는 곤고지(金剛寺)의 주직(住職)인 미타 마사테루(見田政照) 외 10명이 총독부에 사원 내 납골당 건축 허가를 청원하여 허가를 받고 있다. 청원서에는 납골당의 건축 목적을 "檀信徒가 증가하여 공양상 건축의 필요가 발생하여"라고 하며, 이 시기 일본인사회에서 증가 추세에 있던 화장에 의한 납골의 수요를 말해주고 있다.[16]

〈표 3〉 부산부 내의 사원에 보관된 일본인 유골

町	寺院	総数(概数)	이 중 遺族 氏名判明
	総数	6,363	3,153
西町	東本願寺	1,000	427
西町	妙覚寺	500	359
西町	天晴地明会	-	18
富平町	西本願寺	-	297
瀛仙町	本願寺	800	187

13) 沢井理恵, 『母の「京城」, 私のソウル』, 草風館, 1996, 54~56쪽.
14) 京城府, 『京城府行政区域拡張調査書』, 1934년 10월 1일, 157쪽.
15) 이런 유의 회상은 片山美代子, 『花暦－双葉の章』, 下田タイプ印刷, 2001 ; 亀峰会, 『幻の名門校－釜山中学校回想記－』, リベラル社, 1998 ; 米倉勝則, 『玄界灘のかなたに－私たちの釜山第三公立国民学校』, 鶴書房, 1993 등 여기저기에서 찾을 수 있다.
16) 『総督府官報』, 1928, 160쪽.

草梁	西本願寺	–	187
東萊	念仏庵	–	10
谷町	総泉寺	1,500	392
大庁町	智恩寺	500	416
大庁町	金剛寺	1,300	458
汐見町	弘法寺	30	14
草場町	小林寺	200	112
草場町	延力寺	30	19
草場町	妙心寺	200	58
草場町	長裕寺	–	199
釜山鎭	金剛寺	200	–
釜山鎭	長松寺	100	–
釜山鎭	高野寺	3	–

주) 「釜山日本人世話会統計」에 의함. 総数의 공란은 기록이 누락된 것임(森田芳夫, 『朝鮮終戦 の記錄－米ソ両軍の進駐と日本人の引揚』, 巖南堂書店, 1986, 709쪽).

　패전 직후 부내에 거주했던 일본인의 대부분은 귀환시 사원에 보관해 두었던 조상의 유골을 수습하여 돌아갈 여유가 없었다. 부산에서는 이들의 귀환을 최후까지 도우며 부내 각지에 있는 18개소의 사원에 보관된 일본인 유골을 수습하여 돌아간 부산일본인세와카이(釜山日本人世話会)가 있었다. 그 자료를 보면 곤고지에는 1,300기의 유골이 보관되어 있었던 것으로 알려지고 있다. 그중에서 유족이 판명된 것은 458기로 1946년 10월에 한 조각씩 수습하여 돌아간 것으로 되어 있다.

　유족이 파악되지 못한 유골은 동년 7월 28일에 곡정 일본인공동묘지 한편에 모아 '무연자불지묘(無縁者仏之墓)'라는 묘석을 세우고, 위령제를 행하였던 것으로 알려지고 있다.[17] 유감스럽게도 현재 곡정 일본인공동묘지에 연간 신설된 일본인묘지 수와 최종적으로 패전 직전에 어느 정도의 일본인 묘지가 있었는가는 파악하지 못하고 있다. 그러나 추측하건데 부산의 일본인사회는 화장 후 묘를 세우는 것보다는 부내에 산재하는 사원에 각 종파별로 나뉘어 유골을 보관하였다가 귀국시에 가지고 돌아간 것이 일반적이

---

17) 森田芳夫, 『朝鮮終戦の記錄－米ソ両軍の進駐と日本人の引揚』, 巖南堂書店, 1986, 709쪽.

었던 것 같다.

　다음으로 앞서 언급한 것처럼 일반적으로 부산의 일본인은 조선에 진출한 여타 도시의 일본인과 마찬가지로, 화장 후에 식민지에 묘를 세우기보다는 부내에 산재하는 사원 등에 각 종파별로 나뉘어 유골을 납골당에 보관하든지, 아니면 자택의 불단에 보관하였다가 귀국시에 가지고 돌아가 고향에 있는 조상의 묘에 합장하려는 인식이 지배적이었다는 점이다. 이러한 일본인사회의 조국으로의 회귀의식에서 본다면 화장은 이상적인 장법이었을 것이다. 그러나 이러한 움직임은 조선총독부로서 본다면 식민지정책을 지역사회에 강력하게 뿌리내리려 하는데 있어 커다란 장애요인으로 작용한 것 같다.

　꿈과 야망에 넘치는 '신천지'를 찾아 '낙토' 건설에 매진했던 식민지 조선에 정착한 일본인 1세들에게 있어서, 이미 일본=내지는 오히려 '버려야 할 조국'이었을 것이다. 그러나 그들에게는 이상에서 확인한 바와 같이 '돌아가야 할 조국'=내지를 향한 강한 회귀의식이 작용하고 있었다. 즉 재조선일본인 1세들에게 있어서 '버려야 할 조국'인 일본이라는 국민공동체는 역행 불가능한 과거가 아니었으며, 또한 그러한 상실감도 없었다고 하겠다.

　그러나 총독부가 심각하게 고민하지 않을 수 없었던 것은 바로 이러한 1세의 회귀의식에 있었던 것이다. 이러한 성향은 조선에 이주한 일본인들이 정착이 아닌 지극히 일시적인 '돈벌이'를 목적으로 함을 대변한다. 이들을 기반으로는 강고한 정착을 전제로 하는 식민지건설이 불가능하다는 점이다. 따라서 문제는 일본인이주정책을 통한 식민지 조선 건설이 형해화 될 수밖에 없게 된다.

　실제 이러한 문제는 일찍부터 논의의 대상이 되었다. 예를 들어 식민지 대만에서는 1903년에 타이페이(臺灣)의 삼판교(三板橋)에 마련된 일본인공동묘지가 조악함을 문제 삼는 기사가 『臺灣日日新報』에 게재되고 있다. "특히 묘지의 좋고 나쁨은 내지인의 품위와 관련되는 것이다. 모든 점에서 내지인이 본도인(대만인, 류교열)의 모범이 되고 이끌어나가기 위해서는 그만큼의 품격을 지켜야만 한다. 삼판교의 공동묘지는 내지인의 품격을 현저히 떨어뜨리고 있다"는 이 내용에서 식민지 지배자인 일본인의 가치관에 기인한 '죽음'의 처리에 관해서도 통치자와 피치자의 입장을 의식하는 명확한 언설이 생산되었음을 알 수 있다.

이를 대변하는 자료로 초기 총독부와 그 산하 기관에서 조선식민을 위해 진력한 고위관료였으며, 조선문화에도 깊은 관심을 가진 것으로 알려져 있는 와다 이치로(和田一郎, 天民)의 수필 일부를 소개하겠다. 그는 조선의 화장장 및 장례식장은 물론 일본인 공동묘지의 근대화와 공원화를 서두를 필요성을 다음과 같은 이유로 강조하고 있다.

> 식민지에 정착하려는 마음을 불러일으키기 위해서는 여러 가지 방법도 있겠으나, 묘지나 화장장을 장려(壯麗)하게 만들어 사람들을 안심하게 하는 것도 상당히 중요하다 (중략) 죽어서 저따위 화장장에서 불태워져 저따위 묘지에 묻힐 수가 있겠냐는 생각을 하면 어느 누구라도 고개를 절레절레 흔들게 될 것이다. 고향의 선조 대대의 묘소라면 아무리 열악하더라도 참을 수 있지만, 이향천애(異鄕天涯)의 땅에서는 비관적이 되지 않을 수 없다. 조선에서는 관리나 회사원 등이 그 직장을 그만두게 되면 반드시 내지로 돌아간다. 사람들도 역시 이들에 대해 반드시 "언제쯤 내지로 돌아갑니까" 하고 묻는다. 이래서야 완전히 돈벌이에 지나지 않는다. (중략) 식민지의 발달이란 그곳에서 죽을 각오를 가지고 있는 사람들이 많지 않으면 허사로 돌아가고 만다. 이러한 의미에서 묘지나 화장장을 사람들이 갈망할 정도로 장려하게 만들어 두는 것은 아주 필요한 일이라 생각한다.[18]

조선에 대한 식민사업에 관심을 보였던 와다의 이러한 생각은 상당히 흥미로운 것이다. 그의 입장을 정리한다. 먼저 조선에 완전한 식민사업이 관철되기 위해서는 일본인=내지인이 정착하겠다는 인식을 가지는 것이 무엇보다 중요하다고 생각하고 있다. 다음으로 그러기 위해서는 무엇보다 중요한 것이 그들의 '죽음'을 소홀히 다루어서는 안 됨을 지적하고 있다. 와다

---

18) 和田天民, 『朝鮮の匂ひ』, ウツボヤ書籍店, 1921, 5~6쪽.

는 당시 전근대적이고 음산한 분위기의 묘지와 화장장을 장려하고 근대적인 최신식 설비로 건설하여 식민지 건설에 참가한 내지인의 '죽음의 형태'와 '죽음의 가치'를 한층 높이지 않고서는 내지인들의 강한 정착욕을 기대할 수 없으며, 결국은 완전한 식민사업을 관철할 수 없음을 피력하였던 것으로 생각된다. 실제 이 시기 조선에서는 거의 동시적으로 공동묘지의 공원화와 화장장과 장례식장 설비의 근대화, 그리고 현창비와 동상 등이 다수 건립되기 시작한다. 하지만 이러한 과정에 그의 발상이 실제 얼마나 관련되었으며, 총독부의 묘지정책에 직접적으로 영향을 주었는가에 대해서는 현재 확인할 길이 없다. 결국 그 후 서울을 비롯한 전국의 주요 도시에서는 근대적인 설비를 갖춘 화장장과 장례식장이, 그리고 공원묘지식 일본인공동묘지가 계속적으로 건설되었다.

와다와 같은 생각과 유사한 예를 들면, 1930년 12월에 오가사와라 쇼조(小笠原省三)가 조선의 신사조사를 위해 부산 용두산신사를 방문했을 때, 그를 맞이한 용두산신사의 주임신직(主任神職)인 다니구치 요시하루(谷口芳春)는 이렇게 말하고 있다. "시모노세키(下関)에 상륙하면 여행기분이 들며, 시모노세키를 떠나면 비로소 고향으로 돌아가는 듯한 기분이 든다"라고. 이미 다니구치에게 있어서는 시모노세키보다도 부산 쪽이 '고향'으로 받아들여지고 있다는 것이다. 그러자 오가사와라는 "모름지기 조선의 神主는 이래야지"라며 수긍하는데,19) 이러한 일본인의 식민지에서의 인식은 식민지정책이 지역사회에 관철되는데 있어서 가장 중요하게 요구되는 부분이었다고 하겠다.

이상과 같은 일본인의 죽음과 그 처리 문제를 둘러싼 폴리틱스는 당시 부산의 문제만이 아니었다. 식민지 대만에서도 일본인의 죽음은 거의 동일한 의미에서 다루어졌음을 다음의 사료를 통하여 알 수 있다. 다소 이른 시기의 것이기는 하지만, 1916년에 법학박사 니토(新戸)는 '식민지의 변천'이

---

19) 小笠原省三, 『海外の神社』, 1933(ゆまに書房で2005年復刻), 167쪽.

라는 주제의 강연에서 동화정책 관철을 중심으로 다음과 같이 주장하고 있다.

> 그래도 남는 문제는 여성 문제이다. 비록 남성이 모든 일에 내지 식으로 경사되었다 하더라도 여성이 그러한 기분이 안 되면 동화정책이 달성되었다고는 말할 수 없다. 남성은 직업관계상 일본어를 배우기 위해 노력하겠지만, 여성의 경우는 그렇지 않다. 이에 대만인을 일본화 하는 정도에 있어서 여성교육은 절실하다 하겠다. 다만 주의해야 할 것은 내지인 부인에 대한 교육이다. 내지에서 와 있는 여성은 대만의 흙이 될 것이라는 각오가 없다. 나는 내지인의 묘지가 적다는 것에 놀랐는데, 조선의 부산에 있는 것은 상당히 대규모이다. 그러나 부산도 조선병합을 실행하기 이전에는 일본인이 사자(死者)의 유해를 소각해 고향으로 가지고 돌아갔었지만, 지금은 대다수가 그 곳의 묘소에 매장하게 되었다. 현재의 본도(本島=대만) 재주자는 저금이 어느 정도 달하면 귀향하려는 이들이 적지 않은 듯하다. 미국의 이민은 상당히 비참한 경우에 처해있지만, 그럼에도 불구하고 영주하려는 관념을 가지게 되었다. 본도는 제반의 설비가 완성되어 있으므로 더위에 이기는 정도는 그리 대단한 일도 아니다. 특히 타이페이의 경우는 일본 최고 혹은 독일 이상으로 완비된 타이페이 의원이 있으며, 제군의 질병에 대비하고 있다. 다만 의원의 수완이 건물에 비견될 정도인지는 의문이다. 아무튼 남성은 직업의 자각이 있으므로 쉽게 분투하지만, 여성은 집에 눌러앉아 오로지 더위나 그 외의 불평만을 늘어놓는다면 이는 바람직스럽지 못한 현상이라 하겠다. 이에 본도뿐만 아니라 본국에서도 발전적으로 여성교육이 필요하므로 본도는 당지의 묘지에 노기(乃木希典) 장군 모당(母堂)의 묘가 있는 것은 다행으로, 좋은 교재로 그러한 교육을 위하여 이를 활용할 것을 희망한다.[20]

---

20) 1896년 10월 노기가 대만총독에 부임한 후, 그의 어머니가 질병으로 사망하자 유언에 의해 타이페이 삼판교(三板橋) 공동묘지에 묘소를 만들었다. 이는 일본인 이주자의 유해를 대만에 묻는 것으로는 처음이다. 후일 다이쇼 원년에 노기가 메이지 천황의 대상제날 부인과 함께 순사했는데, 그와 부인의 머리카락(遺髪)을 이곳 모당에 함께 안치하였다고 한다. 쇼와 43년 3월에 일본민주동지회가 메이지 100주년 기념사업의 일환으로 일본정신 발양을 염원하며 대만정부의 허가를 얻어 노

1920년대 후반부터는 식민지에 묻히는 것을 꺼려하는 일본인사회의 현상을 타개하기라도 하듯이 서울과 부산부 등의 식민지 대도시에는 '장려'한 공원묘지, 화장장, 장례식장 등이 건설되었다. 특히 1934년의 조선시가지계획령 역시 이러한 움직임에 박차를 가하는 요인이 되었을 것이다. 실제 계획령의 내용을 보면 크게 시가지계획, 건축물 제한 및 토지구획 정리라는 세 가지로 나뉜다. 이 중에서도 시가지계획은 특정한 사항을 결정하는 등의 구체적인 규정을 두지 않고 추상적으로 교통, 위생, 보안, 경제에 관한 중요시설이라고만 지적하고 있을 뿐이다. 하지만 주무를 담당했던 우시지마(牛島) 내무국장은 시가지계획으로 행하여야 할 시설로 '도로, 광장, 상수도, 시가지 내의 하천, 항만, 공원, 화장장, 묘지, 오물처리장, 그 밖의 공공영조물 계획 및 시설, 지역지구의 지정, 건축선과 건축물의 제한, 벽면의 위치 지정 등 시가지의 건설 및 개량을 기획하여 편리하게 하고 살기 좋은 시가지를 만드는 목적으로 행하는 모든 처분행위가 시가지계획'임을 밝히고 있다.21) 이와 같은 상황 속에서 재부산일본인사회는 '죽음'과 그 처리에 관한 인식을 얼마나 전향하게 하였을까. 여기에 관한 답을 내리기 위해서는 당시 부산의 더욱 구체적인 실사례에 대한 자료조사가 진행 중에 있으므로 향후의 과제로 남겨둘 수밖에 없다.

하지만 또 하나 중요한 것은, 이러한 전개가 앞서 말한 것과 같이 재조선일본인사회 내의 세대의 교체라는 점과 연동되었을 가능성은 배제하기 어려울 것 같다는 점이다. 1905년 단계의 재부산일본인아동 수는 1,180명이었다. 1905년부터 1910년에 걸친 통감부 시대는 일본인 학교의 설립이 비약적으로 확대되던 시기였으며, 특히 부산은 의무교육에 만족하지 못하는 상급교육을 공급하는 '완결교육'의 도시로 전환하였다.22) 1930년대가 되면 그

기가의 유골과 유발 및 위폐를 본국에 가져와 지금은 교토의 영산호국신사 경내에 합사해 두고 있다(新戶法學博士 講演, 「植民政策の變遷(1~4)」, 『臺灣日日新報』 1916년 4월 22~26일).
21) 『京城日報』 1934년 6월 20일, 「朝鮮市街地計劃の發布に就いて」.

교육을 받은 재부산일본인 2세는 부산의 일본인사회의 중심적인 존재로 부상하며 사회를 각 방면에서 견인하게 된다. 실제 1930년대 국세조사를 보면 부산상업회의소 의원의 3할을 조선에서 태어난 일본인 2세가 점하고 있다.23) 즉, 1930년대로 접어들면서 이미 2세의 시대가 전개되고 있다는 것이다. 이들 2세는 1세와는 달리 식민지라는 새로운 환경에 적응하며 뿌리를 내려야 하는 리스크가 없다. 또한 '돈벌이' 감각의 1세와는 달리 그들의 식민지에서의 생활은 보다 강한 '정착성'으로 관철된다. 상황이 이렇게 되면 그들 2세의 소속사회에 대한 인식과 1세의 '죽음'에 대한 처리와 가치의 부여는 상당히 변화하지 않을 수 없을 것이다. 이 점에 관해서는 향후 보다 구체적이고 실증적인 자료조사와 그에 대한 정치한 분석이 필요할 것으로 생각된다.

Ⅳ. 맺음말

이상에서 식민지시기, 특히 1930년대의 재부산일본인사회의 '죽음'과 '죽음의 형태', 그리고 그에 대한 '생자'의 가치부여 및 역규정에 관하여 주로 화장장, 장례식장, 일본인공동묘지를 중심으로 검토해 보았다.

'일본에 의한 새로운 도시형성'에 해당하는 '제1유형'의 식민지도시인 부산은 조선과 일본의 '과잉인구의 집적'에 의해 급속하게 인구가 증가하였다.24) 이에 따라 개항 이후 일본인전관거류지의 전용묘지로 사용되어온 복병산묘지는 시가지의 확장에 따라 1906년 7월 25일에 곡정일본인공동묘지로 이전되었다. 당시 재부산일본인사회의 장법은 화장이 압도적이었으며,

---

22) 이송희, 「日帝下釜山地域日本人社會의 教育」(부산경남사학회·일제시기부산지역 일본인사회연구팀 공동학술발표회발표논문), 2003년 11월 29일.
23) 坂本悠一·木村健二, 『近代植民地都市釜山』, 桜井書店, 2007.
24) 橋谷弘, 『帝国日本と植民地都市』, 吉川弘文館, 2004.

사원과 부내 3개소에 민간이 운영하는 화장장이 있었다.

그러나 그 설비는 모두 전근대적이고 열악하여 일본인사회의 요구에 의해 1929년에 부산부 주도로 곡정일본인공동묘지에 최신식 화장장과 장례식장이 건설되었다. 이 시기까지는 부산에 진출한 일본인사회에서 1세가 점하는 비율이 높으며, 그들의 '죽음' 처리는 여러 사례를 통하여 본 결과 조국=고향에 묘지를 세우려는 의식이 강하였던 것을 확인할 수 있었다. 여기에는 매장=토장=전근대=농촌=불결에 대하여 화장=근대=도시=위생적이라는 식의 장법의 근대적인 인식구조가 강하게 작용하였던 것 같으며, 이는 그들 출신지의 높은 전통적인 매장문화를 초극하는 형태로 나타났다.25)

적어도 식민지 일본인사회에 있어서 집합적인 '죽음'의 처리방법은, 내지=고향의 전통에 의해 형성된 것이 아니라 오히려 내지=고향을 향한 강력한 회귀의식에 의해 압도적인 화장 선호라는 형태로 나타났다. 특히 이러한 경향은 조선인을 향하여 공동묘지=집장지와 화장으로의 유도를 추구하는 총독부의 '묘지정책'과도 부합하는 것이 되었다. 그러나 더욱 요구되는 것은 유골의 내지=고향 이송이 아니라, 식민지에서의 완결적인 처리였던 것이다. '죽음'의 정착 없이 진정한 '삶'의 정착은 기대할 수 없다. 결국 이러한 인식은 총독부 내에서 제기되기에 이르는데, 그러한 정책 제기 자체가 현실적으로 식민지 해항도시 내의 일본인사회의 인식변화와 얼마간의 연동성을 가지는가에 대해서는 아직도 미확인 상태이며, 과제로 남게 되었다. 하지만 1930년대를 전후하여 조선의 거의 대부분의 대도시에서 근대식 설비의 화장장과 장례식장, 그리고 일본인공동묘지의 공원화 등이 건설되기 시작한 것은 분명한 사실이다.

아무튼 현재 이 연구는 진행 중이므로 특히 관건이 되는 부산의 1930년대 사례가 많이 부족하고 논리 또한 거칠다. 그만큼 조사해야할 부분도 산

---

25) 이러한 문제에 대해서는 류교열,「1920年代 植民地海港都市 釜山의 日本人社會와 '죽음'의 폴리틱스」,『日語日文學』39, 2008에서 고찰하였으므로 참조 바람.

재해 있다. 그러나 향후 부산 이외에도 한국의 해항도시들을 포함한 동아시아의 식민지 해항도시를 중심으로 일본인의 '죽음'에 어떻게 정치문화적인 가치가 부여되었는가 하는 문제를 지속적으로 검토해 나갈 생각이다.

일제강점기 부산상업[공]회의소 구성원의 변화와 '釜山商品見本市'

차 철 욱

I. 머리말

 일제강점기 부산의 일본인사회여론을 형성하는 중심세력은 경제인들이 었다. 이들은 경제력을 배경으로 각종 협의회나 번영회 등 부산의 일본인 사회를 대표하는 단체에서 중심 역할을 하였다. 이들의 영향력은 부산 경제계는 물론 정치와 사회에서도 강하게 작용하였다. 1914년부터 시작된 부산부협의회 의원들 대부분은 부산의 유력 경제인들이었다. 따라서 부산의 일본인사회를 이해하기 위해서는 경제인들의 집합체인 상업[공]회의소가 중요한 연구대상임은 두말 할 필요가 없다.

 부산의 일본인 상업[공]회의소는 1879년 부산상법회의소라는 이름으로 출발해, 부산항 일본인상업회의소(1893), 부산상업회의소(1908), 조선인과 통합한 부산상업회의소(1916), 부산상공회의소(1931), 1944년 8월 18일 조선상공경제회령의 공포로 도(道)를 단위로는 상공경제회가 설립되어 경남상공경제회로 변하였다. 명칭의 변화만큼이나 회의소 내용도 많이 변화하였다. 이 가운데 개항기부터 1916년 통합회의소가 탄생하기 이전까지 회의소 구성원과 활동에 대해서는 이미 검토한 바 있다.[1] 회의소 구성원들의 경제 기반 변화와 이에 기초한 활동을 분석하였다. 하지만 1916년이라는 시기는 상업회의소의 역사에서 아주 중요한 의미를 지니고 있음에도 불구하고 제대로 검토가 이루어지지 못한 점, 구성원들의 경제적 기반과 활동의 연계성이 미약한 점은 앞으로 더 깊이 있는 분석을 필요로 한다. 따라서 1916년 일본인과 조선인 상업회의소가 통합되는 과정과 이후 구성원들의 변화, 또 이들의 활동이 지니는 의의를 검토할 필요가 있다.

 본 연구는 1916년 통합 상업회의소 출범에서 1931년 부산상공회의소[2] 체

---

 1) 차철욱, 「개항기~1916년 부산 일본인상업회의소의 구성원 변화와 활동」, 『지역과 역사』 14, 부경역사연구소, 2004.
 2) 두 기구의 기본 법령에는 몇 가지 차이가 있기는 하다. 가장 큰 것은 회원 자격의 폭이 확대되었는데 여관, 음식점, 광업권자가 추가되었다. 그러나 그 외 상공회

제로 개편된 이후 경남상공경제회로 변신하기 이전까지로 한다. 이 시기는 부산에 건너왔던 일본인 상공인들이 가장 활발하게 사업을 운영했던 시기이다. 따라서 이 분석으로 일제강점기 부산을 이끌었던 경제인들의 움직임을 가장 잘 확인할 수 있을 것이다. 한편 일본인이 운영하는 경제구조 속으로 편입된 조선인들의 움직임 또한 제한적이나마 검토할 수 있는 계기가 될 것이다.

한편 회의소는 경제적 이해관계에 따른 다양한 활동을 벌였다. 정치적인 활동뿐만 아니라 직접적으로 이윤을 확보할 수 있는 방안도 모색되었다. 이 시기 회의소의 다양한 활동 가운데 회의소 구성원들의 이해관계와 아주 밀접한 관계를 지녔던 것으로 보이는 것이 '부산상품견본시(釜山商品見本市)'였다. 견본시는 회의소 구성원들이 취급하던 상품을 홍보하고, 판매하기 위한 전략이었다. 아마 회의소 구성원들에게 상품 판매는 초미의 관심사였을 것이고, 그래서 이 견본시는 회의소 활동에서도 중요한 부분을 차지했을 것으로 보인다. 상업회의소 구성원과 견본시를 하나로 묶어 서로의 상관관계와 부산 경제계에서의 의의를 검토하려고 한다.

Ⅱ. 상업(공)회의소 구성원의 변화

1. 통합상업회의소 의원의 구성

합방 후 총독부는 조선 내 일본인이나 조선인이 운영하던 모든 자치기구를 없애고 총독부의 관리 아래로 흡수하였다. 1913년 10월 부제의 공포, 1914년 3월 21일 거류민단폐지, 상업회의소령의 발표 등이다. 조선인을 일본인 기구로 편입시키고, 조선 측의 저항기구를 약화시키려는 의도였다.[3]

---
[3] 소령은 상업회의소령에서 규정지은 근본적인 틀이 유지되고 있다.

특히 상업회의소는 경제단체로서 총독부의 경제정책에 순응하도록 해서 경제적 이익을 위한 정치활동을 제한할 정치적 목적이 강했다.[4]

조선상업회의소령(1915년 7월 15일)의 주요 내용은 조선인 일본인 회의소의 통합, 총독의 설립인가, 평의원회를 평의원과 특별평의원으로 조직하는데 전자는 선거, 후자는 총독이 임명, 그리고 경제활동을 위한 정치적 압력의 금지, 총독부가 제시하는 필요한 서류를 준비해서 각 지역 상업회의소의 신규 설립인가를 받도록 했다. 총독의 회의소 관리 권한이 강화되었다.

지역 상업회의소 정관 작성에서 가장 문제가 되었던 것은 회원 자격, 예산, 선거방법 등이었던 것 같다. 부산의 경우 회원 자격은 전통적으로 영업세 납부실적에 근거했는데, 여러 차례 변화가 있기는 해도 1908년 이후 25원 납부자로 한정되어 있었다. 그런데 이렇게 규정할 경우 조선인 가운데 북선창고주식회사 1회사만이 참가할 수밖에 없었다.[5] 논의 결과 영업세 10원으로 결정되었다. 회원자격 조건인 영업세 10원은 일본인에게는 낮았으나, 조선인에게는 높은 액수였다. 조선인의 세력이 강한 평양의 경우 영업세 3원 50전 또는 국세 10원을 주장해 총독부가 제시하는 10원과 거리가 멀었고, 저항이 심했다는 점에서 확인할 수 있다.[6] 그리고 영업세 문제와 더불어 조선인 부회두, 조선인 평의원 수 등의 결정이 어려웠던 것 같고, 이 과정에서 일본인들의 정관 작성이 조선인에게는 다소 불리했던 모양이다. 그래서 고의로 정관 검토심의 과정을 지연시켰고, 그 결과 초기 발기인 모임도 몇 차례 연기되었다.[7]

최종적으로 결정된 내용은 회원자격 영업세 10원 이상, 조선인 부회두 1명,

---

3) 木村健二, 『在朝日本人の社會史』, 未來社, 1989, 100쪽.
4) 전성현, 「日帝初期 '朝鮮商業會議所令'의 制定과 朝鮮人 商業會議所의 解散」, 『韓國史研究』 118, 한국사연구회, 2002, 86쪽.
5) 『釜山日報』 1916년 1월 10일(1)1.
6) 전성현, 앞의 논문, 2002, 92~93쪽.
7) 부산상공회의소, 『부산상의사』, 1982, 240쪽.

조선인 회원은 총 평의원 30명 중 5명이었다. 하지만 일본인 언론은 10원의 낮은 영업세로 조선인 회원을 참여시키는 이유, 평의원 수를 5명이나 할당한 데 대해 "무리해서까지 鮮人 상공업자를 합동해야할 필요", "선거법리에 맞지 않는 선거법까지 규정해서 새 회의소를 조직할 필요"에 의문을 제기하면서 불만을 토로하였다.[8] 이런 논의는 1916년 4월 조선총독부의 방침이 내려지면서 마무리되고,[9] 정관도 정리되어 4월 말 다시 제출되어 6월 3일 인가되었다.[10]

새로운 상업회의소령으로 회원은 기존 197명에서 일본인 485명, 조선인 35명으로 모두 520명이 되었다.[11] 일본인 회원은 증가하였으나 조선인은 회의소령 이전의 114명에 비하면 오히려 감소하였다. 이는 조선인을 완전히 배제하지 못하고, 일부 상층부만을 흡수하여 일제의 경제정책에 적응시키게 하려는 조치 때문이었다.[12] 그런데 총독부의 경제정책이 조선인을 통제하기 위한 정책이기도 했지만 동시에 일본인 상인이나 단체 또한 이러한 규정을 벗어날 수 없었다. 일본인 상공업자들은 1905년 이후 증가하기 시작하였으나, 지역 회의소에서는 증가하는 상공업자들을 수용하지 않은 채 기존 체제를 유지하고 있었다. 이것은 특수한 경제집단이나 계급의 이해를 반영하게 되고, 이 또한 정책적으로도 영향력이 집중될 수 있었다. 총독부로서는 지역 회의소의 정치적 영향력을 축소하기 위해 권력 분산을 추구할 필요에서 회원의 확대로 특정집단의 권력 독점 예방과 회의소의 관리 감독을 추구한 것은 아닐까.

한편 회의소 회원 수의 증가는 일본인 상공업자의 입장에서도 요구되고

---

8) 『釜山日報』 1916년 1월 10일(1)1 ; 1916년 1월 20일(1)1.
9) 총독부의 방침은 회원 자격을 영업세 10원 이상, 선거 방법은 單記로 할 것이 규정되어 있었다(『釜山日報』 1916년 4월 30일(2)6).
10) 『釜山日報』 1916년 6월 8일(2)7.
11) 『釜山日報』 1916년 6월 16일(1)1.
12) 전성현, 앞의 논문, 2002, 94~98쪽.

있었다. 그동안 수출상이나 미곡상 중심의 회원들이 부산 경제권을 장악했고, 이외의 종사자들은 회의소 운영에 회의적이었다.13) 따라서 통합 회의소 의원은 이전과 달리 다양한 직업구성을 보이는 계기가 되었고, 그동안 소외되었던 세력들의 약진이 예상되었다.

〈표 1〉 1916년 상업회의소 평의원 당선자의 지지단체

지지단체	이름	1916년 이전 의원 유무	비고
정미업조합	上田勝藏 那須藤三郎 石川侃一	○	
해산물상조합	香椎源太郎 武久捨吉 中村俊松	○ ○	
금물상	山野秀一		수입상, 연초판매조합
수입상조합	石原源三郎		청물상조합에서도 지원
재목상조합	島末慶大		
연초판매조합	前田好雄		
애원현인회	小玉玄三郎		
수입주조합	堤貞之		
약종상조합	大黑酉松		
부산토목조합	木下元次郎		
부평정보수정	伊藤祐義		
서부시가지	武田愛治 磯村武經		
청년상공단	水野巖	○	
牧島	中村久藏		
제일은행지점장	河野正次郎	○*	
초량	中野强助		
기타	迫間房太郎	○	

13) 『釜山日報』1916년 6월 16일(1)1.

	井谷義三郎	○	
	大池忠助	○	
	小宮萬次郎	○	
조선인	추내유		
	경남은행(이규직)		
	이규정		
	부산진일기계(송운용)		
	윤원일		

자료: 『釜山日報』 1916년 6월 22일(2)4 ; 6월 23일(2)3 ; 차철욱, 앞의 논문, 2004, 236~238쪽.

　위 표에서 확인할 수 있는 것처럼 통합 상업회의소령 이전의 일본인 의원과 이후의 의원 사이의 변화가 많다. 일본인 의원 25명 가운데 기존 회원의 경험이 있는 경우는 9명에 지나지 않고, 수야암(水野巖)과 하야정차랑(河野正次郎)을 제외하고는 모두 기존의 수출상조합원들이었다. 그러나 이전 선거와 차이는 '수출상조합' 명의의 후보 지지가 없고, 구체적인 취급 상품 조합의 지지로 변화하고 있다. 그런데 기존 수출상조합이 대부분 정미업자이거나 미곡상이었던 것과 비교하면 정미업조합은 3명의 당선자를 내는데 그쳤다. 이런 경향은 한해 전인 1915년 선거에서 신규 당선자 중 수출상조합원 6명 가운데 4명이 미곡상이고 2명이 미곡과 해산물 겸업자여서 미곡 취급자가 주류였던 점과 대비된다.[14] 그리고 수출상조합과 경쟁하던 수입상조합은 명칭만 유지한 채 실제 의원 선거에서 그다지 성과를 거두지 못하고 있다. 특히 유명 수입상이었던 추야미좌위문(萩野彌左衛門)이나 복도원차랑(福島源次郎)은 후보로 출마했으나 낙선하고 만다. 여기도 제정지(堤貞之)의 경우처럼 기존에 수입상조합원이었다가 이번에는 수입주조합으로, 즉 거래상품과 관련된 조합의 지지를 받으면서 당선되는 경우가 있다. 그래서 수입상조합은 지지자를 정하지 않고 회원의 자유투표를 선언하기도 했다.[15] 이상에서처럼 기존의 수출상이나 수입상조합으로는 의원 선거

---

14) 차철욱, 앞의 논문, 2004, 220쪽.
15) 『釜山日報』 1916년 2월 2일(2)6.

에서 유리하지 않았던 반면 구체적인 상품조합이 등장하면서 이들 조합의 지지나 집중력이 더 강해졌던 것으로 보인다.

이 시기 지지 경제단체는 정미업, 해산물, 금물상, 재목상, 연초판매, 수입주(輸入酒), 약종상, 청물상, 부산토목, 장유 등이고, 지역에서는 초량, 서부시가지, 부평정, 보수정, 목도(牧島)가 일본 본적지는 에히메현(愛媛縣)이 등장하고 있다. 이들은 1916년 선거에서 당선자를 낸 경우이고, 선거기간 중에 등장했던 경제단체나 지역단체는 더 많았다.16) 이는 상업회의소 의원 선거가 각 경제단체와 지역 이해관계를 반영하고 있음을 알 수 있다17).

이러한 양상은 1916년 통합회의소가 회원의 범위가 늘어나고, 선거방법 또한 1인 1표제로 변화하면서 개인의 경제적인 능력과 관계없이 회원이면 동등한 권리를 행사할 수 있었던 때문으로 보인다.18) 기존의 수출상조합과 수입상조합이라는 두 가지 구분에서 품목별 조합으로 다양화한다. 회원 범위의 증가는 회원들의 자기 취급 상품의 이해를 관철시키기 위한 대표자 선정에 노력하고 있었음을 알 수 있다.

2. 회의소 구성원의 변화

회의소 회원 내용을 파악하기 위해 1912, 1928, 1935년의 자료를 이용했다. 〈별첨 5〉를 통해 전체적인 윤곽을 파악할 수 있다. 1912년 회원 수는 수

---

16) 선거운동을 한 경제단체로는 부산잡화상조합, 금요회(은행, 창고, 운송업자들의 조직), 청과물조합, 장유미쾌동업조합, 지역단체로는 축풍동지회(筑豊同志會), 방장동지회(防長同志會) 등이 포함되어 있다(『釜山日報』 1916년 6월 17일(2)3).
17) 시기적으로 다소 차이가 있으나 『상업회의소월보』에 부산사상동맹회제안, 부산재목상조합제안, 부산이입주류상조합제안, 부산당분상조합제안 등 경제단체의 제안 내용을 정리하고 있다. 그만큼 경제단체의 이해관계가 상업회의소에 많이 반영되고 있음을 알 수 있다(부산상업회의소, 『상업회의소월보』 제1호, 1925.4, 9쪽).
18) 이전의 선거방법은 피선거권자 5명의 성명 혹은 명칭을 기재하는 방식이었다(부산상공회의소, 앞의 책, 1982, 117쪽). 1인 1표제에 비해 특정집단으로 집중이 가능해질 수 있는 방법이었다.

출무역상, 미곡잡곡판매상, 장유 제조 및 판매상, 주류 제조업 및 판매상 순이었다. 1910년대 초반의 부산항 일본인 자본가들의 구성은 일본 수출용 곡류와 해산물 수출상들이 중심이었다. 그리고 양조업계 즉 장유와 주류의 생산과 판매상이 수출무역상 다음가는 부산 경제계의 중심이 되어 있었다.[19] 금물(金物)이나 재목과 같은 부산 제조업 분야와 수입품을 취급하는 잡화상은 회원 구성원이 적었다.

1928년 『昭和三年 會員名簿』(부산상업회의소, 1928)에서는 1912년의 상황과 양상이 많이 달라진다. 가장 많은 회원을 확보하고 있는 분야는 미곡 관련 생산자인 정미업(30명)과 미곡 관련 상인(85명), 해산물상(61명)과 생어상(生魚商, 31명)으로 여전히 강력한 세력을 이루고 있다. 그런데 종전에 세력이 미미했던 토목·건축청부(59명), 잡화상(50명), 금전대부업(46명)과 주선업(24명)의 약진이 두드러진다. 게다가 공산품과 관계있는 면사포상, 재목상, 선구·어구상, 과자상, 철공단야, 금물상, 오복상 등 다양한 업종이 증가하였다. 이렇게 볼 때 기존 미곡과 해산물 수출에 집중했던 부산 일본인 상인이 점차 공산품을 취급하는 업종으로도 증가하고 있음을 확인할 수 있다.

이러한 경향은 1935년에도 마찬가지였다.[20] 이때에도 해산물 취급상, 곡물, 금전대부업, 토목건축이 중심이고, 주류업과 운송업이 다음을 이었다. 운송업이 다른 시기에 비해 비약적으로 증가했다는 점이 두드러진다. 그리고 식료품, 면사포, 잡화, 금물, 재목, 과자 등 조선 내 생산과 일본에서 수입에 의존하는 공업상품 취급업자들의 부각은 눈여겨 봐야할 특징이다. 그리고 1930년 상공회의소령의 공포로 여관과 음식점업, 광산업이 추가된 것도 여기에 반영되었다.

---

19) 森田福太郎, 『釜山要覽』, 1912, 부록 1-39쪽.
20) 田中麗水, 『全鮮商工會議所發達史』, 釜山日報社, 1936, 부산부편 -71~72쪽.

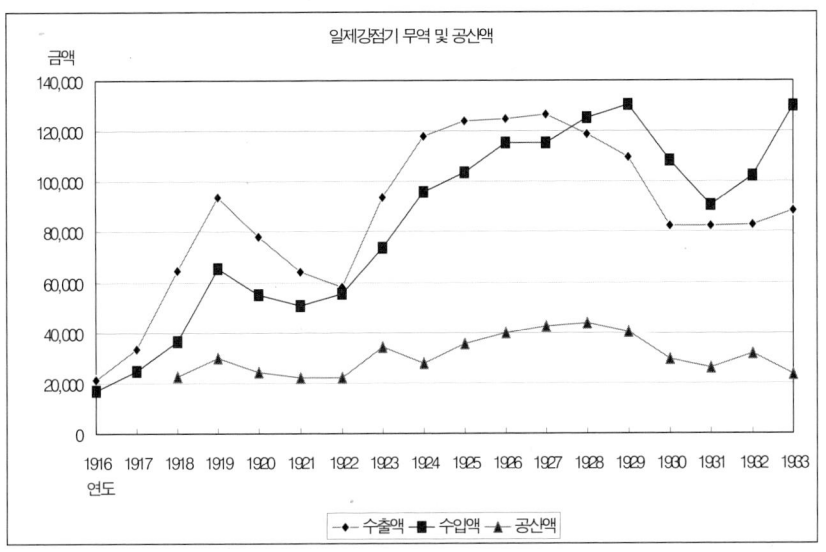

〈그림 1〉 일제강점기 무역 및 공산액

이처럼 1920년대 상업회의소 회원 구성원들의 변화는 부산 경제계의 변화를 반영한다고 할 수 있다. 무엇보다 부산항을 통한 수입 증가와 부산 공업화에 밀접한 관련이 있다. 〈그림 1〉은 일제강점기 부산항 무역액과 공산액을 보여주고 있다. 부산경제의 버팀목이 수출에서 수입으로 변화하고 있고, 공산액 또한 급속한 변화를 보이진 않으나 일정수준을 유지하고 있다. 다만 수입은 커다란 증가세를 보이고 있다. 급증하는 수입품과 부산에서 생산된 공산품을 취급하는 도매상들의 증가를 주목할 필요가 있다. 각종 명부에 등장하는 '○○부산지점'이나 '○○부산영업소', '○○특판점' 등은 일본과 부산에서 생산된 생산품의 판매망이었다. 이 시기 부산경제계의 변화는 이를 담당하는 생산자와 상인들의 회의소 참여를 확대시켰다.

이런 양상은 회의소를 실질적으로 운영했던 평의원의 구성과 변화를 통해 확인할 수 있다.

〈표 2〉 1920~1930년대 평의원 직업 구성

1928년 4월 선거		1935년 7월 선거	
이름	직업	이름	직업
木下元次郞	영화	鹿田新	과자상
小宮萬次郞	가마니상	吉田久吉	금물상
山村正夫	金物商	山村正夫	金物商
五島誠助	미곡상	大黑酉松	약종상
立石良雄	석유상	山口守一	도기상
池田祿次郞	소간물 소매	松尾己之介	미곡상
香椎源太郞	수산업	金聖浩	미곡상
石原源三郞	식료품	辛壽甲	미곡상
東原嘉次郞	식료품, 잡화도소매	金斗玹	미곡상
大黑酉松	약종상	富吉繁一	미곡상
岩橋一郞	운송취급업	五島誠助	미곡상
富原硏二	잡화도매	石原 香香	보험대리업
水野巖	장유, 미쾌제조	西本榮一	해운업
田口愛治	재목도소매	立石良雄	석유상
淺谷長輔	정미, 미곡도매	今井莊重	양복상
內藤八藏	정미, 미곡문옥, 당분도매	西尾角藏	잡화상
西野爲作	해산상, 미곡상	伊藤茂一郞	장유양조
谷本喜代一	제염	若狹榮市	재목상
堤貞之	주류상	五島伍郞	製飴業
小原爲	토목청부	中村高次	조선업
中谷廣吉	토목청부	金璋泰	주조업
濱田惟怨	해산도매	松岡源次郞	토목건축청부
伊藤庄之助	해산문옥	植村久三郞	통관업
澤山寅彦	해운업	岩橋一郞	통관운송업
淺野幸太郞	황물, 잡화소매	荒井彌一郞	해산상
		大島芳輔	해산상
		朴順伯	해산위탁업
		梁卿煥	해산위탁업
		米倉淸三郞	丸大고무

자료: 釜山商業會議所, 『昭和三年 會員名簿』, 1928 ; 釜山商工會議所, 『釜山商工案內』, 1935.

1928년 평의원 당선자들의 업종은 가마니상, 금물상, 미곡상, 정미 및 미곡도매, 석유상, 소간물, 수산 및 해산도매, 식료품, 약종상, 운송 및 해운업, 잡화, 장유, 제염, 주류상, 토목청부 등으로 다양해지고 있다. 이 가운데 미곡 및 정미업이 4, 해산물 관련 업종이 3으로 기존 수출무역상들이 담당했던 업종이 숫적으로 강세를 보이는 것처럼 생각된다. 그러나 실상은 다르다. 이 당시 평의원들의 지지세력이 달라지고 있다.

〈표 3〉에서처럼 곡류와 관계되는 업종의 종사자는 천곡장보(淺谷長輔), 내등팔장(內藤八藏), 서야위작(西野爲作), 오도성조(五島誠助)이지만, 이들 모두가 곡물관련 조합으로부터 지지를 받는 것은 아니다. 천곡장보만이 부산곡물상조합과 부산곡우회의 지지를 받을 뿐, 내등팔장은 부산사상동맹회(釜山卸商[도매상]同盟會), 서야위작은 해산상으로 더 알려져 있어 오히려 부산해산상조합과 부산해조중매조합으로부터 지지를 받는다. 그리고 해산물 관련 업자인 빈전유원(濱田惟怨), 이등장지조(伊藤庄之助), 카이시 겐타로(香椎源太郎)의 경우 빈전유원은 부산유지, 카이시는 목도 자치단(自治團)으로부터 지지를 받고 이등장지조만이 부산해산상조합의 지지를 받고 있다.[21]

〈표 3〉 1928년 상업회의소 평의원 선거 후보별 지지 단체

이름	지지단체	이름	지지단체
경남신탁합명회사 (安井淸英)	부산신탁업유권자	岩橋一郞	부산서부동지회유지
	부산서부실업단유권자		운송조합유권자유지
谷本喜代一	부산제염업조합	五島合名會社 (淺谷長輔)	부산유권자유지
	부산유권자유지		부산곡우회
內藤八藏	부산유권자유지		防長親睦會
	부산매립친목회		부산곡물상조합
	산구현인회	伊藤庄之助	남빈정1정목친목회
	釜山卸商同盟會		三重縣人會

---

21) 『朝鮮時報』 1928년 3월 29일(3)11 ; 3월 30일(1)8 ; 3월 30일(3)9 ; 3월 31일(1)8.

大黑南海堂	부산약업조합	立石良雄	부산해산상조합
	釜山卸商同盟會		福岡縣인회유지
木下元次郞	부산유지		釜山卸商同盟會
	남선토목건축협회		부산서부유권자유지
濱田惟怒	부산유지		대창정유권자유지
山村正夫	대창정유권자	田口愛治	釜山油商組合
	부산금물상조합		부산재목상조합
	광도현인회		부산유권자
	釜山卸商同盟會		대분현인회
西野爲作	부산해산상조합	中谷廣吉	釜山卸商同盟會
	유권자유지		초량유권자
	부산해조중매조합		부산유권자
石源原三郞	부평정공설시장유권자	澤山兄弟商會	부산해운업조합
	시장중매인조합		부산부선동업조합
	부산유권자		부산유권자
小宮萬次郞	부산유권자유지	香椎源太郞	부산부선동업조합
	釜山對馬親睦會		목도자치단
小原爲	부산유권자유지		

자료: 『朝鮮時報』 1928년 3월 29일(3)11 ; 3월 30일(1)6 ; 3월 30일(3)9 ; 3월 31일(1)8.

이러한 양상은 기존의 수출 혹은 수입상조합의 범주를 극복하고, 상품별 조합이나 지역적인 연계가 중요시되고, 그 위에 경영방식이 추가되는 복잡한 양상을 보인다. 무엇보다 1920년대 중반의 특이한 양상은 부산사상동맹회의 등장이다. 이 동맹회는 1921년 조직되었는데, 특별한 품목의 조합 형식을 넘어 경영방식인 도매상들의 조직이다. 따라서 여기에는 상품의 종류는 관계없다. 이 조직의 지지를 받는 업자의 업종은 다양하다. 1928년 평의원 선거에서 이 동맹회의 지지자는 8명이었는데, 모두 당선되었다. 산촌정부(山村正夫, 금물), 입석양웅(立石良雄, 석유), 동원가차랑(東原嘉次郞, 잡화), 대흑유송(大黑酉松, 약품), 부원연이(富原硏二, 잡화), 전구애치(田口愛治, 재목), 내등팔장(당분), 천야행태랑(淺野幸太郞, 잡화)이다. 이들은 자신의 업종 조합으로부터 지지를 받기도 했지만, 사상동맹회의 지지가 결정적이었던 것으로 보이며,22) 가장 강력한 집단으로 부상하였다. 언론에서도 '도매상 황금시대 도래예상'이라고 도매상들의 회의소 내 약진을 관심 있게 다루었다.23) 도매상동맹회의 주요 업종은 잡화, 금물, 석유, 약품, 재목 등으로 다양하고, 기존의 미곡이나 해산물은 포함되어 있지 않다. 즉 일본이나 부산에서 생산된 공산품이 중심이었다.

도매상동맹회의 약진은 1926년 평의원 선거와 부회두 선거에서 확인할 수 있다. 동맹회는 평의원으로 출마하는 7명의 후보를 당선시키려는 단결된 모습을 확인할 수 있다.24) 그 절정은 부회두 선거였다. 1926년 4월 선거에서 부회두 자리를 두고 당시 회두 카이시의 심복이었던 석원원삼랑(石原源三郎)에게 도전한 복도원차랑(福島源次郎)의 선전이었다.25) 결국 사상동맹회 회장이었던 복도원차랑이 승리하였다. 회두였고 부산경제를 장악한 카이시 계열의 아성에 도전해 부회두 자리를 차지할 만큼 영향력이 강했다고 볼 수 있다.

1935년 평의원 선거는 이전에 비해 훨씬 다양한 업종의 대표자가 의원으로 등장한다. 과자상, 금물상, 약종상, 도기상, 미곡상, 보험대리업, 해운업, 석유상, 양복상, 잡화상, 장유양조, 재목상, 제이업, 조선업, 주조업, 토목건축청부업, 통관운송업, 해산물위탁업, 고무제조 등 실로 다양하다. 이 가운데 미곡상과 해산물위탁업이 여전히 다른 업종에 비해 많은 수를 헤아리고 있다.

그런데 1935년 선거에서 회두 자리를 놓고 입석양웅과 오도성조(五島誠助)가 대결하였다. 석유상과 곡물상 간의 대결이었는데, 언론에서는 이후 회의소 내 부회두와 상의원을 예상하는데 이때 입석양웅이 당선될 경우 부회

---

22) 『朝鮮時報』 1928년 3월 31일(3)1.
23) 『朝鮮時報』 1928년 3월 11일(3)1.
24) 『釜山日報』 1926년 3월 25일(2)8 ; 3월 30일(2)3.
25) 『釜山日報』 1926년 3월 24일(2)9.

두 산촌정부(금물상), 상의원 암교일랑(岩橋一郎, 통관운송업), 미창청삼랑(米倉淸三郞, 환대고무), 대흑유송(약종상), 오도성조가 당선될 경우 부회두 서본영일(西本榮一, 해운업), 상의원 황정미일랑(荒井彌一郎, 해산상), 박순백(朴順伯, 해산상), 소궁만차랑(小宮萬次郎, 가마니상)으로 보도하고 있다.26) 결과는 이와 달랐으나,27) 당시 세간의 인식에서 이들의 계보를 파악할 수 있는 자료이다. 즉 입석양웅의 계보인 산촌정부와 대흑유송은 1928년 선거에서도 사상동맹회 소속이고, 오도성조의 계보는 미곡과 해산물을 취급하는 기존의 수출무역상들이다. 따라서 도매상들과 수출상들 사이의 대결이었다는 점에서 의미가 있다.

한편 평의원으로 당선된 자들의 많은 수가 자신의 업종 조합에서 대표를 맡고 있는 경우가 많다. 1932년 당시 조합을 맡았던 경우를 추가하면 더 늘어난다. 이러한 양상은 회의소가 회원의 업종별 역할로 더욱 세분화 혹은 전문화되어 간다는 것을 알 수 있다. 그만큼 각 업종별 이해관계가 더욱 첨예화되어 가고, 그런만큼 평의원 또한 각 업종별 조합의 대표자를 당선시키려 했던 것으로 보인다.

〈별첨 2〉를 참고하면, 입석양웅의 경우 부산석유상조합과 부산사상동맹회, 오도성조는 부산곡물수이출동업조합, 황정미일랑은 부산해산상조합, 약협영시(若狹榮市)는 부산재목상조합(1932), 서미각장(西尾角藏)은 부산화장품조합, 대도방보(大島芳輔)는 부산어중매조합(釜山魚仲買組合), 녹전신(鹿田新)은 부산공동제도조합(釜山公同製稻組合), 김두필은 부산곡물소매상조합(1932년), 금정장중(今井莊重)은 부산기성양복상조합을 각각 담당하고 있다.

---

26) 『釜山日報』 1935년 7월 3일(석1)6.
27) 실제 임원은 회두선거에서 탈락한 五島誠助가 부회두, 상의원에는 양 파를 골고루 포함시켰는데, 입석양웅 계열인 山村正夫와 米倉淸三郎, 오도성조 계열인 西本榮一(해운업)과 荒井彌一郎이 참가하였다. 그 외 中村高次와 양경환이 포함되었다(釜山商工會議所, 앞의 책, 1935년판 부록, 7쪽).

반면 공업분야는 아직 부산경제계에서 크게 영향력을 발휘하지 못했던 것 같다. 『釜山商工案內』(1935년판)에서 확인할 수 있는 공장 수는 345개인데,[28] 이 가운데 상공회의소 회원인 경우는 169업자이다. 1935년 회의소 평의원으로 참여하는 공장 소유주는 다음과 같다. 대도방보(통조림제조), 미창청삼랑(고무화제조), 오도오랑(五島伍郎, 제이[製飴]), 약협영시(제재), 황정미일랑(제염), 이등무일랑(伊藤茂一郎, 양조), 입석양웅(제유[製油]) 등이다. 하지만 이들 가운데 공장 생산만을 담당하는 경우는 미창청삼랑(고무화제조), 오도오랑(제이), 이등무일랑(양조) 뿐 나머지는 상업을 동시에 진행하고 있어, 일반적으로 'ㅇㅇ商'으로 불렸다. 이렇게 볼 때 1930년대 중반까지 부산 공업화가 부산경제계에서 지니는 영향력은 그다지 크지 못했던 것으로 보이며, 당시 주류를 이루던 공업 또한 생산과 판매를 함께하는 상업적인 성격이 강했다고 할 수 있다.

상업회의소 회두의 변화를 보면 다음 〈표 4〉와 같다.

〈표 4〉 상업(공)회의소 회두

1	1916.6~1918.3.	大池忠助	7	1928.4~1930.3.	香椎源太郎
2	1918.4~1920.3.	大池忠助	8	1930.4~1932.3.	香椎源太郎
3	1920.4~1922.3.	香椎源太郎	9	1932.7~1935.6.	香椎源太郎
4	1922.4~1924.3.	香椎源太郎	10	1935.7~1938.6.	立石良雄
5	1924.4~1926.3.	香椎源太郎	11	1938.7~1941.6.	立石良雄
6	1926.4~1928.3.	香椎源太郎	12	1941.7~1941.9 1941.12~1942.11. 1942.12~	立石良雄(1941.9.2.사망) 西條利八(1942.11.24.사망) 米倉淸三郎

자료: 田中麗水, 『全鮮商工會議所發達史』, 釜山日報社, 1936, 부산부편-46~51쪽 ; 釜山商工會議所, 『釜山商工會議所報』 159호(1938.7) ; 194호(1941.6.25) ; 200호(1941.12.25) ; 211호(1942.11.25) ; 212호(1942.12.25).

---

28) 1935년 무렵 부산의 공장 수는 朝鮮工業協會가 발행한 『朝鮮工場名簿』(1934, 1936년版)에도 각각 330, 349개로 확인된다. 다만 이 숫자는 5인 이상 종업원을 고용한 공장이기 때문에 한계는 있기는 하지만, 전체적인 경제규모를 고려할 때 이 정도의 공장이 당시 부산 공업을 대변했다고 할 수 있다.

상업회의소 회두는 오이케 츄스케(大池忠助), 카시이, 입석양웅이 중심이었다.

1916년 통합 상업회의소가 새롭게 출발하자 당시 부산의 3대 거부였던 하자마 후사타로(迫間房太郎), 오이케, 카시이는 회의소를 장악하기 위해 의원 선거전에서부터 치열한 신경전을 벌였다. 당시 언론에서는 이들의 선거운동에 대해 약간씩 언급하면서 물밑 경쟁이 심했음을 간접적으로 표현하고 있다.29) 특히 하자마와 오이케의 경쟁이 치열하자 제일은행부산지점장은 출마하는 것을 부담스러워해 중도 포기한다는 신문기사가 공개될 정도였다.30) 결과는 1916년 선거에서 하자마가 오이케에게 회두자리를 내주었다.

1918년 선거에서는 하자마와 오이케에 카시이까지 가세하였다.

> 이번 선거는……대경쟁 적어도 3파 鼎立의 상황으로 보여지는데 그 하나는 부산의 대원로인 大池忠助가 건강이 좋지 못하고, 迫間 씨 또한 대략 같아서 종래처럼 활발하게 종횡으로 활동할 수 없게 된다면 이 양씨 외에 세력 있는 덕망가는 우선 香椎 씨……건강에서도 좋은 상태라면 이를 중심으로 해서 豊泉 씨 등을 배치한 세력으로 회의소 운영을 시도하는 한 파이고, 다른 한편에는 迫間 씨를 중심으로 해서 萩野 씨를 배치해서 국면의 전개를 기도하고 있고, 또 다른 한편에서는 현상유지의 방침으로 나아가는 大池 현 회두를 중심으로 中村 씨를 배치해 사무의 쇄신 활약을 시도하는 일파이고…….31)

하지만 카시이는 하자마를 찾아가 회두 자리를 오이케에게 넘기자는 3자 밀담을 하였고,32) 하자마는 회두 출마를 포기하고 만다. 하자마는 상업회

---

29) 『釜山日報』 1916년 6월 20일(2)6 ; 6월 21일(2)3.
30) 『釜山日報』 1916년 6월 21일(2)3.
31) 『朝鮮時報』 1918년 3월 13일(5)2.
32) 『朝鮮時報』 1918년 3월 28일(2)6.

의소 회두는 하지 못하고 1922년부터 1942년 8월 23일 사망 때까지[33] 총독부가 임명하는 특별의원을 담당하는데 그친다. 그의 퇴진은 아들인 박간일남(迫間一男)에게도 영향을 주는데, 1935년 의원 출마를 시도하지만 주위의 만류로 무산되고 만다.[34]

오이케가 2회에 걸쳐 회두를 맡았으나 실질적으로 카시이의 부상은 1916년부터 확연해졌다. 카시이는 1916년 처음으로 평의원에 당선되지만, 이때부터 부산의 3거두로 불리면서 등장하였고, 결국 1918년 선거에서는 하자마와 오이케 사이에서 협상을 주도하는 인물로 나섰다. 위 두 사람에 비하면 늦게(1905) 부산으로 건너온 카시이는 부산와사주식회사(釜山瓦斯株式會社), 부산수산주식회사(釜山水産株式會社)를 비롯한 대규모 기업체를 운영하면서 실질적인 부산 경제계의 우두머리가 되었다. 그는 1920년 회두가 된 이후 약 15년간 회두를 지냈다.[35]

그동안 카시이 회두 아래에서 부회두를 맡아오던 도매상동맹회는 1935년 비로소 상공회의소 회두를 맡았다. 부산사상동맹 회장이던 입석양웅이 회두가 되는 것에서 도매상들이 차지하는 부산경제계에서의 위상을 짐작할 수 있다.

3. 조선인 의원의 성격

조선인 의원은 통합상업회의소가 구성될 때 진통이 있었기는 하지만 5명으로 결정되었고, 이 5명은 조선인 회원에 의해 뽑혔다. 그리고 조선인 의원 가운데 1명은 전체 회의소 부회두 2명 가운데 1명으로 뽑혔고, 1920년부터 상의원(常議員)으로도 한 명씩 뽑혔다. 1920년 평의원도 아닌 송태관이

---

33) 부산상공회의소, 『부산상공회의소보』, 1942년 9월 25일(1)9.
34) 『釜山日報』 1935년 6월 1일(석1)8 ; 6월 2일(석1)9 ; 6월 11일(조2)9.
35) 카시이의 조선에서 활동은 김동철, 「부산의 유력자본가 香椎源太郎의 자본축적과정과 사회활동」, 『歷史學報』 186, 역사학회, 2005가 참고 된다.

상의원이 된 것은 그의 영향력을 짐작케 한다. 그리고 1920년부터 특별의원으로도 한 명씩 뽑히고 있는데, 조선총독부가 지명하는 6명 전후의 특별의원 가운데 한 명이 조선인이었다.

이러한 기본규정은 1932년 2월 조선상공회의소 신규칙에 따라 의원의 임기가 3년으로 연장되고, 동시에 정원 30명 가운데 일본인 25명, 조선인 5명으로 할당되어 있던 데서 민족 간의 구분을 없애고 30명을 통합해 선거하는 방식으로 바뀐다.36) 그만큼 이후의 의원은 조선인뿐만 아니라 일본인 경제계로부터 신임을 얻어야 했다.

상업회의소 의원으로 참가한 조선인의 의원 생명은 그다지 길지 못했다. 대부분 한두 번의 의원직으로 마무리되었다. 다만 부회두에 문상우, 김장태, 특별의원으로 어대성, 평의원으로 김두필, 양경환 정도만이 평균 4~5차례에 걸쳐 의원직을 유지했다.

조선인 의원의 성격을 보면, 1910~1920년대 초까지 크게 객주, 구포(경남)은행, 조선인 회사 운영자들이 대부분이다. 이 가운데 초량을 중심으로 활동하는 해산물 객주로는 추내유, 윤병준, 윤대선, 강성문, 오남근, 임철호, 최호성, 박순백, 양경환이 대표적이다. 이들 가운데 윤병준을 제외하면 남선창고주식회사의 주주 혹은 간부를 지내는 인물들이다.37) 이들의 경제력은 1930년대까지 이어졌다. 이들 대부분은 초량객주 출신으로 한말 이후 미곡이나 해산물 수출과 외국산 잡곡이나 면포 수출에서 중개나 위탁매매로 자본을 축적하였다.

구포(경남)은행과 관련된 인물로 당시 두취였던 이규직(당시 의원의 명칭은 경남은행이었음), 경남은행의 지배인으로 있다가 전무로 활동하는 문상우, 경남은행의 상무를 지내는 서상호를 들 수 있다. 이외에도 윤병준, 김시구, 최태욱, 송태관, 최준, 안희제는 이 은행의 대표적인 대주주들이었

---

36) 『釜山日報』 1932년 2월 6일(2)7.
37) 南鮮倉庫株式會社, 『營業報告書』(1~26回)(1927~1945年).

다.38) 이들이 회의소 의원으로 선출된 경제적 배경이 경남은행과 직접적인 관계가 없고, 자신의 사업에 있었다.

그리고 1910년대 후반 부산 인근지역의 지주들이 대거 부산으로 몰려드는데 대표적으로 김시구(창원), 최태욱(청도), 최준(경주), 안희제(의령) 등을 들 수 있다. 이들은 지주자본을 기초로 2~3명이 합자하여 상회를 설립하고, 나아가 대규모 무역회사를 운영하였다. 이들이 관계하고 있던 무역회사는 백산무역주식회사, 주일상회주식회사, 동성상회주식회사였다.39) 안희제는 백산무역주식회사를 설립하고, 1926년부터 상의원으로, 그리고 1927년 11월 17일부터 1928년 3월 31일까지 부회두를 맡았다. 안희제의 부회두 역임은 문상우가 1927년 10월 6일 퇴임한 자리를 물려받았다.40)

1920~1930년대 조선인 의원은 대부분 해산물상, 미곡상, 금전대부업 등에 주로 종사하고 있다. 이 분야는 일제강점기 조선인들이 가장 많이 종사한 경제분야이다. 이 업종은 전체 부산의 회의소 회원들이 가장 많은 분야이기도 했다. 따라서 조선인 회원들이 집중된 탓에 이들의 의원 진출이 다소 쉬웠을 것으로 보인다. 그런데 1932년부터 일본인과 조선인의 할당 규정이 없어지고 일괄적으로 투표하게 되면서 상황이 달라졌을 수도 있었다. 1932년 당시 회원이 일본인 850명, 조선인 150명으로 조선인이 기존의 5명 의석을 차지할 수 있을지가 관심이었다.41) 그런데 1932년은 5명, 다음 회기부터는 6명을 선출하였다. 그만큼 일본인들과의 경쟁 속에서도 위상이 높아지고 있었음을 알 수 있다. 그런데 이들의 경제적인 능력은 정치적인 배려(?)가 동반되었다. 이들 가운데 김두필, 양경환, 김장태, 어대성이 주목된다. 김두필은 곡물소매상조합의 대표를 맡고 있었다. 양경환은 운송업과 해산물 문옥을 하면서 상당한 부를 축적한 것으로 보이는데, 특히 1926년 출판

---

38) 차철욱, 「구포[경남]은행의 설립과 경영」, 『지역과 역사』 9, 2001, 13~18쪽.
39) 오미일, 『한국근대자본가연구』, 한울, 2002, 173~179쪽.
40) 「旧商工会議所原簿」, 1929.
41) 『釜山日報』 1932년 2월 6일(2)7.

된 『부산대관』에 그의 업종과 프로필이 기재될 정도였다. 『부산대관』은 부산의 일본인들이 개항 50주년을 기념하고, '대부산 건설'을 목표로 개항을 기념하면서 제작한 책이다. 그런 점에서 이 책에 프로필이 게재된다는 것은 일본인들의 대부산 건설에 동참한다는 의미로 받아들여진다. 그리고 김장태는 부회두를 6대에 걸쳐 맡았고, 1941년 상공회의소 평의원 당선자 명단에 9명의 조선인 당선자가 있는데 유일하게 창씨개명을 하고 있고,42) 이런 이력이 더해져 그에 대한 후대의 평가는 그다지 좋지 못하다. 그리고 부산부협의회의원(1926~1931), 관선 경남도의원(1927~1929)을 지낸 어대성도 포함되어 있다.43) 정기두는 구한말 한국정부의 세무관으로 근무하다가 1908년 하자마 후사타로의 지배인으로 있으면서 부산에서 미곡계의 거물로 성장하였다. 미곡취인소 회원으로 유일한 조선인이었고, 문상우의 손위 처남이었다.44)

　회의소 의원으로 참여한 조선인은 1920년대까지는 다소 조선인 입장에서 사회활동에 참여한 인물이 많았다. 적어도 조선인에게 주어진 지분을 확보하고 유지하는 인물들이었다. 그런데 1932년 이후 조선인들의 참여가 이전과 달리 일본인과 통합해 선출하는 방식이 채택되었다. 이런 점에서 1930년대 중반 이후 평의원이나 부회두로 참여하고, 혹은 장기적으로 회의소에서 중요한 역할을 맡을 수 있었던 것은 일본인과의 관계가 밀접했기 때문으로 봐야할 것이다.

---

42) 그의 일본식 이름은 竹岡璋泰였다(『釜山商工會議所報』 194호(1941년 6월 25일)).
43) 위의 책, 1485쪽.
44) 차철욱, 앞의 논문, 2001, 15쪽.

Ⅲ. 釜山商品見本市의 내용과 성격

1. 부산상품견본시의 내용

　1920년대 들어 조선 내 육로와 해로 교통시설이 발전하면서 일본과 조선의 항로 개설이 증가하였다. 일본과 무역의 중심항이었던 부산은 상대적으로 기존의 지위를 잃게 되었다. 그리고 일본의 상공업자가 점차 직접 조선의 상인과 거래한다든가, 조선 내에서도 일본과 직거래하려는 도매상인이 늘어갔다.[45] 따라서 부산상품견본시(이하 '견본시')는 위축되는 부산 상권의 회복과 관련이 있다. 상품견본은 상인들의 판매전략 가운데 하나였다. 실물을 가지고 다니면서 판매 상담을 할 수 없었기 때문에 상품견본이 필요하였고, 실제 상업회의소에서는 구매자로부터 의뢰가 들어오면 상품견본을 증명하는 증명서도 발급하였다. 상품견본시는 상인의 입장에서 상품 판매 전략의 한 방법이었던 셈이다. 상업회의소의 상업회의소 회두였던 카시이 겐타로의 1926년 2회 개회식사에서 견본시 개최의 의미를 잘 알 수 있다.[46]

　　　견본시 개최의 취지는 상업계에서 신시대의 요구에 순응해서 신식방법에 의해 상업의 진전과 개선을 도모하는데 있고, 근래 요구에 의해 구미 선진국에서는 물론 일본(내지) 중요 도시에 유행의 실마리를 알리는 견본시의 효과는 이미 일반에 인식하는 바이고, 우리 회의소도 또한 이에 감한바 작년 조선 창시의 시도로서 상품견본시를 개최하고 보급해서 본 항의 製産과 移入의 우량품을 한 자리에 진열해서 지방 일반의 상인에게 전시해서 지방상거래의 진전과 개선에 도움을 주는 바…….

　견본시는 조선에서는 처음 개최되는 행사였다.[47] 견본시가 구매자를 유

---

45)『釜山日報』1930년 10월 7일(3)4.
46) 부산상업회의소,『월보』20호, 1926년 11월 1일, 4쪽.

혹할 수 있는 방법은 구매자가 원하는 상품을 비교 조사할 기회를 줄 수 있다는 점이다.48) 카시이의 연설에 보이는 '신식방법'이란 이러한 묘미가 있었다. 취급 상품은 부산에서 생산한 생산품과 일본에서 수입한 상품을 대상으로 하고 있다. 그래서 견본시를 이끄는 주체는 도매상이었다. 도매상동맹회 부회장이었던 부원연이(富原硏二)는 1926년 2회 견본시에서 행사를 총괄하였고,49) 1930년에도 상업부장을 맡아 행사 진행상황을 책임지고 있었다.50) 이런 점에서 행사의 주관은 도매상동맹회였음을 알 수 있다.

견본시의 기본적인 내용은 시기별로 약간의 차이가 있기는 하지만 대략적인 내용은「釜山見本市規定」과「釜山見本市出品竝取引規定」에 잘 정리되어 있다. 견본시는 각종 상품을 일반 구매자에게 전시해서 도매거래의 편의를 제공하는 것이 목적이고, 주체는 부산상업회의소로 하도록 규정하고 있다. 그리고 견본시에 출품하는 자는 부산부 내의 도매업 또는 제조업자로 제한되었다. 출품은 수이입품부, 수산품부, 양조 및 음료품부, 농산품부, 공산품부로 크게 구분되어 전시되었다. 견본시 출점(出店)은 1인 1구(區)만 허용되고, 시장 내 거래는 도매만 가능했고 소매 또는 이와 유사한 판매는 금지되어 있었다. 매매계약이 성립한 상품에 대해서는 운임할인 혜택을 받을 수 있었고, 그 외 구매자는 기차·여관 등 필요한 경비를 할인받을 수 있었다.51)

참가 점포와 상품의 심사는 엄격해 선정에서 탈락했을 경우는 이의를 제기할 수 있었던 것으로 보인다.52) 그리고 견본시에 참가하지 못한 업체는

---

47)『釜山日報』1926년 11월 1일(3)5.
48)『釜山日報』1926년 11월 1일(3)5.
49)『釜山日報』1926년 10월 29일(2)4.
50)『釜山日報』1930년 11월 23일(3)7.
51)「商業會議所施設認可」(1924~1928).
52) 1930년 견본시에서 변천정의 ナニワ屋잡화점과 대창정의 〇오복점이 탈락된 데 대해 주최 측에서 잘못을 인정하고 다시 참가시킨 경우가 있었다(『釜山日報』1930년 10월 5일(4)3).

견본시 개최기간 동안 자신이 직접 광고를 하면서 견본시보다 나은 조건으로 구매자 유치에 관심을 기울이는 경우도 있었다.53)

1920~1930년대 견본시 개최일정은 다음 표와 같다.

〈표 5〉 부산상품견본시 내역

회수	기간	전시장소	거래액	출품점 수	자료
1	1925.4.1~7	상업회의소	27만 6천 원 524,574원	123店	매일 1925.4.10. 월보 1(1925.1) 6쪽
2	1926.11.1~7	상업회의소	332,185.70	124店	월보20(1926.11) 4~5쪽
3	1930.10.6~12	산업장려관 상업회의소	318,943.59원	107店	부산 1930.9.28. 부산 1930.10.10. 부산 1930.11.14.
4	1935.10.5~7	산업장려관	48만 원	109店	부산 1935.10.5. 부산 1936.9.10.
5	1936.9.11~12	산업장려관	50만 원 (예상)	53店	부산 1936.9.10. 부산 1936.9.12.
6	1937.9.21~23	산업장려관		50여店	매일 1937.7.12.
7	1938.10.10~12	산업장려관	20만 원	42店	부산 1938.10.1 부산 1938.10.28.1
8	1939.6.13~22	순회견본시			부산 1939.6.14.

참고: 1회 거래액은 참고자료에 따라 차이가 있다.
매일은 『매일신문』, 부산은 『釜山日報』.

견본시는 총 8회가 개최된 것으로 확인된다. 1~7회는 상업회의소 혹은 산업장려관에서 전시했으나, 1939년에는 앞의 경우와 달리 강원도와 중앙선 변을 대상으로 한 순회견본시였다.54) 개최는 1925년 시작해 1926년 2회를 이어서 개최했으나 이후 중지되었다가 1930년 재개하고, 또 중지했다가 1935년부터 1939년까지 계속 개최하고 있다. 거래액은 1회와 4회가 견본시 가운데서는 가장 많았으나 그 외에는 상대적으로 낮았다. 하지만 당시 언론에서는 좋은 성적이라고 호평하고 있는데, 선전용으로 보인다.55) 출품

---

53) 『釜山日報』 1930년 10월 8일(7)9.
54) 『釜山日報』 1939년 6월 14일(2)9.

점포는 대체로 100여 개 점(店)이었으나 5회 이후는 50여 개 점으로 절반이 줄었다.

　견본시 개최는 매 시기마다 나름대로의 명분을 찾았다. 예를 들어 1926년 2회 견본시는 개항 50주년 기념이라는 의미에서 아주 중요시되었고, 이를 반영하듯 11월 1일 개회식에 사이토(齊藤) 총독이 참가하였다.[56] 개항 50주년은 부산의 일본인 상공업자들에게 아주 중요하였다. '대부산건설'을 지향한 일본인들의 행사가 다양하였다. 기념 축하전시회로 부산부가 주최하는 무역·항만전람회, 부산상업회의소 주최의 견본시, 점두장식(店頭裝飾) 경기회, 양조품평회, 남선실업간담회 등 부산의 상공업과 관련된 행사가 중심이었다. 무역전람회에는 부산의 대표적인 기업이었던 일본경질도기와 조선방직이 제품을 진열하는 것은 물론 조선방직은 직접 작업광경을 전시하기도 했다.[57] 『釜山大觀』(1926)의 발행과 사이토 총독이 참석해 거행된 2차 부산진매축공사 기공식[58] 등 이데올로기적으로나 현실적인 대규모 사업들이 이즈음 시작되었다.

　1930년 3회 개최는 '국산애용부일데이(國産愛用釜日day)' 때문이었다. "본년은 때마침 국산애용선전염매(國産愛用宣傳廉賣) 등이 각지에 개최되고 있기 때문에 환경의 자극에 의해 임기 응변적인 개최처럼 오해될지도 모르겠지만, 각 관헌의 양해와 추장(推奬)도 있어 당 업자 측에서도 부산 영원의 항례회(恒例會)로서 연중행사의 하나로 개최"[59]라고 한데서, 국산애용 캠페인과 관청의 요구가 견본시 개최의 계기가 되었음을 비추고 있다. 개최의 계기가 상업회의소의 직접적인 이해관계보다 외적인 요소가 먼저 작

---

55) 6회 견본시의 거래고는 실제 20만 원이었는데, 신문기사에는 이전에 25만 원으로 보도한 것은 선전이라고 표현하고 있다(『釜山日報』 1938년 10월 28일(1)10).
56) 부산상업회의소, 『월보』 20호, 1926년 11월, 4쪽.
57) 『釜山日報』 1926년 10월 16일(11)1.
58) 『釜山日報』 1926년 11월 4일(2)8.
59) 『釜山日報』 1930년 10월 6일(1)5.

용하기는 했지만 근본적으로 부산 상공인들의 필요가 더욱 중요했었을 것으로 보인다.

견본시의 성과에 대해 당시 언론이나 주최자들은 좋게 평가하고 있다. 물론 당시 언론은 부산지역 언론이기 때문에 당연하였다. 1926년의 경우 반응이 너무 좋자 일반 전시품 외에 '즉매점(即賣店)'을 행사장 주변에 설치하는데 신청이 많아 18점으로 제한하기도 했다.60) 한편 1930년 견본시에서는 주요 고객인 도매상인만을 대상으로 하지 않고 일반에게도 개방해 달라는 요구를 받아들여 2일간 연장 개방하기도 했다.61) 이처럼 견본시는 부산 거주 일본인 자본가들의 거래고를 높일 수 있는 계기가 되었고, 이를 추진하는 데는 다양한 이벤트가 동반되었다. 그리고 실제로 부산과 지방과의 상거래를 활성화시키는 계기가 되었던 것으로 보인다.

2. 부산상품견본시의 성격

부산상품견본시의 성격을 거래된 상품과 이를 담당한 판매자의 특징과 구매자들의 출신지역을 대상으로 검토하려고 한다.

견본시에서 거래된 상품과 이를 담당한 부산의 도매상인 혹은 생산자들의 특징을 검토해 보자. 견본시에 출품된 상품과 도매상을 확인할 수 있는 자료는 많지 않다. 1, 2, 3, 5회만을 확인할 수 있다. 그런데 2회 자료는 자료의 일부가 누락되었고, 3회는 출품자는 기록했으나 품목은 기록하지 않고 있다. 양자를 모두 확인할 수 있는 자료는 1925년 1회와 1936년 5회뿐이다. 1회 출품된 상품은 수이입품과 부산 생산품으로 구분하여 정리되어 있다. 전자는 82개 점, 후자는 41개 점으로 총 123개 점이 참가했다. 수이입품이라는 의미는 모두 일본에서 들여온다는 점인데 고무신, 도자기, 맥주 및

---

60) 『釜山日報』 1926년 10월 30일(7)4.
61) 『釜山日報』 1930년 10월 10일(4)7.

음료수, 직물류, 목재, 종이 및 문구류, 화장품 및 비누, 석유, 완구류, 기타 잡화가 중심 상품이다. 이들 상품의 부산 내 판매는 주로 부산의 특약점이나 대리점 맡고, 생산회사의 지점도 적지 않았다. 한편 부산 내 생산품은 41개 점으로 전자에 비해 절반 정도이다. 부산 내 생산품들인데, 도자기류(일경도기), 세탁비누, 소금, 장유, 주물 솥, 청주, 타올 등으로 생산수준이 그다지 높지 않은 상품이 생산되고 이들 상품이 견본시에 출품되었다.[62] 이때는 일본경질도기주식회사를 제외하고는 그다지 대규모 공장의 생산품을 확인하기 어렵다. 당시 부산에서 거래되는 품목의 대부분은 여전히 부산보다 일본에서 생산된 공산품이 많았음을 알 수 있고, 일본 내 생산처와 특약점 혹은 대리점 계약을 통해 부산을 비롯해 조선 내 공급이 가능했던 것으로 보인다.

　1936년에는 41개 점이 도매, 14개 점이 제조 및 도매로 되어 있다. 즉 전자의 경우는 생산보다 유통에, 후자는 생산을 주로하면서 유통을 담당하는 경우였다. 전자는 과자류, 도자기, 맥주, 석유, 화장품 및 비누, 직물류를 생산회사의 특약점이나 대리점을 통하는 경우도 많았다. 후자는 도자기, 고무, 양조, 잡화 등이다.[63] 크게 보면 양 시기의 전시품에서 커다란 차이가 없으나 목재 수입과 주류 생산이 줄고 잡화가 늘었다.

　10년의 시간 공백에도 1925년과 1936년을 비교하면 모두 22개 점포가 유지되고 있다. 적지 않다고 생각되는데, 수이입품이 15개, 부산 생산이 7개로 전자의 비중이 높다.

　위 두 견본시를 통해 일본 생산품과 부산 생산품의 관계가 어떻게 변하는지 확인할 수 있다. 거래 품목은 일본에서 생산된 공산품이 중심이고, 부산 생산품은 이를 보조하는 차원이었다. 그리고 수입품과 부산 생산품은 중복되는 경우가 적었다. 부산의 대표적인 제조업체였던 조선방직, 일경도

---

62) 釜山商業會議所, 『月報』 第壹號, 1925, 1~6쪽.
63) 釜山商工會議所, 『第五會 釜山商品見本市案內書』, 1936, 11~24쪽.

기, 삼화고무를 대상으로 분석해 보면 다음과 같다. 이들 회사의 생산품인 면직물, 도자기, 고무제품은 수입과 부산 생산품 모두 확인할 수 있다. 일반적인 상품이 수입품과 부산 생산품 사이에 중복되는 경우가 없었던 것에 비해, 이 제품이 중복된다는 것은 수입품과 생산품 사이의 치열한 시장다툼을 보여주는 증거라 할 수 있다.

조선방직은 2회와 3회에 직접 회사이름을 내걸고 견본시에 참가하고 있으나,[64] 이후 자료에는 확인되지 않는다. 1회와 5회 자료에서 부산 생산품 가운데 면직물이 없는 것으로 보아 조선방직 생산품이 참가하지 않은 것으로 보인다. 그런데 견본시에 참가한 수입 섬유제품은 메리야스, 양말, 와이샤스 등 완제품이 대부분이고, 조선방직이 생산하던 면포와 면사류는 수입코너에서 전시되지 않았다. 부산 생산품의 위상을 확인할 수 있다.

도자기는 1회 때 수입상이 6개 업자들이었고, 부산 생산업자는 일경도기였다. 그런데 5회에서 흥미로운 사실이 확인되는데, 수입업자는 4개업자로 줄고, 부산 생산품의 판매는 '일본경질도기주식회사 부산판매소'가 담당하고 있다. 일경도기 본사가 영도 영선동에 위치했던 것에 비해 이 판매소는 본정(本町)에 위치한 것으로 보아 제조보다는 전문판매회사로 보인다.[65] 그런데 1회 때 수입도자기를 취급했던 삼호일(森虎一) 상점이 5회 때에는 일경도기 특약판매점으로 변신하고 있다. 즉 일경도기주식회사가 생산한 도자기 판매가 양쪽에서 진행되고 있다. 수입품을 취급했던 회사가 부산 생산품으로 거래처를 바꾸고 있음을 확인할 수 있다. 일경도기의 시장성은 영업세를 통해 확인할 수 있다. 일본경질도기는 1928년 306원에서 1935년 973원으로 대폭 증가하고 있는 반면, 대표적인 수입상이었던 비전상회(肥前商會)는 137원에서 28원으로 줄어들고 있다. 상품조달루트를 바꾼 삼호일은 31원으로 겨우 현상을 유지하고 있다.[66]

---

64) 『釜山日報』 1926년 11월 1일(3)7 ; 1930년 10월 6일(1)8.
65) 釜山商工會議所, 『第五回釜山商品見本市案內書』, 1936, 15쪽.
66) 釜山商業會議所, 『昭和三年會員名簿』, 1928, 80~81쪽과 釜山商工會議所, 『釜山商

고무제품 특히 고무신의 경우 1회에서는 4개 업체가 일본산 고무신을 전시하고 있으나, 부산 생산품은 없었다. 그런데 5회에 삼화고무가 고무제품을 출품했고, 반면 종전의 수입상들은 수입고무제품을 출품하지 않았다. 1회 고무신 출품자 즉 수입상 가운데 5회에도 이름을 올리고 있는 경우는 미창(米倉)고무공업소 부산지점의 미창청삼랑뿐이다. 그런데 이는 고무신 수입상에서 제조업으로 전환하고 있다. 즉 삼화고무주식회사를 설립해 영업세 1,695원의 대자본가로 성장하고 있다.[67]

부산 생산품이 점차 일본 수입품을 대체하고 있는 모습을 확인할 수 있다. 견본시가 부산 상공업자의 판로 확장을 목적으로 했기 때문이기도 하겠지만, 견본시가 부산의 공업화를 반영하고 있다. 이들 공산품은 생산회사가 직접 판매하기도 하겠지만 대부분 전문판매회사를 통해 유통시켰다. 그만큼 공업화의 진행은 도매상의 성장을 동반하게 된다.

거래 상품의 종류별 규모를 확인할 수 있는 자료는 그다지 많지 않다. 1930년 견본시에서 거래된 상품을 종류별로 보면 화학품 잡화 7만 6,648원 62전, 식량품 5만 3,390원11전, 고무신 4만 8,952원44전, 소주 1만 17○12원25전, 면사포 1만 2,686원91전, 당분(糖粉) 1만 2,661원52전, 도기 1만 1,825원24전, 금물(金物) 1만 370원 등의 순이다.[68] 화학품 잡화의 비중이 높다. 시기별로 편차는 있을 수 있지만 부산을 경유하는 상품의 특징을 헤아릴 수 있다.

견본시에서 팔려나간 상품은 주로 어디로 갔을까. 견본시를 열게 되면 주최 측에서는 전국의 부산 상품 주요 구매자에게 초청장을 보낸다. 초청장을 받은 구매자는 주최 측이 준비한 다양한 혜택을 받으면서 관람하고, 평소보다 낮은 가격으로 상품을 구매했다.

工案內』, 1935, 13쪽.
67) 釜山商工會議所, 『釜山商工案內』, 1935, 60쪽.
68) 『釜山日報』 1930년 11월 14일(3)4.

〈표 6〉 부산상품견본시 지역별 구매현황

도별	1925	1926	1930
경상남도	340,601	136,008.65	99,747.61
경상북도	36,136	42,880.69	57,478.01
전라남도	28,643	51,613.95	67,401.18
전라북도	15,798	8,097.21	16,966.19
충청남도	3,222	1,086.60	7,908.05
충청북도	1,643	767.70	4,091.11
강 원 도	40,040	39,591.30	20,187.62
경 기 도	4,950	2,605.00	2,897.51
황 해 도	635		1,139.40
함경남도	22,324	13,723.20	10,455.84
함경북도	27,234	23,252.50	24,720.15
평안남도	1,490	4,573	972.99
평안북도	300	2,600	4,977.93
기타	1,555	1,180.00(下關) 299.90(大阪) 580.00(廣島) 1,306.30(臺灣) 2,202.00(間島)	
합계	524,574	332,185.70	318,943.59

자료: 부산상업회의소, 『월보』 1호, 1925, 6쪽 ; 『월보』 20호, 1926, 4~5쪽 ; 『월보』 67호, 1930, 7쪽.

〈표 6〉에서 구매자의 출신지역과 관련된 자료는 세 차례의 자료밖에 확인하지 못하지만 이를 근거로 할 때 경상남도, 전라남도, 경상북도, 강원도, 함경남북도의 순이다. 부산의 상권과 관련해서 부산의 도매상이나 생산자에게 강하게 의존하는 지역이 견본시에서도 높은 실적을 나타내는 것으로 보이고, 반면 서울과 인천 주변 경기도, 황해도, 충청남북도는 인천항이라는 수입항과 서울, 경기지역의 상권이어서 부산과 상품거래가 적었다.

다음의 사료가 부산 상권의 중심인 경상남도, 전라남도와 부산의 상관관계를 잘 보여준다.

일반 상업발달의 과정은 모든 지방에서도 같은 모양으로 南鮮 內地人 상업도 현재로서는 각종 상품의 도소매 등 상당한 번영을 보기에 이르고, 마산, 진해, 진주, 통영, 하동, 순천, 여수, 벌교, 고흥 등은 모두 내지(일본) 상인의 발달을 이루고 있다. 그리고 그 거래상품은 이입에서는 外米, 肥料, 잡화 등 그 대부분을 점하고, 근래 마산, 여수 등에서 내지 직통항로 개통 이후는 해 지방에는 다소 내지 거래 증가의 경향을 보인다하더라도, 아직 부산상권을 침식하기에 이르지 않고, 이들 상품의 이입상황의 상세는 모두 각지 상황의 항목에서 서술하지만, 특히 罐詰, 세탁비누, 타올, 청주, 소주, 과자 등 부산에서 제조되는 것은 거의 전부 부산에서 구입되고 있다. 그러나 이에 특기해야 할 것은 전남서부에 이르러서 이입상품의 일부를 목포에서 공급받고 있는 것인데, 이는 地勢 上에서 어쩔 수 없는 것이다. 남선연안에서 부산과 목포상권 범위의 경계는 각 상품의 종류 차이에서 명확히 할 수 없고, 대체로 벌교, 고흥까지는 부산상권의 범위이고, 그 서쪽 보성, 장흥은 목포의 상권이 주로 그 이입상품의 위에 두드러지게 부산상권과 경쟁해서, 점차 이를 압도하고 있는 것 같다. 이것은 부산과 목포가 이들의 지방에 대해서 지리적 거리와 행상운임 제 비용 등에서 이해를 달리하기 때문이지만 부산으로서는 인위적 시설에 의해 목포 상권에 대항할 수 있는 지방까지는 상권의 신장을 기도해야 한다.[69]

부산을 중심으로 하는 남선 연안항로가 곧 상권과 직결되는데, 부산은 경상남도는 물론이고 전라도의 여수, 벌교, 고흥까지를 포함하고 있었다. 일본과 직항로가 개통되어 있던 부산, 목포, 인천, 진남포 등을 근거지로 하는 상권이 형성되고 있었음을 알 수 있다. 하지만 1920년대 중반을 접어들면서 마산과 여수의 직항로 개설이 부산 경제에 상당한 부담이었고, 이를 타개하기 위한 노력의 하나가 견본시 개최였다. 어쨌든 부산의 전통적인 상권에 포함되었던 지역의 구매가 많다는 것은 견본시 본래 기능을 회복시킬 수 있다는 점에서 부산 경제인들에게는 고무적이었다.

그리고 경상북도, 강원도, 함경남북도 등 동해안 지역에서도 구매가 많았

---

69) 부산상업회의소, 『월보』 30호, 1927년 9월, 15~16쪽.

다. 이곳이 전통적으로 부산의 상권이었음은 1939년 순회견본시가 강원도와 중앙선 연선을 대상으로 한 점에서도 잘 알 수 있다. 이곳의 동해안 항로가 기존의 상권을 유지해 왔으나 점차 일본과의 직거래와 육상교통, 즉 기차의 개통은 부산 상권에서 이탈하는 계기가 되었다.[70] 이러한 현상을 타개하기 위해 부산상공회의소가 1939년 3월 13~14일 동해선철도기성대회(東海線鐵道期成大會)를 개최하고 6월 13일부터 22일까지 포항, 강구, 울진, 죽변, 임원(臨院), 삼척, 묵호, 옥계, 강릉, 주문진, 속초, 고성, 대화, 평창, 영월, 제천, 단양, 영주 등을 시찰하면서 주로 기존 부산과의 관계가 축소되는 이유를 구체적으로 파악하고 있다.[71] 이런 점에서 이들 지역이 이전에는 해상교통망을 통해 부산의 상권에 포함되고 있었음을 보여준다.

이상에서와 같이 경상남도와 전라남도, 경상북도, 강원도 등 남해안과 동해안은 기존 연안 항로를 이용한 부산항의 상권에 편입된 지역이었음을 확인할 수 있고, 부산항의 적극적인 판매 전략은 이들의 구매력을 높이는데 일정한 역할을 했던 것으로 보인다. 하지만 이러한 판매 전략은 일시적이었기 때문에 1939년 동해선 철도건설을 추진하게 되었던 것으로 보인다.

그런데 중일전쟁 이후 전시경제로 들어가면서 일본에서부터 경제통제정책이 실시되었다. 이 통제정책은 얼마 뒤 조선에도 적용되는데 1937년 8월 폭리취체령의 개정, 같은 해 9월 수출입품 등 임시조치법의 시행, 1938년 10월 물품판매가격취체규칙의 제정, 같은 해 12월 경제경찰제도의 도입, 1939년 10월 9·18가격정지령 등, 물자통제·물가조정을 위한 정책 등이다.[72] 이러한 물자통제정책은 기존의 단체를 활용하기 때문에 상공회의소의 외형적인 모습은 그대로 유지되었다. 하지만 상품거래와 관계되는 활동은 거의 정지되고 물자통제와 관련된 단체의 활동을 주도해간다. 모든 물자의 유통이 일본과 총독부의 통제를 받게 되는데, 무역의 제한, 배급통제 및 소

---

70) 朝鮮郵船株式會社, 『朝鮮郵船株式會社貳拾年史』, 1937, 128쪽.
71) 부산상공회의소, 『부산상공회의소월보』 171호, 1939년 7월, 12~25쪽.
72) 柳沢遊·木村健二, 『戰時下アジアの日本經濟團體』, 日本經濟評論社, 2004, 96쪽.

비통제로 특히 중소상공업자의 타격이 커졌다.[73] 타개책의 한 방법으로 상공회의소는 중소상공업자를 상대로 하는 상공상담소를 개설해 운영하였다. 따라서 종래 자유로운 물자유통과 관련된 회의소 활동은 크게 제한받게 되었다.

Ⅳ. 맺음말

이상으로 상업[공]회의소 구성원의 변화와 부산상품견본시에 대해 검토해 보았다.

1916년 6월 그동안 조선인과 일본인이 각각 운영해오던 상업회의소는 통합되었다. 여기에는 조선인 통제와 일본인 상공인의 정치적 압력을 배제하고 민간단체를 장악하려는 총독부의 의도 때문이었다. 통합 회의소의 커다란 특징은 회원 자격이 영업세 10원 이상이었다는 점에서 회원이 대폭 증가했다는 점이다. 이 점이 그대로 반영되어 통합 당시 일본인 평의원은 주로 기존 미곡 혹은 해산상과 같은 수출무역상들 분위기에서 벗어나 업종이 다양해진다. 출마자의 지지단체는 업종별 조합이나 출신지역별 지지가 많아진다. 조선인은 5명이 참가할 수 있었고, 이 가운데 한 명은 부회두가 될 수 있었다.

이런 특징은 1920~1930년대 선거에서 새로운 모습을 보이는데, 구성원이 기존의 미곡상이나 해산물상들이 상대적으로 많기는 하지만 지지하는 조직 가운데 부산사상동맹회가 부각되고 있다. 1930년대는 여기에다가 당선자들 대부분은 상품별 조합의 조합장을 지내는 경우도 많았다. 부산의 공업화와 일본에서의 수입이 증가하고 있었던 경제사정의 반영이다.

한편 조선인 의원은 1910~1920년대에는 주로 객주, 구포(경남)은행, 지주들 중심의 무역회사 설립자들이었다. 구포은행과 무역회사 설립자들은 1920년

---

73) 『釜山日報』 1938년 10월 9일(7)1.

대 회사 운영난과 더불어 퇴장하지만 객주들은 1930년대까지도 계속 활동하고 있다. 1930년대는 해산상, 미곡상, 금전대부업자들이 대부분인데, 다소 친일적인 요소가 강했던 것으로 보인다.

이 시기 상업회의소의 활동 가운데 하나로 부산상품견본시를 분석해 보았다. 견본시 개최는 당시 위축되기 시작하던 부산의 상권을 확대하는 것이 가장 중요한 목적이었다. 견본시는 총 8회가 개최되었고, 출품자는 부산의 생산자와 도매상들로 제한되었으며, 판매방법 또한 도매뿐이었다.

전시품은 일본에서 들여온 상품이 약 2/3이었고, 부산 생산품이 1/3이었다. 상품의 내용은 공산품 중심이었고, 농산물이나 해산물은 없었다. 견본시에서 구매하는 상인들의 지역 기반은 경상남도, 전라남도, 경상북도, 강원도, 함경도였다. 이들 지역은 기존 연안항로를 기반으로 한 부산의 상권에 속했던 지역이다. 그런데 이들 지역은 일본과의 직항로 개통이나 서울, 경기지역과의 육로교통이 발달하면서 점차 부산 상권에서 이탈 조짐을 보이는 지역이기도 하다.

견본시는 일본 수입과 부산 생산품의 추이를 반영하고 있는데, 특히 부산에서 생산되던 도자기, 면직물, 고무신 등의 견본시 출품 형태는 부산 공업화가 견본시에 반영되는 모습을 잘 보여준다. 이들 품목은 초기에는 수입되어 출품되다가, 부산 생산이 본격화되자 수입을 대체하면서 새로운 전시품목으로 등장하였다. 그래서 그동안 수입을 담당하던 도매상들은 부산 상품으로 취급 품목을 변경하였는데, 그렇지 않으면 기존의 패턴에서 영업이익을 축소당하고 있었다.

상업(공)회의소 중심세력이 부산의 주요 생산자 혹은 도매상으로 변화하면서 이들의 기반과 어울리는 회의소 활동인 상품견본시 개최가 가능했던 것으로 보인다. 회의소 구성원과 그들의 직접적인 이해관계를 엿볼 수 있다.

〈별첨 1〉 일제강점기 상업(상공)회의소 일본인 의원

이름	1916.6	1918.4	1920.4	1922.4	1924.4	1926.4	1928.4	1930.4	1932.4	1935.7	1938.3	1941.6
迫間房太郎	○			●	●	●	●	●	●	●	●	
上田勝藏	○											
大池忠助	○	○	○	●	●	●	●					
中村俊松	○											
小宮萬次郎	○	○			○	○	○	○	○			
井谷義三郎	○		○	○				●	●			
武久捨吉	○	○	○									
水野巖	○	○	○		○	○	○	○	○			
下田騰士郎	○	○										
木下元次郎	○	○			○	○						
島末慶太	○											
香椎源太郎	○	○	○	○	○	○	○	○	○	●	●	
小玉玄三郎	○	○			○							
武田愛次	○											
山野秀一	○		○									
石原源三郎	○	○	○	○	○	○	○					
中村久藏	○	○										
石川侃一	○	○			○	○						
大黑酉松	○	○	○	○		○	○			○	○	
伊藤祐義	○	○	○	○								
前田好雄	○											
磯村武經	○	○										
那須藤三郎	○	○										
堤貞之	○	○	○	○	○	○	○					
中野强助	○	○										
福永政治郎	●	●	●									
大原庄太郎	●	●										
石井光雄	●											
石垣孝治	●											
宮地時彦	●											
山田惣七郎		○	○	○	○	○						
深見彦四郎		○										
山中芳太郎		○										
福島源次郎		○	○	○	○	○						
山本榮吉		○										
戶塚己之助		○		○								
豊原德次郎		○										

일제강점기 부산상업[공]회의소 구성원의 변화와 '釜山商品見本市'　249

小原爲	○		○	○	○	○			
野手耐	●								
岩中半六		○							
上杉古太郎		○	○						
阪田文吉	◎복귀			○					
中馬嘉助		○							
平野宗三郎		○	○						
伊藤庄之助		○	○	○	○				
正木力松		○							
品川德藏		○							
山崎貞太郎		○		○					
白垣善四郎		○							
淺野幸太郎		○	○	○	○	○	○		
宮(富?)原ㅠ二	◎복귀				○	○	○		
靑見粂藏	◎복귀								
松井房治郎		●	●						
古宇田巖		●	●	●					
石川八十郎		●							
東松太郎			○						
小谷勝吉			○						
大山儀一			○	○					
俵忠雄			○						
龜田捨吉			○						
石谷若松			○	○	○				
增永市松			○						
鳴尾淸太郎			○	○					
豊泉德治郎			○	○					
岡村正雄			●						
藤本英一			●						
豊田惣九郎				○	○				
澤山寅彦				○	○	○	○		
木村惣五郎				○	○				
近藤照治				○					
白石馬太郎				○					
穗積眞六郎				●					
宮崎又治郎				●	●	●			
堤永市				●					
堀井儀作				●					
古川國治				●	●	●			

이름										
中谷廣吉						○	○			
田口愛治						○	○			
淺谷長輔						○	○			
三好善輔						○				
內藤八藏						○	○			
東原嘉次郎						○	○	○	○	
後藤登丸						●	●	●		
山村正夫							○	○	○	
濱田惟怨							○			
立石良雄							○	○	○	○	○
池田祿次郎							○			
谷木喜代一							○			
五島誠助							○	○	○	○
西野爲作							○			
岩橋一郎							○	○	○	○
萩原三郎							●	●			
渡邊秀雄							●	●			
戎才吉							○	○		
山內善造							○	○		
赤坂正一							○	○		
三木孝一							○	○		
荒井彌一郎							○	○	○	
米倉淸三郎							○	○	○	○	○
谷本喜代一							○			
會原鶴太郎							○			
池尻伊七							○	○		
吉本貞平							○			
榊末吉							○	○		
若狹榮市							○	○	○	
西崎鶴司							●			
大橋正巳							●	●		
諸富鹿四郎							●			
寺島德實							●	●	●	
伏島信九郎							●			
中村高次								○	○	○	○
田端正平								○			
石原 香香								○	○	○	
西本榮一								○	○		
森虎一								○			

일제강점기 부산상업[공]회의소 구성원의 변화와 '釜山商品見本市'

성명										
植村久三郎							○	○	○	
西尾角藏							○	○		○
武久剛仁							○			
小池泉							●	●		
伊藤旺							●			
松尾己之介								○	○	
大島芳輔								○		
鹿田新								○		
五島伍郎								○	○	○
吉田久吉								○	○	○
山口守一								○		
今井莊重								○		
富吉繁一								○	○	○
伊藤茂一郎								○	○	○
松岡源次郎								○	○	
鈴木敏								●	●	
西尾角藏								○		
大庭巖									●	
兵頭儁									●	
東信助										○
秋山賴雄										○
(합)藤田石廣店										○
藤田富藏										○
井上長治										○
新開平七										○
石山五郎										○
石山明										○
今城又吉										○
末廣義人										○
梶川吉彦										○
神野清躬										○

자료: 田中麗水, 『全鮮商工會議所發達史』, 釜山日報社, 1936 ; 부산상업(공)회의소, 『월보』 각 월호.
참고: ○는 회의소 평의원, ●는 회의소 특별의원.

〈별첨 2〉 일제강점기 일본인 의원의 직업구성

이름	1928 업종	1928 영업세	1932 업종(설립연도)	1935 업종	1935 영업세
迫間房太郞	무역상 부산공동창고(주)(1913)	170.84	부산토지㈜(1931)		
上田勝藏	무역, 중매상				
大池忠助	무역, 여관, 주조 慶南繩叭(주)	90.00			
中村俊松	무역, 장유				
小宮萬次郞	繩叭 石粉도소매	17.40		繩叭	15
井谷義三郞	정미업 미곡도매	292.24	정곡정미소(1923) 부산곡물수이출조합(1926) 부산곡물상조합(1906) 부산정미업조합(1913)	미곡문옥 ○	128
武久捨吉	곡비료	92.86			
水野嚴	장유, 된장제조	19.11	수야장유양조(1904) 부산장유미쾌양조조합(1917)	부산미쾌장유상조합(1918) 보험대리	12
下田騰士郞	제일은행장				
木下元次郞					
島末慶太	목재 소매	30.00		목재	57
香椎源太郞	향추어장사무소 조선수산수출(주) 일본경질도기(주) 조선와사전기(주)	152.97 97.08 306.75 7,834.00	조선와사전기㈜ 조선수산주식회사(1919) 조선수출협회(1935) 조선수산물지나수출조합(1924) 일본경질도기(1918) 조선수산수출㈜(1922)	조선와사전기㈜ 조선수산주식회사 조선수출협회 조선수산물지나수출조합 일본경질도기	1919 1935 1924 1918
小玉玄三郞					
武田愛次					
山野秀一			산야흑연공업소(1927)	○	
石原源三郞	부산식량품(주)	325.43			
中村久藏	조선업	33.11	중촌조선철공소(1902)	○	
石川伋一	(합)석천정미소(1913)	182.88		○ 미곡문옥	30
大黑酉松	(합)대흑남해당(1920)	322.58			
伊藤祐義					
前田好雄					
磯村武經	우유소매	15.54		우유	10
那須藤三郞					
堤貞之	주류도소매	10.20			

일제강점기 부산상업[공]회의소 구성원의 변화와 '釜山商品見本市' 253

中野强助					
福永政治郎	고뢰합명회사 (방직, 1917)	1,841.03			
大原庄太郎					
石井光雄					
石垣孝治	조선기선(주)	820.64			
宮地時彦					
山田惣七郎	보험대리업	11.00		보험대리	11
深見彦四郎	정미업,미곡도매	97.41			
山中芳太郎	수산물 위탁 조선잠수기어업㈜ (1923)	144.56		해산문옥	66
福島源次郎	선구어구제조 도매	310.63	목도제망연사공장(1919) 부산선구상조합(1913) 부산공업구락부(1931)	○ ○ ○ 어망제조어구도매	572
山本榮吉	목재 세멘트도소	198.00		부산재목상조합 (1907) 재목, 세멘트도소매	242
戸塚己之助					
豊原德次郎					
小原爲	토목청부	52.00	(합)소원조(1931)		
野手耐					
岩中半六					
上杉古太郎	活牛문옥	151.73	부산이출우문옥조합 (1923)	부산이출우조합(1909) 부산선우중매조합 (1924) 활우문옥	219
阪田文吉					
中馬嘉助	중마합명회사				
平野宗三郎	福榮商會(제분)	500.00			
伊藤庄之助	(합)수곡상점 (해산물 문옥)	56.55			
正木力松					
品川德藏					
山崎貞太郎					
白垣善四郎	국제운수㈜지점	496.20			
淺野幸太郎	荒物, 雜貨	19.65			
富原研二	근등상점(잡화)	296.40	부산잡화상조합(1911)	○ 荒物소매, 보험대리	20
靑見粂藏	면사포도매	192.00			
松井房治郎					
古宇田嚴					

石川八十郎						
東松太郎	부산철공소	31.85	부산상사㈜-금융(1924) ㈜부산철공소(1928) 부산철공소조선소(1928) 釜山淸凉舍(1915) 동송제일제염공장(1911)	○ ○ 금전대부	21
小谷勝吉	미곡중매	10.00			
大山儀一	대산상사				
俵忠雄	미곡문옥, 재목	133.00		재목	121
龜田捨吉					
石谷若松				生魚	10
增永市松			증영양조소(1926)	○ 소주제조	565
鳴尾淸太郎	활우문옥	60.00			
豊泉德治郎					
岡村正雄	식료품 잡화소매	115.00			
藤本英一					
豊田惣九郎					
澤山寅彦	(주)택산상회(1925)			釜山艀船業組合(1925)	
木村惣五郎			부산モルタル공업(1928)		
近藤照治	활우문옥	31.41			
白石馬太郎	제염	55.25	백석제염소(1915)	○ 제염	84
穗積眞六郎					
宮崎又治郎					
堤永市					
堀井儀作					
古川國治					
中谷廣吉	토목청부	137.46			
田口愛治	재목도소매	36.47	田口대흑미쾌양조(1927) (합명)三田組(토목)(1928)	부산건축목공협회(1932)	
伏島信九郎					
中村高次	조선업			조선업	39
田端正平	금전대차, 부동산	10.00			
石原 香香	보험대리업		부산식량품㈜(1907)	보험대리	20
西本榮一	부산상선조(해운)				
森虎一	도기도소매	31.80	부산도자기상조합(1920)	○ 도자기 도매	31
植村久三郎	통관업	51.00		통관업	52
西尾角藏	(합)서미상점 (잡화상)(1931)	10.80	부산화장품조합(1928)	洋品잡화 ○	10
武久剛仁	米肥料		무구상사㈜(1931)		

일제강점기 부산상업[공]회의소 구성원의 변화와 '釜山商品見本市'　255

小池泉	부산세관장				
伊藤旺					
梁卿煥	해산위탁업				
松尾己之介	곡비, 미곡상	24.12			
大島芳輔	환오정미소(정미업)	95.75	釜山丸魚合資會社(1920) 환오정미소(1921)	植田食品罐詰工業所(1926) 釜山魚仲買組合(1916) 해산문옥	527
鹿田新	과자상	51.06	녹전신상점(음료)(1912) 釜山公同製稻組合(1920)	녹전신상점제과공장(1912) ○	155
五島伍郎	곡비 도 문옥	180.00		五島製飴所(1928)	273
吉田久吉	금물상	316.87	길전주물공장(1923) 길전바게츠공장(1913)	○ ○ 금물 주물 제조도매	405
山口守一	도기상			도자기도매	48
今井莊重	직물, 제복도소매	36.88		부산기성양복상조합(1932) 伊藤莊重 본점	80
富吉繁一	삼공정미소(1920)	138.73		미곡문옥	130
伊藤茂一郎	이등상회 (장유양조)	22.10		○	20
松岡源次郎	토목건축청부				
鈴木敏	부산철도사무소				
西尾角藏					
大庭巖					
兵頭儁					
東信助	제염업				
秋山賴雄	履物商				
(합)藤田石廣店	유류판매업				
藤田富藏	재목상				
井上長治	주류판매				
新開平七	선어상				
石山五郎	청과문옥				
石山明	잡화상				
今城又吉	해산상				
末廣義人	문옥				
梶川吉彦	기계상				
神野淸躬	전기기구				
淺谷長輔	정미업	110.70			
三好善輔					
內藤八藏	정미업	372.00	내등정미소(1921) 釜山糖粉商조합(1917) 釜山卸商同盟會(1921)	○ 당분도소매	590

東原嘉次郎	まつまつ상점 (식료품, 잡화도소)	283.16		조선맥주제품판매조합 (1930) 식료품 도매	586
後藤登丸					
山村正夫	金物도소매	42.00	부산신탁㈜(1920)	금물도소매	42
濱田惟怨	해산도매	90.00	조선수산물판매(1931)		
立石良雄	기름, 카바이트	496.00	ライ社釜山洋蠟 판매조합(1919) 부산석유상조합(1927) ㈜입석상점(석유)(1931)	○ ○ 釜山卸商同盟會(1921) 금전대부업	21
池田祿次郎	소간물소매 金貸	27.52	부산부동산신탁(1928)		
谷木喜代一			부산염업조합(1926)	○	
五島誠助	오도합명회사(미곡)	77.49	소화토지건물㈜(1929) 오도합명회사(1908)	부산곡물수이출동업조합 (1926) 신문광고	14
西野爲作	(합)산이정미소(1919) 해산도 문옥	113.00 137.64			
岩橋一郎	통관운송업	153.41		운송통관	187
萩原三郎					
渡邊秀雄					
戎才吉	조선제약㈜(약종제조 판매, 1925)	41.26		약종	44
山内善造	질옥업	19.46	부산질옥업조합(1924)	질옥	16
赤坂正一	새산문옥, 잡화	101.00	부산토지건물㈜(1931) 부산해산상조합(1913)		
三木孝一	미곡문옥, 잡화	159.30			
荒井彌一郎	제염, 해산상	175.44	황정제염소(1910) 釜山魚중매조합(1907)	○ 부산해산상조합(1909) 해산문옥	202
米倉清三郎	丸大고무공업㈜	194.84	환대メリヤス공장(1930) 환대호모공업㈜(1928) 환대ゴム㈜(1931)	삼화ゴム㈜1245공장 보험대리	1923~ 1930 14
谷本喜代一	제염, 원염	114.50	곡본제염소(1919)	제염	143
會原鶴太郎	토목청부	139.49			
池尻伊七	天狗屋製粉所(1919) (곡분, 과자원료)	13.72	부산과자상조합(1922)	○ 과자원료제조	70
吉本貞平	青物 仲立	20.00	부산식량품중매조합 (1907)	청과문옥	10
榊末吉	정미, 미곡도문옥	233.85	榊정미소(1915)		

若狹榮市	재목상		약협제재부산공장(1929) 약협제재영정공장(1925) 부산재목상조합(1914)	○ 금전대부		39
西崎鶴司						
大橋正巳						
諸富鹿四郞						
寺島德實	조선은행부산지점					

〈별첨 3〉 일제강점기 상업(상공)회의소 조선인 의원

이름	1916.6.	1918.4.	1920.4	1922.4	1924.4	1926.4	1928.4	1930.4	1932.7	1935.7	1938.7	1941.6
秋乃有	○											
李圭直 (경남은행)	○			●	●							
李圭正	◎	◎										
宋運用 (부산진일기포)	○											
尹元一	○											
尹大善		○				○	○					
金時龜		○	◎									
吳南根		○	○									
尹炳準		○										
文尙宇			○◇	◎	◎	◎						
李靑			○									
金準錫			○	○◇								
林駒生			●									
崔泰旭			●									
宋台觀			◇									
朴永禧				○								
崔浚				○								
吳浣植				○								
林喆鎬					○							
魚大成					○◇	●	●	●	●			
姜成文					○							
安命煥					○							
徐相灝						○						
金華植						○						
安熙濟						◎						
金斗珌							○	○	○			
金升泰							○◇					
崔浩成							○					
金璋泰							◎	◎	◎	◎	◎	◎
李秉熙							○◇	○◇		○		
梁卿煥							○	○	○◇	○		
金斗湊							○					
宋根實								○				
金聖浩									○			
朴順伯									○			
辛壽甲									○	○	○◇	
鄭箕斗									●			
金在根										○◇		

朴永周									○	
安周植										○
辛賢一										○
金明五										○
田寶璟										○
姜伯伊										○
金城德治										○◇

자료: 田中麗水, 『全鮮商工會議所發達史』, 釜山日報社, 1936, 부산편－41~51쪽.
참고: ◎는 부회두, ○는 平議員, ●는 特別議員, ◇는 常議員.

<별첨 4> 일제강점기 상업(상공)회의소 조선인 의원의 경제기반

이름	1910~1920		1928		1932		1935	
	상호	업종	업종	영업세	업종	영업세	업종	영업세
秋乃有	추내유상점	잡곡, 해산물무역	잡곡, 해산문옥	128.40	해산문옥	72.80		
李圭直	경남은행 두취							
李圭正	조선인상업회의소 회두		질옥	12.00				
宋運用	부산신탄(주) 감사	1923년 현재						
尹元一								
尹大善	윤대선상점	미곡, 해륙물산위탁매매	곡류, 잡화문옥	55.60	부산위탁업조합 해산문옥	10.00		
金時龜	백산무역(주), 주일상회 주주							
吳南根	오남근상점	해륙물산	해륙산물문옥	60.00	남선창고			
尹炳準	윤병준상점							
文尙宇	경남은행 전무							
李靑								
金準錫								
林駒生								
崔泰旭	태공상회 주일상회주주							
宋台觀	부산신탄(주) 송태정미소 조선주조(주)							
朴永禧								
崔浚	백산무역(주) 사장							
吳浣植								
林喆鎬			해륙산물문옥	33.50	해산문옥	36.00		41
魚大成			해륙산물문옥	10.00	미곡문옥	11.00		
姜成文	강성문상점	해륙물산 위탁업						
安命煥								
徐相灝	경남은행 상무							
金華植			해산문옥	68.00				
安熙濟	조선주조(주)	1919년	금전대부업	33.60				
金斗珌					곡물소매상조합 수정정미소	10.00		10
金升泰			정미업, 미곡도매	10.28				

崔浩成					해산문옥	38.00		
金璋泰			외미잡곡, 비료도	74.28	부산주조합자회사 (1931) 미곡	16.00	잡곡	12
李秉熙					협동인쇄합자회사 (1905)			
梁卿煥					해산문옥	27.00		42
金斗湊								
宋根實					송근실주조장 부산조선주양조조합	12.00		
金聖浩			미곡상				미곡 문옥	36
朴順伯	박순백상점	해산물	해산문옥	19.05	해산문옥	22.00	해산 문옥	140
辛壽甲			미곡소매	39.60	정미, 금전대부	37.20	미곡 문옥	67
鄭箕斗							미곡 문옥	187
金在根								
朴永周								
安周植							면포 상	
辛賢一							청부 업	
金明五							정미 업	
田寶璟							공업 원료	
姜伯伊							곡물 상	
金城德治							해산 상	

자료: 상업회의소, 『소화삼년 회원명부』, 1928 ; 『부산상공안내』 1932, 1935 ; 오미일, 『한국근대자본가연구』, 한울, 2002, 177쪽 ; 차철욱, 「구포」, 『지역과 역사』 9, 2001 ; 차철욱·김동철, 「근대 부산지역 금융관련 자료와 그 성격」, 『항도부산』 18, 2002.

〈별첨 5〉 상업(공)회의소 회원의 직업 구성(회원 10인 이상)

1928		1932		1935	
수출무역상	26	해산물상	61	해산	103
미곡잡곡판매상	25	토목, 건축청부	59	곡물	102
장유 판매상	23	백미소매상	55	금전대부	100
酒 판매상	21	잡화상	50	토목건축	78
酒양조업	20	금전대부업	46	주류	61
장유 제조업	16	질옥업	37	운송	55
和洋음식료품상	14	운송업	36	식료품	39
각종 중매업	13	면사포상	35	면사포	35
금물상	13	生魚상	31	잡화	35
재목상	11	미곡상	30	금물	28
청부업	11	정미업	30	재목	27
오복상	10	주류, 장류상	25	과자	27
한인향잡화상	10	금전대부주선	24	여관	27
		재목상	23	소채	23
		선구, 어구상	23	周旋	21
		과자상	23	약종	20
		식료품상	22	육류	16
		잡곡상	22	철공	15
		소채과실상	21	은행	15
		장유 미쾌제조	20	장유미쾌	14
		靴, 고무신상	18	석탄	14
		철공단야	18	船具	14
		금물상	17	오복	14
		오복상	16	종이	13
		종이, 문구상	15	소금	11
		干魚상	14	양복	11
		도자기	13	인쇄	11
		신탄, 연와	13	건축재료	10
		보험대리	12		
		소간물, 화장품	12		
		양복상	12		
		소금	11		
		은행업	10		
		회조업	10		
		조선업	10		
森田福太郎, 『釜山要覽』, 1912, 부록1-9쪽. 부록1-39쪽.		부산상업회의소, 『昭和三年 會員名簿』, 1928.		田中麗水, 『全鮮商工會議所發達史』, 釜山日報社, 1936, 부산부편 -71~72쪽.	

한말~일제시기 부산지역민의 기독교 수용과 사회참여

부산진교회와 초량교회 구성원을 중심으로

임 지 원

* 본 논문은 동아대학교 석당학술원 『석당논총』 제44집(2009.6)에 수록된 것을 수정·보완한 것임.

Ⅰ. 머리말

일제시기 한국사회에서 이루어진 독특한 현상 가운데 하나는 기독교와 민족주의와의 만남이었다. 즉 개신교라는 보편주의와 민족주의라는 특수주의가 일제의 식민지 상황 속에서 만나 서로 결합하고 맞물려갔다. 민족주의는 민족들 사이에 장벽을 세우며 그것을 정당화한다. 하지만 기독교는 이와 반대방향으로 작용해야만 한다.[1] 이 둘의 만남은 '기독교 민족주의'[2]를 형성하지만 본질적 차이로 인한 긴장이 항상 존재하기 마련이었다. 종교와 민족주의 사이의 이러한 잠재적인 갈등은 다른 문화를 지닌 다른 종족의 통치하에서 더 첨예화되는데 일제시기 민족주의에 참여한 많은 개신교인들이 이러한 갈등 속에 놓여 있었다.[3] 그러므로 일제시기 기독교 내부 구성원들의 사회적 성격과 사상을 파악하는 일은 기독교 민족주의 내 긴장 관계와 다양한 사상적 스펙트럼을 이해할 수 있는 출발이다.

일제시기 기독교 구성원들의 분석에 관한 연구는 당시의 민족운동 및 사상적 흐름과 관련하여 갖는 중요성에도 불구하고 종교라는 선입견으로 인해 일반학계에서는 간과되거나 소홀히 여겨져 왔으며, 특정 운동가 내지는 몇몇 기독교 지식인층에만 연구가 편중되어 있다.[4] 특히 지역적 측면에서

---

1) 케네스 M. 웰스, 김인수 옮김, *New God New Nation*, 한국장로교출판사, 1997, 8쪽.
2) 웰스는 기독교 민족주의를 '자아개조 민족주의(self-reconstruction nationalism)' 또는 '윤리적 민족주의(ethical nationalism)'로 보고, 조선의 다른 민족주의 운동의 정서, 목적, 수단과는 차이가 있다고 주장한다(위의 책, 8쪽).
3) 위의 책, 8쪽. 웰스의 이론에 대해서 박정신, 『한국기독교사 인식』, 혜안, 2004년, 17쪽에서도 다루고 있다. 웰스는 민족주의에 참여한 많은 개신교인들이 경험한 갈등, 즉 그들이 가진 신앙의 보편적인 성격과 민족주의의 특별한 요구들 사이의 갈등은 우리에게 민족주의란 본질적으로 무엇인가 하는 문제를 제기한다고 말한다. 그리고 민족주의와 보편적 종교가 만났을 때 다시 말해서 식민시대의 착취나 야만적 통치에 반대해야 할 때 이 둘의 비판의 목적은 같아도 수단에서는 서로 다를 수 있으면 또한 이 둘의 목적과 수단 모두에서 다를 수 있다고 주장한다.
4) 윤치호, 이승만, 안창호, 조만식 등과 같은 민족운동에 큰 업적을 남긴 지도자들의

살펴보면 평양지역에서 기독교를 수용하여 성장한 '자립적 중산층'세력에 관한 연구가 대부분 주를 이루고 있다.5) 따라서 평양지역의 기독교 수용배경과 사회사적 맥락, 이 지역 기독교인들의 사회·경제적 성향 등에 관해서는 어느 정도 규명되어진 실정이다. 반면 평양 이외의 지역으로는 서울지역에 관련한 몇몇 연구들밖에 없다.6) 이러한 평양과 서울지역에 해당하는 기독교인들만 가지고서는 일제시기 전 조선에 미친 기독교의 영향과 다양한 기독교인들의 사상 및 활동을 이해할 수 없다. 또한 일제시기 기독교의 성장은 지역에 따라 다른 결과를 가지는데 한정된 지역만 연구해서는 지역적 차이와 비교요인을 밝혀낼 수 없다.

부산은 일제 식민지시기를 통해서 근대 도시로 발달하였으며 한국 최초의 거주 선교사였던 알렌을 비롯한 미국, 호주, 캐나다 등 구미의 선교사들이 입항했던 첫 항구였고, 1876년 개항 이후 의주와 더불어 기독교와의 접촉이 빨랐던 도시였다. 이런 점에서 부산은 비록 교세 면에 있어서는 관서지방이나 서울지방에 못 미치는 것일 수 있으나, 기독교 수용과 관련해서

사상과 의식 또한 이들이 주도한 독립협회, 신민회, 3·1운동, 물산장려운동 등과 같은 연구들이 주를 이룬다.

5) 평양지역 기독교에 관한 연구로는 김상태, 「평안도 기독교세력과 친미엘리트의 형성」, 『역사비평』 45, 역사문제연구소, 1998 ; 이광린, 「평양과 기독교」, 『한국기독교와 역사』 10, 한국기독교역사연구소, 1999 ; 강명숙, 『일제하 한국 기독교인들의 사회 경제사상』, 백산, 1999 ; 장규식, 『일제하 한국 기독교민족주의 연구』, 혜안, 2001 ; 윤경로, 『105인사건과 신민회 연구』, 일지사, 1990 ; 서정민, 「평안도지역 기독교사의 개관」, 『한국기독교와 역사』 3, 1994 ; 신광철, 「황해도지역 교회의 역사」, 『한국기독교와 역사』 3, 1994 ; 김윤성, 「함경도지역 교회사」, 『한국기독교와 역사』 3, 1994 등이 있다.

6) 서울지역 기독교에 관한 연구로는 김권정, 「초기 기독교수용과 사회변동-서울지역의 홍문동교회를 중심으로」, 홍경만교수정년기념한국사학논총간행위원회, 2002 ; 최병택, 「1925~1935년 서울지역 기독교세력의 사회운동과 그 귀결」, 『한국사론』 45, 서울대 국사학과, 2001 ; 윤경로, 「서울지역 개신교 교회창립 경위와 교인의 신앙양태 및 사회·경제적 성향-새문안교회를 중심으로」, 『서울학연구』 12, 1999 등이 있다.

는 일제시기 종교와 민족주의와의 관계 혹은 영향을 살펴보기에 적합한 조건을 지닌 중요한 지역이라 할 수 있다.

특히 일제의 지배뿐 아니라 부산은 왜관이 자리 잡고 있던 탓에 일본인의 출입이 잦았고, 일제의 의한 근대적 도시의 변용을 겪은 지역이었다. 따라서 식민지 지배 아래서의 기독교인들의 종교와 민족주의 사이의 긴장관계를 부산이라는 지역적 창을 통해 살펴보는 것은 의미 있는 일일 것이다.

특히 사례로 선정한 두 교회는 일제시기에 부산지역을 비롯 한강 이남의 지역들 가운데서 가장 먼저 세워진 교회이며 현재까지도 이어져 오고 있기에 연구대상으로 적합하다고 여겨진다.

부산의 기독교 수용과 부산지역 기독교 내 구성원에 대해 본격적으로 다루고 있는 연구는 거의 없다. 부산지역 기독교와 관련해서 1960년대 김의환[7]의 연구와 최근 이상규[8]의 연구가 유일하다. 그러나 이들의 연구는 부산지역 기독교사 연구의 단초를 열었다는 점에서는 의의가 있지만 전래사 중심의 연대기적 사실들을 기술하는 것에 머물고 있다. 주로 서술 내용이 선교사들의 도래, 선교사들 소개, 선교 개시, 교회의 확장, 교육과 의료 활동, 제도의 변화들을 고찰하는 정도이므로 당시 부산지역에서 기독교를 수용한 사람들의 성향과 교인들의 지역사회 속에서의 구체적 모습을 밝히기에는 한계가 있다.

이에 본고에서는 기존 연구의 한계를 인식하고 부산지역을 중심으로 한말부터 일제시기 부산지역 교회 구성원 분석에 초점을 맞추고자 한다. 그리하여 이 지역 기독교 내부 구성원의 특성을 지역적 배경과 관련하여 고

---

7) 김의환, 「釜山의 基督敎(新敎) 布敎考」, 『항도부산』 2, 부산시사편찬위원회, 1963. 이 글에서는 부산에서의 기독교 모습을 1930년을 기점으로 전후를 나누어 살피고 있다. 또한 일제시기뿐 아니라 해방 후의 모습까지 고찰하고 있다. 특히 日人新敎派의 부산포교 문제를 다루면서 그 종교적 침략성에 대해 서술하고 있다.
8) 이상규, 「부산지방 기독교 전래사」, 『한국기독교와 역사』 3, 한국기독교역사연구소, 1994 ; 「부산지방에서 기독교의 전래와 교육, 의료 활동」, 『항도부산』 11, 1994 ; 『부산지방 기독교 전래사』, 글마당, 2001.

찰하고 이들의 지역사회 활동 모습에 주목하고자 한다.

본 연구를 위해 한국 최초의 개신교 교회인 황해도 소래교회와 서울의 최초 조직교회9)인 새문안교회 다음으로 한강 이남에서 가장 오래된 두 교회, 부산진교회와 초량교회 교인들을 중심으로 분석하고자 한다.

이상과 같은 연구 목표를 달성하기 위해 당시 이 지역 교회의 구성원에 대해 기록해 놓은 초량교회와 부산진교회의 『生命錄』10)과 『堂會錄』11) 그

---

9) 한국 최초의 개신교 교회는 1885년경 황해도 소래(松川)에 세워진 소래교회이나 이 교회는 조직교회로 출발하지 못했다. '조직교회'라 함은 교회의 운영과 관리권을 갖고 있는 당회가 조직된 교회를 말하는데 당회는 교회 소속 목사와 교인 가운데 선임된 장로로 구성된다. 새문안교회는 1887년 9월 27일 교회 창립일에 2인의 장로를 선임함으로써 당회가 결성되었기 때문에 한국 최초의 조직교회라 지칭된다(윤경로, 『새문안교회 100년사』, 1995, 94~95쪽).

10) 『生命錄』은 일제시기 해당 교회 교인으로 등록한 사람들에 관한 기록을 적은 명부이다. 초량교회 『生命錄』은 1900~1922년까지의 기록을 한 권에 모아 기록해 놓았고, 1920년대부터 1941년까지의 교인들의 학습·세례기록을 기록한 명부도 소장하고 있다. 본 논문에서는 1922까지만 기록되어 있는 『生命錄』만을 자료로 사용하였다. 부산진교회는 1895~1940년까지의 해당하는 교인기록을 작성하여 한 권으로 모아놓았다. 두 교회 모두 1922년에 『生命錄』을 만든 것으로 여겨지며 한 번에 작성된 것이 아니라 그때그때 기록한 것으로 보인다. 두 교회 『生命錄』의 기록형태는 비슷하다. 교인들을 학습인과 세례인으로 구분하여 기록해 놓았고 교인의 이름, 나이, 거주지, 직업, 세례일, 가족관계, 이명사항이나 책벌 여부 등에 대해 기록해 놓았다. 한글과 한문을 혼용해서 기록해 놓았으며 교인들에 관해 소상하게 적어두었으나 필체가 뚜렷하지 않아 내용을 인식하는 데에 어려움이 있다.

11) 당회는 교회 소속 목사와 교인 가운데 선임된 장로로 구성되어 개교회의 교회 행정과 교인들의 관리와 치리권을 갖는 교회 최고 감독기관인데 당회에서 회의한 내용을 기록해 놓은 것이 『堂會錄』이다. 『堂會錄』에는 학습 또는 세례 받는 교인들의 관한 내용과 성찬일, 성찬 참여자 수, 교인들의 이명사항과 책벌사항 등에 관하여 기록되어 있다. 두 교회가 소장하고 있는 『堂會錄』은 각각 초량교회 2권, 부산진교회 1권이 있다. 초량교회 『堂會錄』은 「부산부영주동당회 회록」이라는 이름으로 1917년 5월 6일~1923년 10월 6일까지의 회의를 기록해놓은 것 하나와 1926년 1월~1934년 5월까지의 회의 내용을 기록해놓은 명부까지 총 2권의 『堂會錄』을 소장하고 있다. 한편, 부산진교회의 『堂會錄』은 1904년 5월을 시작으로 1920년 6월까지 총 155회까지의 내용이 기록되어 있다. 이는 한국교회가 보존하고 있는 『堂會錄』들 가운데 가장 이른 시기에 해당하는 회의 내용이 기록된 것을 소장하고

리고 초량교회 건물을 신축할 당시 지원금을 낸 사람들의 명단을 기록해놓은 『禮拜堂新築義捐金帳簿』[12]를 주요한 자료로 사용하였다. 이들 자료를 통해 당시 교인들의 연령, 거주지, 직업, 가족관계, 활동 등을 분석하여 기록 내 구성원이 속한 교회의 특성과 성향을 파악할 수 있을 것이다. 이렇게 지역사 연구에 교회사 자료를 활용함으로써 이전까지의 연구에서는 거론되지 않았던 지역인물들의 종교적 행적을 고찰하고 당시 이들의 사회활동이나 민족운동의 사상적 기반을 강조하고자 한다.

본고의 구성은 다음과 같다. 첫째, 부산지역에 초기 기독교가 수용되는 배경과 함께 이 지역 기독교인들의 분포 양상을 연령별, 남녀별, 지역별로 나누어서 살펴본다. 둘째, 두 교회 교인들의 직업을 통해 당시 부산지역 교인들의 사회적 기반과 계층구성을 파악해 보고자 한다. 또한 당시 부산지역이 일제의 의해 근대적 도시로 변모해가는 과정 속에서 교회가 위치한 지역이 갖는 의미를 고찰한다. 셋째, 교인 명부에 기재된 사람들 중에 당시 부산지역에서 상업 활동을 한 자본가 계층이나 청년단체에서 활동한 사람들이 있는지 이름을 통해 추적해보고 지역사회에서 활동한 교인들을 중심으로 이들의 사회적 활동을 고찰한다. 그리고 이들의 사회 활동이나 민족운동에 종교적 역할은 무엇이었고 민족주의와 종교 관계의 이음새는 어떠했는지 살펴보고자 한다.

여태껏 각 교회들이 소장하고 있던 위와 같은 자료들이 공개되지 않아 이 지역 기독교사 연구에 어려움이 있었지만 본 연구에 자료를 활용할 수 있다.

---

[12] 『禮拜堂新築義捐金帳簿』은 1921년 당시 교회를 현대식 양옥 건물로 신축하기 위해 건축기금을 모으고자 하여 1920년에 작성된 초량교회 건축기금 관련 장부이다. 건축기금을 낸 사람들의 이름과 주소, 액수에 관하여 소상히 기록되어 있다. 이 장부를 통하여 이 지역에서 활동하는 자본가 계층의 사람들이 교회의 교인이 아님에도 불구하고 건축기금을 낸 것을 확인할 수 있다. 또 이 장부에는 1925년부터 교회행사에 참여한 인원에 관한 총계보고와 교회 예산에 관한 기록이 같이 적혀있다.

있게 되었다. 이로써 일제시기 부산지역 기독교인들의 모습을 규명하는 데 한 걸음 나아가고자 한다. 이러한 연구는 부산지역 민족운동의 주체와 사상적 배경을 이해하는데도 도움이 될 것이다.

Ⅱ. 기독교 수용과 분포 양상

한국에서의 교회 성장은 지역적 특성에 따라 상이한 차이를 나타낸다. 대표적으로 기독교 교세의 증가에서 두각을 나타내었던 관서지방의 경우 진취적이고 개방적인 지리적 조건과 밀접한 연관성이 있었다.[13]

부산은 1876년 개항 이래 초량왜관이라 불렸던 용두산 주위의 약 11만 평의 왜관터가 일본인이 관리하면서 거주하는 거류지로 설정되면서 다른 지역에 비해 거주하는 일본인이 월등히 많았다. 1890년대 초 부산거주 일본인의 수를 보면 약 5천 명에 달하였고, 조선으로 들어오는 상인을 비롯한 일본인들과 일자리를 찾아 일본으로 건너가는 조선인 노동자들로 이 지역은 유랑민이 많은 지역이었다. 이러한 지역 분위기는 기독교 수용과정에도 영향을 미쳤으리라 여겨진다. 1902년 당시 평양지역의 수세자[14]는 3,781명인 것에 비해 경상지역은 244명에 불구하였는데 이는 평양지역의 교세에 훨씬 못 미치는 정도의 수준이다.[15] 이렇듯 부산은 다른 지역에 비해 교세가 약한 편이었다. 단적인 예로 한국 최초의 개신교 선교사인 알렌의 경우 조선에 올 당시 부산지방 선교를 고려하였지만 결국 적절한 거처를 구하지 못해 서울에 상주하게 된 사실만 보아도 이 지역의 분위기가 기독교수용에

---

13) 이광린, 「開化期 關西地方과 改新敎」, 『한국기독교 연구논총』 1, 1983.
14) 수세자는 교회에서 세례 받은 자를 말하며, 세례 받는 것은 교회의 회원이 된다는 것을 뜻한다. 그러므로 첫 세례는 그 지방의 교회 설립과 기원에 중요한 단서를 제공한다.
15) 이상규, 앞의 책, 1994, 134쪽 〈표 3〉 참조.

영향을 미치고 있었음을 알 수 있다.16) 김의환의 글에서도 알렌이 부산지역을 "倭色一色지역에다 유랑민이 많은 지역"이라 선교후보지로 적당하지 않다고 여겼다는 것을 언급하고 있다.17)

이러한 지역적 분위기 탓에 개항기 부산에 유입되었던 각종 종교단체들 가운데 기독교회 계통으로 살펴보면 일본기독교부산전도교회(日本基督敎 釜山傳道敎會, 1904), 부산성공회(釜山聖公會, 1905), 천주교 공회(天主敎 公會, 1914), 일본멘체스트 부산교회(日本멘체스트 釜山敎會, 1913) 등의 일본 기독교 계통의 교파들이 더러 있었다. 그러나 이들 교회는 부산에 이식한 자국민들을 대상으로 한 교회였다.18) 반면 부산에 있어 초창기 기독교 교회들은 전부 장로교 계통이었는데 사례로 선정한 미국, 호주의 선교사들이 세운 초량교회와 부산진교회도 마찬가지였다. 앞서 일본기독교 계통의 교회와 달리 장로교 계통의 교회들은 조선인들을 대상으로 하는 교회였다. 한편 기독교사 연구에 중요한 자료인『조선예수교장로회사기』를 보면 당시 초창기 부산에는 부산진교회와 초량교회 외에도 영선동교회(1913),19) 항서교회(1905)20)가 세워졌고, 동래지역으로는 수안교회(1903)21)가 설립되었

---

16) 백낙준,『韓國改新敎史』, 延世大學校 出版部, 1991, 217쪽.
17) 김의환, 앞의 글, 1963, 306쪽.
18) 최인택,「개항기 오쿠무라 엔신의 조선포교 활동과 이동인」,『부산의 도시형성과 일본인들』, 선인, 2008, 50쪽 ; 같은 책, 375쪽. 이 책에서는 1916년 10월 11일 부산 갑인회(甲寅會)에서 발행한『日鮮通交史』의「제8장 종교」부분을 자료로 싣고 있다. 여기서 1910년대 초 부산의 정치, 경제, 사회, 문화 실정을 확인할 수 있는 중요한 자료라고 소개하고 있다. 이 자료를 통해 1916년 당시 부산의 종교시설에 대해 상세히 알 수 있는데 신사와 사원, 기독교회로 나누어 위치와 연혁, 구체적인 포교활동 등을 기록해 놓고 있다고 소개한다. 한 가지 사실은 이 자료에서는 초량교회는 米國一致敎會 傳道所, 부산진교회는 濠洲一致敎會 傳道所로 표기되어 있다.
19) 영선동교회는 오늘날의 제일영도교회이다. 한국교회사학회가 엮어낸『조선예수교 장로회사기 하권』에는 1913년에 영선동교회 당회가 성립되었다고 기록되어져 있다. 그러나 제일영도교회는 최초 교회 설립일을 본 교회 당회록에 근거하여 1896년을 교회 설립일자로 내세우고 있다(제일영도교회,『제일영도교회 100년사』, 1997을 참조하였다).

던 것으로 기록되어져 있다. 그러나 1912년 부산상업회의소가 발간한 『부산요람』의 종교시설편에는 초량교회와 부산진교회에 관하여는 기록되어져 있는 반면에 이들 세 교회와 관련된 내용은 기록되어져 있지 않다. 아마 당시 부산지역 내 기독교교세는 초량·부산진지역이 가장 왕성했던 모양이다.

1876년 개항으로 알렌을 비롯하여 미국, 호주, 캐나다 등 구미의 선교사들이 부산을 통해 입항하였지만 부산거주 선교사로써 부산지역 기독교수용에 영향을 미친 것은 1891년경부터였다. 1891년 미국 북 장로교 선교사 베어드(William M. Baird)는 영선현(瀛仙峴)[22]의 '세필지의 땅'을 '외국인 거주지'란 이름으로 매입하게 되었다.[23] 또한 부산에 도착한 호주 선교사들이 처음에는 일본인 거주지역에서 살았으나 이후 1893년 호주 선교사 멕카이(Rev. J. Mackay)가 초량지역에 땅을 확보하게 되었고, 멘지스(Miss Belle Menzies)·페리(Miss Jean Perry) 등의 호주 여 선교사들 또한 1892년경 부산진에 한옥과 땅을 매입하게 되었다.[24] 이로써 초량과 부산진 이 두 지역은 대표적인 조선인 거주지로 부산지역 기독교 수용의 거점으로 자리 잡게 되었다.[25] 이에 선교지 분할 협정에 따라 1913년 미국 북 장로교 선교부가 철

---

20) 오늘날까지 이어져오고 있으며, 부산 서구 부용동에 위치해 있다.
21) 당시에는 부산부와 동래부는 다른 관할지역이었음으로 대게 초량교회, 부산진교회, 영선동교회, 자갈치교회를 부산의 4대 교회라 불렀다.
22) 지금의 대청동과 영주동 사이의 고갯 길터(일명 영선고개)인 이곳을 영서현(暎曙峴)이라고도 한다. 영주동 부산터널 입구 3거리－코모도 호텔 앞－메리놀병원 앞－카톨릭센터－대청로－국제시장 입구 4거리로 이어지는 고갯길이 영선고개였다 (『초량교회 80년사』, 1972, 81쪽 ; 이상규, 앞의 책, 1994, 58쪽).
23) 초량교회, 『초량교회 100년사』, 1994, 56쪽.
24) 이상규, 앞의 책, 1994, 64쪽.
25) 현재까지도 초량교회와 부산진교회의 설립연도를 놓고 많은 논란이 있다. 초량교회는 1892년을 설립일로 삼고 있고, 부산진교회는 그동안 1901년에 설립된 것으로 알고 있었으나 매켄지선교사의 표창장이 발견되어 근년에 와서는 「대한예수교 장로회 사기」에서 기록된 1901년에 설립된 것이 아니라, 그보다 10년 앞선 1891년에 설립되었다고 주장하고 있다. 이러한 설립연도는 부산지방 교회설립의 기원에 관한 중요한 문제이다. 그러므로 두 교회 설립연도는 보다 폭넓은 검토가 있어야 한

수하기까지 초량지역은 북 장로교 선교부가 담당하였고, 부산진지역은 호주 선교부 관할 아래 있었다.

한편 일제시기 부산지역은 일본인 거류지를 중심으로 그들의 필요에 의해[26] 근대적 도시로 변모해가면서 일본인과 조선인의 거주지역이 구별되는 현상이 있었다. 이로써 교회가 세워진 초량과 부산진지역은 조선인 밀집지역이자 부산의 빈민지역이기도 하였다.[27] 그리하여 기독교 수용에 있어서 일정 수준의 경제력을 갖춘 상인들이 중요한 역할을 하였던 관서지방과 비교해 보았을 때 다른 지역에 비해 일본인이 많이 거주하고 조선인의 열악했던 생활수준은 이 지역 기독교 수용이 미진할 수밖에 없는 또 하나의 요인으로 작용하였으리라 생각한다.

1894년 부산지역에서 첫 수세자가 생겨난 이후부터는 점차 교인의 수가 증가해나갔다.[28] 1904년 부산지역 처음으로 부산진교회에서 교회운영과 행정 및 교인들을 관리하는 교회 최고 의결기관인 당회가 결성되었는데[29] 당회가 조직된 이후 행한 일은 교인들에게 세례를 행하는 일이었다. 이를 통해 당회가 조직되던 당시 부산에서도 많은 사람들이 세례식에 몰려왔음을

다. 단, 여기에서는 설립연도의 문제는 다루지 않기로 하겠다.
26) 부산항은 곧바로 부산역과 잇닿아 있어 육상운송체계와 해상운수체계가 직접 맞물리는 입지조건을 가지고 있었다. 1905년에 경부선이 개통되고 1908년에는 신의주-부산 사이의 직통열차가 개통됨으로써 조선뿐 아니라 대륙 침탈을 위한 교두보로서 그 중요성이 높아짐에 따라 일제는 자신들의 정치적·군사적·경제적 필요에 발맞추어 서둘러 부산항을 개발했다. 부산항의 개발에 대해서는 김의환, 『釜山近代都市形成史硏究』, 硏文出版社, 1973 참고.
27) 『東亞日報』 1932년 6월 21일 ; 1933년 3월 28일.
28) 한국인으로서의 첫 세례는 알렌이 입국하기 5년 전인 1879년에 만주지방에서 존 로스와 맥킨 타이어 선교사에 의해 백홍준, 이응찬, 이성하, 김진기 등에게 행해졌고 국내에서의 첫 세례는 언더우드 선교사에 의해 1886년에 노춘경이라는 사람에게 행해졌다. 부산지방에서 첫 세례식이 거행된 것은 1894년 4월 22일이었다. 이때의 첫 수세자는 심상현(沈相炫), 이도념(李道恬), 귀주(貴珠), 성 미상)이었다 (이상규, 앞의 책, 1994, 주 103), 104) 참조).
29) 『堂會錄』, 釜山鎭敎會, 1904.

알 수 있다.

> 사람들이 오래 기다려온 날이었으나, 그들도 이렇게 많은 사람이 세례 받을 줄은 상상하지 못하였다. 처음에는 대략 25명 정도가 세례 받을 것으로 예상했으나 명부가 작성되면서 그 숫자가 점점 늘어나 41명의 어른과 27명의 어린이에 이르렀다.[30]

대게 1900년대 이전까지 한국교회는 주로 교인을 모으기에 주력하였으나 이후부터는 몰려오는 교인들을 선별하기 시작하였다. 말하자면 교인들에 대한 자격과 규제의 필요성이 생겨난 것이다. 즉 세례문답식이라는 절차를 통해 교인 선별 작업에 틀이 잡혀 갔던 것이다. 특히 무단통치시기에는 종교적 보호벽이 필요한 자들이 교회로 많이 몰려들기도 하였는데 이때 신앙의 정도에 따라 교인을 구분하는 작업이 중요하게 행해졌다. 교회 내에서는 문답을 통해 세례를 받을 만한 신앙을 갖고 있다고 판단된 교인들에게만 '세례인'의 자격이 주어졌고, 아직 세례를 받기에는 미흡하나 교인으로서 인정할 만한 사람을 '학습인'으로 구분하였다.

1900년대 이후 증가한 부산지역 기독교 수용자들의 연령층의 양상을 살펴보자. 〈표 1〉은 1900년대부터 1940년까지의 부산진교회와 초량교회 교인들 중 10대부터 60대 이상까지의 세례인을 대상으로 연령분포를 나타낸 것이다. 이를 통해 연도에 따른 연령층의 변화를 볼 수 있다.

---

30) 왕길지(G. Engel) 목사의 1901년 2월 10일자 일기이다. 부산진교회, 『부산진교회 100년사』, 89쪽.

〈표 1〉 1900~1940년까지의 부산진교회 · 초량교회의 연령분포(단위: 名)

	1900년대		1910년대		1920년대		1930년대		1940년	
	부산진	초량	부산진	초량	부산진	초량	부산진	초량	부산진	초량
10대	4	2	16	11	47	14	47		11	
20대	5	2	16	8	40	7	35		2	
30대	8	3	13	2	15	4	8		2	
40대	7	5	13	4	15	7	19		1	
50대	3	1	1	5	15	1	17		4	
60대	3		6		7	1	1		1	

* 출전: 『釜山鎭教會生命錄』, 『草梁教會生命錄』.
* 비고: 나이가 기록되어져 있는 교인들만을 대상으로 표를 작성한 것이므로 출석교인 수와는 상관없다. 초량교회 생명록은 1922년까지의 기록만 확인할 수 있어서 1920년대의 교인 수는 사실상 1922년까지의 수치를 나타낸 것이다. 또 1900년대부터 1930년대와는 달리 1940년의 수치는 해당년도의 한해의 수치만을 표기한 것이다.
* 각각 10년대로 나눠서 매년마다의 수치를 합한 것을 표기한 것이다.

당시 부산지역 교인의 연령층이 10대부터 60대까지 다양하게 존재하였다. 〈표 1〉에 나타난 1900년대는 교인의 수가 많지 않지만 연령대별로 교인수가 고르게 분포되어 있다. 이후 1910년대부터는 수적으로 특정 연령대가 점차 우세하였다. 즉, 10대 · 20대의 젊은층 교인이 점차 늘어갔던 것이다. 초량교회의 경우는 1922년까지의 기록이지만 마찬가지로 20대 미만의 교인이 다른 연령대에 비해 증가했음을 보여준다. 오늘날에 비해서 젊은 교인들이 대다수인 것을 알 수 있다.

다음 〈표 2〉는 당시 교인들의 남녀 비율이다. 1900~1940년까지 부산진교회 세례교인들의 연령별 남녀비율을 나타낸 것이다. 전체적으로 볼 때 남자에 비해 여자의 비율이 더 높은 것을 알 수 있는데 이는 일반적인 인식처럼 기독교의 수용이 남자들보다 과부나 여자들에게 더 용의했었음을 부산진교회를 통해서도 동일하게 엿볼 수 있다.

〈표 2〉 1900~1940년 부산진교회 세례교인의 남녀비율(단위: 名)

	1900년대			1910년대			1920년대			1930년대			1940년		
	남	여	계	남	여	계	남	여	계	남	여	계	남	여	계
10대	1	1	2	6	7	13	13	24	37	6	20	26	5	6	11
20대	2	1	3	2	9	11	7	16	23	8	20	28		2	2
30대	1	5	6	4	7	11	9	9	18	3	4	7		2	2
40대	1	3	4	2	7	9	3	11	14	4	11	15		1	1
50대		2	2				1	13	14	5	12	17	2	2	4
60대					2	2	2	4	6	1	4	5		1	1
70대		1	1	1	1	2		8	8						
80대								1	1						
연령 미표기		1	1	8	8	16	10	21	31	2	8	10	1		
계	5	15	20	23	43	66	37	103	140	29	79	108	8	14	22
성별 미표기	13			23			48			38					
총 세례교인	33			89			188			146			22		

* 출전: 『釜山鎭敎會生命錄』.
* 각각 10년대로 나눠서 매년마다의 수치를 합한 것을 표기한 것이다. 단, 1900년대부터 1930년대와는 달리 1940년의 수치는 해당년도의 한해의 수치만을 표기한 것이다.

특히, 1920년대 들어서는 여성교인 수의 급증을 볼 수 있는데 늘어난 여성의 연령대를 살펴보면 20대까지의 젊은층의 여자 비율이 많아진 것을 알 수 있다. 이러한 현상은 이후 1930년까지도 계속해서 나타나는데 10·20대 젊은층의 여성교인이 전체 여성의 50% 정도에 해당된다. 초기와 비교해 보았을 때 전체 교인의 수가 1920·1930년대로 갈수록 2배가량 증가한 것을 볼 수 있다. 이러한 특정 연령대와 젊은 여성층의 증가는 교회 구성원의 변화를 의미하는 것이라 볼 수 있다. 1910년대까지는 교회 내 연령대가 고르게 분포해 있었으나 1920년대를 기점으로 20대 미만의 교인층이 두드러지게 증가한 것으로 보아 구성원에 따른 조직 내 분위기 변화를 짐작할 수 있다. 이러한 변화가 일어나게 된 이유는 무엇일까?

요컨대 1900~1910년대까지 교인들의 연령대를 보면 각 세대별로 고르게 분포하고 있으며 특정연령대가 증가하거나 감소하는 변동은 보이지 않는다. 그러나 1920년대부터는 젊은층이 교회 내 수적으로 우세를 보이고 있다. 이러한 현상은 학생층 증가에서 연관성을 찾을 수 있다. 특히 10·20대의 여자비율이 많아진다는 것은 여학생들의 증가로 여겨진다.

반면 1920년대는 부산 전체의 인구도 증가하였던 시기라 할 수 있다.[31] 특히 조선인 노동자들이 부산지역에 많이 유입되고 있었다. 이러한 조선인 노동자나 일용직 종사자들은 부산 중심지인 일본인 거류지의 주변지역에 거주할 수밖에 없었으므로 조선인 밀집지역인 초량·부산진 등지에 많이 거주하였다. 그러나 1920년대 부산진교회 내 젊은층의 증가를 노동자들의 증가에서 비롯된 것으로는 보이지 않는다. 부산진교회 젊은층의 증가가 남성보다는 여성에서 두드러지는 것으로 보아 노동자들의 증가에 의한 것으로는 타당하지 않다고 여겨진다.

다음 〈표 3〉은 당시 교인들의 거주지 분포를 나타낸 것이다. 표에서 보듯이 대다수 교인들은 각각의 교회 근처에 거주하고 있음을 볼 수 있다. 서울지역과 비교해 보면 서울의 새문안교회의 경우에는 출석 교인들의 거주지는 대단히 넓게 분포되어 있다.[32] 반면 부산진과 초량교회의 경우는 출석 교인의 거주지가 교회 주변지역으로만 한정되어 있다. 다시 말해 부산지역 교회는 교회 주변지역에 거주하는 교인들이 대다수였기 때문에 지역적 특성에 따라 교인 구성이나 교회의 분위기가 달라질 수 있는 점을 내포

---

31) 1925년 이후로는 부산의 조선인 인구가 많이 증가하였다. 이는 공업의 성장, 대일무역의 확대, 매축공사에 동원된 노동자, 주변농촌지역으로부터의 농민들의 이주 등 여러 요인에 의한 조선인 노동자들의 증가에 따른 것이다. 부산진지역의 경우는 다른 지역에 비하여 상업이나 산업이 활발히 일어난 지역은 아니었다. 한말부터 일본인들의 시가지형성과 함께 부산지역에 공장이 많이 세워졌는데 주로 일본인 거류지 중심으로 西町(新昌洞), 富平町, 瀛仙町, 寶水町 등 일본인이 밀집되어진 곳을 중심으로 발달하였으며, 당시 일본인이 거의 살지 않았던 부산진의 경우는 2個所에 불과하였다(김경남, 「한말·일제하 부산지역의 도시형성과 공업구조의 특성」, 『지역과 역사』 5, 235쪽).

32) 윤경로, 앞의 글, 1999, 179쪽.

하고 있었다. 즉, 정(町)별·지역별 특성이 교회 구성원의 성향과 밀접한 연관성을 가지게 된다는 것이다.

〈표 3〉 1900~1930년대까지 부산진과 초량교인들의 거주지 분포 현황(단위: 名)

	1900		1910		1920		1930	
	부산진	초량	부산진	초량	부산진	초량	부산진	초량
범일동	6		19		52		23	
좌천동	19		46		70		24	
수정동	2		8		14		3	
초량	2	3	1	17	1	23		
영주동		20		20		15		
부전리			1		4			
서면					2			
토성정			1					
개금리			1					
범전동					1			
남서리					1			
좌수영					1			
구관		3						
청관		1		2				
기타					8	1	1	
미상	4	2	12	4	34		90	

* 출전: 『釜山鎭敎會生命錄』, 『草梁敎會生命錄』.
* 세례교인만을 수치대상으로 하였고, 초량교회는 1922년까지의 수치만을 이용했다.
* 각각 10년대로 나눠서 해당되는 지역의 매년마다의 수치를 합한 것을 표기한 것이다.

아울러 1930년대까지 연도별로 살펴보아도 교인 수는 증가하지만 거주지는 확장되지 않고 있다. 이는 당시 이 지역 교회 교세가 교회 주변지역을 벗어나 부산지역 전체로까지 확장되지는 못했던 것 같다. 교인 수가 크게 증가하게 되는 1920년대를 보아도 교인들의 거주지역이 크게 확장되지 못하고 있었다. 추측컨대 각 지역별 특성이 교세 확장을 방해하는 요인으로 작용했던 것으로 여겨진다.

요컨대 부산 내 지역별 특성은 정(町)별 조선인과 일본인의 거주지 구별, 그에 따른 도시화와 근대화의 진행, 일본인들의 매립지 지역 확장이라는 지역적 상황 속에서 이해해야 한다. 따라서 일본인들의 거주지와 근접하거나 매축으로 인해 생겨난 지역, 또는 산업화·도시화가 활발한 지역인지에 따라 여러 변수가 다양하게 작용할 수밖에 없었고 여러 요인들이 지역별 특성에 그대로 반영되어져 갔다. 즉 이러한 지역별 특성이 지역 교회와 교회구성원의 변동에까지 영향을 미친 것으로 이해할 수 있겠다.

〈표 3〉에서 또 하나 주목할 점은 부산진교회와 초량교회의 교인 거주지가 교회별로 확연히 구분되어 있는 것이다. 두 교회가 지리상 가까운 거리에 위치하였음에도 불구하고 범일정, 좌천정 일대의 사람들은 부산진교회만, 초량정, 영주정 일대의 사람들은 초량교회만 출석하고 있는 모습을 볼 수 있다. 만약 두 교회가 위치상 많이 떨어져 있는 경우라면 교인들이 자신의 거주지에서 가까운 교회를 선택하는 것이 당연했겠지만 이처럼 지리적으로 가까이 있는 경우라면 얼마든지 거주지에 관계없이 교회에 출석할 수 있었을 것이다. 그럼에도 불구하고 연도에 변화에도 여전히 부산진교회는 범일동·좌천동 거주 교인들만이 대부분이고, 초량교회의 경우는 영주동·초량지역 교인들만이 존재하고 있다. 앞서 비교해 보았던 서울지역의 새문안교회의 경우는 교인 가운데 교회와 상당한 거리에 떨어져 있는 교인들도 적지 않았다.33) 다음 〈지도 1〉을 통해 초량교회와 부산진교회 교인들의 거주지 차이를 가져온 지역적 배경에 대해 살펴보자.

---

33) 윤경로, 위의 글, 182쪽.

〈지도 1〉 1903년 북항 매축 공사 전 일본인전관거류지

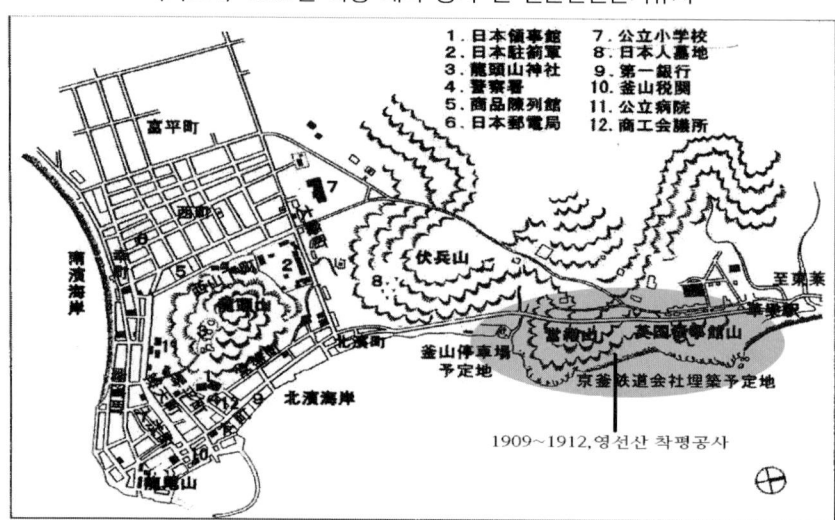

* 출전: 曹榮煥, 「近代の韓國・釜山における市街地の變遷に關する硏究」, 工學院大學, 2005, 44쪽의 지도를 인용하여 재구성함.

　부산은 〈지도 1〉에서 볼 수 있듯이 1909년 일본의 의해 착평공사가 시작되기 전에는 용두산 일대의 일본전관거류지로부터 부산포의 중심지인 부산진으로 가자면 그 중문, 즉 오늘날 중앙동에서 영주동에 걸친 일대에는 해발 130척 되는 영선산(營繕山, 双山, 双岳 또는 領事山)이 흘립(屹立)해 있어 부산포는 자연히 두 개의 지역으로 구분되어 있는 형태였다.34)

　1913년 부산에서 북 장로교가 완전히 철수하기까지 영선현(영선고개, 영주동, 초량 일부지역)지역은 북 장로교 선교지역, 부산진(범일동, 좌천동지역)지역은 호주 선교부지역으로 구분되어 있었는데 선교지역 분할 또한 이러한 형태의 지형을 고려한 것으로 여겨진다. 그러므로 1912년 8월 이곳의 착평공사가 끝난 직후인 1913년에 북 장로교 선교부가 철수한 것은 당시 변모되어져 가는 지역적 상황 속에서 이루어진 것이라 할 수 있다. 이러한

---

34) 김의환, 앞의 글, 1963, 66쪽.

지형적 분리가 영주동과 부산진 교인 간의 교류에 영향을 미쳤고, 두 교회 교인들 간의 거주지 구분을 발생시킨 것으로 보인다.

지도에 보이는 두 산은 착평공사로 깎여 내려진 후 바다가 메워지고 시가지와 도로와 부두가 축조되면서 일본인의 전관거류지 지역인 현재의 중구지역과 동구지역인 초량을 연결 지어 중구지역에서 부산진지역으로 연결을 요긴하게 하였다. 그러나 1912년 착평공사가 이루어진 후에도 이전의 지형적 구분의 영향은 지속되었던 것 같다. 1920년대에도 두 교회 간 교인들의 거주지 구분이 계속 나타나는 것으로 보아 지역적 구분으로 인한 구성원의 차이와 교회내부 분위기 형성이 이전에 이미 자리 잡아 갔던 것으로 이해된다. 다음 장의 거주지별 교인들의 직업분포를 나타낸 〈표 4〉에서도 볼 수 있듯이 각 교회의 교인들의 거주지에 따라 직업에도 차이가 존재하는 것은 이러한 지역적 요인에 의해서이다. 즉 지리적으로는 가까이 위치하고 있지만 교회 간 교인들의 거주지가 구분됨에 따라서 구성원들의 직업적 성향에도 차이가 존재하는 것이다. 당시 한반도 내에 식민지라는 상황이 전 지역에 해당되는 일반적인 것이라면 각 지역마다의 고유한 지역성은 특수한 것으로 파악할 수 있는데 이러한 특수성은 해당지역의 지역성을 형성하는 환경적 요인에 영향을 받은 결과로 나타나게 되는 것이다. 〈별표〉를 통해서 확인할 수 있듯이 부산진교회 교인들 중에서는 지역사회에 영향력 있는 자본가들이 미미한데 반해 초량교회 교인 중에는 상당수의 자본가들이 포진해 있는 것도 각 정(町)별의 지역적 특성이 작용한 것이라 여겨진다.

한편 〈지도 2〉에는 두 교회가 위치하였던 지역을 표시해놓았는데 이를 보면 부산지역 전체 속에서 교회의 지역적 조건을 확인할 수 있다. 지도에서 볼 수 있듯이 두 교회가 위치하고 있었던 곳은 일본인 거류지의 주변지역인데다 도시근대화의 배제지역이었고 전통적 지역인 동래와도 분리되어진 지역이었다. 한마디로 교회가 위치하였던 지역은 당시 부산의 사각지대에 속한 지역이라 할 수 있었다. 즉 이곳은 도시의 발전이나 역사성으로나 여러모로 불리한 조건을 지닌 지역이었다.

이러한 곳에 위치하였던 교회들이 갖는 의미는 무엇이었을까. 오히려 서구의 새로운 종교가 정착하기에는 가장 적합했던 지역적 위치로 부각되지 않았을까 추측할 수 있다. 아마도 동래지역 같이 역사성이나 전통이 뿌리 깊이 박혀있던 지역이 아니었기에 새로운 것에 대한 거부감이 덜하였을 것이다. 또한 일본인들에 의해 도시발전지역에서 배제됨에 따라 상대적 박탈감이 농후한 상황 속에서 이 지역 조선인은 외래사상을 수용하고 서구 종교에 의탁하여 이를 해소하고자 하는 심리가 작동하였을 것이라 여겨진다. 이렇듯 이 지역의 불리한 외형적 조건은 식민지라는 독특한 시대상황과 맞물리면서 종교적 영향력이 두드러질 수밖에 없는 내면적 조건을 형성하기에 유리한 지역으로 형성되어 가고 있었던 것이다.

〈지도 2〉 부산고지도

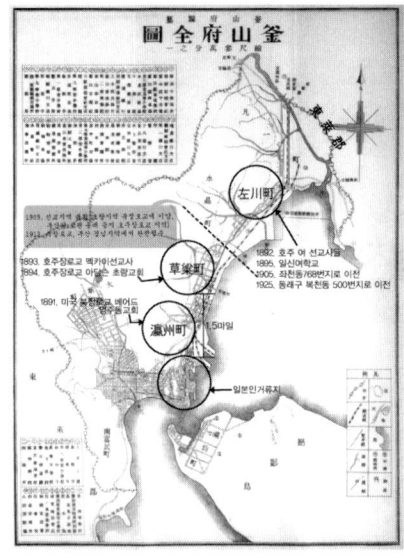

* 출전: 부산광역시, 『부산고지도』, 2008, 259쪽.
* 지도상에 표기해 놓은 연도는 교회설립연도를 표기해놓은 것이 아니고 외국선교사들의 부산 입국연도 또는 교회 부지 매입연도를 표기해놓은 것이다.

Ⅲ. 기독교인들의 계층 구성

초기 부산은 개항 이후 일본인들의 필요에 의해서 변모되어간 도시로 토착세력이나 특정 계층의 영향력이 뿌리 깊게 자리 잡은 지역이 아니었다. 그렇기에 부산지역은 평양지역처럼 사회·경제적 여건에 따라 계층적으로 뚜렷하지 못했고, '자립적 중산층'의 경우처럼 경제력을 갖춘 새로운 사회세력이 기독교 수용을 주도하지도 않았다.

그렇다면 미약하게나마 근대도시라는 지역적 특성 속에서 기독교를 수용한 사람들의 사회·경제적 성향은 어떠하였을까. 본 장에서는 『생명록』에 기재되어 있는 교인들의 기록을 통해 1900~1930년대 후반까지 일제시기 기독교를 수용한 사람들의 직업은 어떠하였고, 직업에 따른 교회 내 교인들의 계층 구성은 어떻게 나타나는지 등을 살펴보고자 한다. 여기서는 교인들의 직업에 기초하여 계층을 이해하고 유사한 직업 또는 비슷한 수준의 임금을 가지는 교인들을 하나의 동일한 계층으로 간주하고자 한다.

1. 자본가층

다음 〈표 4〉는 거주지에 따른 직업분포를 교회별로 나눠놓은 것이다. 표를 보면 초량지역에서 상업에 종사하는 교인의 수치는 다른 지역에 비해 두 배가량 높은 65%로 나타난다. 아마도 당시 초량교회가 위치하고 있던 초량지역 일대는 일본인 거주지와도 가깝고 개항 이후 왜관이 설치되어 무역이 활발해짐에 따라 대·소상인들이 많이 모이는 지역이었다. 이 지역에 상업에 종사하는 교인들이 많은 것도 이러한 영향 탓이라 여겨진다.

〈표 4〉 부산진교회·초량교회 교인들의 거주지별 직업 비율 (단위: %)

	부산진교회			초량교회	
	凡一町	佐川町	水晶町	草梁町	瀛州町
학생	35	36%	8%	20%	26%
상업	24	30%	33%	65%	36%
농업	20	15%	33%		
공업	13	8%			
과부	8	2%	16%		
노동					23%
기타			8%	15%	13%

* 출전: 『釜山鎭敎會生命錄』, 『草梁敎會生命錄』.
* 비고: 표에 나오는 비율은 해당 직업별 교인 수/해당 지역에 직업이 나타나는 총 교인 수 비율로 계산하였다.

교회 내 자본가라 할 수 있는 사람들을 살펴보자. 〈별표 1〉은 일제시기 초량교회 관련 주요한 인물 30명을 정리한 표이다. 이를 보면 유력한 자본가들로써 당시 상회를 설립하고 활발한 상업 활동을 하였던 윤현태, 윤상은, 윤현진, 전석준이 초량교회 교인으로 등록한 것을 알 수 있다. 이 외에도 안희제, 문상우,[35] 전석준, 지영진, 정재완 등이 1920년대 초량교회 예배당 건축 당시 건축모금을 하거나 지원인으로 교회 활동에 참여하였던 것을 볼 수 있다. 1920년 1월 30일자 초량교회 『堂會錄』에 이들의 기록이 나타나 있다.

---

35) 문상우는 1882년 부산진 좌천동에서 출생, 일인 거상 迫間房太郎(박간방태랑)의 상점 점원으로 취직하여 십여 년간 근무했다. 초량객주인 정기두의 매제가 되어 박간과 처가의 도움으로 일본 동경상고에 유학하게 되었다. 1912년 윤상은의 권유로 구포은행 지배인으로 취임하고 이어 1915년에는 경남은행 두취가 되었다. 1919년을 전후한 시기에 부산부 참사를 지냈으며 참사직이 폐지되고 부협의원제가 실시되자 부산부협의원에 당선되고 나아가 경남 관선 도평의원이 되었다. 그는 부산예월회, 기미육영회에 참여하고 부산청년회의 초대 간사장으로 활동하는 등 부산의 부르주아민족주의운동에 적극적으로 참여했다(역사문제연구소, 앞의 글, 25쪽).

일천구백이십년 일월 삼십일 하오 육시 삼십분에 본당회가 김주관 장로 집에 모여 회장의 기도로 개회하다 '……' 본 예배당을 새로 건축하는데 지원인은 전석준, 윤현태, 문상우, 지영진, 문창제 씨더라.36)

1910년대 후반은 부산에 합자 상회가 많이 이루어지던 시기였는데 이때 이들이 초량교회 교인으로 등록하거나 활동했던 시기와 맞물리고 있다. 추측컨대 이들의 경제활동이 당시 같은 교인들을 중심으로 이루어졌을 가능성도 배제할 수 없다. 적어도 이들의 경제활동 인맥이 교회활동에까지 영향을 미쳤으리라 여겨진다.

이를 확인할 수 있는 좋은 단서로 여겨지는 기록으로 1920년 당시 초량교회가 건물을 신축하고자 건축기금을 모아 작성해 놓은 장부인 『禮拜堂新築義捐金帳簿』을 살펴보면 여기에 안희제, 정재완이 각각 2,000원, 1000원의 상당한 금액을 예배당 건축헌금에 납부한 사실을 발견할 수 있다.37) 이들은 학습이나 세례와 관련해서 교인으로 등록되었다는 기록이 없는 것으로 보아 당시 교인은 아니었던 것 같다. 다만, 백산무역 주주로 참여했던 이들 중 교인이었던 윤현태, 전석준, 문상우 등과의 인맥으로 이들이 지역교회에 참여하였던 것으로 짐작된다. 여기서 안희제가 지역교회 건물 신축에 모금을 한 행적은 많은 활동들 가운데 표면화되지 않았던 활동 중 하나였던 것이다. 초량교회는 지역적 위치상 객주출신의 상인이나 상업 활동에 참여하는 자본가 계층과 관계를 맺기에 용의하였고 교회건축 당시 이들의 자본력이 많은 영향을 주었던 것으로 보여 진다. 자본가들은 자신들의 재력으로 당시 교회에 실질적인 경제적 뒷받침의 역할을 하였던 것이다.

다음으로 자본가 계층 이외에 이 지역 교회 내 다른 계층들에 대해서도 살펴보자.

〈표 5〉는 부산진교회 교인들의 직업에 대해 분석한 자료이다. 나이와 성

---

36) 초량교회, 『堂會錄』 1920년 1월 30일자.
37) 신축할 당시 총 공사비용은 13,000원이었다(초량교회, 앞의 책, 103쪽).

별에 따른 직업을 연도별로 구분하여 표시해 놓았다. 이 표만으로 당시 기독교를 수용한 사람들의 사회·경제적 성향에 대해 상세히 알기는 어렵다. 그러나 이 시기 부산지역에서 조선인을 대상으로 포교활동을 펼친 대표적인 교회로써 당시 부산지역에서 개신교를 수용한 사람들의 사회·경제적 분위기는 대략 짐작할 수 있으리라 여겨진다.

〈표 5〉에 따라 1900년대 교인의 연령을 보면 20세 이하의 교인은 거의 없으며, 직업을 볼 때 학생에 해당하는 교인은 거의 없다. 한편 직업과 연령별의 상호관계를 살펴보면 공·상업의 종사자들은 연령대가 낮은데 반해 농업에 종사하는 자 또는 과부들은 연령대가 높게 나타나고 있다. 예컨대 이 시기 직업에 따라 그 연령대가 뚜렷이 구별되었던 것으로 보여 진다.

〈표 5〉 1900~1930년대 부산진교회 교인의 직업 분석(단위: 名)

	1900								1910								1920								1930							
	성별			연령					성별			연령					성별			연령					성별			연령				
	남	여	계	20세이하	21~30세	31~40세	41~50세	51세이상	계	남	여	계	20세이하	21~30세	31~40세	41~50세	51세이상	계	남	여	계	20세이하	21~30세	31~40세	41~50세	51세이상	계	남	여	계	20세이하	21~30세	31~40세	41~50세	51세이상	계
공	1		3(2)	2	1				3	3	3	7(1)	2	3			1	7		(3)		2			1	3									
상	1	4	8(3)	3	3	1	1		8	4	6	14(4)	1	3	5	1	2	14(2)	3	2	12(7)	3	4	2		2	12(1)	1		1				1	1	
농			6			2	4		6	5	7	20(8)	1	1	4	7	6	20(1)	3	7	10	3	2	1	2	1	10(1)									
과부		4	4			2	2		4		2	2				1	1	2		5	5	1				4	5									
학생			1	1					1	1		2(1)	2					2	5	9	21(7)	20	1				21									
교사										1	3	5(1)	5					5	1	1	2	1	1				2	2		2(1)	1					2(1)
노동																			3	1	1						3(1)									
목공																												2		2	1					2
기타		1	1				1		1			1					1	1	1		5	1	4				5									

							(4)										
미상	10		10		38		38		126		126		141		141		
계	33		33		89		89		188		188		146		146		

* 출전: 『釜山鎭敎會生命錄』.
* 비고: ( )는 직업을 파악할 수 없는 사람의 수이고 세례 교인만을 대상으로 작성하였다. 직업의 분류는 생명록에 표기된 그대로를 따른 것이다. 또 각각 10년대로 나눠서 매년마다의 수치를 합한 것을 표기한 것이다.

2. 중소상인층

당시 조선인 거주지역은 도시발전에서 배제되는 경우가 많았다.[38] 일본인 중심의 도시 확장은 자연스레 시내 중심부에서 벗어난 외곽지역으로 조선인들을 내몰았고 조선인들에게는 근대적 시설을 말할 것도 없고 주거공간마저 부족하였다.[39] 이러한 생활환경 속에 이 지역 대다수 교인들의 사회·경제적 수준은 높은 편이 아니었을 것이다. 〈표 5〉에 나타난 교인들의 직업을 보면 학생층 다음으로 상업에 종사하는 사람이 많이 차지하고 있지만 이 지역의 상업종사자가 경제적 기반이 탄탄한 자본가 계층은 아니었을 것이다. 앞서 살펴본 자본가들 외에는 보이지 않는다. 다만 부산진교인들 대다수가 거주하는 지역인 범일동에는 조선인 중심의 상거래가 이루어지는 부산진시장이 위치하였는데, 이곳이 조선인 중심의 상거래 요충지였다. 추측해보건대 부산진교회 중 상업에 종사하는 교인들은 부산진시장 상권에 영향을 받는 정도였을 것이다. 따라서 이들의 경제적 기반은 앞서 본 자

---

[38] 조선인 거주지역은 1920년대까지 방치되어 오다가 1921년 市區改正을 하였다. "……초량 이북 부산진 방면으로 조선인 거주지는 부산 총 인구의 반수 이상이 살고 있는데, 시가는 원시시대의 舊狀으로 그대로 방임되어서 주택은 왜소하고 도로는 蕪雜狹隘하고 하수는 황폐한 등……교통, 공안은 물론 공중위생상 하루도 간과하기 어려워 시가정리가 긴급하다……"라고 밝히고 있다(『釜山府勢要覽』, 1922, 89쪽 ; 장선화, 「1920~30년대 부산의 공업발전과 도시구조의 변화」, 『지역과 역사』 6, 2000, 주 40) 재인용).

[39] 부산지역 도시빈민층에 관해서는 양미숙, 「1920·30년대 부산부의 도시빈민층 실태와 그 문제」, 『지역과 역사』 19, 2006을 참조할 것.

본가 계층에 훨씬 못 미치는 정도였을 것이다.

한편 〈표 5〉에 여성 상·공업 종사자들이 더러 있음을 볼 수 있는데 이것을 여성의 직업이라고 단정짓기는 어렵다.[40] 알다시피 대부분 부산지역 여성들은 1930년대 대규모 방직공장들이 생겨나면서부터 직업을 가지게 되었다. 이때부터 여성노동자의 수가 급증하게 되는데 여하튼 이 시기 이전의 여성들이 상·공업에 종사하는 경우는 드물었을 것이다.

3. 노동자층

1920년대로 접어들면 명부에 직업이 기재되어 있지 않은 교인들이 많아진다. 자료의 한계로 명확한 요인을 밝혀내기는 어려우나 대략 당시 조선인들의 불안정한 고용상태와의 관련성을 짐작해 볼 수 있다.

1931년 당시 일본인과 조선인의 직업별 수치를 보여주는 〈표 6〉을 통해 추측해 보자. 조선인의 직업 중에서 기타 유업자가 가장 많은 비율을 차지하고 있다. 이는 일본인에 비해 상당히 높은 수치라 할 수 있다. 예컨대 교인명부에 직업이 없는 교인들은 당시 기타유업자로 분류될 수밖에 없었던 조선인들의 상황과 전혀 무관하지만은 않았을 것이다. 당시 조선인들은 일본인과 달리 직업적으로 안정되어 있지 못하였다. 이미 이러한 조선인들의 불안정하고 열악한 삶은 다른 연구에서도 어느 정도 밝혀져 있다. 이 중에서도 특히 부산진·좌천동 일대는 매축공사와 도로공사의 조선인 산업노동자들이 많이 거주하였던 지역으로 이 지역 거주자들은 대부분 낮은 임금과 불안정한 고용구조 탓에 직업이 일정치 않았을 것이고 이러한 형편의 사람들은 교인들 가운데에도 상당수 존재하였을 것이다. 따라서 주지하다시피 이 시기에는 『生命錄』의 직업란에 직업을 기재하지 못하는 교인들이 증가

---

40) 이 시기 서울지역 교회를 살펴보면 명부에 기재된 여성교인들의 직업을 남편, 혹은 그 가정의 직업을 말한 것이라고 결론내리고 있음을 확인할 수 있다(윤경로, 앞의 글, 1999, 178쪽).

한말~일제시기 부산지역민의 기독교 수용과 사회참여

할 수밖에 없는 사회적 상황이 전개되고 있었던 것이다.

〈표 6〉 1931년 일본인과 조선인의 직업별 수치(단위: 各. %)

직업별	일본인			조선인		
	호수	인구	비율	호수	인구	비율
농림목축업	223	1,038	2	977	5,406	6
어업 및제염업	469	1,937	4	630	3,096	3
공업	2,081	8,811	20	2,193	10,632	11
상업 및교통업	3,847	16,922	37	5,162	24,836	27
공무 및자유업	2,944	12,077	27	1,887	8,743	9
기타유업자	754	2,857	6	8,259	34,668	37
무직자	518	1,860	4	1,367	6,243	7
합계	10,836	45,502	100	20,475	93,674	100

* 출전: 釜山府, 『釜山商工案內』, 1932, 20쪽.

4. 학생층

〈표 5〉를 보면 1910년대까지 30세 미만의 젊은층에 속하는 교인의 직업은 대개 농·상업의 종사자들이다. 학생층은 1920년대에 들어서 두드러지게 나타난다. 특히 여자 학생 수가 남자에 비해 2배 정도 높게 나타나고 있다. 자료의 변화상으로 살펴볼 때 이 시기부터 교인 구성에서 학생층이 점차 늘어났던 모양이다.

개항 이후 신학문을 공부한 젊은 학생층의 교회 출석 비중은 상당히 높았으며 이 같은 현상은 초창기 한국 교회의 공통된 특징 중 하나였다.[41] 특히 부산진교회는 일신여학교 학생들의 교회 출석 비중이 많은 부분 차지하고 있었음을 지적할 수 있다. 부산진교회는 호주 선교사들의 영향으로 부산지방 최초의 근대교육기관인 일신여학교와 학교 설립 초기부터 밀접한

---

41) 윤경로, 앞의 글, 1999, 176쪽.

관계에 놓여 있었다.[42] 당시 부산지역에서 최초의 근대적 교육기관이었던 일신여학교는 1893년에 호주 여 선교사들이 실시한 고아원에서 시작된 것이었다. 그러던 것이 1895년 고종의 교육입국조서와 같은 해 발표된 소학교 규칙 대강의 영향으로 3개년의 소학교 과정을 설치하게 되었고 이로써 여학교의 모습으로 발전해가게 되었는데 이곳을 거점으로 신교육을 통한 문화선교 방식이 많이 이루어졌다. 이러한 과정은 서울의 배재학당이나 이화학당의 경우도 마찬가지였다.[43] 이는 한국 기독교가 피지배자인 민중에 그 기반을 형성하고 뿌리내리는 한 단면이라 할 수 있겠다.

앞서 본 〈표 4〉의 지역별 다수 직업군만 보아도 초량정과 영주정에 비해서 범일정·좌천정·수정정지역에 학생교인이 많았음을 볼 수 있다. 이는 부산진교회의 교인 수 증가는 일신여학교와의 관계 속에서 학생층과 밀접한 영향 아래 이루어졌음을 쉽사리 짐작할 수 있다. 지리적으로도 일신여학교와 호주 여 선교사들의 거주지는 같은 지역인 것을 〈지도 2〉에서 확인할 수 있다. 구체적 근거로써 일신여자학교의 졸업생[44] 38명 중 16명의 이름을 당시 부산진교회 생명록에서 발견할 수 있는 것만 보아도 대다수 일신여학교 학생들이 부산진교회 교인이었던 것으로 보인다.

이 시기 이러한 교회 내 여학생들의 증가는 사회 내에서도 찾아볼 수 있다. 부산지역 3·1운동 당시 일신여학교의 교사와 학생들의 활동이 이 지역 3·1운동의 효시가 된 것은 이미 잘 알려진 사실이다.[45] 이때 여성들을 살펴보면 대개 부산진교회와 초량교회의 교인들이였고, 교회 내 주일학교 교사로서도 활동하는 등 교회 내에서도 적극적인 자들이었다.[46]

---

42) 1892년 멘지스와 페리 등 여 선교사들은 3명의 한국 고아들을 집으로 데리고 와서 이들을 돌보며 가르치기 시작하였는데 1895년 10월 5일 좌천동의 한 초가에서 소녀들을 모아 주간학교를 시작했으니, 이 학교가 점차 발전하여 그 이들을 '날마다 새롭게'라는 뜻의 '일신(日新)'이라 지었다. 초대 교장은 멘지스 선교사이다(부산진교회, 앞의 책, 54쪽).
43) 장규식,『일제하 한국 기독교 민족주의 연구』, 혜안, 2001, 42쪽.
44) 부산진 일신여학교 졸업생 현황

1921년 6월에 창립된 부산여자청년회의 설립 인사들47) 중에도 지역교회와 관련 있는 자들이 상당수 있음을 알 수 있는데 창립시 회장인 양한나는 일신여학교 출신으로 부산진교회 교인이었으며, 전매자·여운영도 부산진교회 주일학교 교사였다.48) 더욱이 부산여자청년회는 기독교 여성단체가

연도	졸업회수	졸업생 수	성명
1913.3	1	4명	梁貴艶 方達順 文順儉 朴德述
1914.3	2	2	梁聖淑 鄭仁順
1915.3	3	1	金基淑 (琪炒)
1916.3	4	3	姜信惠 朴明信 金恩愛
1917.3	5	3	朴順天 **文福淑** 金順
1918.3	6	2	林末伊 **朴時淵**
1919.3	7	2	金班守 沈順義
1920.3	8	2	金應守 申弼愛
1921.3	9	2	**金蘭出** 金新福
1922.3	10	2	**李明施** 宋明進(斗佰)
1924.3	11	5	**梁奉玉 金采鳳** 李相福 李且順 **朱愛喜**
1925.3	12	10	李方五 **愼末英** 吳德順 李必連 徐貞順 崔守岳 梁順玉 林昭子 崔今述 金洪植
	합계	38	

* 출전:『東萊學園九十周年紀念畵報 1895~1985』, 19쪽 ;『釜山市史』第一卷, 908쪽.
* 진한표시 부분이 부산진교회 명명록에서 교인기록을 찾은 이름들이다. 한편 밑줄표기 부분은 초량교회 명명록에서 발견한 이름들이다.

45) 부산지역 3·1운동의 전개상황을 보면 부산진에서는 3월 3일 기독교도를 중심으로 한 100명의 군중시위와 8일 부산진 일신여학교 학생 50여 명 및 대중의 시위, 11일 밤 기독교도가 주동이 된 100여 명의 시위가 전개되었다(오미일, 「韓末~1920年代 朝鮮人 資本家層의 形成 및 分化와 經濟的 志向」, 성균관대 국사학과 박사논문, 1997, 174쪽 주 132) 참조).
46) 일신학교 3·1운동의 지도교사였던 주경애는 일신여학교 고등과 6회 졸업생으로 초량교회의 세례자였으며(세례일: 1912.7.4), 박시연 역시 6회 졸업생으로 부산진교회 주일학교의 교사였다.
47)『東亞日報』1921년 6월 17일, 회장 양한나, 부회장 김기숙, 총무 오대련, 재무 이금옥, 손무년, 서기 박명애, 최수련, 간사 왕명룡, 문예부장 전매자, 사교부장 여운영, 위생부장 유창신.
48) 이송희, 「日帝下 釜山地域의 女性運動」,『釜山史學』 24, 1995, 65쪽. 이 논문에서는 양한나를 초량교회신자였다고만 기록하고 있지만 초량교회 명명록에는 초량교회

아니었음에도 불구하고 그 설립인사 대부분이 지역교회 교인이었다.

이렇듯 이 시기의 기독교는 조선 여성들에게 사회적 활동을 가능할 수 있게 하였고 지역교회는 여성단체 조직의 설립과 활동에 기초로도 기능하였다. 이는 이 시기 교회가 이러한 모임의 장을 형성하기에 최적의 장소 역할을 담당하였기 때문이다. 이는 비단 부산지역의 경우만 해당되는 것이 아니었다. 당시의 기독교는 조직과 영향 면에 있어서 조선 민족 최대의 공동체로 급성장하고 있었다.[49] 따라서 이러한 요소가 지역 여성들을 교회로 모여들게 하는 동기로 작동하였던 것이고 점차 교인 수의 증가로까지 확대되게 되었다. 또한 이 여성들은 3·1운동을 거치면서 조직적 역량을 경험하였고, 이러한 여건 속에서 기독교도 여성 대중 활동에 영향을 준 사상적 토대의 한 축으로 작용해갔던 것으로 보인다. 결국 1920년대부터 젊은층의 여성교인의 수가 증가하는 현상은 당시 교회가 여성들이 활동할 수 있는 공간을 마련해 주고 있음을 보여준다.

더욱이 눈여겨 볼 점은 이 지역 학생들이 건축기금 모금에도 참여하고 있는 모습이다. 1920년에 초량교회는 교회 신축을 하고자 총 공사비 16,000원을 계획하였는데 이때 건축기금에 참여한 사람들의 명부를 살펴보면 1원에서 5원에 이르는 금액을 기부한 것을 볼 수 있다.[50] 자본가들이 낸 금액과 비교하면 엄청난 차이가 있지만 당시 노동자들의 하루 평균 임금의 최고치가 60전인 것에 비하면 이들이 낸 금액은 상당한 금액이라 할 수 있다.[51]

에서 통영대화정교회로 이명 갔다는 사실만을 확인할 수 있었다. 대신 양성봉을 비롯한 양한나의 가족들이 1926년 12월 29일 부산진에서 이명 왔다는 기록이 있는 것으로 보아 부산진에서 초량교회로 옮겨왔다가 양한나는 다시 통영으로 간 것으로 보인다. 한편 양한나는 해방 후 부산진교회 명예 권사를 지내기도 하였다.

49) 박정신, 『근대한국과 기독교』, 민영사, 1997, 67쪽.
50) 초량교회, 『禮拜堂新築義捐金帳簿』, 1920. 뒷편에 부록으로 실어놓았다.
51) 노동자들의 하루 임금 약 50~60전 또는 담군(擔軍)이 되고 혹은 공부(工夫)가 되어 종일 30~40전에서 50전에 지나지 않는 일에 품을 팔았다(『東亞日報』 1923년 11월 9일 ; 양미숙, 앞의 글, 2006, 주 34) 참조).

당시 조선인 노동자들은 열악한 환경에서 생활하기에도 빠듯할 정도의 임금을 받았는데 학생들의 이러한 기부는 신 지식층 학생들의 사상적 배경과 의식세계에 기독교가 미친 영향이 어떠했는지 짐작케 한다. 1930년대부터는 교인들의 직업이 기록되어 있지 않아서 이후의 변화상은 파악할 수 없다.

   이렇듯 두 교회의 기록을 통해 구성원들을 살펴볼 때 당시 부산지역 기독교인들의 계층 구성은 자본가층, 중소상인층, 일용직이라고 할 수 있는 단순 노동자층, 그리고 가장 높은 비율을 차지하고 있던 학생층으로 나눌 수 있겠다. 즉 계층별 구성원이 다양하게 존재했던 것으로 보인다. 또한 건축 헌금에서도 드러났듯이 동일한 공동체에 속해있어도 이들이 가지고 있는 자본과 임금에는 현격한 격차가 존재하였다. 이는 곧 구성원들의 계층적 상이함으로 인한 의식 차이를 내포하고 있다는 의미로도 받아들일 수 있다. 즉 외형적으로는 교회라는 하나의 범주로 다양한 구성원들이 묶여져 있었지만 그 내부에는 계층적 성향에 따라 종교를 통해 얻고자하는 역할과 기대에 상이함이 있었을 것으로 여겨진다. 즉, 교회 내 같은 교인으로 존재하지만 생활고에 시달리는 노동자 또는 빈민층의 사람과 교육적 혜택을 통해 신지식인으로 변모되어져 가는 학생층은 종교에 기대하는 바가 달랐을 것이다. 식민지도시에서 유업자나 무직업자들은 대개 도시빈민이나 토막민이라 할 수 있는데 이런 자들에게 종교는 정신적 위로처, 조선 사람들이 쉬이 모일 수 있는 곳, 서로 만나 이야기하며 위로하는 곳으로 인식 혹은 작용하지 않았나 여겨진다. 반면 당시 지식층이라 할 수 있는 학생층은 교회에서 제공하는 교육과 더불어 단순히 정신적 위로 차원을 넘어서서 3·1운동 또는 여성단체를 조직하는 등 사회진출 모색으로까지 확대되어 갔던 모양이다. 이렇듯 당시의 기독교라는 종교 공동체는 시대적 상황과 구성원들의 사회·경제적 성향에 따라 복합적인 측면이 얽혀 작용하고 있었던 것으로 보아야 한다.

Ⅳ. 기독교인들의 지역 내 활동

부산은 토호적 기반이 형성되어 있지 않았던 지역인 탓에 개항 후 각지에서 몰려든 상인들이 이 지역의 경제권을 장악하였다. 여태껏 지역사 연구에서 소홀히 여겨져 왔던 교회사 자료를 통해 지역 내 상인들의 사회활동 가운데 주변 지역 교회와도 관계를 맺은 모습을 발견할 수 있었다. 이 자료를 통해 드러난 몇 가지 사실만으로 이들의 전체상을 설명해내기는 어려우나 발견된 사실만으로 추측해 본다면 지역사회운동의 구심을 담당할 계층이 형성되어 있지 않은 곳에 개항 후 몰려든 조선인 상인들은 상회를 설립하고 자본가 계층을 형성하면서 지역 교회를 통해서도 그 구심점을 결집해 나간 것으로 보인다. 특히 부산은 일본인들의 가까운 영향 아래 놓여 있는 곳이었기에 일제의 감시와 간섭이 이들로 하여금 교회와의 접촉을 가깝게 만들었던 것으로 보인다. 당시의 교인기록이 이를 뒷받침해 주고 있다. 예컨대 이 시기의 민족 자본가 계층 또는 청년단체에서 활동한 자들 상당수가 이 지역 교회 교인이었던 사실을 확인할 수 있었다. 양산의 대지주이자 백산무역의 주주였던 윤현태의 경우는 교회 내에서 일반교인뿐 아니라 더 나아가 집사라는 직분까지 받으며 활동했던 것으로 보인다.[52]

〈별표 1〉과 〈별표 2〉는 부산진교회와 초량교회『生命錄』을 통해 당시 부산지역사회에서의 활동이 나타나는 교인들을 찾아서 표로 정리한 것으로 활동이 확인된 이들만 중점으로 정리하였다. 이것에 따르면 두 교회 교인들의 활동모습과 성향을 확인할 수 있으며, 두 교회의 소속 교인들의 직업과 활동을 통해 같은 지역에 위치한 교회이지만 교인들의 사회적 활동에 차이를 발견할 수 있다.

즉 앞서 전체 교인 직업별 비율에서도 차이를 지적하였다시피 초량교회는 상인층구성원이 두드러지고 부산진교회는 주로 학생층이 많은 부분 차

---

52) ……일월 이십삼일주일에 집사를 투표하매 장립집사는 박윤문, 서리집사는 윤현태, 신상익, 전용수가 선택됨을 채용하다(초량교회, 『堂會錄』 1921년 3월 8일).

지하고 있는 점을 감안하면 자본가 계층들 또한 주로 초량교회와 관련하여 활동상이 나타나고, 부산진교회는 주로 일신여학교의 학생층과 청년단체 활동하는 자들로 교회 주요구성원의 활동과 성향이 다르게 이어져가고 있음을 보여주고 있다.

대략 한말부터 1910년대 중반까지 부산지역 상업 활동의 분위기는 객주상인들이 부산의 상업을 주도하였고 부산 인근지역 지주층들은 금융업에 진출하는 단계였다. 그중 이들이 세운 대표적 회사로 구포저축주식회사를 들 수 있는데 1908년에 창립한 이 회사는 구포의 지주가 중심이 되어 구포 객주와 더불어 세운 것이다. 여기에 윤현진,[53] 윤상은,[54] 안희제,[55] 전석준[56] 등의 지주층이 참여하였다. 1910년대 중후반 이후에는 부산 조선인 상업계에서 2인 혹은 3인이 합자하여 상회를 설립하는 것이 "하나의 유

---

[53] 임시정부 초대 재무차장으로 독립운동자금 조달에 진력하다 1921년 29세로 요절한 양산 출신 우산 윤현진은 대동청년단 단원이자 구명학교 제1회 졸업생으로 윤상은의 친조카였다(부산일보사, 『백산의 동지들』, 1998, 15쪽).

[54] 1887년 8월 10일 구포에서 한말 경남 사천군수를 지낸 대지주 윤홍석의 5남 중 3남으로 태어났다. 1901년 대한철도회사를 설립한 박기종의 넷째 딸 박영자와 결혼하였다. 1907년 양산 동래 부산지역의 유지 26명의 발기인이 참여한 가운데 구명학교 설립을 주도하였고 장우석과 함께 1908년 10월 구포저축주식회사를 설립하였다. 이를 1912년 구포은행으로 확대·개편하였고 백산무역주식회사의 주주로 참여하였다. 1948년 대한민국 정부가 수립되자 김도연 초대 재무부장관의 권유로 초대 전매국장이 되었다(위의 책, 22쪽).

[55] 백산 안희제는 1885년 경남 의령의 향반 지주가에서 출생, 1905년 서울로 올라가 애국계몽운동에 뛰어들었으며 1911년 국경을 넘어 만주와 노령을 전전하며 국외 독립운동에 참여하다가 1914, 1915년경에 고향의 논을 팔아 백산상회를 설립했다. 그는 경남지역 대지주층의 자금을 동원하여 부산의 민족기업설립에 중추적 역할을 맡았으며 부산예월회, 기미육영회 창립을 주도하는 등 3·1운동 이후 부산의 부르주아민족주의운동에 핵심적 역할을 담당했다(역사문제연구소, 『한국근현대 지역운동사 영남편』, 여강, 1993, 25쪽).

[56] 양산군의 유력지주로서 양산군 참사를 지냈다. 그는 울산의 대지주인 엄주원의 매부로서 그 재력을 배경으로 구포은행의 중역을 역임했다(오미일, 앞의 글, 1997, 108쪽 주 153) 참조).

행"57)이었는데 구포저축주식회사에 참여한 인물들이 무역상의 설립주체가 되어 1917년 백산상회를 합자회사로 전환하였다. 백산무역주식회사58)의 설립 발기인과 주주는 경남북의 굴지의 재산가로서 대개 지주들이었다.59) 이들 중 최태욱, 윤현태,60) 전석준, 최연무, 지영진61) 등은 지주 출신으로서 부산에 진출하여 무역상으로 전환하여 상점을 경영하면서 백산무역회사의 주주로 참여하였고, 이종화, 김상원, 문영빈, 정재완,62) 최선호, 권오봉 등

57) 오미일, 위의 글, 110쪽.
58) 합자회사 백산상회를 안희제, 윤현태, 최준이 1918년 11월에 주식회사 설립허가를 신청하여 1919년 1월 14일 설립인가를 받고 1919년 5월 창립하였다.
59) 백산무역회사 주주의 출신을 보면, 최준(경주), 安熙濟(의령), 尹顯泰(양산), 李鐘和(울산), 尹相泰(김해), 安翊相(의령), 崔琉鎬(산청), 趙東玉(함안), 許杰(구포), 金洪錫(의령), 李愚奭(경북 선산), 李祐植(의령), 尹炳浩(동래), 金容祚(동래), 鄭在浣(하동), 權五鳳(창원), 金在泌(동래), 金琪郁(진주), 李鉉輔(거창), 文永斌(하동), 朱其항(창원), 南亨祐(경성), 姜正熙(의령), 鄭載源(천안), 許萬正(진주), 尹相殷(구포), 金時龜(마산), 池榮璡(부산), 崔泰旭(청도), 洪種熙(함남 문천), 全錫準(양산)등으로 각 지역의 지주였다(『동아일보』 1925년 10월 22일 ; 오미일, 앞의 글, 1997, 112쪽 ; 부산일보사, 앞의 글, 1998, 16쪽).
60) 윤현태는 그 父가 東萊府使 兼 監理, 경상우도관찰사를 지낸 尹弼殷이며 祖父가 동래부사·泗川郡守를 지낸 만석군 尹洪錫이고, 구포의 대지주로 구포저축회사, 구포은행의 설립을 주도했던 尹相殷이 숙부이다. 윤현태는 1919년경 一金商會를 경영하면서, 또한 1920년 초반경에는 고향인 양산에서 주식회사 宜春商行을 池榮璡(전무), 秋鳳璨(지배인) 등과 함께 경영하였다. 윤현태는 구명학교 설립은 물론 백산도 주주로 참여한 구포저축주식회사 및 이를 발전시킨 국내 최초의 민족계 지방은행인 구포은행 설립(1912년 6월 23일)에 주도적 역할을 했으며 주주로 참여했다. 구명학교 설립은 물론 백산도 주주로 참여한 구포저축주식회사 및 이를 발전시킨 국내 최초의 민족계 지방은행인 구포은행 설립(1912년 6월 23일)에 주도적 역할을 했으며 주주로 참여했다(오미일, 위의 글, 108쪽 ; 부산일보사, 위의 글, 1998, 14쪽).
61) 지영진은 일광상회를 설립하고 백산무역주식회사의 주주로도 참여하였다. 1920년경에는 윤현태와 함께 양산에서 의춘상행을 경영하기도 하였다. 지영진의 동생은 해방직후 양산군 건국준비위원회와 인민위원회 치안대장을 지낸 지영대(池榮大)이다(신종대, 「해방 직후 부산·경남지방의 변혁운동」, 『한국근현대지역운동사 Ⅰ 영남편』, 234쪽 주 166) 참조).
62) 물헌(勿軒) 정재완은 본관은 진양, 1881년 영남유림의 태두 곽종석의 문화로 통정

은 각 지역에 거주하면서 참여하였다.

　이들의 경제적 활동모습은 선행연구에서 이미 상당부분 밝혀져 왔다. 그러나 여기서 중요한 점은 구포저축주식회사나 백산무역주식회사에 참여한 이들 가운데 안희제, 윤현태, 윤현진, 윤상은, 정재완, 지영진, 전석준은 당시 초량교회 교인이거나 지역 교회와 일정 부분 관계를 맺고 있었다는 것이다. 여태껏 이들의 종교와 관련된 행적에 대해서는 알려진 바가 없었는데 당시 이들이 활동하였던 지역의 교회명부를 통해 이들의 이름을 확인할 수 있었다.63)

　이들은 1910년대 무역업의 활성화와 더불어 결집하여 비밀결사운동의 주체로도 적극 참여하였다. 익히 알다시피, 1910년대에는 집회·결사·언론의 자유를 가질 수 없는 무단 통치를 받는 상황이었으므로 이들의 모임과 결집은 교회와의 관계 속에 이루어져 갔던 것이다. 이 시기 직접적인 독립군 기지 건설이나 무장투쟁이 어려웠던 터라 대개 상해임정과 연계하여 군자금을 모집하는 것이 주요한 활동 중 하나였다. 때문에 이들이 비밀 모임을 가지기에 교회는 좋은 장소로써의 역할을 하였을 것이다. 사실 이러한 현상은 이 시기는 여러 지역에서 행해지고 있었다. 종교적 보호벽에 필요했던 조선 민족주의자들이 개신교에 들어오고, 또한 이 종교 지도자들이 독립운동 지도자로 떠오르면서 개신교는 "반일 독립운동의 조직 공동체로 기능하게 되는 현상"이 전개되기도 하였다.64) 역시 부산지역에서도 종교적

　　대부비서감승직(정3품)과 하동향교 정교직까지 오른 유림이자 하동군 최대의 갑부인 정규영의 큰아들로 태어났다. 1920년경 정재완은 하동에서 金翔源(백산무역주식회사 주주) 등과 함께 南一物産株式會社를 설립하였다. 동성상회주식회사 역시 하동 대지주 정재완, 문영빈과 창원 지주 김시구, 울산 지주 김홍조가 참여하였다. 정재완은 1920년대 초반 부산 동래온천장에 '산해관'이란 여관 겸 요정을 건립하여 상해임정의 독립운동 자금을 조달하였다. 또 동래일신여학교의 설립에도 많은 자금을 출자하였던 것으로 알려졌다(『每日申報』1920년 4월 6일 ; 5월 2일 ; 부산일보사, 앞의 책, 1998, 48쪽).

63) 〈별표 1〉을 참조하면 교회 명부에 나타난 이들의 기록을 확인할 수 있다.
64) 박정신, 앞의 책, 1997, 68쪽.

공동체는 사회·정치 운동의 위한 모의처, 연락망으로 기능할 수밖에 없었다. 단적인 예로 초량교회 교인이었던 윤현태의 동생인 윤현진이 상해임정 재무차장으로 활동하였는데 백산무역 주주들이 초량교회와 관련을 맺고 있는 것을 보면 이들이 교회를 중심으로 비밀결사운동을 진행하였을 가능성은 농후하다 할 수 있다. 아래 윤현태의 처소에 모여 교회회의를 하는 기록을 볼 때 충분히 교회와의 밀접한 분위기를 느낄 수 있다.

  主后 一千九百 二十年 十二月 二十二日 下午 一時에 本堂會가 尹顯泰氏
  숨○에 모혀 會長기도로 開會하고 前會錄을 朗讀採用하다.⁶⁵⁾

  부산지역 자본가 계층이 관계한 대표적인 비밀 결사는 대동청년단이었다. 대동청년단원은 결성 당시에는 학생이 많았으며 경제적·사회적으로 독자적 세력을 구축한 층은 아니었으나 1910년대 중·후반 경제적 활동을 하면서 부르주아민족운동을 주도하는 세력으로 성장하였다. 특히 백산무역 주주들이 다수 관계하는 것으로 보아 이 회사의 주주 모집시 대동청년단의 조직적 인맥에 기초한 것으로 보인다. 따라서 백산무역회사는 대동청년단의 거점으로 활용되었다.⁶⁶⁾ 특히 자강운동이 활발하지 못했던 부산지역에 자본가 계층이 결집하여 비밀결사운동을 진행할 수 있었던 여러 요인 가운데 종교적 영향을 무시할 수는 없다. 이들의 인맥이 한 교회에서 집중적으로 드러나는 것을 보면 교회가 사상적으로나 조직적으로나 토대역할을 어느 정도는 한 것으로 보인다. 또한 윤현태와 전석준의 경우 1927년 백산무역주식회사가 일제의 탄압에 의해 해산된 이후에는 교회 명부에 '다년간 종적이 없는 고로 세례인 명부에서 제명'한다고 기록되어져 있다.⁶⁷⁾ 이는 백산상회로 활발히 활동할 당시에 교회를 통해 결집하였다는 것을 여실히 보여준다.

---

65) ○은 판독 불가한 부분이다(『堂會錄』 1920.12.22).
66) 오미일, 앞의 글, 1997, 172쪽.
67) 초량교회,『堂會錄』1930년 12월 20일.

기존의 연구에서는 이들의 이러한 비밀결사운동을 가능케 한 요인이나 배경에 대해 종교적 영향을 고려하지 않는 경우를 종종 볼 수 있다. 이들의 출신지역, 경제적 기반, 상업 활동 등의 요인과 더불어 지역 교회 내에 결집하는 점도 함께 고려될 때 이들의 활동이 가지는 의미를 더욱 상세히 그려낼 수 있는 것이다.

1920년대에 들어서면 문화 정치 실시로 합법 공간이 확대되면서 자본가 계층은 문화운동에 주력하게 되는데 3·1운동 후 안희제를 비롯한 부산지역 자본가 계층은 1919년 기미육영회[68]와 부산예월회[69]를 설립하였다. 부산인근의 자본가 40여 명으로 조직되었는데 여기에서도 안희제, 윤현태, 윤상은, 전석준, 문상우 등은 함께 활동하였다.

그러나 3·1운동 직후 기미육영회나 부산예월회 등 문화운동단체가 지역 내 자본가 계층을 망라하였으나 지속적으로 활동영역을 유지하지 못하면서 1920년대 초중반 지역 내 사회운동의 주도적 위치를 점했던 것은 청년단체였다. 이에 자본가 계층은 초기 청년단체로까지 활동 영역을 넓혀갔다. 그중 초량교회 건축 지원인으로 활동하였던 문상우가 부산청년회의 초대 간사장이었다. 또 초량교회 교인 중 강기흠, 이병희가 부산청년회 임원으로 활동하였다. 초량교회 교인들 중 부산청년회에 활동한 자들은 주로 부산청년회 초기에 활동한 자본가 계층으로 보여진다.[70]

한편 부산진교회 교인 중에도 부산청년회 임원으로 활동한 사람을 확인

---

[68] 안희제, 윤현태, 윤병호, 최태욱, 전병학 등 5명의 간사와 윤상은, 조동옥, 이우석, 전석준, 손영순 등 10명의 평의원을 두었는데 발족 6개월 만에 회원 43명, 회원부담금 신청액 1만 2천 원, 불입액 5천 원에 달했다(『東亞日報』 1921년 3월 30일 ; 4월 19일).

[69] 『東亞日報』 1921년 3월 16일 ; 4월 12일 ; 6월 29일.

[70] 부산청년회의 회원자격은 月捐金을 납입하는 자는 維持會員이라 하고 입회수속을 이행치 않아도 부산지역 거주자이면 누구든지 입회가 가능한 대중단체였다. 이러한 회원자격 규정으로 자연히 청년회는 단체의 재정에 도움을 줄 수 있는 지역유지, 상공업자가 주도하였다(오미일, 앞의 글, 1997, 248쪽).

할 수 있다. 전성호는 부산진교회 교인으로 부산청년회 임원[71)으로도 활동하였는데 초량교회 교인이자 부산청년회에서 활동하였던 강기흠, 이병희와는 달리 경제활동 경력이 없는 것으로 보아 자본가 계층은 아니었던 것 같다. 아마도 부산청년회는 부산지역 거주자이면 누구든지 입회가 가능한 대중단체였기 때문에 정치·경제적 여건이 다르다 하여도 임원으로 활동하는 것이 가능하였던 모양이다.

한편 일제는 3·1운동 이후 민심을 진정시키고 조선인의 여론을 수렴한다는 명분하에 지방자치제를 실시하여 부산에서도 부협의원, 학교평의원 선거가 이루어졌는데 이 시기 일부 자본가 계층이 사회적 명예직으로 선거에 많이 진출하였다. 이 지역에서 선거에 진출하여 활동한 사람들 중에는 더러 교인들도 있었는데 〈별표 1〉을 보면 초량교회 교인이었던 김용진, 이근용,[72) 문상우도 부산지역 부협의원, 학교평의원으로 활동했음을 알 수 있다. 그 외 부협의원 또는 학교평의원 이외에 자본가 계층이 사회적 명예로 많이 진출하는 곳으로 상업회의소평의원을 들 수 있는데 교인 중에는 이병희,[73) 윤대선, 문상우 등이 진출했음을 확인할 수 있다.

다음으로 부산진교회 교인들의 활동을 구체적으로 살펴보자. 〈별표 2〉는 일제시기 부산진교회 관련 주요한 인물 34명을 정리한 것인데 이를 보면 일신여학교 또는 3·1운동 시위 혹은 청년·사회단체에 활동했던 인물들이 주를 이루고 있다. 초량교회의 경우 상업적 활동을 한 교인들이 상당수 눈에 띈 것에 비해 부산진교회 교인 중에는 상업 활동을 하거나 자본가 계층이 거의 보이지 않는다. 다만 환공운송점출장소(丸共運送店出張所)를 경영

---

71) 『東亞日報』 1923년 11월 24일 ; 1925년 3월 15일. 金準錫, 金鍾範, 金局泰, 趙東赫, 金哲壽, 田性昊, 許永祚, 秋正明, 魚允光, 劉榮俊, 李奭衍, 徐有聲, 崔錫鳳, 吳瀅植, 姜基欽, 安熙濟, 金在俊, 李秉熙, 李有石.

72) 『부산명사록부은행회사명감』, 1935, 39쪽 ; 홍순권, 「1930년대 부산부회의 의원 선거와 지방 정치세력의 동태」, 『지방사와 지방문화』 10권 1호, 2007, 345쪽 참조.

73) 『부산명사록부은행회사명감』, 1935, 41쪽.

하며, 1931년에 부협의원이였던 유동준(俞東濬)이 유일한 정도이다. 〈별표 1〉에 나타난 초량교회 교인들의 경우 상당수 상업적 활동을 했던 것에 비하면 대조적인 분위기를 확인할 수 있다.

여기에 부산진교회『생명록』에서는 신간회와 근우회에서 활동한 인물들을 쉽게 찾아볼 수 있다. 부산진 교인으로 기록되어 있는 심두섭, 김수홍은 신간회 부산지회 임원74)이었다. 심두섭의 경우 1927년 7월 대회에서 정치문화부 간부로 활동하였는데 3·1운동 당시에는 징역 3년에 처해지기도 하였다.75) 한편 심두섭은 부산지역에서 최초로 세례를 받은 심상현의 유복자이기도 하다. 기독교의 영향 아래 있던 심두섭이 신간회에서 사회주의계열 인사로 분류되는데 그가 사회주의를 어떻게 인식하였는지는 이 기록만 가지고선 알 수 없다.

1925년 11월 중순에는 전병환(全秉煥), 김용진(金龍鎭), 전성호(田性昊), 김재준(金在俊), 추정명(秋正明), 박현수(朴現秀), 김근호(金根浩), 김칠성(金七星), 허윤옥(許允玉), 박여산(朴如山), 이주경(李周璟) 등 20여 명이 모여 "제4계급의 해방과 대중운동의 보조를 촉진케 할 목적으로" 제4동우회를 발기하였다.76) 이들 발기인 가운데 김용진, 전성호와 구호부 집행위원이었던 이수옥이 이 지역 교회 교인이었다. 3·1운동 이후 사회주의나 공산주의 물결 속에 기독교계 민족주의자들 중에도 이를 받아들이고 소개하는 인물이 더러 있었는데77) 김용진, 전성호, 이수옥 이들이 기독교를 외면하고 사

---

74)『東亞日報』1927년 8월 1일 ; 1929년 2월 15일. 沈斗燮은 1927년 7월 대회 정치문화부 간부였고, 金守弘은 1929년 2월 대회 간사로 활동하였다.
75)『每日申報』1919년 4월 20일 ; 23일.
76) 역사문제연구소, 앞의 글, 69쪽 ; 오미일, 앞의 글, 1997, 254쪽.
77) 이동휘, 여운영, 박용만, 한위건, 김원벽, 박휘도, 이대위, 유경상 등이 고려 공산당이나 조선 공산당을 조직한 이들이거나『신생활』,『청년』이라는 잡지를 통해 사회주의를 소개한 이들이다. 기독교와 사회주의에 관하여는 김홍수,「일제하 한국기독교와 사회주의」, 한국기독교역사연구, 1992를 참고할 것(박정신, 앞의 책, 1997, 222쪽).

회주의를 받아들였는지, 아니면 오히려 기독교와 사회주의와의 연계를 시도한 것인지는 자세히 알 수 없다. 그러나 이들의 활동을 통해 이 시기 사회주의의 물결이 부산지역 기독교인들에까지 영향을 미쳤음을 엿볼 수 있다.

앞에서도 언급했듯이 3·1운동 당시 일신여학교 학생 11명과 교사 2명[78] 이 3월 11일 시위에 참여했는데 이들 대부분이 부산진교회 교인이었다. 그 중 신필애와 서정순은 각각 8, 12회 졸업생으로 근우회 부산지회 간부로 활동하였다. 서정순은 1928년 근우회 부산지회 서무부 집행위원이었고, 신필애는 1929년 제2회 근우회 부산지회 정기대회 집행위원으로 활동하였다. 이들 외에도 부산진교회『생명록』에서 근우회 활동하였던 몇몇 인물들을 발견할 수 있었는데 근우회 부산지회 제3회 정기대회 집행위원장 후보 박수애, 근우회 부산지회 제2회 정기대회 집행위 대표 여운영, 1928년 근우회 학생부 이필연이 부산진교회의 학습·세례교인이었다.

1919년 3·1운동 전까지 기독교계 여학교에서의 학생 회합활동은 이후 여성단체 결성의 중요한 배경이 되는 것으로 논의되어 왔다.[79] 1910년대까지 이루어진 이러한 활동들에 기반을 두어 1920년대에는 기독교 여성 사회운동단체의 결성 등으로 여성들의 회합이 사회적으로 확대되어감을 볼 수 있다. 이 시기 국내외에서 고등교육을 받은 여성들의 사회활동이 본격화하면서 소위 기독교 신여성이 가시화된다고 할 수 있는데 여성교육이 전무했던 당시에 일신여학교는 유일하게 이 지역 여성들에게 신교육의 기회를 제공하였고, 그리하여 신학문 세례를 받은 학생들이 신지식층으로 확대·형성되고 이후 기독교 민족운동의 주도세력으로 자리 잡아가게 되었던 것이다.[80] 이런 점에서 선교사에 의해 세워진 기독교계 학교는 기독교 민족주

---

78) 3월 11일 시위를 하였던 학생 11명 김응수, 송명진, 김순이 김란출, 박정수, 김반수, 심순의, 김봉애, 김복선, 김신복, 이명시 중 송명진, 김순이, 김난출, 김봉애, 김복선과 교사 박시연에 대한 기록은 부산진교회『生命錄』과『堂會錄』에서 확인할 수 있다.

79) 이윤미, 「일제하 기독교 신여성의 근대인식과 근대성에 대한 재고」,『일제하 서구 문화의 수용과 근대성』, 혜안, 2008.

의세력의 유력한 재생산 기반이라고도 할 수 있겠다.81)

한편 초량교회 교인 중에도 근우회에서 활동하였던 인물은 찾을 수 있다. 윤재순은 1928년 근우회 부산지회 집행위원 대표로 초량교회 세례교인이었고, 윤자모는 학습교인으로 1930년 근우회 제3회 정기대회 집행위원이었다.

위에서 살펴보았듯이 부산진교회 교인과 초량교회 교인들 간에 약간의 성향의 차이가 존재하고 있었고 이로 인해 주요 구성원들의 지역사회 내 정치·사회적 활동에도 다른 모습을 보이는 것을 알 수 있었다. 단 이것으로 이 시기 두 교회 구성원을 자본가 계층과 운동가 계층으로 분리시켜 이분법적인 잣대로 보는 것은 위험하다. 간과해서는 안 될 것은 이 시기 기독교는 다양한 계층의 사람들의 필요와 기대에 따라 복합적이고 다양하게 얽혀있었고, 특히 부산지역의 경우 각 정(町)별 특성에 교회가 밀접한 영향을 받고 있었다는 것이다.

여하튼 이 시기 부산지역에서 활동하였던 부르주아 민족주의자, 사회주의자, 독립운동가 등은 당시 기독교라는 서양의 종교를 각기 어떻게 인식하였고, 당시 식민지 상황 속에서 어떤 역할을 기대하고 있었던 것일까. 현재까지의 사실만으로 이것을 구체적으로 설명해 내기는 어려울 것이다. 이들의 회고록이나 활동에 관하여 많은 기록들이 발견된다면 이들의 의식세계를 면밀히 고찰할 수 있으리라 생각한다. 다만 여기서는 이들의 활동 일면을 확인할 수 있었던 것만으로 만족하고자 한다. 분명한 것은 이들이 순수한 종교적 동기만이 아니라 정치적·사회적 목적, 다시 말해 반일적인 정치·사회 개혁 수단의 한 부분으로 기독교를 수용하였던 측면이 있었음을 강조하고자 한다.

이 연구는 종교와 민족주의 간의 관계에서 정확한 결론을 내리기보다는

---

80) 대표적으로 사회사업가 양한나, 여자의용군을 주도했던 독립운동가 박차정, 정치인 박순천 등이 일신여자학교 출신이다(이상규, 앞의 책, 1994, 190쪽).
81) 장규식, 『일제하 한국 기독교민족주의 연구』, 혜안, 2001 참조.

부산지역에서의 기독교와 민족주의 활동과의 이음새를 포착하고자 한 것에 의의를 두고자 한다. 확인 된 바 분명하게도 부산에서조차 이 시기 기독교와 조선의 사회·정치세력은 맞물려져가고 있었다.

V. 맺음말

본고에서는 일제시기 부산지역의 부산진교회와 초량교회를 중심으로 이 시기 기독교를 수용했던 사람들의 분포 모습과 직업에 따른 계층 구성, 지역사회에서 두드러진 활동을 한 기독교인들을 발굴, 그들의 활동을 분석하여 종교와 민족주의 활동 간의 맞물림을 포착하고자 하였다.

이제 본고의 내용을 정리하여 맺음말에 대신하고자 한다.

첫째, 일제시기 부산지역의 교인은 10대 미만에서부터 60대 이상까지 연령대가 다양하게 존재하였으나, 10·20대의 젊은층 교인이 우세하였다. 특히 부산진교회의 경우는 젊은층의 여성비율이 두드러지게 나타났다. 또한 당시 교인들의 거주지는 교회 근처 주변지역으로만 한정되어 있었고, 교인 수가 증가하더라도 교인들의 거주지가 확장되지 못하는 모습을 드러내었다. 이는 당시 부산의 사회적 상황으로 인해 각 정(町)별 마다의 차이를 가지게 되었고 이러한 지역별 특성이 교회의 교세확장에 영향을 미쳤던 것이다. 그리하여 지리적으로 가까이 위치하였던 두 교회 교인들조차 거주지가 확연히 구분되는 현상이 나타났다.

둘째, 이 지역 교인들을 분석해 본 결과 이 시기 교인들의 계층은 자본가층·중소상인층·단순 노동자층·학생층으로 구성되어 각각의 사회·경제적 여건에 따라 교회와 관계를 맺고 있었다. 그러나 사례로 선정한 두 교회는 특정 계층의 비율이 다르게 나타났으며 두 교회 구성원의 성향에 차이가 있음을 보여 주었다.

부산진교회는 일신여학교와의 밀접한 관계 속에서 교인구성원의 성향에 학생층의 비율이 우세하였고, 초량교회는 일본인 거주지지역과 가까운 곳에 위치하고, 개항 이후 무역활동이 활발했던 탓에 교인들의 직업 또한 상업이 두드러졌다.

셋째, 이 시기 두 교회의 『生命錄』을 통해 당시 지역에서 사회활동이나 민족운동을 활발히 했던 인물들의 이름을 확인할 수 있었다. 특히 이전에는 언급되지 않았던 이들의 종교적 활동을 포착할 수 있었다. 민족주의 부르주아 계층으로 대변되는 자본가 계층들이 당시 지역교회와 관계를 맺고 있었음을 드러내었다. 특히 초량교회의 경우 교회 건물을 신축하는 시기 교인이 아닌 자본가들까지도 상당한 금액을 교회 건축 헌금으로 납부하고 있음을 볼 수 있었다. 이를 통해 당시 교회가 지역의 자본가 계층 사람들을 포섭해 나가고 있었음을 알 수 있었다.

한편 부산진교회와 초량교회 교인들 가운데 사회활동을 포착할 수 있는 인물들을 각각 정리해 보았는데 한눈에 보아도 두 교회 교인들의 사회활동과 성향의 차이를 짐작할 수 있다.

여태껏 부산지역 기독교는 북부와 서울지역의 기독교에 비해 교세적인 면에서 미약하고 별다른 특징이 없는 것으로 여겨져 왔다. 그러나 부산지역에서의 기독교는 근대 도시로 변모해가는 탓에 지역과 밀접한 관계 속에 자리 잡아가고 있었다. 이를 통해 부산 내 각 지역별 특성에 교회가 밀접한 영향을 받고 있었음을 보여준다.

따라서 일제시기 부산지역 중심교회였던 부산진교회와 초량교회가 초기에는 동일하게 선교사에 의해 세워진 교회이지만 1910·1920년대를 지나면서 그 지역의 구성원들의 필요와 지역별 특성에 영향을 받으면서 각 교회 구성원들의 성향과 지역사회 속에서의 교인들의 사회활동에도 차이점이 존재했다.

이렇듯 부산지역만 한정해 살펴보아도 우리 민족의 역사 가운데 기독교와 민족주의는 분명히 맞물려 있었음을 부인할 수 없다. 그렇기에 앞으로 이 시기 기독교와 민족주의에 관해 유연한 시각을 가지고 구체적 역사현상을 인식하는 연구가 더욱 필요하다고 여겨진다.

반면 본고에서는 아쉽게도 일제시기 신사참배의 시기는 대상으로 하지 않았다. 이 시기에 관해서는 이전에 주로 개인을 중심으로 고찰하였던 방법에서 더 나아가 지역적 분위기와 특성, 종교 내 여러 교단의 비교 등이 아울러 고려되어야 할 것으로 생각된다. 아쉬움을 남긴 채 그 이전시기까지의 모습만 살펴보고 이것은 차후에 과제로 남겨둔다.

〈별표 1〉 일제시기 초량교회 관련 주요한 인물 30명

	이름	직업·경영업체	청년·사회단체	운동경력·사회적 지위	교회 활동(세례일)	비고
1	강기흠 姜基欽	加藤상점 (고무화판매) 면포도매상	부산청년회 임원	보교기성회(1936)	학습교인(1920) 직장: 공익사로 기재	
2	김경순 金敬順		의우단 부산여자청년회 서기		세례교인(1911.4) 부산진교회로 이명82) (1930.12)	김성도(모) -세례교인 김경열(동생) -학습교인
3	김동엽 金東燁	일금상회			학습교인(1921.8.7)	
4	김말봉 金末奉	작가		중외일보 기자 (1929) 중앙일보 신춘문예 당선(1932)	세례교인 건축위원(1920.1.30) 부덕함으로 1년 책벌 (1921.6.26) 믿지 않는 자 혼인함 1년간 책벌(1926.9.5) 해벌(1927.8.6) 무기책벌(1930.12.20) 부산진교회로 이명 (1936)	주요저서: 『밀림(密林)』 『찔레꽃』 『생명(生命)』
5	김용진 金龍鎭	음식점	부산청년회 문예부간사 제4동우회 서무부(1925) 공명회	학교평의회(1924) 동아일보 부산지국장	세례교인(1918.1.14) 경성 승동교회서 이명 (1919.11.13) 초량교회영수 (1920.1.30) 예배당건축위원 (1920.1.30) 장로 피택(1920.4.4) 영수, 장로 사임 (1920.9.22) 첩 동거사실 알려짐 (1921.6.3) 1년간 책벌(1921.6.26) 예배당건축헌금100원 납부(1922) 생명록에서제명 (1930.12.20)	김신의(모친) -세례교인 김양경(처) -세례교인
6	문복숙 文福淑					양성봉(남편)
7	문상우 文尙宇	경남은행지배인 (1915)	부산예월회 기미육영회	부산부참사(1919) 부협의원(1923)	예배당 건축지원인 (1920.1.30)	

8	문창호 文暢鎬	동성사회 대표 해동흥업이사 (1934) 부산미곡증권신탁 이사(1922) 삼양상회	부산청년회 초대간사장	도평의원(1927) 상업회의소평의원 (1920~26)	예배당건축헌금 30원 납부 영수(1918.12.26) 영수직 사임(1919.1.11)	김태순(처) -세례교인
9	박세탁 朴世鐸		부산청년회 간부		세례교인(1917.1.14) 서울 남감리 교회에서 이명(1920.5.7) 생명록에 기록됨(1920.6.19) 박세탁 씨 집에서 당회(1922.11.21) 서리집사(1923.1.25) 생명록에서 제명(1930.12.20)	
10	신상익 愼尙翼	창신호상점	대한흥학보	농상공부권업모범장통역사무촉탁	세례교인(1921.1.2) 서리집사(1921.3.8) 장립집사(1922.2.19) 집사직유임(1926.3.5) 마산교회로 이명(1928.12.29) 예배당 건축헌금 200원	김신심(모) -세례교인 정복수(처) -세례교인 신주성(아들) -세례교인 신차영(딸) -세례교인 신말영(딸) -세례교인 신동영(딸) -세례
11	신말영			일신여자학교 졸업생	학습교인(1921.1.1)	신상익(부) -세례교인
12	윤재순 尹在詢		근우회 부산지회 선임 집행위원 대표(1928.6.) 근우회 제2회 집행위 선임 대의원(1928.7)		세례교인(1921.8.28) 포항교회로 이명(1932.8.14)	
13	윤자모 尹慈模		근우회 제3회 정기대회 선임 집행위원(1930.2)		학습교인(1921.8.13)	
14	안희제 安熙濟	구포저축주식회사(1908)	의신학교 세움(의령, 1907)	의령 소지주 鄕班 상업회의소 부회두	예배당 건축헌금 2,000원 납부	

		백산상회 설립(1914) 조선국권회복단 참여(1915) 백산무역주식회사(1919) 중회일보인수복간(1929) 만주망명 발해농장 경영(1933) 조선주조주식회사 경남은행 주주	창남학교 세움(의령, 1908) 교남교육회 회원 구명학교설립 기미육영회 조직 부산예월회 대동청년단결성(1909) 조선국권회복단 부산청년회 중외일보인수	(1926~28)			
15	윤현태 尹顯泰	경남인쇄주식회사(1916) 백산상회(1916) 백산무역주식회사 주주(1919) 일금상회경영(1919) 의춘상행(1920)	조선국권회복단 기미 육영회	양산의 대지주 부산상업학교 상의원	학습교인(1919.9.12) 예배당건축지원인(1920.1.30) 예배당건축헌금1,000원 납부 세례교인(1920.2.22) 서리집사(1921.3.8) 생명록제명(1930.12.20)	이령(처) - 학습교인 윤상은이 숙부
16	윤현진 尹顯振	구포저축주신회사(1908) 상해임정재무차장	대동청년단	윤현태의 동생	교인	
17	윤상은 尹相殷	구명학교 세움(1907) 구포저축주식회사(1908) 구포은행(1912) 경남은행 전무취체역(1917) 백산무역 주식 회사 주주참여(1919) 경남은행 두취역(1923) 초대 전매국장(1948)	기미 육영회	구포의 대지주 조선어학회 사건으로 체포됨(1942)	학습교인(1917.5.4)	박영자(처)- 학습교인(1920.12.22) 1899년 대한철도회사를 설립한 박기종의 넷째 딸
18	윤대선 尹大善	윤대선상점 남선염직소(1921) 남선창고주식회사		초량객주상인 상업회의소의원		윤세라(처) -세례교인
19	이강희			부산 시대일보지 국기자	교인	이기선(모) -학습교인
20	이근용	이근용의원장	신간회 참여	의사	세례교인(1921.2.10)	

	李瑾鎔			부산부회의원(1934)	경성 승동교회에서 이명 생명록 기록(1921.3.8) 장로(1957)	
21	이병희 李秉熙	협동인쇄회사 지배인(1928) 경남인쇄주식회사 지배인	부산청년회 서무부 간사	부산상공회의소 상의원	학습교인(1920.7.4) 세례교인(1921.1.2)	
22	양수여 梁秀汝		부산부 서하면 부암동수리조합 조합장 농민이화저축회 회장		세례교인(1921.1.2) 서리집사(1922.2.3) 남권찰(1926.3.5) 호상위원(1931.3.21) 호상위원(1933.12)	양천호(아들) -세례교인 양인호(아들)- 세례교인
23	양성봉 梁聖奉			부산시장(1946~48) 농림장관	주일학교 교사·교장 장로 부산진교회에서 이명옴 (1926.12.29)	양은화(梁恩華) 양영일(梁永日) 문복숙(文福淑) 양봉옥(梁奉玉) 양순옥(梁順玉) 양원택 양한나
24	양한나 梁貴艶		부산여자청년회 설립(1921)	일신여학교1회 졸업생(1913) 일신여학교 기독교 청년회 총무(1923)	세례교인 유년주일학교교사 (1929) 통영대화정교회로 이명 (1934.3.30)	양성봉 누나
25	전석준 全錫準	구포저축주신회사 (1908) 백산무역주식회사 주주 구포은행 경남인쇄주식회사 (1916) 주일은행(1918) 일금상회 경남은행 이사	기미 육영회	양산군의 유력지주 양산군 참사(1917) 울산의 대지주인 엄주원의매부	예배당건축지원인 (1920.1.30) 세례교인(1920.7.4) 생명록제명(1930.12.20) 예배당 건축헌금 300원 납부	윤양숙(모)- 세례교인 엄영선(처)- 세례교인 전병구(아들) -세례교인 전병오(아들) -세례교인
26	전덕부		대한인국민회	재미한인	세례교인(1906.12.30)	
27	정재완 鄭在浣	백산무역주식회사 주주(1919) 동성상회주식회사 참여		하동 대지주	예배당건축헌금 1,000원 납부	

	남일물산주식회사 (1920) 산해관 건립 (1920년대) 하동청년회관 건립 (1926)					
28	정인순 鄭仁順			일신여학교2회 졸업생(1914)	세례교인(1920.7.3)	
29	주경애			일신여자학교 교사	교인 동래읍 교회로 이명 (1930.12.20)	박영신(모)— 1920.3.18 간음죄로 출교
30	지영진 池榮璡	백산무역주식회사 주주 일광상회 의춘상행(1920)	해방 후 晩翠육 영회운영	지주 양산군수	예배당건축지원인 (1920.1.30) 예배당건축헌금 500원 납부	

* 출전: 초량교회, 『生命錄』·『堂會錄』; 『東亞日報』; 『每日申報』; 釜山市史編纂委員會, 『釜山市史』 第一卷, 1989 ; 오미일, 「한말~1920년대 조선인 자본가층의 형성 및 분화와 경제적 동향」, 1997 ; 역사문제연구소, 『한국근현대지역운동사 영남편』, 여강, 1993 ; 박용옥, 『한국여성항일운동사연구』, 지식산업사, 1969 ; 부산일보 특별취재팀, 『백산의 동지들』, 부산일보사, 1998.

---

82) 이명은 다른 교회나 다른 지역으로 옮겨갔다는 것은 말함. 당시에는 이명이 빈번하게 일어났던 것으로 보여 진다.

〈별표 2〉 일제시기 부산진교회 관련 주요한 인물 34명

	이름	직업·경영업체	청년·사회단체	운동경력·사회적 지위	교회 활동 (세례일)	비고
1	김수홍 金守弘		흥한민회단 간부	신간회 부산지회 간부	세례교인(1902)	
2	김순이 金順伊			3·11시위	세례교인(1923)	
3	김신복 金新福			일신여학교 9회 졸업생 (1921) 3·11시위	세례교인(1918)	
4	김난출 金蘭出			일신여학교 9회 졸업생 (1921) 3·11시위	세례교인(1922)	
5	김복선			3·11시위	학습교인(1918)	
6	김봉애			3·11시위	학습교인(1918)	
7	김채봉 金彩鳳			일신여학교 11회 졸업생 (1924)	세례교인(1926)	
8	김홍식 金洪植			일신여학교 12회 졸업생 (1925)	세례교인(1928)	
9	김두현 金斗鉉			2차독립운동계획·검거 (1921)	세례교인	
10	문복숙 文福淑			일신여학교 5회 졸업생 (1917)	세례교인(1917)	양성봉(처)
11	백신영 白信永		대한민국애국부인회			정마리아(모)
12	박시연 朴時淵			일신여학교 교사 3·11시위	장로 주일학교교사	
13	박수애 朴受愛		근우회 부산지회 제3회 정기대회집행위원장 후보		학습교인	
14	박갑선 朴甲善		의용단	검거(1922)	세례교인(1918)	
15	서정순 徐貞順		근우회 부산지회 선임 서무부집행위원 (1928.6) 근우회 제2회 집행위 선임 대의원 (1928.7)	일신여학교 12회 졸업생 (1925)	학습교인	
16	송명진			3·11시위	세례교인(1918)	

17	심두섭 沈斗燮		부산진청년회 부산청년동맹	부산상업고등학교 제1회 졸업생 신간회 부산지회 간부	세례교인(1915)	박감은 朴感恩 (심두섭모) 이순령(처) 李順令 심상현의 유복자
18	신필애 申弼愛		근우회 부산지회 제2회 정기대회 집행위원(1929.3) 근우회 부산지회 제4회 정기대회검사위원(1931)	일신여학교 8회 졸업생 (1920)	세례교인(1921)	
19	이명시 李明施			일신여학교 10회 졸업생 (1922)	세례교인(1918)	
20	이수옥 李守玉		제4동우회 구호부(1925)		세례교인(1928)	
21	이성줄 李聖笛		부산청년회 부산진청년회		학습교인	
22	이필련 李必連			일신여학교 12회 졸업생 (1925)	세례교인(1926)	
23	양봉옥 梁奉玉		YMCA회장(1955~1960)	일신여학교 11회 졸업생 (1924)	세례교인(1922) 권사	양한나 여동생
24	양영일				세례교인(1901) 주일학교교사	
25	여운영 呂運英		부산여자청년회 근우회 부산지회 정치연 구부(1928.6) 근우회 부산지회제2회 정기대회 집행위 대표 (1929.3)		세례교인 주일학교교사	
26	유동준 兪東濬	환공운송점 출장소	노우회	수산상공협회 회장 부협의원(1931.6)	세례교인(1921)	
27	이필연		근우회 부산지회 학생부 (1928.6)		학습교인	
28	이소출 李小茁		조선독립단	검거(1922)	학습교인	
29	주애희 朱愛禧			일신여학교 11회 졸업생 (1924)	세례교인(1923)	
30	전병환		제4동우회 교양부		학습교인(1936)	
31	전성호 田性昊		부산진청년회 제4동우회(1925)	주택난구제 시민대회 대표	학습교인(1921)	

			부산청년회임원			
32	최수악 崔守岳			일신여학교 12회 졸업생 (1925)	세례교인(1923)	
33	최학선		양산청년회	신간회 양산지회장	학습교인(1934)	
34	최금술 崔今述			일신여학교 12회 졸업생 (1925)	학습교인(1921)	

* 출전: 부산진교회, 『生命錄』·『堂會錄』;『東亞日報』;『每日申報』; 釜山市史編纂委員會,『釜山市史』第一卷, 1989 ; 오미일, 「한말~1920년대 조선인 자본가층의 형성 및 분화와 경제적 동향」, 1997 ; 역사문제연구소, 『한국근현대지역운동사 영남편』, 여강, 1993 ; 박용옥,『한국여성항일운동사연구』, 지식산업사, 1969.

<부록> 초량교회 건축기금자 명단

이름	원	이름	원
고영복(여학생)	1	이희열(여학생, 초량)	1
방필수(초량)	1	김숙이	1
배필수(여)	2	김월봉	2
김만길	2	이순아	2
황복득(박윤문)	3	김마리아	2
김영지(박윤문 숙)	3	최호지	2
윤연이	3	권우락	3
조앙미	4	신정신	5
무명씨	5	이용해	5
김해녕(여)	4	김제태	3
오복만	5	홍순택	5
무명씨	5	황형	5
변인권	5	최귀봉	5
김윤중(여학생)	5	윤재순	5
백달근	5	방덕수(여학생)	5
강완휘	5	윤재손(여학생, 영주동)	5
방덕혜(여, 영주동)	10	황사용	7
이덕성(여, 영주동)	10	김삼인모친	10
정도령(영주동)	10	리선의(하와이)	10
운례구	10	이우영	10
오명환	15	김봉석	15
안직상	10	무명씨	10
정도라(영주동)	20	장인선(영주동)	10
강말숙	20	강기험	10
임막래	20	이복수(여)	20
이성장	20	이신오	20
김세라	20	강명석	23
김주관(영주동)	20	이병희	20
김삼인(영주동)	20	정보라(영주동)	20
이치선(영주동)	20	강용서(영주동)	20
이반석(여,초량)	40	김사훈	20
김순남(영주동)	50	전상범	30
정덕생(영주동)	56	문상우	30
김용수(영주동)	100	윤영자	40
정진율(영주동)	100	양수녀	50
전용채(영주동)	100	김석구	50
김용진	100	이정주 모친(초량)	50

이정주(초량)	150	오한식	50
이형복(여)	은비녀, 은귀이개 각 1개	박윤문(영주동)	100
고영표	80	홍음전	금반지 1개
강재우(하와이)	18불	최년이(여)	은반지 1쌍
김수진	병동자수자병 1개	변덕희	은비녀 1개
윤정렬		안희제	2000
신상익	200	정재완	1000
안심	100	윤현태	1000
지영진	500	김시용	1500
전석준	300	김○○	100
지창규	100		

* 비고: 『禮拜堂新築義捐金帳簿』 장부의 기록대로 기재함.

1920~1930년대 부산지역 중등학교의 수학여행

방 지 선

* 본 논문은 동아대학교 석당학술원 『석당논총』 제44집(2009.6)에 수록된 것을 수정·보완한 것임.

Ⅰ. 머리말

일제는 학교를 통해서 조선인을 천황의 충량한 신민으로 기르고자 하였다. 학교에서 교과목을 통해 습득한 '지식'을 식민지인들의 일상생활을 지배하는 '의식'으로 연결시키는 것은 무엇보다도 중요했다. '지식학습'의 '체험학습'으로의 연계 및 전환은 교과학습 못지않게 일제의 교육정책에서 중요한 위치를 차지하였을 것이다. 이 시기 체험학습활동의 대표가 바로 수학여행(修學旅行)이다.

중등학생들에게 수학여행은 특별한 의미를 지녔던 활동이었다. 학교생활을 해야만 경험할 수 있는 '여행'이라는 익숙하지 않은 근대적 문화의 경험이었고, 짧은 기간이었던 만큼 더 깊고 강렬한 인상을 남겼다. 따라서 수학여행이 중등교육내용의 내면화에 미친 영향을 살펴보고, 학생들이 여행을 통해 실제로 내면화하였던 것이 무엇이었는지, 그 '실상'을 확인하는 것은 일제의 동화주의 교육정책의 효과를 파악하기 위해 필요한 작업이다.

수학여행은 1900년을 전후한 시기 각 학교를 중심으로 시행되기 시작하였고 초·중·고등 각급 학교에서 실시되었던 수학여행의 궁극적 목적은 동일하다. 그러나 각급 학교마다 특히 중등학교에서 선정한 수학여행지는 학교 설립 목적에 따라 조금씩 차이를 보인다. 이는 각각의 중등학교 교육과정 및 내용이 수학여행과 밀접한 관련성이 있음을 보여준다. 본고에서 이를 모두 다룰 수 없으므로 일제 동화정책이 강화된 1920년대 이후 중등학교들이 공통적으로 실시하고 있는 일본·만주로의 수학여행을 중점적으로 살피고자 한다.

'일제시기' 수학여행에 대한 본격적인 연구는 일본 중등학교 만주 수학여행의 기원과 진행 과정을 분석하여 수학여행을 일본의 '제국적 팽창'을 보여주는 일환으로 다룬 임성모의 연구가 유일하다.[1] 그 외에 관광의 역사를

---

1) 임성모, 「팽창하는 경계와 제국의 시선-근대 일본의 만주 여행과 제국의식」, 『일본역사연구』 23, 2006.

살피는 차원에서2) 또는 일제시기 특정교육과정의 현황파악의 '한 측면'으로 수학여행을 다룬 연구3)가 있다. 최근 '식민지 근대성'을 규명하는 작업의 일환으로 일제시기 '기행문'에 주목한 국문학계의 연구가 활발한데 식민지인 내면형성의 통로가 되었던 근대 '여행'의 한 양상으로서 수학여행을 다루고 있다.4) 그러나 이들은 모두 총독부가 수학여행을 실시한 정책적 의도에 주목하여 본격적으로 수학여행을 살핀 연구라 할 수 없다. 일본에서도 이 시기 수학여행에 대해서는 일본 국내 위주의 연구만이 진행되어 있을 뿐이다.5)

---

2) 문옥표,「일본관광의 사회조직: 단체여행의 역사와 문화」,『국제지역연구(國際地域研究)』6, 서울대학교 국제지역원, 1997.
3) 박철희,「일제강점기 한국중등교육」,『교육사학 연구』14, 서울대학교 교육사학회, 2004.
4) 이승원,『학교의 탄생』, humanist, 2005 ; 곽승미,「식민지 시대 여행 문화의 향유 실태와 서사적 수용 양상」,『대중서사연구』15, 2006 ; 서경석,「만주국 기행문학 연구」,『어문학』86, 2004 ; 김중철,「근대 초기 기행 담론을 통해 본 시선과 경계 인식 고찰-중국과 일본 여행을 중심으로」,『인문과학』36, 2005 ; 차혜영,「1920년대 해외 기행문을 통해 본 식민지 근대의 내면 형성 경로」,『국어국문학』137, 2004 ; 허병식,「식민지 청년과 교양의 구조-『무정』과 식민지적 무의식」,『한국어문학연구』14, 한국어문학연구학회, 2003 ; 서기재,「일본 근대 여행관련 미디어와 식민지 조선」,『일본문화연구』14, 2005 ; 사노 마사토(佐野正人),「〈여행의 시대〉로서의 1930년대 문학」,『일본문학연구』3, 2003 ; 우미영,「근대 여행의 의미 변이와 식민지/제국의 자기 구성 논리-묘향산 기행문을 중심으로-」,『동방학지』, 2006 등.
5) 근대 일본의 수학여행에 관해서는 최근 하마노 겐이치 등이 성립과정에 대해 규명하고 있지만, '국내'여행 위주의 연구 성과이다. 濱野兼一,「明治期における埼玉縣師範學校の遠足・行軍・修學旅行について: 法的規定以前の實態に關する考察」,『早稻田大學大學院教育學研究科紀要 別冊』11-1, 2003 ; 濱野兼一,「明治期における學校行事の研究: 運動會・遠足にみる修學旅行成立への布石」,『早稻田大學大學院教育學研究科紀要 別冊』9-2, 2001 ; 井上好人,「明治期の小學校における遠足・修學旅行と地域社會」,『金澤經濟大學論集』86, 2000. 만주와 조선 등 식민지 수학여행에 관해서는 高媛,「滿洲修學旅行の誕生」,『彷書月刊』215, 2003 ; 三谷憲正,「日本近代の朝鮮觀: 明治期の滿洲修學旅行をめぐって」,『ジャイロス(Gyros)』11, 2005 등이 있다. 식민지조선으로의 수학여행이라는 과제와 관련해서 현재 가장 밀도가 높은 연구는 나라여자고등사범(지금의 나라여자대학)의 1939, 1940년

따라서 본 연구에서는 교육을 목적으로 한 근대적 의미의 단체여행의 시작인 일제시기 수학여행에 주목하고, 이를 통해 일제가 의도한 동화 이데올로기가 얼마만큼 실현될 수 있었는지 규명해 보고자 한다. 나아가 실제 학생들이 수학여행으로 내면화하였던 것이 무엇인지를 파악하는 작업은 일제시기 수학여행의 '실제(實際)'를 보여줄 수 있을 것이다. 특히 그 대상과 범위를 중등학교6)에 한정함으로써 일제의 식민지 동화 교육의 효과에 보다 가까이 다가서고자 한다.

Ⅱ. 수학여행의 실시

일제시기 조선에서 수학여행은 운동회, 학예회, 소풍 등과 함께 학교연례 행사로 분류되며 교과 교육이 감당하지 못하는 부분을 채워주는 또 다른 차원의 교육을 하는 역할을 담당해 왔다. 특히 중등학교 수학여행은 '단체 원거리 여행'으로 학생은 물론 학부형들의 관심도 집중되었던 학교의 행사로서 그 '경험적·감정적' 파급 효과가 컸다.7)

수학여행(School Excursion)의 가장 큰 특징은 그것이 교육적 목적으로 행해지는 여행이라는 점이다. 여행은 '사물에 대한 직접적 경험을 통한 교육'을 강조한 17세기 서양의 실학주의 교육사상에 의해 체험현장학습의 한 방법으로 이용되었다. 그런데 근대 일본에 도입된 수학여행은 메이지(明治)

수학여행을 분석한 이토 겐사쿠의 성과를 꼽을 수 있다. 伊藤健策, 「戰時期日本學生の修學旅行と'朝鮮'認識」, 『國史談話會雜誌』 46, 東北大學, 2006.
6) 이 시기 중등학교는 고등보통학교(1911~1937), 여자고등보통학교(1911~1937), 중학교(1938~1945), 고등여학교(1938~1945), 사범학교(1921~1945), 실업학교(1911~1945) 및 실업보습학교 등을 총칭한다(유봉호·김응자, 『한국 근/현대 중등교육 100년사』, 교학연구사, 1998).
7) 『동아일보』는 '소식' 또는 '행사'란, 『시대일보』는 '지방운동'란, 『중외일보』는 '수학여행 일속'란을 두어 수학여행의 소식을 전하고 있다.

초 처음 제도화되기 시작하였을 때부터 학생들의 신체를 단련시켜 부국강병이라는 국가 목표에 부응하는 효과를 거두려는 것을 목적으로 하였다.

일본에서 수학여행은 19세기 말에서 20세기 초에 이르기까지 일본 소학교 학생들에게는 근교의 자연관찰, 풍경감상 등을 중심으로 하는 원족(遠足: 소풍), 중학생들에게는 보다 넓은 지역의 역사·지리 학습을 포함하는 도시의 근대적 문명시설의 견학(見學), 사범학교 및 고등학생들에게는 대륙의 전쟁지역까지 가는 장기의 수학여행의 형태로 정착되었다. 그리고 철도가 개통된 이후에는 학생들에 대한 할인제도로 점차 기차를 이용한 수학여행이 보편화되었다. 해외여행은 청일전쟁 직후인 1896년 효고(兵庫)현립 도요오카(豊岡)중학교의 조선 여행이 그 맹아이며, 1906년 문부성과 육군성이 공동주최한 만주수학여행을 계기로 전국화 되었다. 특히 러일전쟁 이후에는 상급학교 학생들에게 '충군(忠君) 애국(愛國)'의 정신을 교육시킨다는 명분 아래 여순(旅順), 봉천(奉川), 요양(遼陽) 등 전쟁지역으로의 수학여행이 장려되었다. 후에 2차대전이 진행되면서 해외여행은 점차 어려워졌으나 각급 학교의 수학여행은 '참궁여배(參宮旅拜)'의 형태로 지속되었다.8)

이러한 근대일본 수학여행의 성격은 식민지 조선의 수학여행으로 이어진다. 조선에 근대적 학제가 형성된 이후 보통학교 학생들은 근교의 명승지를, 중등학생 이상은 보다 먼 지역의 역사·지리 학습을 포함하는 도시의 근대적 문명시설물과 명승지를 견학하였다. 처음에는 '행군'의 형태로 진행되었고9) 기차의 개통으로 강화도, 경성, 개성, 평양, 신의주, 금강산, 경주, 대구 등 조선 내 명승지·도시를 주요 코스로 조선 곳곳의 탐사가 본격화되었다. 중등학교 수학여행은 견문을 넓히거나 휴식을 위한 것이라는 단조로운 의미를 벗어나, 고적 답사를 통한 조선 역사의 재인식에 목적을 두었다.10) 따라서 1919년 3·1운동을 시발로 1920년대가 민족적 내용을 바탕으

---

8) 문옥표, 앞의 책, 1997, 114~115쪽 참조.
9) 이승원, 앞의 책, 2005, 284쪽 참조.
10) 김윤경, 「인천원족기」, 『청춘』, 1918 ; 신경수, 「경성고등보통학교 경주수학여행기」,

로 하는 수학여행의 전성시대로 떠올랐다. 이에 대해 총독부는 조선인의 조선 국내를 대상으로 한 수학여행의 위험성을 감지하고 일본·만주로의 수학여행을 추진하였다.

1. 여행 기획과 운영

일제는 조선총독을 정점으로 하는 위계적 행정체계로 학교의 제반활동을 규제·관리하기 위해 학교의 행정 기관에 대한 보고를 예규화하고 학교의 모든 활동에 대한 승인, 인가 및 취소권을 행사함으로써 학교교육에 대한 전면적인 통제를 행사하였다.[11] 다음의 동래동명학교에 시달되었던 통첩(通牒)은 수학여행 실시까지도 그 대상이 되었음을 알려준다.

◎ 다이쇼(大正) 원년(1912년) 12월 10일
부산부청 통첩
수학여행 단속에 관한 건
종래 학생들의 수학여행에 관련하여 상당한 주의를 촉구한 바 있다. 그러나 왕왕 계획 자체가 바람직하지 못한 사례도 있고, 혹은 학부형을 현혹시키고 당황스럽게 하는 폐해가 있었다고 한다. 따라서 이제부터는 다음과 같은 취지에 따라야 하므로, 그 골자에 유의하여 실행할 것을 당부한다.
다음
1. 소학교 및 보통학교
……
2. 소학교 및 보통학교 이외의 학교
1) 수학여행을 갈 때 과분한 경비를 요구하여 학부형을 현혹시켜서 부담스럽게 하지 말 것
2) 숙박을 필요로 하는 수학여행을 갈 경우 미리 도장관의 인가를 받도록 할 것

『동아일보』1920년 6월 19일 외 다수 ; 이승원, 앞의 책, 2005, 292쪽.
11) 이혜영 외,『한국 근대 학교교육 100년사 연구(Ⅱ): 일제시대의 학교교육』, 한국교육개발원, 1997, 83~86쪽 참조.

3) 수학여행을 실시할 경우 여행 중의 연구 사항, 경유하는 지방, 학생의 소감 및 경비(학생의 부담액은 구별하도록 함) 등을 상세히 기재하여 도 장관에게 보고하도록 할 것

4) 수학여행을 가기 위해서 학부형 및 기타 관계자에게 특별 기부금 및 기부품을 모집하는 것과 같은 일이 없도록 할 것[12]

조선총독부는 1921년 '관립학교장직무규정' 개정에서 수학여행 '기간'에 대한 학교장의 재량에 대한 허용 범위를 한계 지었다. 1938년부터 전시생활체제 수립을 위한 구체사항으로 수학여행의 '억제'를 각 학교장들에게 촉구하기도 하였다.[13] 이는 두 가지 의미를 지닌다. 첫째, 일제가 수학여행의 '실시'에 직접적으로 관여하였다는 것이고 둘째, 구체적인 기획과 운영은 각 학교의 재량에 맡겨졌다는 것이다. 그러나 이미 큰 테두리를 만들어 놓고 그 안에서 세세한 사항만 결정할 수 있는 것이 학교에 자율권이 있었다고 말하기는 힘들다. 예를 들어 박람회 관람을 목적으로 하면서 몇 월 몇 일에 몇 시부터 볼 것인지를 결정하는 것을 자율권이 있었다고 보기는 어려운 것이다.

1914년 대구계성학교 학교일지는 '(전라도 군산)高尚谷에 산천 수학여행하다'[14]라고 기록하고 있으나, 1929년 해주고등보통학교의 규정은 '내지(일본) 혹은 만주로 여행하여 국민으로서의 자각자중(自覺自重)의 마음을 함양시킨다'[15]고 수학여행의 목적에 대하여 명시하고 있다. 이로서 총독부가 1920년대 들어 동화교육의 일환으로 일본 또는 만주로 떠나는 원거리 수학

---

12) 부산대학교 한국문화연구소, 『부산근대학교관계자료집』, 1993.
13) 조선총독부 학무국, 「중지된 수학여행」, 『시대일보』 1938년 9월 8일 ; 경기도, 『매일신보』 1940년 8월 29일. 그러나 실제 학교에서는 1942년까지 계속되던 것으로 확인된다.
14) 계성90년사 편찬위원회, 『계성90년사』, 1997, 165쪽.
15) 海州公立高等普通學校, 『海州公立高等普通學校 學校經營竝學校概覽』, 1929, 138쪽 (박철희, 「일제강점기 한국중등교육」, 『한국교육사학회학술대회』 7, 한국교육사학회, 2004, 57쪽 재인용).

여행을 실시케 하였음을 알 수 있다.

　일반적으로 4·5월 또는 10·11월에 졸업반 학년생 30~70명이 짧게는 3일, 길게는 약 2주 동안 다녀온 수학여행의 운영은 각 학교에서 담당하였으므로 학교 직원들에 의해 수학여행의 일정과 장소가 선정되었다.[16] 그런데 여기에 무엇보다도 크게 작용한 것은 일제의 동화정책 의도였다. 일본·만주 등 원거리 수학여행의 경우 사전에 경유지나 목적지의 각 견학처소 행정책임자, 군부 등 각 기관장에게 통고, 안내 의뢰 등을 하였는데,[17] 이는 수학여행의 여정과 견학장소에 대한 일제의 통제가 작용하였음이 확인되는 부분이다.

　수학여행 기획 담당자인 교원[18]들은 어떤 기준으로 여행지를 선정, 구성하였을까. '일본시찰단(日本視察團)'을 통해 수학여행과 그 기획자인 교원에 대한 식민권력의 직접적 관여상을 확인할 수 있다. '일본시찰단'은 일제의 입장에서 식민지 지배에 적당한 인물을 선정하여 그들에게 일본문물의 우수성을 인식시켜 그들을 식민지 지배의 협력자, 동조자로 육성하려는 것이었다. 그런데 일본시찰단의 주요 대상이 '교원'이었다. 〈부록 1〉 교원시찰단 현황표는 첫째, 시찰지가 '일본'이었으며 둘째, 식민지배 권력이 직접 교원의 일본현장답사를 실시하였고 셋째, 제1차 교육령 중후반기, 즉 1914~1922년 일본의 동화정책이 보다 강화되던 시기에 교원일본시찰단이 집중 파견되었음을 보여준다.

　조선총독부는 행정력을 동원하여 시찰단원을 모집, 선발, 숙소의 배정, 열차의 운행 등 교원일본시찰단에 대해 갖가지 편의를 제공하였으며 시찰비의 전부 혹은 일부를 보조하기도 하였다. '교원일본시찰단'은 거의 대부

---

16) 『별건곤』 제20호, 1929년 4월 1일 ; 『동광』 제27호, 1931년 11월 10일.
17) 계성90년사 편찬위원회, 『계성90년사』, 1997, 165쪽.
18) 일제시기 중등학교 교원의 90%는 일본 내 고등사범학교를 나온 일본인이었다(이혜영 외, 『한국 근대 학교교육 100년사 연구(Ⅱ): 일제시대의 학교교육』, 한국교육개발원, 1997, 256쪽).

분 도시 근대시설, 박람회, 공진회 등을 시찰하였는데, 일본의 근대 문물을 조선에 소개하는 한편 조선의 미개성을 확인시키고자 하는 의도였다. 천황 관련 유적, 신사 탐방으로 일본적 정신을 고양시키고, 사찰, 역사유적을 주요 코스로 하여 일본 전통 문화의 우수성을 인식시키고자 하였다.19)

조선총독부는 일본시찰에 나서는 교원에게 시찰 후 감상문을 작성, 간담회·강습회 등에서 강연하도록 하였다. 교원들은 지역민들을 감흥 시켰을 뿐만 아니라 학생들의 단체현장답사, 즉 수학여행을 자신의 경험에 비추어 기획하였다. 자신이 다녀온 시찰지 및 시설을 그대로 빼닮은 수학여행 코스를 선정하였던 것이다. 교원의 일본시찰은 즉각 효과를 발휘했다. 식민지 중등학교의 일본행 수학여행은 1921년부터 본격화되었고, 1922년 제국 일본이 거국적으로 개최한 도쿄평화박람회는 통상 가을에 실시하던 수학여행을 6월로 앞당기는 위력을 발휘하였다.20)

2. 여행 경비

국외 수학여행에는 30~40원 정도의 경비가 소요되었고, 학생들이 매월 4원 정도의 월사금을 낼 때 20~40전 정도의 수학여행비를 함께 내어 졸업반이 될 때까지 적립하였다.21)

수학여행 경비는 당시 중등학생들에게 어느 정도의 부담이 되었을까.

---

19) 자세한 사항은 박찬승, 「식민지시기 조선인들의 일본시찰-1920년대 이후 이른바 '내지시찰단'을 중심으로-」, 『지방사와 지방문화』 9-1, 2005 ; 조성운, 「1920년대 초 일본시찰단의 파견과 성격(1920~1922)」, 『한일관계사연구』 25, 2006 참조.
20) 『인고백년사』, 1995, 204쪽 〈부록 3〉 부산지역 조선인 중등학교 수학여행 일람표 참조.
21) 『인고백년사』, 1995, 204쪽 ; 『숙명70년사』, 1979, 153쪽 ; 『동래학원 100년사』, 1995, 611~612쪽 ; 『숙명70년사』, 1976, 153쪽 ; 『별건곤』 제45호 1931년 11월 1일. 각 학교별로 수학여행 목적지에 따라 적립금도 차이가 있었다(이혜영, 앞의 책, 1997, 256쪽). 그러나 대체로 20~40전 정도였고, 적립금 외에 모자란 경비는 학생들이 일시불로 내었다(이승원, 앞의 책, 2005, 296쪽).

1930년대에 지방학생이 선린상업학교에 유학할 경우 하숙비, 수업료, 수학여행적립금, 교우회비, 잡비 등을 부담하면 1년에 백미 40, 50가마에 해당하는 학비가 소요되었다고 한다.22) 1932년 조사에 의하면 쌀 한 가마니에 17원이었다.23) 1년 학비를 환산하여 보면 700~800원 정도의 학비가 드는 셈이었다. 주로 졸업반에 떠났던 수학여행은 수학여행비를 포함한 5년 동안의 학비를 부담하는데 어려움이 없는 가계의 자녀만이 수학여행을 갈 수 있었음 시사해 주지만, 1920~1930년대 식민지시기 동안 경제 형편으로 보아 학비는 매우 큰 부담이 되었을 것이다.24)

수학여행 경비는 차비, 숙박비, 식비, 관람료로 구성된다. 수학여행의 주된 교통수단은 당시 일본이 건설한 근대의 상징 '철도' 즉 기차였다. 철도는 일본, 조선, 만주를 자유롭게 소통하게 하였다. 일본과 대륙을 연결시켜준 것은 연락선이었다. 수학여행단은 이들 교통수단을 이용할 때 주로 3등실을 이용하였고, 총 2주 정도 여정의 1/2은 기차 또는 배에서 이동하면서 숙박하였다. 여행지에서 숙박을 할 때에는 숙박비에 식사가 포함되었다.

조선총독부의 전액 또는 일부의 지원을 받았던 '일본시찰단'의 경우를 보면 비슷한 기간 동안 1인당 시찰 경비는 100~200원이었다.25) 이들이 일류로 시찰을 다녔다는 점을 간과해서는 안 되겠지만, 학생들은 30~40원 정도로 12일간의 수학여행을 다녀올 수 있었다. 수학여행단이 최하급의 교통수단, 숙박시설을 이용한 탓도 있지만 이것이 가능한 것은 '일제'의 학생단체관광,

---

22) 선린상업고등학교, 『선린팔십년사』, 1978, 309쪽.
23) 朝鮮總督府內務局, 「咸鏡北道鏡原郡農家經濟生活調査」, 『調査月報』, 1932, 113~128쪽(오성철, 「1930년대 한국 초등교육 연구」, 서울대학교 박사학위논문, 1996, 160쪽 재인용).
24) 일제는 학자(學資)로서 수학여행비를 부담하기도 하였으나 그 대가로 예비교원으로서 졸업증서를 받는 날로부터 조선총독부가 지정한 학교의 교직에 종사할 의무가 부과되었다. 이러한 학자의 성격은 1921년 사범학교 설립 이후에도 유지되었다(「學生募集廣告」, 『朝鮮總督府官報』 442, 1912년 2월 20일 ; 이혜영 외, 앞의 책, 1997, 240쪽 ; 동래여자고등학교, 『동래학원 100년사』, 57쪽).
25) 조성운, 앞의 책, 2006, 335쪽.

수학여행시 교통기관 운임 및 관람에 파격적 할인이 있었기 때문이었다. 철도·연락선 이용시 10인 이상의 단체는 단체할인을 약 5할 받았다.[26] 숙박은 식사 포함 1박에 1원 25전 정도 되었다.[27] 또한 박람회·박물관 입장료도 단체는 3할 이상 할인해 주었다.[28]

〈표 1〉 관부연락선 시모노세키 → 부산행 시간과 요금표

출발시간(시모노세키)	도착(부산)	요금
오전 10:40	오후 8:10	1등: 10원
밤 10:00	다음날 오전 9:00	2등: 6원
		3등: 3원

記者, 「朝鮮滿洲汽車旅行の栞」, 『朝鮮及滿洲』 56호, 1912년 8월 1일 기사에서 정리.

〈표 2〉 철도 여객 운임 및 할인율

여객 운임: 성인운임, 조선 총독부 철도국선의 임율은 1km당 1등석 4전2리, 2등석 2전8리, 3등석 1전 5리2모로 산출방법은 역간의 km(km 미만 절상하여 해당 임율 곱함).

철도 단체할인: 20인 이상 한 단체가 되어 당국선 30km 이상을 여행할 때는 보통 단체, 관광단체에는 2등석 3등석, 학생 급 특별단체는 3등석의 운임을 하기 표에 의해 할인한다.

〈철도구간〉

종별/인원	승차km	20인 이상	50인 이상	100인 이상	200인 이상	300인 이상
학생 단체	30km 이상	5할(50%)	5할2분5리 (52.5%)	5할5분 (55%)	5할7분2리 (57.5%)	6할(60%)

朝鮮初等敎育硏究會, 『朝鮮の敎育硏究』 143號, 1940, 108~109쪽에서 추출.

이상에서 확인할 수 있듯이 일제의 적극적 지원이 있었기에 중등학교 수

---

[26] 김민영, 「식민지시대 강제동원 노동자의 송출과 철도·연락선」, 『한일민족문제연구』, 2003, 60쪽 ; 조선총독부 철도국은 1930년 여객운임률을 개정하였다. 1km 1인당 3등 1전5리5모, 2등 2전8리, 1등 4전2리였다. 그밖에도 일본인의 이민, 단체승객, 통학생 등에 대해서 특정할인운임제도를 실시했고, 이 운임은 1942년 인상 전까지 계속된다(정재정, 『일제침략과 한국철도』, 서울대학교출판부, 1999, 400쪽).

[27] 『동아일보』 1931년 5월 7일.

[28] 전경수, 『한국박물관의 어제와 내일』, 일지사, 2005, 34쪽.

학여행단은 최소의 경비로 최장·원거리 수학여행을 다녀올 수 있었다. 이는 바꾸어 말하면 조선 중등학교 수학여행단의 만주 또는 일본으로의 수학여행은 일제에 의해 적극·장려 추진되었다고 할 수 있다.

Ⅲ. 수학여행단의 여정과 주요 견학장소

메이지 정부는 근대 일본의 상징적·의례적 지형의 기본구도가 되는 것들을 만들어냈다. 이세 신궁은 태곳적 시간대—황통(皇統)이 역사에 출현하기 이전—에 이른바 자신들의 과거의 한 부분이 융합된다는, 즉 정치질서의 연속성을 표상하는 것이었다. 그리고 상징적인 의미에서 하나가 아닌 두 개의 수도가 있었다. 교토는 순수한 역사—메이지 정부가 의미 있는 것이라고 인가해준 과거—의 유일하고 가느다란 결을 구현했다. 반면 도쿄는 현재와 미래의 가능성의 공식적 표상이자, 이 국가와 정부가 현재 그리고 장차 소망하는 권력·부·문명의 정도를 표상하는 것이다. 마지막으로 근래 개조되었거나 새로 창건된 신사들과 의미·기억의 성역들이 이 정부의 상징적 지형을 완성했다.[29] 한편 만주는 이렇게 표상된 근대일본의 '제국화'를 가시적으로 보여주는 장이었다. 일본은 만주에 내지(일본), 또는 여타 다른 식민지도시들보다 더 근대적인 시설을 갖춘 식민도시를 건설하였다. 그리고 그들을 이어주는 정신적 연결고리를 '유교의 충'에서 찾았고, 그것은 근대적 식민도시를 가득 채워, '위령공간'으로 만들었다.

조선인 수학여행단의 일본·만주 여정은 일본의 근대화·제국화를 '보여주기' 위한 장이었다. 따라서 근대일본 공간구성의 성격 및 특성을 그대로 반영하였다. '수학여행단'의 여정에는 반드시 들어가는 도시와 장소들이 있었고, 이는 위에서 언급된 곳들과 밀접한 관련성을 갖는다.[30] 또한 일제시

---

[29] 다카시 후지타니, 한석정 옮김, 『화려한 군주―근대일본의 권력과 국가의례』, 이산, 2004, 128쪽.

기 수학여행은 당시대와 동떨어져 운영된 것이 아니라 함께 호흡하였다. 일제가 시기별로 개발했던 장소와 정책적으로 의도한 효과를 내는 장소가 수학여행지가 되었기 때문이다.

1. 여행단의 여정

일본으로의 여행은 시모노세키(下關)-오사카(大阪)-교토(京都)-나라(奈良)-도쿄(東京)-닛코(日光) 코스가 대체로 일반적이었다. 수학여행단이 부산에서 관부연락선을 타고 처음 도착하는 곳이 일본의 현관, 시모노세키였다.31) 시내에는 서양식 건물들이 즐비하고 곳곳에 공장회사가 있고 많은 선박들이 내외하는 시모노세키는 기차전차가 오가는 역동적인 '문명국 일본'의 첫인상이 되었다.32)

'大坂'에서 메이지기 '大阪'으로 바뀐 오사카는 간사이(關西)의 해상교통의 요지에 입지하여 전국의 물자가 집산하는 상업 및 금융도시로서 17세기부터 번성했다. 근대들어 일본을 대표하는 백화점인 미쓰코시(三越)백화점과 전철계 백화점의 효시 한큐(阪急)백화점, 일본 출판자본주의의 선두주자 아사히(朝日)신문과 마이니치(每日)신문사, 상업·금융의 중심지답게 조폐국이 오사카에 자리 잡고 있었다.

교토는 794년 간무(天武)천황이 나라(奈良)에서 도읍을 옮긴 후 1869년

---

30) 〈부록 2〉 부산 및 그 인근 중등학교의 수학여행 여정에서 파악되는 여정과 주요 견학장소가 서울, 평양, 해주, 대구 소재 학교들의 그것과 유사함이 각 학교사에서 확인된다. 따라서 부산 및 그 인근 중등학교의 수학여행 여정은 일반적인 경향에서 크게 벗어나지 않았던 것으로 이해된다. 한편 만주 여정과 견학장소는 일본학교와 조선학교간에 차이가 없었던 것으로 파악됨으로 일본학교의 사례를 참고하였다.
31) 김민영, 「식민지시대 강제동원 노동자의 송출과 철도연락선」, 『한일민족문제연구』, 2003, 45~46쪽 참조.
32) 김중철, 「근대 초기 기행 담론을 통해 본 시선과 경계 인식 고찰-중국과 일본 여행을 중심으로」, 『인문과학』 36, 2005, 62쪽.

도쿄로 천도하기 전까지 약 1,000년간 일본의 수도로서 천황이 거주했던 황도(皇都)였다. 따라서 바둑판처럼 정연하게 구획된 교토의 거리에는 수세기에 걸쳐 보존된 2개의 고궁과 1,650개소의 사찰과 400개소 이상의 신사 그리고 정원이 남아 있었다. 그런데 이러한 교토의 보존·보전은 메이지 정부 정체성의 정당화를 위해서 의도된 것이었다.[33]

나라는 고대일본의 땅으로 이때 불교가 국가의 보호를 받으며 크게 융성하여 도다이지, 고후쿠지, 호류지 등이 건립되었다. 메이지시기 사찰과 신사들이 보강되고, 나라 공원을 조성하여 이를 중심으로 사방에 녹지가 펼쳐져 그 위로 '신의 사자', 사슴들이 한가로이 노닐게 되었다. 이러한 풍경은 전통을 보존하고 함께 융합되어 살 줄 아는 또 다른 '문명국 일본'의 모습을 만들어 보여주었다.[34]

도쿄는 서양화된 외양과 그 이면에 편재하는 전통적이고 '일본적'인 모습이 공존하는 일본 근대도시의 대표이다. 1603년 막부시대 정치·행정·문화의 중심지였던 에도(江戶)라는 명칭이 1868년 도쿄(東京)로 바뀌고, 천황의 거처를 옮겨와 수도가 되었다. 도쿄의 도시공간은 구시대를 타파하려는 중앙권력의 상징적 현시를 주된 논리로 조성되었다. 마루노우치(丸の內)의 서양풍 랜드마크 건축물들과 야마노테(山の手) 일대의 고급주택가를 비롯하여 제도로서의 도쿄의 골격을 결정한 주요 시설들은 사실상 모두 메이지 정부가 바쿠후(幕府)와 다이묘(大名)들로부터 몰수한 토지 위에 건설되었다.[35] 관청가, 전차, 기차, 공원 등으로 화려하게 변한 도시 외관은 서양인들의 눈에는 '조잡한' 것이었으나 당시 동양 최대의 근대도시 모습이었다.

닛코의 도쿠가와 이에야스의 묘인 도쇼쿠(東照宮)와 주변 경관은 아름답게 재정비되었고, 닛코는 멋진 자연경관과 역사의 향기기 배어나오는 곳으

---

33) 다카시 후지타니, 한석정 옮김, 앞의 책, 2004, 93~34쪽 참조.
34) 이러한 인상은 많은 소감문에서 발견된다(부산공립여자고등학교, 『제4회 졸업기념』, 1934).
35) E. 사이덴스티커, 허호 옮김, 『도쿄이야기』, 이산, 1997 참조.

로 조선에서도 병합 이전부터 여행지로 손꼽히게 되었다.36)

수학여행지들의 이러한 특징은 일본이라는 나라가 근대화를 통해 강력한 군사력과 경제력을 가진 나라라는 것을 실감하게 하고, 또 일본의 전통문화가 결코 만만치 않은 역사와 저력을 지녔다는 강한 인상을 심어주기위해 일본 수학여행을 실시한 일제의 의도를 보여준다.

한편 만주로의 여행은 안동(安東)-무순(撫順)-봉천[奉天(현 瀋陽)]-여순(旅順)-대련(大連)이 일반적이었으나, 정세 변화에 따라 하얼빈(哈爾濱)이나 신경[新京(長春)]까지 가기도 했다.

신의주에서 압록강 철교를 건너면 조선에서 만주로 들어서는 관문 안동이 있었다. 무순은 간도협약(1909)으로 남만주철도 부설권과 무순 탄광 채굴권을 얻은 일본이 노천굴 채광 확장과 더불어 1924년 구시가(舊市街)의 동쪽에 만철에 의한 일본인의 신시가지를 건설하면서 식민지 근대산업도시로 발전하였다.

봉천은 청이 북경으로 천도(1657)할 때까지 수도의 역할을 수행하였던 곳으로 청 태조 홍타이지의 북릉이 있는 곳이었다. 따라서 봉천성 내에 기존 중국인의 시가지가 있었다. 1910년대 초에 만철 역을 중심으로 일본인의 신시가지가 건설되기 시작하여, 결국 봉천은 중국인 거리, 일본인 거리, 그 양자의 완충지대라는 세 부분으로 구성되게 되었다.37) 1933년 철도총국의 설립으로 봉천은 일제의 만주 지배 거점이 되어 10년 동안 공업도시로 개편되었다. 봉천은 '육지의 항구'로 일컬어지며 만주지역의 가장 중요한 물자집산지로서, 공업도시로서의 토지, 용수, 연료, 교통 등 기업활동에 편리한 제반 조건을 두로 갖춘 도시가 되었다. 한편 외국인 잡거구로서 일본 영사관을 비롯하여 미국·러시아·독일 영사관이 자리 잡고 있는 서탑 부근 십간방(十干房) 및 大小西邊門 밖 일대에 1910년대 이후 조선인의 농업이민

---

36) 斗山人 尹定夏,「觀日光山記」,『대한흥학보』2, 1909년 4월 20일 참조.
37) 하시야 히로시, 김제정 옮김,『일본제국주의, 식민지도시를 건설하다』, 모티브북, 2005, 45~47쪽.

자들의 주거지가 형성되었다.38)

　요동 반도 남단에 위치한 여순은 청나라 때부터 천연의 요새였는데, 청일전쟁 후 러시아가 조차(租借)하여 항만을 건설, 러시아 태평양함대의 부동항으로 삼아 거리 전체는 물론 배후의 산들도 모두 요새화 해버렸다. 따라서 러일전쟁시 일본이 여순을 점령한 전투들은 많은 희생을 내었지만, 전쟁승리의 열쇠가 되었다. 뤄양(遼陽)전투(1904.8~9)에서 마지막 봉천전투(1905.3)까지 벌어진 육상전투 가운데 여순 요새 함락전은 무려 4개월이 넘는(1904.8.19~1905.1.1) 혈전이었다. 그래서 여순은 만주의 대표적 위령공간이었고, 만주순례여행의 중심지 역할을 하였다.39)

　대련은 여순과 함께 러시아의 조차지가 되어 국제자유항으로 건설되었다. 러일전쟁 후 일본은 기존 러시아의 도시계획을 답습하여 여러 개의 원형 광장으로부터 방사상으로 가로를 만들었다. 중심부에 지어진 관청 등은 새로운 지배자로서의 위엄을 의식하여 러시아 시대에 뒤떨어지지 않는 본격적인 '서양식 건축'으로 통일되었다. 그래서 여행자들이 대련에 들어서면 '이국적인' 인상을 강하게 받았다. 대련은 만주의 대륙적 이미지—서양과 동질적인—를 각인시키는 역할을 톡톡히 해냈다. 한편 1930년대에는 감정자(甘井子)에 공업 지대가 계획되어 대두(大豆)공장도 조성되었는데,40) 따라서 대련은 일본 제국주의가 재부(財富)를 수탈해가는 항구였을 뿐만 아니라, 동북침략의 교두보가 되었다.

　만주 수학여행의 주요코스가 되는 도시들은 일제의 대륙으로의 확장에 의해 건설된 '식민지도시'로,41) 각기 다른 특징을 지니지만 위령공간이라는 공통적인 성격을 가지고 있었다. 주요 여행지들의 이러한 특징은 일본의 제국적 팽창을 가시적으로 보여주고자 하는 의도를 보여준다.

---

38) 김주영, 「심양(봉천) 근대도시화의 양면성」, 『사학연구』 85, 2007, 165~174쪽 참조.
39) 임성모, 앞의 책, 2006, 102쪽.
40) 하시야 히로시, 앞의 책, 2005, 32~34쪽.
41) 위의 책, 14쪽.

2. 주요 견학장소

1) 도시의 근대적인 시설

여행 코스에서 가장 중요한 곳은 도시의 근대적인 시설들이었다. 수학여행단은 관청가, 공원, 백화점거리, 신문사, 조폐국, 박물관, 박람회, 학교 등을 둘러보았다. 여행단에게 가장 큰 감명을 준 도시는 도쿄와 오사카였다. 첫째, 도쿄는 일본의 수도인 만큼 수많은 관청건물이 늘어선 관청가가 있었고, 오사카는 요시와라강을 낀 유통·산업의 도시로서 강의 양쪽으로 관청건물과 근대적 건물이 즐비하였기 때문이다. 또한 요시와라강에 나카노시마공원이 조성되었고, 1935년 도쿄 관청가에는 국회의사당, 해군성, 사법성 등의 규모와 역사를 설명하는 '버스걸'을 대동한 '관청가 유람버스'도 등장한다.[42] 둘째, 수학여행단이 반드시 들른 곳이 발달된 근대도시의 상징인 백화점이었는데, 백화점 중의 백화점인 미쓰코시(三越)백화점이 도쿄와 오사카에 있었다.

일본은 1905년 러일전쟁에서 승리하여 사실상 조선을 식민지로 만들고, 1914년 제1차 세계대전에서 전쟁에는 참여하지도 않으면서 전쟁 특수를 누릴 수 있었다. 그 결과 일본은 호경기를 맞이했고, 이는 대도시로의 인구집중을 가속화하였다. 인구 2백만이 넘는 이들 대도시에는 이제 자본주의를 실천하는 장으로서 상점가와 백화점들이 등장하였다. 도쿄의 긴자(銀座), 오사카의 신바시 등 도심 번화가에는 백화점들을 비롯하여 갖가지 상점들이 늘어서 쇼윈도에 의복, 모자, 완구, 시계, 신발 등을 진열해 놓고 사람들을 유혹하고 있었다. 또 이들 거리에는 끽다점, 서점, 화랑, 카페 등도 섞여 있어 도시민들의 문화적 욕구를 충족시켜 주기도 했다. 고층빌딩건축은 1910년대 미쓰코시로부터 붐이 일기 시작하여, 1923년 대지진 이후 도쿄에서는 많은 백화점들이 건물을 신축하여 삼월(三越), 송판옥(松坂屋), 고도

---

42) 『부산일보』 1935년 6월 1일 2면, 「동래고등학교 - 수학여행기」.

옥(高島屋), 백목옥(白木屋) 등 고층 빌딩의 백화점이 서로 각축을 벌였다. 따라서 여행단 일행은 도쿄 긴자 거리의 수많은 백화점에 놀라지 않을 수 없었다.

도심 번화가의 또 하나의 구경거리는 야경(夜景)이었다. 1910년대 후반 이후 상점가에 급속도로 전등이 보급되어 이는 결국 번화가의 야경을 탄생시켰다. 그리고 갖가지 모양을 한 가로등이 켜졌고, 당시 유행하던 박람회장의 야간개장으로 전등을 화려하게 장식한 일루미네이션도 등장하였다. 또한 건물조명, 분수조명, 교량조명 등이 차례로 등장하였으며, 1920년대 후반에는 네온사인도 도입되었다.[43]

여행단 일행이 대도시에 가서 특히 자주 들른 곳은 공원(公園)이었다. 메이지기 국가주도적 근대도시 건설사업이 추진되면서 구미열강의 근대도시가 구비한 필수요소로서 'public park'가 인식되었으며, 그 번역어로서 '公園' 개념이 창출되었다. 공원으로 된 땅들은 대부분 사사(寺社)의 경내로서 이전부터 사실상 공원과 같이 이용되어 오던 곳들이었다. 실제로 천초사(淺草寺, 아사쿠사공원), 관영사(寬永寺, 우에노공원), 증상사(增上寺, 芝공원), 팔번사(八幡寺, 深用공원), 비조산 상림사(飛鳥山 常林寺, 토비도리야마공원) 등이 공원으로 만들어졌다. 전국의 공원 대부분이 이전에는 신사의 경내, 명승지, 성유적 또는 다이묘의 정원이었다.

박람회장으로 이용되었던 도쿄의 우에노공원, 최초의 서양식 정원 히비야, 황실정원이 국립정원화된 신주쿠교엔(新宿御苑), 지온인·야사카진자와 연결된 교토의 마루야마(圓山)공원, 공회당 등 도시의 주요 시설물이 늘어선 요도가와(淀川)강을 끼고 조성된 나카노시마(中島)공원 등 조선인 수학여행단이 많이 찾은 공원은 일본의 '교화' 목적이 투영된 곳이었다. 예를 들어 우에노공원은 1877년 제1회 일본산업박람회장이었다. 일본 최초의 박물관, 동물원 그리고 박람회의 인기물 전차가 있었고, 미술학교의 캠퍼스를

---

43) 박찬승, 앞의 책, 2005, 230~233쪽.

포함하면, 도쿄 최초의 벽돌건물도 이 공원에 있었다. 또 하나 가장 오래된 건물로 목조이지만 르네상스 양식의 원형 지붕의 콘서트 홀도 국립 박물관 일부로 되어 있었다. 우에노는 일찍부터 노는 곳이라기보다는 오히려 '교화'의 장소였다. 이에 반해 아사쿠사공원은 흥행가・환락가로 번창한 제6구에 자리 잡아 공타기, 칼춤, 활동사진 등 공연물이 발달한 '먹고, 노는' 공원이었다.[44] 우에노공원은 수학여행의 공식 견학장소였으나 아사쿠사는 그렇지 않았다. 그러나 학생들은 저녁에 주어진 '자유시간'에 아사쿠사, 긴자 등을 거닐면서 낮 동안 공식견학장소에서 느낀 감흥보다 더 강렬한 근대도시의 향기를 맡았다.

한편 일본의 '근대적 공간'과 '전통적 공간—새로 창조된 전통까지 포함하는—'의 교집합이 '박람회'이다. 1922년 도쿄평화박람회를 계기로 일본 수학여행의 물꼬가 터졌고, 수많은 크고 작은 박람회들이 일본의 대도시들에서 개최되어 본국민은 물론 여행자들의 시선을 끌어들였다. 박람회는 "동양의 영국"을 자처하는 '제국' 일본의 선전장이었다. 서구의 박람회처럼 일본의 박람회도 산업화를 찬양하고 제국의 번영상을 그대로 재현했으며, 문명과 야만이라는 이분법적 가치관과 서구의 계몽주의를 전파했다.[45]

박람회는 제국주의 프로파겐더 장치로서의 박람회, 소비문화의 광고 장치로서의 박람회, 대중오락적 흥행물로서의 박람회라는 세 가지 테마로 이야기될 수 있다.[46] 예를 들어 1903년 오사카 텐노지에서 개최된 제5회 내국권업박람회를 계기로 1909년 동물원이 있는 텐노지공원이 조성되었다. 1912년 동양 최대의 전망대를 꿈꾸며 파리의 에펠탑을 모방하여 만든 103m 높이의 츠텐가쿠(通天閣)는 일본 최초의 엘리베이터까지 구비하여 이 일대를 일명 '신세카이(新世界)'로 불리게 하는데 일조했다. 이후 이곳은 음식점과 도박

---

44) E. 사이덴스티커, 앞의 책, 1997, 146~149쪽 참조.
45) 근대 일본의 박람회에 대한 심도 있는 연구는 요시미 순야, 이태문 옮김, 『근대의 시선: 박람회』, 논형, 2003 참조.
46) 위의 책, 291쪽.

장 등이 많이 들어서 번화한 젊은이들의 거리가 되었다. '박람회'를 통해 '구경거리, 볼거리'의 제반시설이 마련되고, 이는 대중적 호응을 얻으면서 근대적 행위라 할 수 있는 '소비'가 유도되었던 것이다. 주지하듯이 텐노지공원은 수학여행단의 주요 코스였다.

박람회는 그 자체가 근대의 산물이고, 일본은 이를 '제국화'에 이용하였다. 그리고 그곳에서 보여주는 것은 '일본의 전통'이거나 '근대화된 일본'이다. 따라서 '근대'와 '전통'이 중첩되어 나타나는 박람회는 근대 일본의 '자화상'이자 '축소판'이라 할 수 있다. 이것이 조선인 수학여행단이 일본에 와서 본 크고 작은 박람회들의 본질이다.[47]

2) 도시 주변의 천황 관련 유적, 신사, 사찰

여행단 일행이 두 번째로 많이 들른 곳은 천황 관련 유적과 신사, 사찰 등이었다. 이러한 유적지들은 바로 일본의 만들어진 전통문화를 잘 보여줄 수 있는 곳이었다. 메이지 정부는 수도 안팎의 물리적 풍경을 새로운 또는 면모를 일신한 신사(神社)들로 채우기 시작했다. 이 신사들은 주로 옛 성터, 거의 황폐해진 무덤, 고대의 전쟁터 등 『고사기』, 『일본서기』에 언급된 역사적으로 중요한 장소에 세워졌다. 신사의 위치를 신중히 선정하고 그 양식을 단순화함으로써 신사는 근대에 고풍스럽고 자연스러운 외관으로 일종의 아우라(靈氣)을 갖게 되었다. 그런데 이 신성한 장은 민중문화와 엘리트 문화의 수많은 신들 가운데, 천황의 친정(親政)이라는 지배적인 국민적 내러티브에 통합될 수 있는 신들과 남자들만을 기념했다.[48] 수학여행단의 주요 코스가 되었던 천황관련 유적, 신사, 사찰은 이렇게 만들어진 근대일본 전통의 상징이었다.

---

47) 조선 국내 수학여행의 주요코스가 되었던 여러 크고 작은 박람회들도 일제의 이러한 의도를 그대로 담아내고 있다(최석영, 『한국 박물관의 근대적 유산』, 서경, 2004, 126쪽).
48) 다카시 후지타니, 앞의 책, 2004, 124쪽.

천황 관련 유적으로는 도쿄의 고쿄(宮城), 교토의 고쇼(御所)가 가장 중요하였다. 그리고 메이지(明治)신궁과 이세(伊勢)신궁도 역시 중요한 유적지였다. 여행단은 도쿄에 도착하면 가장 먼저 천황이 살고 있는 궁성 앞으로 달려가 궁성요배를 하였다. 교토의 고쇼는 메이지유신 이후 천황이 도쿄로 옮겨가기 전까지 거주하던 곳이었다. 또 여행단은 교토에서 메이지 천황의 능인 모모야마고료(桃山御陵)에 들렀다. 도쿄에서 메이지 천황 부부를 기리기 위해 건립되고, 그들에게 봉헌된 메이지신궁은 빼놓을 수 없는 여행 코스였다. 이세 신궁은 원래 민간신앙에서 풍요와 번영의 신이었던 아마테라스 오미카미(天照大神)를 모시던 신궁으로, 아마테라스가 꼭 황실의 조종을 받아 숭배되었던 것은 아니었다. 그러나 메이지시기 일본 천황의 조상으로 숭배 받게 된 아마테라스를 받드는 신궁으로 황실의 과거에 대한 공식적인 내러티브를 강화하는 신궁이 되었고, 수학여행단의 중요한 여행코스가 되었다.

여행단이 주로 찾은 신사로서는 쿄토의 도요쿠니(豊國)신사, 도쿄의 야스쿠니신사, 노기(乃木)신사, 오사카 궤원(櫃原)신사, 나라의 카스가(春日)신사가 있다. 메이지유신의 지도자들은 공식역사에서 신흥 무사계급의 통치라는 역사의 조류를 반전시킨—무사계급에 의한 황실통치를 중단시킨— 천황들을 기리는 동시에, 이런 성향의 '역사적 영웅'들을 위해서도 신사를 건립했다. 16세기의 무장(武將)들 중 특히 도요토미 히데요시는 막부에 맞서 황실을 지키며 전쟁으로 갈라진 나라를 통일한 인물로 둔갑되어 공식적인 영웅으로 추대되었다. 그의 업적을 기린 도요쿠니신사는 교토에 1880년 완공되었다.[49] 이런 의미를 갖는 많은 신사들 가운데 조선인 수학여행단이 주로 도요쿠니신사를 찾게 된 것은 조선역사와의 연관성으로 보다 극적인 효과를 얻을 수 있다는 의도가 반영된 것으로 보인다. 한편 가장 최근의 국가적 영웅들을 위한 신사도 건립되었다. 야스쿠니(靖國)신사는 메이지유신

---

49) 위의 책, 127쪽.

이후 여러 차례의 전쟁에서 전사한 이들을 합사한 신사였다. 합사된 이들과 관계된 전쟁은 메이지유신 전후의 내란(7,751명), 서남전쟁(6,971명), 일청전쟁(13,619명), 대만출병(1,130명), 북청사변(의화단사건, 1,256명), 일러전쟁(88,429명), 1차 대전 및 시베리아출병(4,850명), 제남사건(산동출병, 185명), 만주사변(17,161명) 등이었다.50) 노기신사는 러일전쟁, 특히 여순전투에서 많은 희생을 치르고 결국은 승리를 이루어낸 노기 마레스께(乃木希典) 대장을 받드는 신사였다.

여행단이 자주 들른 사찰로서는 교토의 기요미즈테라(淸水寺)·히가시혼간지(同本願寺)·니시혼간지(西本願寺)·지온인(知恩院), 오사카의 텐노지(天王寺)·시텐노지(西川王寺), 나라의 도다이지(東大寺) 등이 있다. 이들은 역사가 오래되고 규모가 크고 아름다운 곳들로서 일본의 역사와 전통을 눈으로 확인할 수 있는 코스이기도 하였다. 그런데 이들은 개항 이후 조선에 들어와 조선과 일본 간에 가장 공통적인 불교를 이용하여 조선을 침략하고자 했던 일본 정부의 정치적 의도를 충실히 실행하였던 일본불교의 본산들이다. 당시 일본불교세력에 의해 일본불교의 장엄함과 발전된 문명의 모습을 보여주어 친일적인 성향을 갖도록 하는 것이 실행되었는데 그 방법의 하나가 일본시찰이었다.51) 수학여행단의 주요 여정 중 사찰, 특히 역사가 오래되고 규모가 큰 사찰의 비중이 적지 않은 것은 이와 무관하지 않을 것이다.

역사유적으로 오사카의 오사카성, 닛코의 도쇼쿠(東照宮)도 빠지지 않는 코스였다. 오사카성은 앞서 메이지기에 들어 의도적으로 찬양된 도요토미 히데요시의 성으로 유명하였고, 도쇼쿠는 도쿠가와 이에야스가 안치된 신사로서 금박의 화려함을 자랑하는 곳이었다.

---

50) 박찬승, 앞의 책, 2005, 219쪽.
51) 일제시기 불교계의 동향과 관련된 자세한 사항은 김경집, 「불교사학 및 응용불교: 일제하 불교시찰단 연구」, 『한국불교학회』, 2006 ; 김순석, 『일제시대 조선총독부의 불교정책과 불교계의 대응』, 경인문화사, 2003 참조.

한편 〈표 3〉을 보면 1922년과 1942년의 일본 수학여행이 '경로'는 도쿄, 교토, 근기지방으로 비슷한데, 견학장소가 다르다는 것을 알 수 있다. 1922년 수학여행에서는 일본의 근대성을 확인하고 문화적 위압감을 느낄 수 있는 다양한 코스가 섞여 있었음에 반해, 1942년의 수학여행 견학장소는 신사와 신궁만 있다. 또한 1922년 방문했던 신사와 신궁의 대부분이 역사가 깊거나 풍광이 아름다운 곳인데 반해, 1942년 참배한 신사는 도요토미 히데요시의 업적을 기린 도요쿠니신사, 거대한 위용을 자랑하는 천황의 헤이안 신궁 등이었다.

〈표 3〉 1922년과 1942년 견학장소 비교표

	1922	1942
東京	二重橋, 貴族院, 日比谷공원, 日本橋, 銀座, 평화박람회, 도쿄제국대학, 도쿄상과대학, 靖國신사, 明治신사, 上野공원, 도쿄주식취인소, 일본은행, 三越백화점, 淺草寺	宮城, 明治신궁, 東鄕신사, 乃木신사
京都	同本願寺, 西本願寺, 嵐山, 淸水寺, 圓山공원, 知恩院, 桃山御陵	桃山御陵, 豊國신사, 平安신궁
大阪	造幣局, 大阪성, 西川王寺, 通天閣, 中島공원, 天王寺공원	櫃原神社
근기(近畿)		伊世神宮, 名古屋 熱田신궁

『부상100년사』, 1995, 62쪽에서 추출.

이러한 차이는 일제의 지배정책이 수학여행에도 그대로 반영되었다는 것을 보여준다. 1940년 8월 1일 마쓰오카 요스케(松岡洋右) 일본 외상은 대동아공영권을 주창했다. 이를 위해서는 서양적 근대의 탈피하고 아시아를 아우를 이데올로기가 필요했고 그것을 '유교'에서 찾았다.

일본은 이미 만주에서 만주침략 직전에 일본·조선·만주·중국·몽골의 오족협화(五族協和), '일만(日滿) 블록'과 같은 슬로건을 선전하고 있었다. 이는 만주 점령 직후 1933년에는 중국을 합한 '일만지(日滿支) 블록'으로 발전, 1938년 중일전쟁 후에는 일본·만주국·중국이 주도하는 '동아의 신질서'를 건설로 발전하였다. 그리고 만주국에서 내세운 아시아주의의 공식이 념이 '유교'의 '왕도(王道)정신'이었다.

만주국은 왕도를 이상적 통치로 내세우며 서양을 패도(覇道)의 세계로 규탄했다. 따라서 왕도의 첫 번째 얼굴은 반서양주의였다.[52] 이에 따르는 '충효(忠孝)' 정신은 "새 국가건설에 목숨 바친 전몰군경"을 위한 행사, 그의 충성에 대한 칭송으로 이어지며 이것이 제국일본에 대해 가져야 할 마음가짐으로 종용되었다.[53] 반(反)서양주의를 위한 동양적 근대의 창조는 '유교'라는 동양 공통적 관념의 다리로 일본제국주의에 대한 충성으로 귀결되었다. 제국일본에 대한 '충성심'은 '천황'과 '일본의 역사와 전통'의 강조와 이해로 뒷받침될 수 있었다.

3) 근대적 위령 공간 만주

만주 여행 코스는 만주의 실질적 경영을 도맡았던 만주철도주식회사의 관할 시설들과 관동군의 전적지로 구분된다. 이는 일본의 수학여행지가 근대도시와 시설, 신사·사찰·역사유적지로 구분되는 것과 같은 맥락이라 할 수 있다.

만철 소속의 시설들은 무순(撫順)탄광, 가스공장, 전기 등 자원과 중화학 공업 부문, 학교·병원·도로·상·하수도정비 등 각종 공공사업 부문의 시설들이다.[54] 한편 '유교-왕도-충'으로 연결되는 국가이념으로 만주국정부는 종교적 열정으로서의 충성을 강조하여 충령비를 도처에 세웠다. 위령탑이 여순(旅順) 1907년 5월, 요양(遼陽) 동 10월, 대련(大連) 1908년 9월, 봉천(奉天) 1910년, 안동(安東) 동 6월 순으로 건립되었다. 이후 신경(新京)

---

52) 한석정·임성모, 「쌍방향으로서의 국가와 문화: 만주국판 전통의 창조, 1932~1938」, 『한국사회학』 35-3, 2001, 177쪽.
53) 한석정, 「滿洲國의 主權에 관한 연구」, 『한국민족운동사연구』, 2001, 263쪽.
54) 다나카 유이치, 「일본인에게 만주국은 무엇인가」, 『만주-그 땅, 사람 그리고 역사』, 고구려연구재단, 2005, 158쪽.

1934년 11월, 합이빈(哈爾濱)과 제제합이(齊齊哈爾) 1936년 9월, 승덕(承德) 1938년 5월에 만주사변 기념 충령탑이 건립되었다.55) 따라서 만주여행의 주된 코스는 계획적으로 개발된 근대도시, 만철연선의 근대시설, 만주국의 대동아주의와 관련된 관동군의 '충(忠)'과 '승(勝)'의 위령 공간이었다.

수학여행단은 만철연선(沿線)에 산재한 만철 소속(所屬)의 건물들을 위시하여 인력차(人力車) 혹은 마차(馬車)·전차(電車)로 봉천서탑가(奉天西塔街)를 통과(通過), 봉천성 내에 있는 중국경영(經營)의 상점과 청태조의 북릉(北陵) 등을 순시(巡視)하였다.56) 여순(旅順)은 만주의 대표적 위령공간이었다. 러일전쟁 종전 직후 도고 헤이하치로(東鄕平八浪) 제독과 노기 마레스께(乃木希典) 대장의 제창으로 여순 백옥산 정상에 있던 포대(砲臺) 자리에 납골당과 충혼비를 건립하는 운동이 추진되었다. 약 5천 평의 부지에 건설된 두 기념물 가운데 납골당에 2만 2천에 달하는 전사자들이 안치되었다. 특히 표충탑은 높이 65미터, 정상부분의 9미터가 포탄 모양을 한 첨탑이었다.57) 대련(大連)은 근대적 국제항으로서 또 세계적인 대두유(大斗油) 생산지로서의 면모를 보여주었다.

조선에서 만주지역을 대상으로 한 수학여행은 1920년대 후반과 1930년대 전반에 걸쳐서 나타난다. 1931년 만주국 성립 전후로 식민지조선인의 만주 수학여행이 추진·확대되었다는 것인데, 그러면 이 시기 만주 수학여행이 가지는 의미는 무엇이었을까. 이는 일본 중등학교의 만주 수학여행58)에서 힌트를 얻을 수 있다.

국민적 위령공간 여순은 러일전쟁 이후 1차 대전의 호경기에 따른 호황

---

55) 임성모, 「팽창하는 경계와 제국의 시선」, 『일본역사연구』 23, 2006, 101쪽.
56) 『시대일보』 1931년 5월 7일 3면.
57) 임성모, 앞의 책, 2006, 102쪽.
58) 해외 수학여행의 시작은 조선여행이었지만, 전국화된 계기는 1906년 문부성과 육군성 공동 주최의 만주수학여행이었다. 러일전쟁 이후 만주여행은 전적지 관광 중심으로 짜여져 애국심 고취를 위한 국민교육의 현장 답사적 성격이 짙었다(위의 책, 96~98쪽).

국면이 이어졌던 1920년대 전반까지 순례의 중심지로 기능했다. 그러나 관동대진재(關東大震災)에 뒤이은 소위 '진재공황(震災恐慌)'의 여파로 말미암아 일본자본주의가 위기에 처한 1920년대 중반에 이르면 만주관광의 열기는 차츰 하향곡선을 그리게 된다.[59]

1925~1927년 사이 일본 본국인의 만주 관광이 사그라들면서 이미 20년 가까이 '여행'사업이 활발히 진행된 '여행지' 만주는 관광수요를 충족할 새로운 고객이 필요했고 식민지 조선의 학생층이 그 대상이 되었다. 당시 조선에 일본군 예비역들이 교사로서 각 학교에 산재해 있었던 것은 조선학생들의 만주 수학여행을 현실화시키는 발판이 되어 주었을 것이다.[60] 일본 중등학생은 여름방학을 이용하였는데 반해 조선인 학생들은 봄·가을을 이용하여 수학여행을 갔던 것은 만주여행업의 부흥에 일조하였을 것이다.[61] 이어 세계경제공황이 닥치기 직전 1928~1929년은 일본인의 수학여행을 비롯한 만주 관광이 피크를 이루던 시기이고 이후 전쟁으로 해외여행이 제지될 때까지 만주 수학여행은 계속되었다.[62]

1931년 9월 18일 만주사변과 1932년 3월 1일 만주국 건국은 일본은 물론

---

59) 위의 책, 102쪽.
60) 일본의 중학생 만주 수학여행에 적극적이었던 것은 육군성이었다. 육군성은 6월 26일 문부성이 인정한 중학 이상의 학생 여행단에 대해서 전용선(專用船)의 무상 승선 등 각종 편의를 제공하면서 각급 학교의 수학여행 열기를 고조시켰다(『東京朝日新聞』 1906년 6월 27일, 「學生滿韓旅行の使」). 이러한 '만주 수학여행'의 성격은 조선에서도 같은 맥락으로 계속 이어졌을 것이다. 실제로 1925년부터 1933년까지 만주 방면으로 수학여행을 갔던 동래고등보통학교의 경우, 1933년 일본군 예비역 중좌 교사 후꾸다(福田)의 학교 동기생이 만주 관동군 사령관으로 부임하고 있었던 덕분에 "가는 곳마다 일본인 대우를 받으면서 구경을 잘했다"고 한다(『동래고 100년사』, 1998, 145쪽).
61) 임성모, 앞의 책, 2006, 〈부록 2, 3〉 참조.
62) 만주국 수립 이후의 만주관광은 '위령'의 기억장치라는 기능보다 최첨단 근대도시를 관람케 하는 이벤트로서의 기능으로 차츰 그 무게 중심이 옮겨가기 시작했다. 이 시기에 '관광버스'가 여행의 꽃으로 부상했다. 물론 만주사변 이후의 새로운 위령시설들도 여전히 관광의 대상이 되었다(위의 책, 108쪽).

조선 사회에도 큰 반향을 불러일으켰다. 조선의 언론에는 만주에 관한 크고 작은 소식이 실렸고, 만주국 내외의 안전 문제는 조선초미의 관심사가 되어 비적관련 소식과 만주국군과 소련군의 교전 등이 조선신문에 대문짝만하게 났다. 만주는 국토의 한 부분인 양 일상의 관심사가 되었다.63) 만주는 일제에게는 본격적 대륙 진출의 교두보이자 가장 자랑하고픈 공간이었으나 조선인에게는 또 다른 의미를 지닌 공간이기 때문이었다. 이는 1930년대 중후반 만주로의 수학여행이 급속히 줄어드는 경향과 연관된다.

동래고등보통학교의 경우 10여 년간 만주로 가던 수학여행을 1934년 돌연 전격적으로 일본으로 떠나고 있다. 이는 동북 만주 일대 여러 곳에서 항일 유격대가 편성(1933)된 것과 때를 같이 한다. 1930년대 만주는 조선인과 중국인들의 무장독립전쟁이 활발하던 시기였다. 만주국은 건국부터 항일무장세력에 대한 처리 문제에 골몰하였으며, '치안유지'라는 방법으로 그들을 통제하고자 하였다.64) 만주사변의 여파가 한인들의 재이주를 초래할 만큼 만주지역 전체를 요동치게 하였기 때문에 만주지역의 치안불안은 만주국 입장에서는 국가 존립 자체를 위협할 수 있는 요소였다.65) 만주 수학여행의 코스가 주로 동부지역, 즉 봉천-여순-대련지역으로만 한정되는 것도 만주 서부와 북부의 '위험한 치안 상황'과 관련된다. 이러한 면은 만주 수학여행이 조선인 중등학생들에게 위령공간의 순례 또는 관광으로서의 의미뿐만 아니라 다른 의미도 가졌을 것이다.

---

63) 한석정, 「지역체계의 허실-1930년대 조선과 만주의 관계」, 『한국사회학』 37-5, 2003, 59쪽.
64) 蘭星會, 『滿洲國軍』, 東京: 蘭星會, 1970, 7쪽.
65) 小山貞知, 『滿洲國協和會發達』, 東亞新書, 1941, 47~48쪽.

Ⅳ. 수학여행의 효과

1. 학생들의 반응

1) 도시의 근대적 시설에 대한 소감

수학여행단에게 가장 큰 인상을 남긴 것은 일본의 대도시들이 보여주고 있는 근대성이었다. 그들은 특히 도쿄, 오사카 등 대도시에서 '선진 도시'의 모습을 볼 수 있었다. 이른바 '선진 도시'의 모습은 여러 시설들에서 잘 나타나고 있었다. 관청 건물, 공원, 백화점, 철도역, 신문사 등 이른바 '문명화된 시설'에서 그들은 큰 충격을 받았다.

> ▲도쿄역-과연 도쿄다! 대자모양으로 쭉 뻗은 플랫폼에 내리니 선배지인이 반갑게 맞는다. 조선어를 쓰면서도 잘못 보면 못 알아 볼 만큼 근대적인 세련된 모습이다. 우리 시골뜨기들은 여독으로 원숭이 같이 부은 얼굴로 늘어서서 두리번거리며 구경하느라 정신이 없고 마치 취한 모양으로 개찰구에 나가, 그 넓이와 시끌벅적함에 일단 기가 눌리어 버렸다. 현관의 자동차와 몇 개인지 모를 만큼 많은 큰 고층건축물들에 혼자서「과연 큰 도쿄이구나!」하고 머리가 숙여져 버렸다.……저녁을 먹은 후 10시까지 (모이기로 하고) 자유 해산하였다. 아는 사람을 따라 손을 휘저어 택시를 잡아 3대에 나누어 타고 미쓰코시 백화점으로 오라이(갔다). 35년 모범의 신차(新車)는 안성맞춤으로 유선형이었다.[66]

그런데 초등시기와 달리 중등학교의 수학여행은 '외박'을 해야 하는 장기 해외여행이었다는 점에 유의하면 중등학교 수학여행의 또 다른 일면을 찾을 수 있다. 한 도시의 여행 일정을 마치면 10~11시까지 가졌던 '자유 시간'은 어떤 의미를 가졌을까.

---

66) 『부산일보』 1935년 6월 1일 2면, 「동래고등보통학교-수학여행기」.

긴자의 도회적 번다함과 아름다운 야경은 식민지 중등학생들에게 애수를 안겨주었다.[67] 그런데 밤 긴자에서의 감흥은 낮 동안 돌아본 신사나 신궁에서 받은 감동과 거대한 근대 시설들에 '놀란' 것과는 또 다른 차원의 것이었다. 학생들은 제국일본의 대표적 근대도시 도쿄, 그곳에서만 맛볼 수 있는 '근대도시의 향취'에 맘껏 취했다. 수학여행은 식민지 중등학생들이 '근대도시의 달콤함'을 맛볼 수 있는 유일한 기회이기도 했던 것이다. 따라서 이들은 수학여행을 통해 그동안 배운 지식을 확인하고 내면화하는 것보다 이러한 면에 더 관심을 두었을지도 모른다.[68]

한편 일본의 중학교를 견학하기도 하였는데, 당시 일본이 열을 올리던 실업노작활동이 활발하고 실질적 성과를 올린 '우수학교'를 대상으로 하였다.[69] 감상기는 수학여행 중 일본 중학교의 '노작(勞作)'과 그 실질적 성과에 매우 감명 받아 이제까지 '실질적 작업(作業)'에 무력하고 태만하였던 자신을 반성하고, 여행이 끝난 후 자신도 부지런히 실제 경제 활동에 기여할 만큼의 연구와 노력을 할 것임을 다짐을 보여준다. 이 무렵은 1931년 제6대 총독으로 부임한 우가끼(宇垣一成)에 의해 소위 '농촌진흥운동과 근로주의의 교육'을 표방하여 '실업'과 '직업'을 필수 과목으로 했던 정책에 더욱 박차를 가하고 있던 때였다. 즉 국내외로 극히 어려운 정세에 놓여 있던 일본의 생계형 교육정책이 당시 일본에서도 조선에서도 실질적 효과를 발휘했

---

67) 『부산일보』 1935년 6월 1일 2면, 「동래고등보통학교 - 수학여행기」.
68) 다음은 이와 상통하는 면이 있는 감상이다.
(메이지신궁을 참배한 후)……오늘은 스포츠의 전당에 간다! 모래를 일게 하는 뜨거운 공에서 6개 대학의 야구응원의 마음도 타오르는……다들 흥분되어 로마의 대회를 가듯 와서 초조한 마음에 커다란 경기장의 스탠드에 눈을 부릅뜨고 가까이 바짝대었다…….
메이지신궁을 정갈한 마음으로 참배 후 곧바로 이어진 코스가 '대학의 야구 경기'였다(『부산일보』 1935년 6월 2일 2면, 「동래고등보통학교 - 수학여행기」). 일제시기 스포츠의 대중화에 대한 연구는 천정환, 『끝나지 않는 신드롬』, 푸른역사, 2005 참조.
69) 『부산일보』 1935년 6월 4일 2면, 「동래고등보통학교 - 수학여행기: 見付中學」.

음을 위의 감상기에서 확인할 수 있다.[70] 그러나 이러한 자각의 궁극적 목적은 일본이 아니라 조선의 부흥이었다는 것을 다음의 감상기에서 확인할 수 있다.

▲회고(回顧)
……세계는 정말로 넓은 것이다. 좁은 경남의 한켠이 눈에 보이는 전부가 아니니, 도쿄는 거대하고 교토는 아름답고 오사카는 발전하고 있다. ……무참하게 짓밟힌 새로운 반도의 태양이어야 할 우리들은 새로운 인식을 하지 않으면 안 된다.……발전하는 세계 속에 존재하는 우리의 미래는 건설(建設)이고, 또 건설이다. 여행은 넓고 넓은 세계를 볼 수 있는 기회가 되었으며, 그 의미는 크다.[71]

일본의 근대적 시설을 본 학생들은 일본의 근대화에 대해 보다 더 구체적인 확신을 갖게 되었다. 그리고 근대성의 자각이 근대화에 대한 의지로 발전되기도 한다. 그러나 이것은 소급하여 보면, '일본 근대화'의 우월성을 전제로 해야만 나올 수 있는 반응이다. 즉 '식민지 근대성'[72]이 내면화된 일면으로써 지금 식민지조선과 조선인 나 자신보다 일본과 일본인이 '낫다'는 인식은 그것을 '모델'로 한 근대적 자기발전을 모색하게 하였다.

이러한 문명/야만, 우월/열등의 '근대성의 의식화'는 시종일관 "저절로 고개 숙여지는" 일본의 여행 소감과 달리, 만주 여행 시 지저분한 거리에 대한 눈살 찌푸림, 부끄러운 줄도 모르고 '훈도시' 차림으로 땀·기름 범벅이 되어 말 못하는 기계처럼 일하는 '쿨리─중국인 노동자를 낮추어 부르는 말─'를 비웃는 감상에서 확인된다.[73] 당시 식민지조선인 중등학생들은 조선

---

70) 이만규, 『조선교육사 Ⅱ』, 거름신서, 1988, 127쪽 참조.
71) 『부산일보』 1935년 6월 6일 2면, 「동래고등보통학교─수학여행기」.
72) 식민지근대성에 대한 연구는 윤해동, 『식민지 근대의 패러독스』, 휴머니스트, 2007 참조.
73) 「27회의 수학여행」, 『동래고등학교 동창회보』 253호 10면, 2004.

인은 일본인보다는 못하지만 중국인보다는 우월하다는 '차별적 제국의식', '차별적 식민지 정체성'을 갖고 있었던 것이다. 이러한 시선은 근대일본의 문물에 놀라고 감동하는 사이에 일본의 제국적 정체성과 시선을 통해 받아들인 이분법적 근대의식의 내면화에서 배태된 것이다.

한편 식민지 중등학생은 도쿄제대를 동경한다.[74] 또한 '철학'을 소리 내어 논할 수 있는 교육환경은 인문교육을 억제하고 실업 중심 교육을 받고 있는 식민지 학생들에게 부러움에서 생겨난 우울한 심경을 갖게 한다. 이러한 교육환경의 차이에 의한 '우울한' 심경은 다음의 사태와도 연결시킬 수 있을 것이다.

> 광주고보 2·3학년생들이 수학여행 후 '한·일 학생 교육제도의 차이와 시설의 차이'를 지적하고 물리·화학교실의 확충 등을 요구하며 동맹휴교 단행함.[75]

수학여행 후 '한·일 학생 교육제도와 시설의 차이'를 눈으로 확인한 식민지 중등학생들은 일제가 주장하던 '내선일체', '일선융화'의 '차별'적 본질을 알게 되었다. 즉 일본의 '문명화'를 선전하는 장이었던 수학여행이 '차별적 현실'을 자각하게 하는 계기가 되어 동맹휴학이라는 저항으로 이어진 것이다. 이는 총독부·학교 당국의 의도가 피학습자에게 '굴절'되어 전달된 형태라 할 수 있다. 이러한 사태가 벌어질 수 있었던 근본 원인은 평소 일본인의 조선인에 대한 차별적 태도였다.[76] 또한 같은 코스였더라도 그 내용은 차별적이었기에 일본·만주 수학여행 후 동맹휴학을 단행한 동래고등보통학교의 경우도 이와 같은 맥락으로 볼 수 있다.[77] 한편 조선 학생들에게

---

74) 『부산일보』 1935년 6월 2일 2면, 「동래고등보통학교 – 수학여행기」.
75) 『동아일보』 1927년 5월.
76) 『조선일보』 1930년 6월 2일.
77) 『동래고등학교100년사』, 1995, 134쪽 참조 ; 같은 책, 145~146쪽 참조.

수학여행은 민족의식 고취의 자극제가 되었다. 만주 등지로 수학여행을 갈 때에는 선배·친지와 접하고 독립운동을 하고 있는 애국지사와도 은밀한 연락을 할 수 있었기 때문이기도 하다.[78]

2) 사찰·신사·역사유적에 대한 소감

수학여행단은 여행과정에서 사찰과 신사를 가장 많이 들렸다. 수학여행 단원들은 여기에서 어떤 감상을 가졌을까.

1935년 천황이 사는 고쿄에 갔지만, 니주바시까지만 접근할 수 있었던 동래고등보통학교 수학여행단은 천황이 있는 곳을 향해 절하며 대일본제국에 태어난 몸과 마음에 무량함을 느낀다. 천황에 대한 꺾이지 않는 충성심을 보여주었던 장군에게 경의를 표한다. 그리고 1869년 메이지 천황이 국가를 위해 싸우다 죽은 혼령을 위로하기 위해 세운 야스쿠니신사를 참배하며, 그들과 같은 마음을 갖게 된다.[79]

일제는 수학여행기를 작성케 하여 교지에 싣곤 하였는데, 평양고등보통학교의 한 학생은 나고야의 이세신궁을 참배하고 "일본국민인 이상 한번은 반드시 이 신궁을 참배하고, 마음으로 선조 이래의 고은(高恩)에 감사하고, 황실의 번영과 국운(國運)의 융창(隆昌)을 기원하지 않으면 안 될 것이다"라고 적고 있어서[80] 일본 수학여행이 지닌 동화교육의 성격을 짐작케 한다.

멋진 자연경관과 역사유적으로 유명한 닛코에서 수학여행단이 감동한 것은 작은 나라에서 자라 볼 수 없었던, 높이 솟아 있는 울창한 삼나무 숲이었다.[81] 이러한 감상은 수학여행단뿐만 아니라 일본을 찾은 다른 여행객

---

78) 이혜영 외, 앞의 책, 1997, 313쪽.
79) 『부산일보』 1935년 6월 2일 2면, 「동래고등보통학교 – 수학여행기」.
80) 任善才, 「伊勢神宮參拜記」, 『大同江』 第27號, 平壤高等普通學校校友會, 1937, 70쪽 (박철희, 앞의 책, 2004, 149쪽 재인용).
81) 『부산일보』 1935년 6월 4일 2면, 「동래고등보통학교 – 수학여행기」.

들의 감상과 유사한 대목이기도 하다.82)

　이렇게 일본으로 수학여행을 가서 직접 천황과 관련된 유적, 신사, 신궁을 돌아본 식민지 조선 중등학생의 감상은 일제가 조선을 병합한 후 의도했던 학교 교육을 통한 동화정책이 어느 정도 성공적으로 달성된 일면을 보여준다.

2. 학교 내외의 평가

　당시 수학여행은 학생들이 '손꼽아' 기다리던 학교 행사였고, 사회인들도 그 '시기'가 되면 덩달아 들뜬 기분을 가졌었다.83) 더구나 당시 신문에서 수학여행을 들고나는 하나하나를 '소식' 또는 '수학여행 일속'이라는 란을 두어 따로 전할 정도로 당시 사람들에게 수학여행이 가졌던 의미는 지금과 많이 달랐다는 것을 알 수 있다.

　중등학생들의 수학여행은 1910년대에는 주로 경성, 평양, 경주 등 국내 역사유적지를 대상으로 하였다. 1922년 도쿄평화박람회를 계기로 일본으로의 여행이 본격화되고, 일본의 세력 팽창과 더불어 만주로의 수학여행도 1920년대 중반 시작되었다. 따라서 1920년대부터 일본이나 만주로의 원거리 수학여행이 일반화되었다고 볼 수 있다. 그런데 10여 년간 진행·활성화되는 동안 수학여행은 '사회 문제'로 인식될 만큼의 '폐해'를 낳았다.

　수학여행의 '견문을 넓히는 기회'로서 좋은 점과 함께 지적된 나쁜 점은 첫째, '학생 가정경제에 타격'을 주고 둘째, 교육적 성과보다 나쁜 의미의 유희와 호기심만 늘게 하는 기회가 될 뿐이라는 것이었다.84) 단체 여비는 10~40원 정도였으나 개인 여비가 5, 7원 정도 더 들고,85) 여행을 위한 의복

---

82) 박찬승, 앞의 책, 2005, 226쪽 참조.
83) 『동아일보』 1926년 10월 12일 3면.
84) 김팔봉, 「수학려행 문제 론의－사치화해 가는 수학여행」, 『별건곤』 제20호, 1929년 4월 1일.

및 기타 여행품을 구비하는데도 그만한 비용이 들었다.86) 즉 수학여행을 떠나기 위해 수학여행비 이외에 10원 내외의 경비가 더 들었던 것이다. 해외 수학여행 자체가 '수학여행의 사치화'였고, 또한 불필요한 소비를 조장하여 학생 내부는 물론 사회 계층간에 미묘한 갈등을 불러일으켰다.

1930년대 초는 세계 경제 대공황으로 인한 일본공업 불황의 여파가 조선의 농업에까지 밀어 닥친 시기였다.87) 대다수의 중등학교가 도시에 있었고, 대부분의 학생들은 상급 학교로의 진학 및 보다 나은 사회적 지위 획득을 위해 타지로 유학 온 농촌 출신이 많았다. 도시 출신이라 하더라도 부모님이 농업에 종사하는 이들이 과반 수 이상이었다.88) 이 점은 1930년 전후한 이 시기에 이러한 논의가 제기된 이유를 설명해 준다.

한편 1910년대 토지조사사업과 1920년대 산미증식계획으로 구조화된 일제의 경제수탈은 조선인 만주 이주의 주요 동기가 되기도 한다.89) 그리고 조선과 만주는 1931년 이후 급속도로 가까워졌다. 1931년 만주 수학여행에 대한 기사90)에서 지적하고 있는 사항을 정리하면 일본인이 안내하는 여행지를 주마간산격으로 돌아보는 일반적인 수학여행 일정이 조선인 학생의 '수학(修學)'이라는 여행 목적에 부합되지 않으며, '경제'적인 면에서 보더라도 재만 조선인이 아닌 재만 일본인 여행관련업자의 이익을 더해주는 운영상을 보여준다는 것이다. 이는 조선인 중등학생의 일정이 일본인 중등학생의 그것과 별반 차이가 없었다는 것과 연관될 때 의미를 가진다.

---

85) 김○철,「전국청년불평불만공개 우리의 희망과 요구-딸 낳은 죄인가요」,『별건곤』 제10호, 1927년 12월 20일.
86) 이석,「수학여행 문제 론의-방식을 개량치 못한다면 당연히 폐지가 可」,『별건곤』 제20호, 1929년 4월 1일.
87) 『별건곤』 제34호, 1930년 11월 1일 논설 참조.
88) 『동래고등학교 100년사』, 176~178쪽 참조.
89) 김기훈,「조선인은 왜 만주로 갔을까」,『만주-그 땅, 사람 그리고 역사』, 고구려연구재단, 2005.
90) 『시대일보』 1931년 5월 7일 3면.

만주에서 '일본의 치적'을 둘러보는 것은 일본인 학생에게는 '수학'이지만 조선인 학생에게는 유의미하지 않다. 조선인 학생에게 만주 수학여행의 대상은 자신들과 관련된 것이어야 한다. 조선학생들이 만주에 온다면 하루는 재만 조선인들의 생활실상, 그중에서도 특히 농촌생활을 확인하고, 둘째 날은 중국의 풍토 및 국민성을 파악하고, 셋째 날은 상공업의 발달여하, 신흥 중국의 교육제도 등을 둘러보아야 적합한 것이다. 그런데 당시 조선인 중등학생들의 수학여행은 일본인 여행업자의 안내로, 일본인이 경영하는 값비싼 여관을 예약하고, 일본인들이 만주에 심어놓은 '그들만의 제국'을 둘러보며 쇼핑하는 것이 일반적이었던 것이다.[91]

한편 또 다른 측면에서 지적된 수학여행의 폐해는 그 내용이 수학보다 유희, 향락으로 치우쳤다는 사실이다. 도회의 화려한 겉모습만을 보고 돌아오는 수학여행을 질타하고 있는 논설[92]은 학생들의 소감과도 상통하는 면이 있다. 주요섭은 이렇게 수학보다 유희, 향락에 치우친 수학여행을 비판하며, 철폐 후 대책까지도 구체적으로 제시한다.[93]

수학여행의 세 가지 목적은 수학, 휴양, 쾌락이다. 가장 주된 목적이 되어야하는 것이 역사지리보습으로서의 '수학'으로, 수학여행이 일반인의 '여행'과 구별되는 점이기도 하다. 따라서 수학여행을 찬성하는 입장은 수학여행의 교육적 측면에 가치를 두고, 반대의 입장은 수학여행의 부차적 목적이 강조되는 실태와 당시 경제적 상황을 감안하지 못한 여행현실을 비판한다. 논의의 주된 필자였던 학교장들의 견해를 살펴보면 일본인 교장들은 대부분 수학여행에 긍정적인 반응을 보이며, 당시 조선경제상황을 감안한 원거리 수학여행의 유지·실시를 주장한다. 반면 조선인 교장들은 수학여

---

91) 만주 수학여행시 폐해와 관련된 사례로 교사와 학생들은 조선 국내에서 구할 수 없는 수입금지품을 들여오기도 하였다(『별건곤』 제34호, 1930년 11월 1일 ; 『조선일보』 1930년 6월 2일).
92) 『시대일보』 1931년 5월 15일.
93) 『별건곤』 제45호, 1931년 11월 1일 ; 『동광』 제27호, 1931년 11월 10일.

행의 경제적·교육적 폐해를 지적하며 근거리 수학여행 또는 원족, 견학, 등산 등 적은 경비로 해결할 수 있는 '대체' 현장학습 방안을 제시한다. 이는 식민지 조선의 교육을 바라보는 민족적 관점의 차에서 발생하는 것이다.[94]

이상의 논의들은 일본·만주행 수학여행이 조선의 경제사정을 고려하지 않은 채 실시되어 사회적 물의를 일으켰고 이에 대해 조선사회 일각에서는 자발적인 사회적 '논의'의 과정을 거쳐 조선의 현실에 적합한 구체적 현장학습 방안을 스스로 제시하였음을 알 수 있다. 그러나 다음의 기사는 이러한 논의가 보다 큰 권력에 의해 성과를 내지 못하였음을 보여준다.

> 경치 좋은 조선을 찾아온 관광객 및 일본 내지 만주 방면 수학여행 단체는 금년 2월부터 11월까지 총수 885단체로서 그 총인원 수는 3만 8천5백 명의 다수에 달하고 있는데 그 내역은 △일본내지로부터 330단체 15,500명 △만주 방면으로부터 80단체, 3,200명 △금강산 방면 200단체, 8,000명 △조선으로부터 일본내지에 135단체 5,500명 △조선으로부터 만주에 140단체 6,300명 등으로서 작년에 비하여 조선, 만주간에 서로 왕래한 여객은 약 4할의 증가를 보이고 있으며 그밖에도 현저한 증가를 보이고 있으므로 조선철도당국에서는 흑자세례를 받고 있다한다.[95]

위 기사의 수치를 보면 중등학교 수학여행이 일본 또는 만주행의 대부분을 차지하고 있음을 알 수 있다.[96] '철도당국이 흑자세례'를 받을 정도로 만주, 조선, 일본 간의 여객이 '현저한 증가'세를 보였다. 이는 수학여행단이 많아질수록 실익을 보는 집단은 철도당국이었고 식민당국이 수학여행단에 많은 경제적 혜택을 주는 듯했지만 실제로는 '규모의 경제'로 그 이상의 실

---

94) 『별건곤』 제20호, 1929년 4월 1일 ; 『동광』 제27호, 1931년 11월 10일 ; 『동광』 제31호, 1932년 3월 5일 참조.
95) 『시대일보』 1935년 11월 28일 2면.
96) 수학여행 인원의 30%를 일본 또는 만주행 중등학교 수학여행단이 차지하고, 조선인 수학여행의 80.4%의 단체, 81.6%의 인원 수가 일본·만주로 수학여행을 떠났다.

리를 획득하고 있음을 알려준다.

 또한 일제는 1935년 말경 조선인들에 대한 이주 제한법을 시행97)하였다. 이러한 상황에서 학생들의 단체수학여행은 비교적 수월하게 일본 각지를 여행할 수 있는 기회였다. 그리고 만주의 경우 신문들이 1936년 여름 돌연 만주에 관한 특집기사를 수십 회나 연재하는 등 좋은 '여행지'이자 개척이민지로 집중적 성원을 받기 시작한 것에서 이유를 찾을 수 있다.98)

 실제 모든 사회적 상황이 정부당국의 정책과 맞물려 펼쳐진다는 견지에서 볼 때, 1920년대 이후 권장된 중등학생의 일본 또는 만주로의 수학여행은 근본적으로는 일제의 동화정책의 일환으로 실시되었으며, 실질적으로는 식민 여행 경제의 작동기제이기도 했던 것이다.

V. 맺음말

 일제 동화정책이 강화되기 시작한 1920~1930년대에 추진·실시된 일본·만주 수학여행은 일제의 관여 상을 보여준다. 첫째, 일본인 교원의 수학여행 경험과 조선인 교원의 '내지시찰'을 경험을 통해 수학여행 코스 선정 등에 자신들의 의도를 투영시켰다. 둘째, 수학여행 경비는 차비, 숙박비, 식비, 관람료로 구성되는데, 학생들이 40원 정도의 적은 금액으로 장기간 해외 수학여행을 다녀올 수 있었던 것은 일제가 경비를 최소화시켜 학생들의 원거리 수학여행에의 참여율을 높였기 때문이다. 또 한편 이는 조선의 경제사정과 무관하게 강요된 측면이 있다는 점에서 일본 여행경제순환을 위한 한 방편이기도 했다. 셋째, 최초의 해외 수학여행은 제국일본을 알리는 장이었던 1922년 도쿄평화박람회가 계기가 되었고 이후 일제는 수학여행의

---

97) 김상태 편역, 「1935년 12월 27일자 일기」, 『윤치호 일기』, 역사비평사, 2003.
98) 한석정, 앞의 글, 2003, 68쪽 참조.

주요 코스를 '발달된 근대도시'와 '일본의 전통을 구현하는 도시'로 구성하였다. 이는 일본이 근대화를 통해 강력한 군사력과 경제력을 가진 나라라는 것을 실감케 하고, 또 일본의 전통 문화가 결코 만만치 않은 역사와 저력을 지녔다는 강한 인상을 심어주기위해 일본 수학여행을 실시한 일제의 의도를 보여준다. 넷째, 주요 견학장소 또한 '근대적 공간'과 '전통의 공간'으로 구성되었다. 전자는 '도시' 그 자체와 관청가 · 백화점 · 공원 · 학교와 같은 도시의 근대적 시설이다. 후자는 일본에서는 신사 · 사찰 · 역사유적 등 만들어진 '전통성'을 지닌 곳으로, 만주에서는 '새로운 전통'이 창조된 곳이라 할 수 있다. 일제가 궁극적으로 목적한 것은 일본제국에 대한 '忠'의 생산이었다.

식민지조선의 해외 수학여행의 시작은 동화이데올로기에 의한 문화통치가 시작되는 것과 때를 같이한다. 사전기획에서 구체적 견학장소까지 일제의 치밀한 의도하에 '계획'되고 '통제'되었던 수학여행이 '동화'이데올로기의 기제로서 어느 정도의 성과를 이끌어냈음을 일본 신사 · 신궁 소감문을 보면 알 수 있다. 그러나 '일본전통에의 동화'가 지속성이 없었다는 것은 대동아주의의 실패가 반증해 준다.

'근대성에의 동화'는 일제에 의해 건설된 철도와 선박이 이어주는 일제의 근대도시와 시설의 경험은 연신 탄성을 내게 하며, '근대성' 자체에 매료되고, 수학여행이라는 '일탈'의 기회를 통해 '근대의 문화'를 향유하는데 의미를 두게도 하였다. 또한 그를 통해 자기발전의 필요성을 자각을 하게도 하였다. 수학여행은 조선의 중등학생들이 식민지 조선과 자신의 발전을 위해 '조선보다 나은' 근대일본을 배우고, 그를 위해서는 일제가 식민지 조선의 학교 교육에서 강조했던 일본어 학습에 매진하고, 실업과 교육에 적극적으로 참여해야 함을 '깨닫게' 해주는 계기가 되었다. 이는 학습된 식민지 근대성의 내면화 정도를 보여준다. 그러나 그를 가능케 한 의식의 실체는 '근대성'이었고, '근대성'에 대한 선망과 욕구의 표현이었다. 따라서 식민시기 동안의 '타율적 동화'는 있었을 지라도 '주체의 상실'은 이루어지지 않았다. 이는 수학여행 후 학생들의 반응과 학교 내외의 반응에서 증명된다.

수학여행은 동화 속에 내제된 '차별'의 인식과 함께 실질적 저항의 계기가 되기도 하며, 현실적 차원에서 일제에 의해 무리하게 추진되던 수학여행이 만들어낸 폐단에 대해 조선사회 일각이 함께 고민하고 대책을 제시하기도 한다. 이것은 일제가 식민지 중등교육을 통해 양성하고자 했던 '저급한 수준의 하급 관리자'에 머무르지 않았던 식민지 조선 중등학생들의 의식의 '실제(實際)'와 조선사회가 가졌던 의식의 주체성과 선진성을 보여준다.

일제시기 조선의 중등학교 일본·만주 수학여행은 이렇듯 다양한 스펙트럼을 가진다. 따라서 식민지조선사회의 가려진 여러 면을 보여줄 수 있는 풍부한 가능성을 지니고 있다. 또 한편 현재 한국에서 이루어지고 있는 수학여행의 성격을 규명하는 계기가 될 것이다.

〈부록 1〉 교원시찰단 현황표 교원시찰단 현황표

연도	시찰단명	주최	시찰단원	날짜	비고
1914	교원시찰단				
1918	교육시찰단		山口(경성고보교유), 申基德(매동보교훈도), 李起東(숙명여학교교원), 玄櫶(경성여고보교유) 외 16명	11.22 12.20	
1920	교원시찰단			6.3	
	여교원일본시찰단	총독부	13명	7.15	
1921	재조선내지인교원내지시찰단			5.28	
	사립학교교원내지시찰단	경기도 학무과	淵上長利(경기도시학) 盧俊鐸(연희전문) 金東赫(배재고보) 金顯璋(휘문고보) 趙男熙(보성고보) 李重華(중앙학교) 南相*(진명여고보) 松林末藏(숙명여고보) 荒井立之助(양정고보)	2.24	
	교원내지시찰단	평안남도	관내 우량 내선인 교원 14명	3.21	학술연구
	교원내지시찰단	총독부	26명	5.10	廣島, 大阪, 京都, 東京
	여교원연구단	경기도	17명	5.31	京都, 大阪, 奈良
	강원학사시찰단	강원도	공립학교 교원 25명	9.6	北九州 福岡, 廣島, 神戸, 吳, 宮島, 名古屋, 大阪, 京都, 東京
	교원내지시찰	총독부	남자교원 27명	10.7	廣島, 神戸, 吳, 宮島, 名古屋, 大阪, 京都, 東京
1922	교원평박시찰단	경성부	소학교원 20명, 보통학교 교원 13명	4.11	도쿄평화박람회관람
	교원내지시찰단	전라남도 학무과	제1회 시찰단 25~6명 제2회 시찰단 13명	4.22	
	교원시찰단	강원도	20명	5.4	
1929	大禮奉拜여자교원내지시찰단	총독부	조선인 여자교원 20명	11월	
1937	교원내지시찰단	경성부	초등교원 13명	6월	
		경기도	사립중등교원 10명	11월	
1938	교원내지시찰단	경성부	공사립 초등교원 15명	5월	
		경기도	청년단원 15명, 소학교 교원 3명		

朝鮮總督府 編輯科, 『大禮奉拜朝鮮女子敎員內地視察記』, 1929. 『매일신보』, 『동아일보』 해당연도 보도 날짜임.

〈부록 2〉 부산 및 그 인근 중등학교의 수학여행 여정

학교	기간	여정
부산제2공립상업학교	1922.6.18~30	부산→시모노세키→교토(東本願寺, 西本願寺, 桃山 御陵, 清水寺, 圓山神社, 知恩院)→도쿄(二重橋, 貴族院, 日比谷 公園, 日本橋, 銀座, 平和博覽會, 東京帝國大學, 靖國神社, 明治神社, 上野公園, 東京株式取引所, 日本銀行, 三越百貨店, 淺草寺)→요코하마→교토→나라→교토→오사카(造幣局, 大阪城, 四天王寺, 通天閣, 中島公園, 天王寺 公園)→히로시마(宮島)→시모노세키→부산
	1942.11.4~10	부산→시모노세키→오사카→이세→나고야→도쿄→교토→시모노세키→부산
부산항공립고등여학교	1932.10.20~11.1	부산→시모노세키→히로시마(미야지마)→교토→도쿄→닛코→이세→나라→오사카→고베→瀬戸內海→부산
진해고등여학교	1928.4.24~	진해→창원→삼랑진→부산→시모노세키→히로시마(미야지마)→고베→오사카(도요쿠니신사, 나카노시마공원, 아사히신문사, 오사카 성, 미쓰코시백화점, 조폐국, 텐노지공원, 시텐노지)→나라(法隆寺, 東大寺, 春日神社, 興福寺)→나고야(名古屋:나고야성)→도쿄(미루노이찌 빌딩, 고쿄, 니주바시, 메이지신궁, 노기신사, 야쓰쿠니신사, 긴자, 아사쿠사, 히비야공원, 우에노공원, 박물관)→닛코(神橋, 東照宮, 陽明門, 唐門, 華の瀧, 中福寺湖, 男體山)→시모노세키→부산→진해
동래고등보통학교	1935년 봄	…)도쿄(도쿄역, 긴자, 해군성, 사법성, 니주바시, 야쓰쿠니신사, 메이지신궁, 야구장, 泉岳寺, 우에노공원- 不忍池, 도쿄제국대학)→닛코(도쇼쿠, 요메이몬, 히구라시노몬, 二荒山, 大谷川, 주젠지코, 계곤노타키, 見付中學)→고베→오사카→시모노세키→부산
	1928년 봄	부산→평양→신의주→安東→奉天→撫順→大連→旅順
규슈 미야자키현 미야코노조(九州 宮崎縣 都城) 상업학교	1928년 19박 20일 滿韓支 수학여행	미야코노조→門司→시모노세키→부산→경성→인천→경성→평양→安東(안동신사, 支那街-중국인거리-, 공원, 성냥공장, 公司, 압록강 철교)→撫順(노천굴, 大山탄갱, 몬도가스공장)→奉天(신구시가지, 봉천성, 충혼비, 북릉, 法輪寺, 의과대학, 모직공장)→旅順(白玉山 表忠塔, 203고지, 전리품박물관, 전적 기념관, 水師營, 부두사무소, 부두)→大連(油房, 상품거래소, 대련신사, 沙河口공장, 중앙시험소, 상품진열관)→青島(청도시가, 전적, 수도, 공원)→上海→長崎→미야코노조

동래고등학교 동창회,『동래고등학교 100년사』, 1998 ; 부산상업고등학교,『부상100년사』, 1995 ; 경남여자고등학교,『경남여고100년사』, 1987 ;『釜山日報』1928~1935 ; 임성모,「팽창하는 경계와 제국의 시선」,『일본역사연구』23, 2006에서 추출.

〈부록 3〉 부산지역 중등학교 수학여행 일람표

연대	정세 및 특징	부산제2공립상업학교			동래고등보통학교			부산항공립여학교		
		기간	학년	행선지	기간	학년	행선지	기간	학년	행선지
1899		11월		마산항						
1900		8월 (8일)		일본 下關, 長崎						
1905										
1907	동명학교 (11.5)									
1909	사립 동명학교 (8.30)						경주 도보여행			
1910										
1911										
1912	부산공립상업 학교 발족	10월 (3)	3	마산 방면						
1913					11.11 경상남도 물산공진회 개최					
1914		10.18 (3)	3	대구, 마산, 진해						
1915	시정5년조선 물산공진회 (경성, 9.18) 사립동래고등 보통학교(3)	9.26 (3)	3	경성, 인천, 대구	6월	3	경성			
1916										
1917										
1918										
1919	공립동래고등 보통학교	10.18 (3)	3	대구, 마산, 진해						
		11.15 (7)	3	울산, 경주, 마산						
1920		11.3 (7)	3	울산, 경주, 대구, 마산, 진해	봄	3	울산, 경주, 대구			
1921		10.1 8(6)	3	대구, 경성, 인천	봄	3	경성, 평양, 신의주			
					봄	4	일본 각지 東京 日光			

연도									
1922	동경평화박람회(3~7.31) 기차박람회(인천)	6.18 (13)	3	일본 東京, 京都, 大阪, 奈良	봄	1	충무시		
	관립동래고등보통학교 (1923.4.1)				봄	3	경성, 신의주		
1923	관동 대지진	10.15 (7)	3	경성, 인천, 평양	봄	4	일본 東京, 日光		
1924					봄	3 4	九州, 大阪 등		
1925	대련권업박람회	10.27 (3)	4	경주, 대구	봄	5	만주 安東, 奉天		
		10.27 (2)	3	마산, 진해		4	만주		
		10.28 (2)	2	통도사		3	서울, 신의주		
1926	조선박람회 (경성)				봄	4	평양, 신의주, 만주 안동, 봉천		
1927	동래고보맹휴(7.1~9) 부산공립여자고등보통학교 개교(4.28)				5월	4	일본 京都, 東京		
1928		5.16 (13)	5	東京, 京都, 大阪, 奈良	봄	5	평양, 신의주, 안동, 봉천, 撫順, 大連, 旅順		
		5.17 (7)	4	경성, 평양	봄	4	일본 九州		
1929	시정20주년기념조선박람회 (경성)	10.7 (13)	5	경성, 만주 방면	봄	4	안동, 봉천, 무순, 대련, 여순, 황주		
		10.15 (7)	4	경성, 평양	봄	5	금강산		
		10.15 (5)	1 2 3	경성	봄	4	만주 대련-김흥수 열차추락 사망사고		
1930		5.16 (12)	5	北九州, 만주 방면	봄	5	금강산	10.22 (14)	4	일본 일원
1931		5.7 (15)	5	大阪, 奈良, 東京, 日光, 京都	5.25	4	신의주, 만주 봉천, 대련, 일본 門	10.21 (17)	4	일본일원

						司, 下關		
				봄	5	만주		
1932	만몽박람회(봄)	5.4 (12)	5	大阪, 奈良, 東京, 日光	봄	4	봉천, 대련, 일본 門司	10.20 (13)	4	일본 下關, 宮島, 京都, 東京, 日光, 伊勢, 奈良, 大阪, 神戶
1933	동래고보동맹휴학(11.14)	5.10 (12)	5	大阪, 奈良, 東京, 九州 福岡	봄	4	만주 안동, 봉천, 신경(현長春)	4.30 (12)	4	일본 下關, 宮島, 京都, 東京, 日光, 伊勢, 奈良, 大阪, 神戶
1934		5.9 (12)	5	大阪, 奈良, 東京, 九州 福岡				봄	4	일본 下關, 宮島, 京都, 東京, 日光, 伊勢, 奈良, 大阪, 神戶
1935		10.2 (14)	5	大阪, 京都, 東京, 日光, 福岡, 伊勢				봄	4	일본 下關, 宮島, 京都, 東京, 日光, 伊勢, 奈良, 大阪, 神戶
1936		9.6 (15)	5	일본 국내 각 지방				봄	4	일본 下關, 宮島, 京都, 東京, 日光, 伊勢, 奈良, 大阪, 神戶
1937	중일전쟁	5.3 (9)	2	九州 일주			일본 동경 방면	봄	4	일본 下關, 宮島, 京都, 東京, 日光, 伊勢, 奈良, 大阪, 神戶
1938	부산항공립고등여학교(4.1)		5							
1939		9.17(15)	5	東京, 日光 등 각 지방						
		9.23 (9)	2	九州 지방 일주						
1940	시정30주년기념 조선대박람회(경성)	4.18 (13)	5	東京, 日光 등 각 지방				봄	4	일본 下關, 宮島, 京都, 東京, 日光, 伊勢, 奈良, 大阪, 神戶
		4.18 (9)	2	九州 지방 일주						
1941	태평양 전쟁 발발	5.24 (8)	5	일본 각 지방				봄	4	일본 下關, 宮島, 京都, 東京,

1942		5.4(7)	5	伊勢神宮, 靖國神社, 明治神宮, 乃木神社 등					日光, 伊勢, 奈良, 大阪, 神戶
1943								봄	4	일본 下關, 宮島, 京都, 東京, 日光, 伊勢, 奈良, 大阪, 神戶
1944									

동래고등학교 동창회, 『동래고등학교 100년사』, 1998 ; 부산상업고등학교, 『부상100년사』, 1995에서 추출.